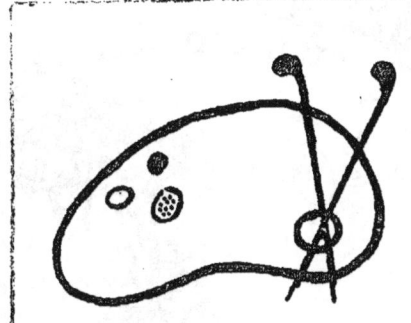

Couvertures supérieure et inférieure
en couleur

VOYAGE
AUX
SEPT ÉGLISES DE L'APOCALYPSE

5105. — L. — Imprimeries réunies, 13, rue Mignon, 2. — MAY et MOTTEROZ, dir.

VOYAGE
AUX
SEPT ÉGLISES
DE L'APOCALYPSE

PAR

L'ABBÉ É. LE CAMUS

VICAIRE GÉNÉRAL HONORAIRE, DOCTEUR EN THÉOLOGIE

> Et il posa sur moi sa main droite en
> disant : « ... Les Sept Chandeliers sont
> les Sept Églises » (*Apocal.*, i, 17-20).

PARIS
LIBRAIRIE SANARD ET DERANGEON
174, RUE SAINT-JACQUES, 174

1896

A HENRY

J'avais promis de te mener au pays des merveilles. A vingt ans, quelle séduisante perspective! Ai-je tenu parole? Oui, si ton imagination a fait revivre ce que les siècles ont détruit. Il faut pour jouir d'un voyage en Orient rêver un peu et savoir beaucoup. M. Vigouroux et moi aurons peut-être complété ce qui manquait à ta science, encore jeune, comme ta vie. J'étais sûr que la sensibilité exquise de ton âme, autant que l'élévation de ton esprit, ferait le reste.

En retrouvant dans ce livre la résultante de nos impressions communes, tu vivras une fois de plus les beaux jours passés sous le ciel bleu de la Grèce et de l'Ionie. Quel charme dans cette vie errante à travers le silence des ruines, l'imprévu des pays déserts, la majesté des vieilles reliques!

Avec respect, disons mieux, avec religion, car partout où la grande et belle humanité a laissé sa trace, on peut religieusement s'incliner, nous avons salué les souvenirs du passé, païens et chrétiens, comme ils se présentaient, bien que ceux-ci fussent plus directement l'objectif de notre voyage. Tous parlaient successivement à nos âmes leur inoubliable langage : la Grèce patriote aux jeux olympiques, la Grèce héroïque à Tirynthe ou à Mycènes, la Grèce artiste à Athènes, le christianisme naissant à Éphèse, à Laodicée, à Colosses, sur les bords du Méandre endormi ou du Lycus bouillonnant, à Philadelphie, à Sardes dans les plaines que l'Hermus arrose de flots dorés, à Thyatire, à Pergame et jusqu'en Macédoine où nous sommes allés voir Philippes et Salonique. Tu jugeais que la journée était bonne et que la fatigue n'était pas grande, quand nous avions retrouvé un site perdu, déchiffré une stèle cachée sous l'herbe. Il y avait plus de joie encore à exhumer l'inconnu, qu'à admirer les chefs-d'œuvre debout dans les musées, ou au sommet des acropoles. C'est cette joie que je voudrais faire partager à mes lecteurs. Ils la goûteront, j'espère, s'ils acceptent de nous suivre, sans trop nous attarder en Grèce, jusqu'aux Sept Villes de l'Apocalypse.

E. LE CAMUS.

VOYAGE
AUX
SEPT ÉGLISES DE L'APOCALYPSE

Rome, ce 3 avril.

Ma station quadragésimale à Saint-Louis-des-Français s'est heureusement terminée. Les deux compagnons de route que je souhaitais sont arrivés. L'un est M. Vigouroux, cet excellent ami duquel je ne saurais me séparer, quand il s'agit de visites ou de recherches aux pays bibliques, nos travaux convergeant vers un même but, l'exégèse apologétique, et nos natures très différentes s'harmonisant à merveille, sans doute parce qu'elles se complètent. L'autre est un étudiant en droit de Narbonne, Henry Cambournac, photographe à l'occasion, et surtout mon neveu. Sans avoir ni frères ni sœurs, je me trouve l'oncle de beaucoup de monde, attendu que mes petits-cousins, pour mieux marquer la différence d'âge qui nous sépare, et me témoigner plus respectueusement leur affection, consentent à s'appeler mes neveux. J'aime celui-ci pour sa nature douce, prévenante, un peu timide, mais foncièrement droite et délicate. Son excellente mère, dont il est le portrait au moral et au physique, a eu le courage de me le confier, et je lui ai écrit ma reconnaissance. C'est un sacrifice que peu de femmes, attristées comme elle, par un veuvage prématuré, auraient le courage de s'imposer. Mais les natures douces sont souvent les plus énergiques, quand elles ont entrevu le bien à faire et l'avenir à préparer. Espérons que

M. l'abbé Le Camus.

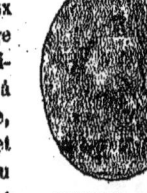

M. l'abbé Vigouroux.

Dieu bénira nos bonnes intentions. Henry a dit adieu à sa mère et à sa sœur en fêtant le Jeudi saint à Narbonne. Nous allons aujourd'hui célébrer pieusement la Pâque à Saint-Pierre. Dieu sera avec nous. Au reste, ce cher enfant peut dire que toutes les chances sont déjà pour lui. Arrivé d'hier, il aura sa messe du pape demain. Quelques-uns de mes amis, me voyant absorbé par mes prédications, se sont disputé le plaisir de lui montrer Rome à vol d'oiseau. L'Italie est un voyage qu'il doit refaire plus tard. Il ne veut qu'en prendre, au passage, une idée générale. Notre objectif actuel, c'est la Grèce et l'Orient. Pour ces pays, qui ont fait rêver tant de jeunes âmes, il a laissé Troplong, Dalloz, Rogron et tous les juristes rébarbatifs sur lesquels pâlissent les élèves de droit en seconde et troisième année.

M. Henry Cambournac.

M. Vigouroux, de son côté, s'escrime à laisser ses fièvres, fruit probable de son surmenage intellectuel. Il n'est pas le moins enthousiaste des trois pour aller saluer les vieilles Églises de l'Apocalypse. Le Pape, dans la longue et importante audience qu'il m'a donnée mardi, a béni d'avance notre voyage et nos efforts pour relever le niveau de ces études scripturaires qu'une de ses magistrales encycliques doit recommander.

C'est après-demain que nous partons. Jeudi soir il faut être à Brindisi.

Brindisi, 6 avril.

Quelle intéressante route que celle de Rome à Naples! Je viens de la refaire pour la vingtième fois peut-être, et les impressions qu'elles m'a laissées ont été aussi délicieuses qu'à mes premiers voyages. Ce départ de la Ville Sainte à travers la campagne hérissée de tombeaux, de cirques, de thermes, d'aqueducs en ruine, gigantesques vestiges de la Rome des Césars, demeure toujours empreint d'une douce tristesse qui ne déplaît pas à l'âme au moment où elle adresse son dernier adieu à la Rome des Papes, dont les basiliques, les dômes, les clochers, les obélisques, s'éloignent à l'horizon. Mon regard allait de ce qui a été détruit à ce que les siècles ont édifié, et ma pensée montait instinctivement vers Dieu qui, ayant ses vues sur l'humanité, les réalise avec son énergie patiente et suave à travers les âges. Mais voici que rapidement la scène a changé d'aspect. Les montagnes, en se rapprochant à notre gauche, nous ont laissé entrevoir Frascati, Albano, Rocca di Papa, Genzano, Némi, paysages exquis où M. Vigouroux et moi avons délicieusement philosophé, au bord des lacs, sous les grands arbres verts. Puis commence la série des jolies petites villes suspendues aux flancs, ou perchées au sommet des montagnes, Volletri, Anagni, Frosinone; les torrents qui se précipitent sous des ponts pittoresques; les souvenirs de saint Thomas au château d'Aquin, de saint Benoît à Monte Cassino, dont le monastère s'élève comme une forteresse à pic au-dessus de la vallée. Enfin, à travers la fertile plaine que Capoue et Caserte ont rendue célèbre, on arrive, par une délicieuse allée de jardins, en face du Vésuve fumant, auprès de la baie immense, entourée de palais, sillonnée de bateaux, inondée de lumière, où Naples, insouciante et joyeuse, baigne ses pieds.

Une assez courte halte dans cette jolie ville et à Pompéi m'a permis de faire voir à mes deux compagnons Sorrente, Capri et la Grotte d'Azur. Le temps est splendide et cette petite excursion leur a paru une ravissante féerie. Nous avons

Campagne romaine.

déjeuné, à Capri, avec M. Detrois, un aimable et vaillant artiste, qui prépare, sous le beau soleil d'Italie, des chefs-d'œuvre destinés à charmer le tout Paris, quand il se déterminera à les exposer. Il n'a pas été possible de l'entraîner avec nous, bien que son concours nous eût été promis pour le voyage. Ses dessins et ses croquis auraient heureusement complété nos investigations. Il y a des nécessités devant lesquelles on s'incline, mais non sans un cruel serrement de cœur.

Ce matin nous avons quitté Pompéi et nous voici à Brindisi, devant la colonne qui marquait la fin de la voie Appienne, et à bord du *Florio*, dont on lève l'ancre. La nuit est incomparablement belle. Nous devisons au clair de lune sur les mille souvenirs historiques qui se rattachent à Brindisi, ce port fameux par où les armées de Rome quittaient l'Italie et y rentraient pour jouer, dans de sanglantes batailles, le sort de l'empire. Ici débarqua Sylla, vainqueur de Mithridate et marchant sur Rome ; d'ici partit Pompée avec son armée, que César alla atteindre à Pharsale. A Brindisi aborda Cicéron revenant de l'exil ; à Brindisi mourut, à peine âgé de cinquante-deux ans, Virgile, arrivant d'Athènes avec Auguste ; à Brindisi le peuple accueillit par une immense lamentation

Port de Brindisi.

Agrippine, qui descendait de son navire en deuil, portant les cendres de Germanicus et escortée de ses jeunes enfants. Ici sont probablement passés les apôtres, Pierre allant de Corinthe à Rome, et Paul après sa première captivité. Tous ces personnages revivent à nos yeux, comme si plus de dix-huit siècles n'avaient pas pris place entre eux et nous. Sous les rayons argentés de la lune, le rivage paisible s'éloigne peu à peu. La ville semble bientôt flotter entre ciel et terre. L'ombre de quelques monuments s'y dessine comme des fantômes capricieux. Terre d'Italie, adieu. Nous serons demain à Corfou.

Corfou, 7 avril.

La mer est très belle. A leur petit lever, mes deux compagnons se félicitent mutuellement d'avoir été bercés une première nuit sur ses flots, sans payer de tribut. Quant à moi, je suis presque son vieil habitué, et je trouve depuis longtemps assez naturel de ne pas compter avec les misères qu'elle inflige à ses hôtes d'un jour.

Port de Corfou.

Vers midi, nous atteignons l'ancienne Corcyre, que les Byzantins ont appelée Corfou (Κορυφώ), probablement à cause des deux pointes rocheuses sur lesquelles est bâtie la citadelle. Dans la rade stationne un beau navire, c'est le vaisseau royal qui multiplie les salves d'artillerie pour annoncer la présence de Georges Ier, ou peut-être la fête de Pâques, plus tardive cette année chez les Grecs que chez nous. L'aspect général de la ville est très gracieux.

J'ai du plaisir à débarquer dans cette île des Phéaciens, quand je songe qu'elle fut si hospitalière pour Ulysse, et qu'elle a été si délicieusement chantée par Homère. Les autres souvenirs qui s'y rattachent, du temps de Périclès avant la guerre du Péloponèse, ou plus tard quand Rome fit la conquête de la Macédoine et de la Grèce, à plus forte raison ceux du Bas-Empire, du moyen âge et des luttes avec les musulmans, me laisseraient à peu près indifférent. La ville est en fête et le marché se montre très animé. Des milliers d'agneaux peints en rouge, en rose, en bleu, en jaune, en vert, tels que nous les avions vus, il y a cinq ans, à Smyrne, ont ici le plus grand succès, et se vendent avec entrain pour célébrer le repas pascal. Les églises sont pleines de fidèles en prière et de cierges flambants. Les costumes des montagnards nous semblent tout à fait primitifs. De larges peaux de moutons, assez mal cousues, leur servent à la fois de casques, de culottes et de manteaux. Le type de la population est d'ailleurs très commun.

Une rue de Corfou.

Une partie de la ville, celle qui est près du port, avec ses rues soigneusement pavées, ses réverbères scintillant au soleil, ses magasins, ses hôtels, son esplanade plantée de grands arbres, rappelle les jolies cités d'Italie. Sur la terrasse qui domine la mer, nous remarquons un obélisque et un petit temple circulaire élevé en l'honneur de deux gouverneurs anglais, les maîtres d'il y a quarante ans. Un palais de pierre blanche, qui profile un peu plus loin sa gracieuse colonnade et deux portes monumentales, est la demeure du roi des Hellènes, le maître d'aujourd'hui.

On parle ici indistinctement le grec ou l'italien, et la population paraît obligeante. Mais ce n'est pas la peine de s'attarder à des études de mœurs. Une voiture, que nous hélons, nous conduit à la fameuse promenade du Canon. C'est une déception. Nous n'y trouvons d'intéressant que le coup d'œil sur le canal, et plus loin sur les sombres montagnes d'Épire. La route, par elle-même, serait presque monotone, s'il ne suffisait d'un souvenir classique pour idéaliser rapidement le plus vulgaire des paysages. Qui ne sait que les vieilles poésies du passé ont toujours le privilège de donner un charme subit aux banalités du présent? Quelques jeunes filles, courant derrière notre voiture pour nous offrir les oranges de leur jardin, nous reportent à trois mille ans en arrière. « Tiens, ai-je dit, voilà les femmes qui luttaient de vitesse avec les mules de Nausicaa, quand la jeune princesse revenait du fleuve laver les riches vêtements d'Alcinoüs, son père! » Et c'est assez pour trouver aux coureuses une grâce et une agilité homériques.

Un pappas sur l'esplanade de Corfou.

De fait, au bout de cette promenade du Canon, nous sommes sur le site probable où se serait passée la ravissante idylle chantée par le poète grec. C'est dans la baie de Kardakio, qu'Ulysse, l'illustre naufragé, aurait abordé, vainqueur des flots en courroux, après deux jours d'angoisses et d'efforts. On sait que Neptune avait dispersé violemment les poutres du radeau qui le portait. Au nord et au sud, l'imagination nous fait retrouver les hautes falaises où l'intrépide nageur, entendant les vagues se briser, sentit son cœur défaillir et se dit : « Pourquoi avoir tant lutté, si je ne puis pas même toucher terre? » Sur un de ces rochers de l'âpre rivage, comme l'appelle Homère, une grande lame le poussa. Ulysse, étreignant de ses mains crispées le roc abrupte, avait heureusement laissé passer la vague, quand le reflux le frappant en pleine poitrine le rejeta presque aussitôt vers la haute mer. La peau de ses mains vigoureuses était demeurée collée à la roche qui lui échappait. Roulé dans des flots d'écume, le

Corfou, vu des hauteurs.

fils de Laërte tenta un suprême effort, et finit par atteindre l'embouchure d'un petit cours d'eau, où il trouva son salut. Nous voyons encore, çà et là, de grands oliviers dont l'épaisse ramure peut offrir un abri réconfortant au voyageur, et les feuilles d'hiver, amoncelées par le vent dans le creux du ravin, nous rappellent le lit d'occasion que se choisit ici l'illustre naufragé. Peut-être est-ce dans la source qui coule à nos pieds, près de la mer, que Nausicaa et ses compagnes à la belle chevelure, ayant plongé dans leurs lavoirs les vêtements royaux, les foulaient de leurs pieds agiles, luttant toutes de vitesse dans cette sommaire lessive, que depuis l'humanité a trouvé plus commode de faire avec les mains. Elles étendirent sur la grève leur linge soigneusement lavé, et s'étant baignées elles-mêmes, elles se parfumèrent avec de l'huile que leur avait donnée la mère de Nausicaa. Un repas champêtre préluda à des réjouissances plus bruyantes et, quand l'aimable princesse en eut donné le signal, toutes les laveuses se mirent à chanter en jouant à la balle. La balle, mal lancée, tomba dans la rivière et les jeunes filles poussèrent un cri qui réveilla Ulysse. On sait le charme incomparable avec lequel Homère a raconté la présentation difficile qu'avait à faire de lui-même le pauvre naufragé, la figure toute souillée par l'écume de la mer, le corps couvert de boue, labouré de larges écorchures et vêtu d'un simple rameau cueilli précipitamment à l'olivier voisin. Nos souvenirs littéraires font revivre un à un ces charmants détails. Henry est surpris de voir que nous n'avons pas perdu de vue ces chers classiques, dont nos bacheliers modernes font si peu de cas, n'en lisant une page, la veille de l'épreuve académique, qu'en se réservant le droit de l'oublier le lendemain.

Il me souvient même de la description que Nausicaa fait de sa ville, entourée de remparts élevés, et coupée en deux par un port à l'entrée étroite, mais assez vaste lui-même pour que chacun puisse y abriter son petit navire à la proue et à la poupe recourbées. L'Agora, devant le temple de Neptune, était pavée de

Statue de lionne, trouvée à Corfou[1].

grandes pierres blanches, et occupée par des marchands qui vendaient des cordages, des rames, des mâts et toute sorte d'agrès utiles aux marins. Malgré ces indications, je ne hasarderai qu'une hypothèse sur le site de la vieille ville, c'est que la lagune actuelle de Kalikiopoulo semble avoir été le port naturel qui y conduisait. Sur une de ces grèves, aujourd'hui transformées en marécages, furent les sièges en pierre polie où s'asseyaient le roi Alcinoüs et les douze petits rois, chefs du peuple, pour prendre leurs délibérations. Tout près, s'élevait le palais où fut offert le banquet d'honneur à ce vaillant Ulysse qui, en entendant l'aveugle Démodocos chanter la guerre de Troie, pleurait, et de ses mains nerveuses tirait sur sa tête son manteau de pourpre, pour cacher ses larmes. Là, le héros raconta aux Phéaciens émus sa propre histoire. D'ici, on le fit conduire dans sa chère patrie; mais quand le vaisseau qui était allé à Ithaque le déposer tout endormi près de la grotte des Naïades, sous le grand olivier, revint, Neptune, irrité, le toucha de sa main pesante et le changea en rocher. Le peuple

---

1. Les dessins ayant trait à l'archéologie ou à l'architecture grecque sont extraits de *la Restauration d'Olympie* et de *l'Architecture grecque* (bibliothèque de l'Enseignement des Beaux-Arts); ils ont été gracieusement mis à notre disposition par MM. May et Motteroz. Les vues ont été pour la plupart relevées par M. Henry Cambournac durant notre voyage et elles ne peuvent être reproduites sans notre autorisation.

croit que ce rocher est le petit îlot où, devant nous, s'élève une chapelle. Il porte le nom de Rescif d'Élisabeth, parce que l'impératrice d'Autriche a toujours eu des préférences pour ce site gracieux. Plus au sud, est la villa Achilléion, une de ses résidences d'hiver, que nous verrons bien mieux tout à l'heure, en allant sur Patras.

Comme nous retournons vers la ville, on nous fait remarquer, à gauche, vis-à-vis le casino du roi, le couvent de Saint-Théodore, sur une hauteur. C'est un peu plus au nord, après avoir franchi les arasements d'anciens remparts, qu'on a découvert, en 1843, l'antique nécropole de Corfou, sous les murs du fort Saint-Sauveur en démolition. Là, près de la *Strada marina*, furent mis à jour le tombeau de Ménécrate et une lionne accroupie dont l'expression archaïque rappelle celles que nous irons admirer sur la fameuse porte de Mycènes. Une église byzantine, dans le faubourg de Castradès, mérite d'être visitée, non pas seulement parce qu'elle a été bâtie avec les débris d'anciens temples, mais parce qu'elle est consacrée à deux hommes apostoliques, Jason et Sosipater, compagnons de Paul et, d'après la tradition, prédicateurs de la foi dans l'île de Corfou. Plus au nord, un autre sanctuaire est voué à saint Roch, ce qui flatte notre amour-propre de Français et de Méridionaux, car l'illustre thaumaturge était de Montpellier, et demeure en grande vénération dans nos pays.

Sur une place de Corfou.

Pour mieux jouir d'une seconde promenade dans la ville, nous mettons pied à terre. Un Syrien de Beyrouth, passager comme nous sur le *Florio*, et nous ayant suivi dans notre promenade, veut nous offrir des rafraîchissements dans un café. Les hommes que nous y trouvons paraissent des négociants fort occupés de leurs affaires. Le bazar, ou plutôt le marché, est plus calme que tout à l'heure. En revanche, les églises Saint-Spiridion, évêque de Chypre, mais patron de Corfou, parce qu'ici furent portées ses reliques, et Notre-Dame-de-la-Grotte, la cathédrale, que nous revoyons, sont envahies par la foule. Des femmes, plus richement vêtues que les autres, sans doute les marquises du pays, occupent des stalles, ce qui ne laisse pas d'être bizarre, car il est de tradition apostolique que la femme doit se résigner à une place plus modeste dans l'assemblée des fidèles.

Un vent violent s'est levé, et on nous invite à rejoindre le bateau, avant que la mer ne soit trop houleuse. Ce n'est pas sans peine que nous sautons dans notre barque. De grandes lames, arrivant par intervalles, lavent le quai dans toute sa longueur. La nuit risque d'être mauvaise. Courage, monsieur Vigouroux! Henry, du cœur! Neptune va expérimenter ta vaillance.

Patras, le 8 avril.

Nous avons, en effet, rudement dansé cette nuit. On avait de la peine à ne pas tomber de sa couchette. Des gémissements éclataient de toutes parts. C'est le prélude ordinaire des estomacs qui capitulent. Enfin, au jour levant, nous sommes dans le golfe de Patras et, peu après, dans le port où nous devons prendre terre. Henry se lève tout guilleret, et m'annonce qu'il n'a pas souffert. Quelques gouttes de chartreuse l'ont sauvé au moment critique. C'est bien. A mon avis, il a fait ses preuves. Étant demeuré indemne cette nuit, j'augure qu'il le sera à perpétuité. Quant à notre ami, M. Vigouroux, il s'est remis, avec sa bonté ordinaire, à solder, comme il y a cinq ans, le tribut à l'élément liquide qui nous porte où nous voulons aller. Heureusement qu'on n'en meurt pas. Cependant, quand je le vois ainsi souffrir sans se décourager, je me dis que la science a aussi ses martyrs.

En Grèce. Olympie.

Pour la seconde fois je débarque sur ces rives de Grèce, où tout parle à l'âme des grandeurs de la vieille humanité. Mon émotion est aussi vive qu'il y a cinq ans, et je salue avec le même enthousiasme tous les souvenirs de gloire, de génie, de courage, qui, sous tant de noms illustres, se dressent devant moi. C'est sur la terre hellénique que l'homme, livré à ses seules forces, a donné la plus vibrante note de sa valeur et de sa puissance personnelles.

Le ressort social qu'il y avait dans l'âme de ces petits peuples se coudoyant, se combattant, s'embrassant, rivalisant dans la littérature comme dans les armes, dans la poésie comme dans les arts, en fait de force physique comme en énergie morale, est, à l'étudier de près, quelque chose de prodigieux. Volontiers nous serions porté à croire que l'humanité, morcelée en petites familles, donne plus aisément l'expression de sa réelle énergie que groupée en ces agglomérations gigantesques, où beaucoup d'âmes d'élite n'arrivent jamais à se faire remarquer parmi les multitudes tumultueuses, et où les passions, d'autant plus violentes qu'elles sont moins contrôlées par l'opinion publique, étouffent souvent les plus éloquentes voix, gâtent dans leur germe les meilleurs fruits. Il en est peut-être des petits peuples comme des vins de bon cru, qui, peu abondants, sont toujours mieux soignés, et deviennent ainsi délicieux. Tout ce qu'ils peuvent être, ils le seront. Les autres, recueillis en masse, peu ou point travaillés, se vendront et se boiront sans gloire. La quantité fait obstacle à la qualité. Il y a quelque chose de mieux que le gigantesque, c'est l'exquis. Aux petits peuples revient l'honneur d'avoir poussé plus loin que les autres le développement physique, intellectuel et moral de l'humanité. Ils progressaient sans effort. Les moyens les plus simples étaient chez eux les plus efficaces. C'est ce que nous allons constater, en visitant aujourd'hui même Olympie et les souvenirs qu'on y a exhumés.

Du bateau au wagon qui va nous emporter, il n'y a qu'un pas, et ce n'est point la peine d'interrompre nos appréciations philosophiques sur la terre que nous foulons et les petits peuples qui furent sa gloire. Comme ils étaient faits ces Grecs de l'Attique, de la Laconie, de l'Élide, de la Messénie, de tous les districts de l'Hellade et des îles ! Une branche d'olivier, symbole de gloire, suffisait pour les mettre hors d'eux-mêmes, excitant leurs plus nobles convoitises, l'enthousiasme le plus vif, les agitations populaires les plus fraternelles. Oui, ils avaient la fibre délicate et un rien, pourvu que ce fût le signe authentique de la supériorité, de la prééminence, les rendait capables de sublimes folies. Que voulaient ces foules se pressant chaque quatre ans, à la pleine lune du solstice d'été, sur ce chemin d'Olympie, où nous sommes, sinon voir et acclamer la gloire ? On venait de tous côtés, par terre et par mer, faisant trêve à toute guerre et à tous travaux, pour célébrer des jeux, véritables solennités nationales, et y fêter les vainqueurs. Parents, amis et surtout maîtres qui les avaient formés, escortaient les athlètes arrivant pour concourir. Ceux-ci devaient être de race grecque — on n'admit les Romains à descendre dans l'arène que comme parents des Hellènes — hommes libres par la naissance et exempts de toute tache infamante. Une grande renommée les précédait. On les voyait marcher fiers d'eux-mêmes et de leur longue préparation à la lutte. Ils portaient dans leur poitrine vigoureuse le sentiment de leur force, et dans leur regard illuminé, un immense désir de gloire. Ce que tous les curieux, accourant à la fête, souhaitaient comme le suprême bonheur de leur vie, c'était de voir un représentant de leur petit pays l'emporter sur les autres par la vaillance et l'énergie. Rien de meilleur que cette émulation pour tenir haute l'âme d'un peuple. On peut dire que le stade d'Olympie, plus encore que celui des jeux isthmiques, néméens, ou pythiques, a été le foyer sacré où la Grèce puisa, avec les éléments de force physique et morale qui firent sa supériorité sur les Barbares de l'Asie, l'intensité de sa vie sociale et patriotique. Lycurgue de Sparte avait écrit sur un disque, encore exposé du temps de Pausanias dans le temple d'Héra, le décret fameux de la trêve de Zeus. En suspendant toute guerre[1] durant les fêtes olympiques, il rappelait heureusement et rendait visible l'unité hellénique que tant de guerres intestines s'obstinaient à compromettre. Ici, à des dates fixes, les peuples se retrouvaient frères et tous les cœurs battaient à l'unisson.

Après les patriotes d'autrefois nous y venons nous-mêmes. Dans la vie des nations, il y a quelque chose qui demeure toujours sacré et comme divin, c'est

---

1. Pausanias, v, 20; Thucydide, v, 49.

ce par quoi elles se sont faites et senties grandes. En visitant Olympie nous ne dérogeons guère à notre programme, car c'est bien ici une sorte de pèlerinage religieux que notre cœur d'homme ne pouvait négliger. La voie ferrée s'arrête

Vue de la plaine d'Olympie prise de la colline de Drouva.

à une gare construite avec quelque prétention de rappeler les temples antiques. Sur une colline voisine s'élève aussi un autre vaste édifice de style analogue, ce qui donne au paysage l'aspect d'une charmante féerie. Cet édifice est le musée d'Olympie, élevé aux frais d'un Hellène patriote, M. Zingros. Un modeste hôtel, composé de deux maisons que le chemin sépare, et tenu par un même propriétaire, M. Carianos, offre un gîte convenable aux voyageurs.

Après déjeuner, et sans perdre un instant, nous allons aux ruines. L'emplacement d'Olympie est facile à reconnaître dans ce triangle dont la base est formée au nord par le mont de Saturne ou Kronion, et dont les côtés s'allongent avec les deux cours d'eau, l'Alphée et le Cladéos qui se rencontrent au sud. Par delà ces rivières capricieuses, et parfois dévastatrices comme des torrents, s'élèvent plusieurs séries de monticules coniques du plus pittoresque effet. On dirait l'empreinte hésitante des derniers tressaillements de la terre, quand elle eut jadis inondé le pays du feu de ses volcans. Régulièrement arrondies et couronnées de pins, de tamaris ou d'oliviers, ces collines se couvraient, autrefois, de tentes, d'abris provisoires sous le feuillage, de campements de

Olympie. — Fragment de l'enceinte sacrée (restauration).

toute sorte où se logeaient des milliers de curieux venus pour assister aux jeux olympiques. De là ils dominaient le stade, l'hippodrome, l'Altis avec ses innombrables statues, le temple de Jupiter et tous les monuments groupés autour de lui. Quand on a lu dans Pausanias ce qui s'était accumulé, dans cet étroit triangle, d'édifices, de colonnes, d'autels, de représentations diverses de dieux, de héros, de coursiers, et qu'on observe les proportions restreintes du site lui-même, on est porté à croire que tout devait s'y toucher et constituer, à la fin, un amalgame où l'ordre et l'harmonie avaient quelque peu à souffrir. Chaque quatre ans c'était, avec une série nouvelle de vainqueurs, une collection nouvelle de statues à installer; or cela dura plus de dix siècles, de l'an 776 avant Jésus-Christ jusqu'en 393 de notre ère, soit 292 séries de triomphateurs. Ajoutons-y les ex-voto innombrables, édicules, statues de dieux, autels, constructions luxueuses, élevés par la reconnaissance des villes, la piété ou la vanité de grands personnages, et vous soupçonnerez comme moi que, quand Théodose abolit définitivement les jeux olympiques, il ne devait plus rester de place pour les lauréats des derniers temps. Les fouilles entreprises par les Allemands, de 1874 à 1881, devaient produire et ont produit d'intéressants résultats. Nous en jugerons demain, dans le musée près duquel nous nous sommes arrêtés afin de dominer tout le vallon d'Olympie. Mais 130 marbres sculptés, statues ou bas-reliefs, 13,000 bronzes d'importance minime, 1,000 terres cuites, 400 inscriptions, et 6,000 médailles, qu'est-ce que cela en regard de ce qu'il y eut ici? Presque rien. Il est vrai que les empereurs de Constantinople avaient enlevé les objets les plus précieux pour en décorer leur capitale et qu'Alaric était passé à Olympie avec ses Goths pillards et dévastateurs; cependant tout laissait supposer que les inondations de l'Alphée et du Cladéos, les éboulements successifs du Kronion, ayant couvert périodiquement

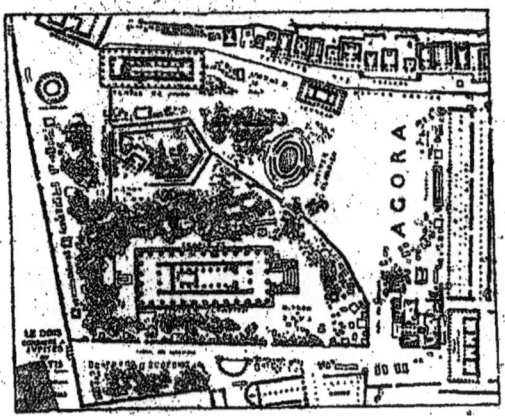

Olympie. — Plan restauré de l'enceinte sacrée.

d'un sable protecteur les antiques ruines, il restait encore bien des chefs-d'œuvre à exhumer. Les chercheurs, tout en trouvant beaucoup, ont eu une réelle déception.

Le coup d'œil général sur le site d'Olympie est saisissant et porte à rêver. Mais nous ne sommes pas ici pour cela. Abordons en détail les ruines, en descendant dans le vallon qui est à nos pieds. Nous n'avons rien des anciens athlètes et nous ferions piètre figure à la course, au disque, ou au pancrace, et pourtant nous nous redressons avec quelque fierté en foulant ce sol des grandes luttes. On dirait qu'il nous fait passer des pieds à la tête, sinon un courant belliqueux, du moins un renouveau de jeunesse. Henry pique un pas gymnastique des plus accélérés, c'est son droit à son âge. Je le montre à M. Vigouroux, en disant le vers provocateur d'Horace :

Sunt quos curriculo pulverem Olympioum
Collegisse juvat.

Mais, pas plus que moi, ce vénérable ami n'entend se départir de sa gravité, et c'est solennellement, qu'après avoir franchi le Cladéos sur une planche, nous arrivons au milieu des premières ruines, qui sont d'ailleurs les moins importantes.

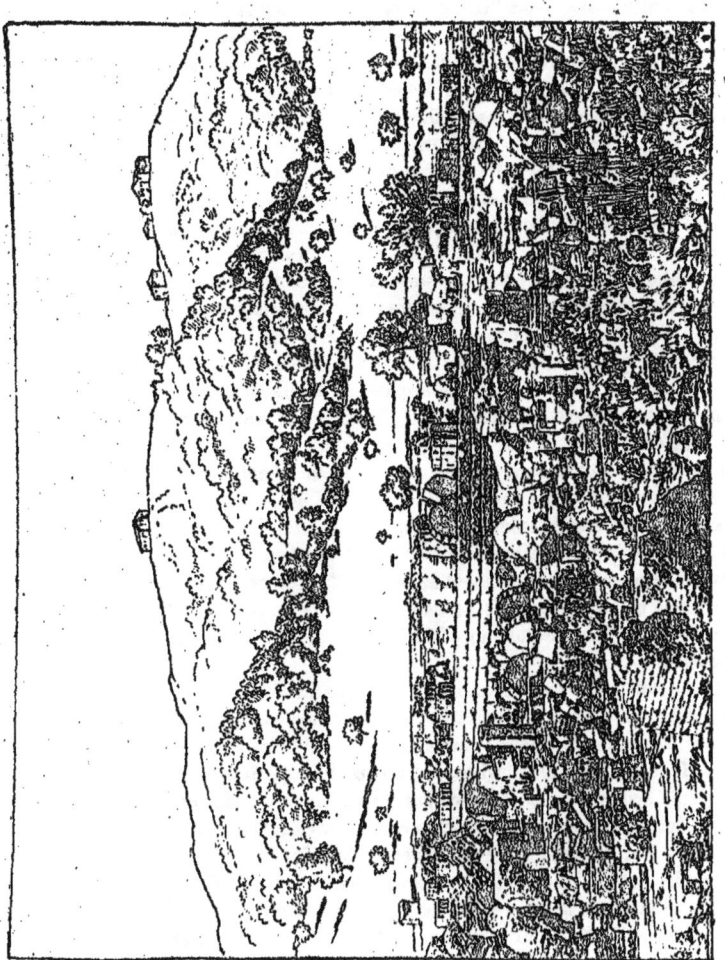

Ruines du temple de Zeus.

Suivons-les du nord au sud, avant de pénétrer dans l'Altis, ce bois sacré qui entourait le temple de Jupiter. Les premières sont celles d'un vaste gymnase avec propylées, portiques et palestre, tels que les mentionne Pausanias. Là s'exerçaient, sous les yeux des Hellanodiques, ou juges délégués par la Grèce entière, les futurs concurrents. A droite, près du Cladéos, furent les Thermes romains, et immédiatement devant nous se dressent les restes du Théocoléon, avec ses deux ailes d'époque différente, l'une grecque et l'autre romaine. Là habitaient des prêtres entretenant, dans l'Héroon circulaire qui s'y rattache au couchant, le culte d'ancêtres légendaires. Une église byzantine, détruite depuis longtemps, marque, dit-on, la place de l'atelier de Phidias. On sait que, pour permettre au grand artiste de mieux combiner les effets de perspective de son Jupiter, on l'avait installé dans une construction absolument pareille, comme proportions, à la Cella du temple. Le Léonidaion, grand édifice carré, qui se trouve encore plus bas vers le sud, fut bâti par Léonidas d'Élée, et agrandi par les Romains. C'est là qu'on recevait les hôtes de distinction venus pour assister aux fêtes. Les débris d'arc triomphal qui touchent à l'angle nord-est de ce monument marquent une des entrées de l'Altis. Un mur[1], dont les arasements sont seuls visibles, indique sur trois côtés le pourtour de cette enceinte sacrée. Au nord, une série d'édifices la rattachait au mont Kronion. Ils avaient tous une destination pieuse. Ce qui frappe le plus, quand on étudie les ruines de l'antiquité, c'est le rôle que la religion jouait dans la vie sociale, plus encore que dans la vie domestique. Sans longue philosophie, et uniquement d'après le cri de la conscience, les anciens jugeaient que l'homme naît essentiellement religieux, et ils ne concevaient pas de fête publique ou privée, de démonstration de joie ou de deuil, sans regard vers la divinité pour l'implorer ou la remercier. Quelle aberration, dans nos sociétés modernes, de vouloir convier l'homme à l'enthousiasme, aux grandes manifestations patriotiques, en faisant abstraction de l'instinct de religiosité qui est en lui et par lequel, plus que par tout le reste, il se sépare essentiellement de la bête! Tant qu'on ne voudra pas compter avec cette exigence innée de la nature humaine, nos fêtes nationales seront fatalement vouées à devenir un périodique ennui pour les peuples invités à les célébrer.

Avant tout, les jeux olympiques eux-mêmes étaient une manifestation religieuse. La Grèce y rendait hommage au maître des dieux en appelant autour de son temple, pour y témoigner de leur force et de leur adresse, les plus vigoureux, les plus agiles, les mieux exercés de ses fils. Ces hommes venaient là comme à une convocation sacrée. Ils chantaient des hymnes, portaient des rameaux et des bandelettes comme des suppliants, demandant au ciel de bénir leur courage et de récompenser leur longue préparation. Avant de descendre dans l'arène, ils allaient devant l'autel de Zeus Orkios prêter serment d'être loyaux dans la lutte, et quand ils avaient vaincu, c'est encore à Jupiter qu'ils venaient offrir leur couronne et leurs actions de grâces. Les derniers jours de ces triomphateurs se passaient eux-mêmes dans une atmosphère religieuse digne de remarque. Le Prytanée, où ils avaient le droit de vivre, était en même temps un temple, où Vesta, la chaste déesse, gardienne du foyer domestique, se montrait plus spécialement la divinité tutélaire des athlètes

---

1. Pausanias, VIII, 54; Pindare, Olymp., VIII, 12.

vainqueurs, hommes de caractère dont la plupart avaient acquis, par la mortification des passions brutales, le droit d'avoir le muscle puissant et l'âme énergique.

A travers ces réflexions, nous nous sommes dirigés vers l'endroit où fut l'Olympiéion. Tel qu'il a été déblayé, le terrain laisse voir, comme point central et saillant, sur une terrasse un peu élevée, au sud de l'enceinte sacrée, l'area du fameux temple bâti par les habitants d'Élis en l'honneur de Jupiter. Nous y arrivons en franchissant tout un chaos de débris qu'au premier aspect on jugerait infranchissable. Là, assis sur le fût colossal d'une colonne dorique, nous reconstituons un à un, Pausanias en main, les détails du chef-d'œuvre de Libon[1]. Ce temple, contemporain du Parthénon d'Athènes, fut hexastyle et périptère. Il mesurait 64 mètres de long, 27 de large et 21 de haut à ses deux frontons. On avait employé pour le bâtir certaine pierre poreuse qu'un enduit de stuc rendait brillante comme le marbre. Les sculptures décoratives furent attribuées à Pæonios et à Alcamène. Nous en verrons demain des fragments au musée. Ce que nous ne verrons pas, ce sont les deux portes

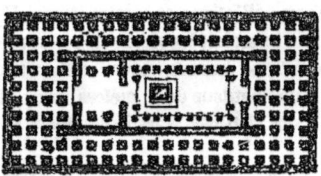

Plan du temple de Zeus.

de bronze qui fermaient le temple à ses deux extrémités. Les artistes y avaient ciselé les douze travaux d'Hercule. Ce que toute notre imagination reconstituera bien moins encore, c'est le fameux Jupiter de Phidias, assis sur son trône et atteignant une hauteur de 13 mètres. A en croire les anciens, ce fut là le dernier mot du génie de la sculpture. La tête, d'ivoire et d'or, était éblouissante sous la puissante chevelure et la couronne d'olivier qui en achevaient l'ornement. On dit que l'artiste s'était inspiré, pour mettre dans la physionomie divine la prodigieuse expression de puissance, de sagesse et de bonté qui la caractérisaient, du passage où Homère représente le maître des dieux fronçant ses noirs sourcils, et ébranlant les profondeurs de l'Olympe, quand s'agitent les cheveux parfumés d'ambroisie de sa tête auguste. Dans sa main droite il tenait la Victoire ailée, et dans la gauche un sceptre sur lequel se reposait un aigle. Le manteau, laissant voir une épaule et le haut de la poitrine faits d'ivoire, couvrait tout le reste du corps. Il était d'or avec des teintes diverses et des ciselures représentant des animaux et des semis de fleurs. Le trône semble n'avoir pas été moins merveilleux que la statue. Phidias avait essayé d'y graver comme un abrégé de la mythologie antique, en sculptant les Grâces et les Saisons au sommet de l'immense fauteuil, et les grandes divinités à la base. Des lions portaient le tabouret d'or où le dieu reposait ses pieds. Sur tous les points, l'ivoire, l'ébène, l'or, les pierres précieuses, avaient été admirablement fouillés. Puis, signant l'incomparable travail, l'artiste avait écrit au bas : Œuvre de

1. Pausanias, v, 10.

l'*Athénien Phidias, fils de Charmidas*. Le grave Épictète disait : « Considérons comme un malheur de mourir sans avoir vu le Jupiter de Phidias. » Il faut bien nous résigner à cette infortune, car la statue a disparu depuis quinze cents ans. Théodose la fit porter à Constantinople et un incendie l'y consuma quelque temps après. On doute que des copies, même médiocres, de ce chef-d'œuvre soient arrivées jusqu'à nous. Peut-être, en effet, ne se trouva-t-il jamais d'artiste assez téméraire pour essayer de reproduire l'œuvre prodigieuse qui arrachait aux admirateurs ce cri : « O Phidias, ou tu es monté au ciel pour y voir Dieu, ou Dieu est descendu sur la terre pour se montrer à toi. »

Un lieu plus vénérable, quoique moins orné que le temple, c'était l'antique autel de Jupiter. Il se trouvait au centre même de l'Altis, là où jadis on avait offert les premiers sacrifices, et où furent rendus les premiers oracles. Il était de forme elliptique et à deux étages. Une partie de l'étage inférieur, *Prothysis*, où l'on immolait les victimes, est encore reconnaissable. Sur cette plate-forme s'élevait une seconde terrasse entièrement édifiée avec la cendre des sacrifices. Là, à une hauteur de 7 mètres, était placé l'autel où les prêtres brûlaient la chair des victimes. Vers le couchant de l'autel et au nord du temple, on vénérait le tumulus où Pélops, le héros d'Olympie, ce premier vainqueur, qui avait triomphé par ruse de l'invincible Œnomaüs, était enseveli. De forme pentagonale, irrégulière, il était jadis planté d'arbres et couvert de statues. Sa trace est à peine reconnaissable. L'Héraïon, ou temple de Junon, plus au nord, peut au contraire aisément se reconstituer. Il était d'ordre dorique et remontait à une très haute antiquité. Plusieurs le considèrent comme le plus ancien temple de la Grèce. Primitivement ses colonnes furent de bois. A mesure qu'elles tombèrent vermoulues, on les remplaça par des colonnes de pierre. Une d'elles subsistait encore au temps de Pausanias, dans l'Opisthodome. Par ces mutations successives s'explique la différence de pierre, de moulures, de proportions qu'il y eut d'une colonne et d'un chapiteau à l'autre. Ce sanctuaire était rempli d'objets précieux, et le périégète grec emploie de longues pages à décrire le fameux coffre de cèdre, avec incrustations d'ivoire et d'or, où Cypsélos, tyran de Corinthe, avait été caché par sa mère. Dans les ruines de l'Héraïon a été trouvé, gisant non loin de son piédestal, le fameux Hermès avec le jeune Dionysos sur le bras, œuvre de Praxitèle mentionnée par Pausanias, et une des belles productions de l'antiquité. Là était la table où se plaçaient les couronnes

Fragment de mosaïque du pronaos du temple de Zeus.

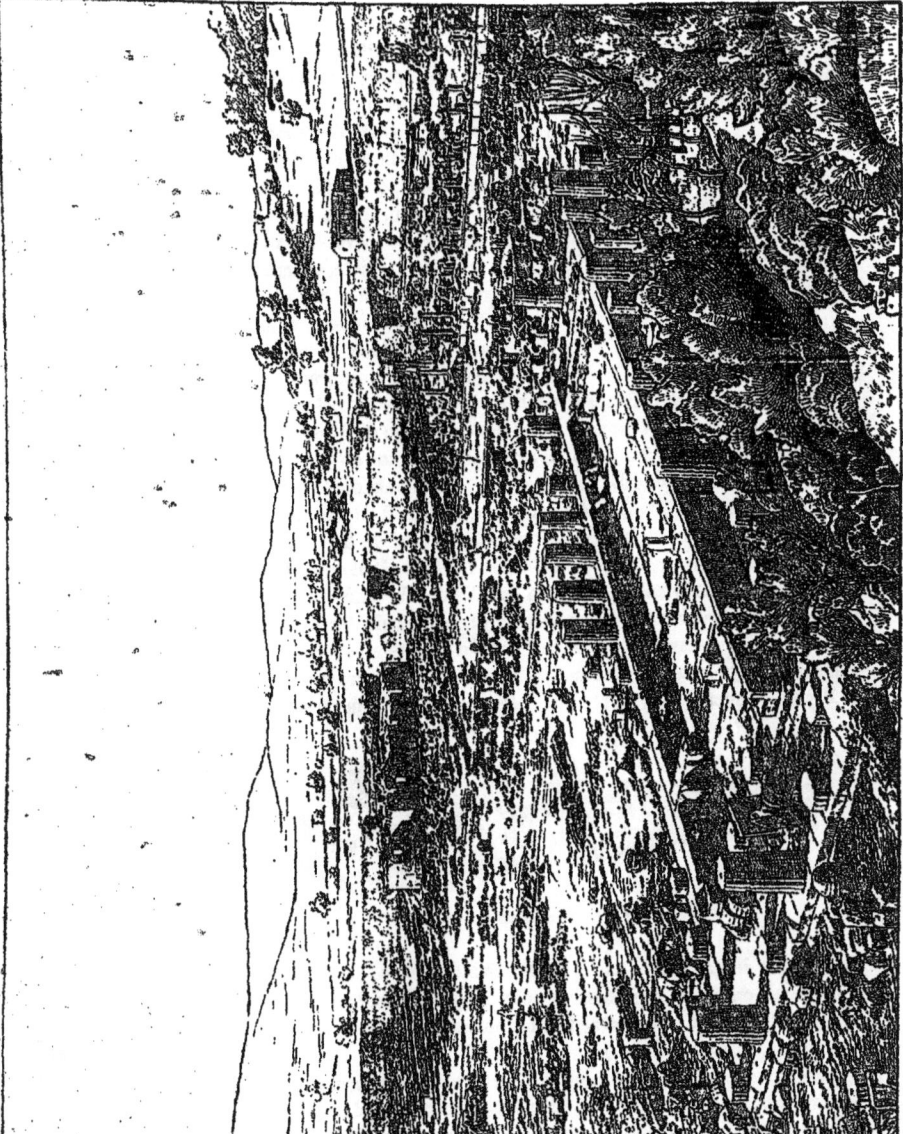

Vue de l'Héraeon, du gymnase et de la partie sud-ouest des fouilles.

cueillies à l'olivier planté, disait-on, par Hercule, près du temple de Jupiter, et destinées aux vainqueurs des jeux olympiques. Le culte d'Héra ou de Junon était presque aussi populaire que celui de son époux. On était allé jusqu'à établir en son honneur des courses de jeunes filles qui, à demi nues et les cheveux au vent, descendaient dans le stade pour y lutter entre elles de vitesse. Elles avaient pour juges les prêtresses du sanctuaire. Enfin vers le levant et exactement au nord de l'autel de Zeus, un troisième temple, encore d'ordre dorique, mais de plus petites proportions, le Métroon, consacré à la mère des Dieux, complétait la série des édifices sacrés. Ce qui était prodigieux, c'était le nombre de statues de divinités, de héros et d'athlètes victorieux qui avaient envahi le reste de l'Altis. Nous n'avons pas le courage d'en poursuivre l'énumération dans Pausanias. Jupiter à lui seul y figurait plus de quarante fois.

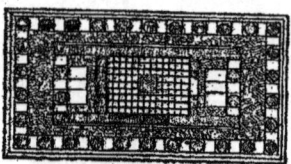

Plan du Métroon.

Ainsi que nous l'avons déjà observé, le côté septentrional du bois sacré n'était pas, comme les autres, fermé par un mur, mais il se trouvait couvert, sans interruption, par une série d'édifices adossés au pied du Kronion. Au couchant de l'Héraïon, et fermant l'angle nord-ouest de l'Altis, était une gracieuse rotonde que Philippe avait fait élever après la bataille de Chéronée. L'ordre ionique à l'extérieur et le corinthien à l'intérieur s'y harmonisaient heureusement en un double rang de colonnes. Là étaient les statues d'Amyntas et de Philippe, d'Eurydice et d'Olympias, leurs femmes, enfin celle d'Alexandre le Grand. Plus haut, le Prytanée touchait à la montagne. C'était la résidence des magistrats chargés

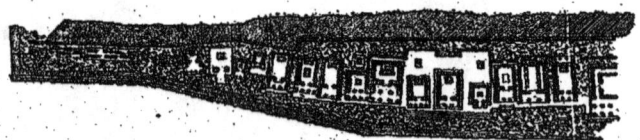

Terrasse des Trésors.

de la police de l'Altis et le palais où l'on fêtait d'abord, et où l'on installait définitivement, quand ils voulaient y prendre leur retraite, les athlètes vainqueurs. L'autel d'Hestia, où le feu sacré brûlait nuit et jour, se trouvait dans un petit sanctuaire, au milieu de la cour.

Si nous suivons l'Altis au levant de l'Héraïon, nous trouvons l'exèdre d'Hérode Atticus, grande construction en briques, formant un hémicycle avec un petit temple à chaque extrémité, et quinze statues entre les pilastres corinthiens qui dessinaient le demi-cercle. Les eaux, dérivées de l'Alphée, tombaient par deux têtes de lion dans un bassin de marbre blanc, et allaient entretenir la fraîcheur dans les bosquets de l'Altis. Les statues représentaient des membres de la famille impériale ou des parents d'Hérode, qui avait voulu donner au monument lui-même le nom de sa femme, Régilla.

A la suite de cet édifice, vers l'orient, sur une terrasse élevée et s'appuyant au Kronion, treize constructions se succédaient en forme de petits temples. C'étaient les trésoreries où un certain nombre de villes, Sicyone, Syracuse, Épidamne, Byzance, Sybaris, Cyrène, Selinonte, Métaponte, Mégare, Géla et trois autres, tenaient enfermées les offrandes consacrées par elles à Jupiter. Au bas de la terrasse, et parallèlement aux trésors, étaient des statues de Jupiter, les Zanès — ce nom était un dérivé archaïque de Zeus — élevées avec les amendes infligées aux athlètes coupables de quelque forfaiture pendant les jeux. Seize des piédestaux qui les supportaient ont été retrouvés.

Au mur oriental de l'Altis s'appuyait une galerie dite le Pœcile, parce qu'elle

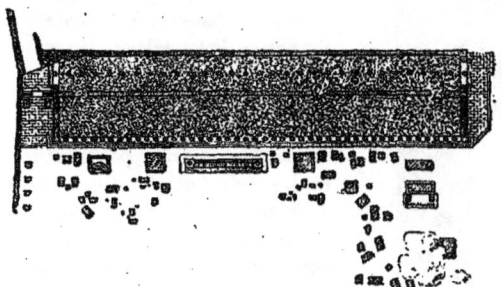

Le Pœcile dans l'Agora d'Olympie.

était ornée de peintures diverses, ou encore le Portique de l'Écho, parce qu'un mot prononcé sous ses voûtes était répété jusqu'à sept fois. De ce vaste portique, on dominait toute l'enceinte d'Olympie, et volontiers les promeneurs s'y tenaient à l'abri du soleil ou du mauvais temps. Une petite terrasse rectangulaire, s'avançant vers la portion de l'Altis réservée à l'Agora, paraît avoir été soit une place d'honneur pour les magistrats, soit une tribune où les artistes pouvaient exposer leurs œuvres, et les poètes, les orateurs, les historiens lire au public leurs compositions. Difficilement, en effet, une race, aussi heureusement douée pour les arts et la littérature que pour les exercices du corps, aurait négligé de réserver, à côté des exhibitions de la force physique, une place aux plus nobles produits de l'art et de l'esprit humain. Là, où, selon d'autres, derrière l'Opisthodomos du temple de Jupiter, les peintres exposaient leurs tableaux et les sculpteurs leurs statues, écoutant la critique du peuple et cherchant à en profiter; là, Hérodote, en lisant les belles pages de son histoire, excita le feu sacré dans l'âme de Thucydide encore enfant; là Lysias et Isocrate prononcèrent des discours où l'harmonie du langage exerçait sur les Grecs cette fascination de l'oreille, si l'on peut ainsi dire, qui dispense de l'énergie dans la pensée.

A l'extrémité nord du Portique de l'Écho était l'entrée du Stade, et à l'extrémité sud celle de l'Hippodrome, ces deux théâtres des grandes luttes. Le Stade, qu'on abordait par un passage couvert, dont une partie existe encore, est très insuffisamment déblayé. On s'est contenté de mettre à jour les deux points extrêmes, afin de retrouver la dimension exacte de l'arène. C'était important pour fixer définitivement la métrique des anciens. On sait que la longueur du Stade olympique était une de leurs mesures couramment adoptées. Elle est de 192 m. 27 cent., et le pied olympique doit être fixé à 0 m. 3204. La contre-épreuve ayant été faite sur les dimensions de l'Olympiéion, indiquées par les auteurs anciens, il s'est trouvé que les chiffres sont exacts. Nous regrettons vivement qu'un site si célèbre n'ait pas été entièrement exhumé. Il y aurait un intérêt très réel pour les visiteurs à retrouver, à peu près tel qu'il fut jadis, ce champ-clos fameux où la force et l'agilité ont, durant de longs siècles, triomphé avec tant d'éclat. Un des côtés était adossé au bas de la colline, les trois autres s'appuyaient sur des substructions encore visibles. Quarante mille spectateurs, au moins, pouvaient prendre place sur les pentes inclinées. Les autres regardaient du haut des terrasses du Kronion. Quelles scènes d'enthousiasme, il faudrait dire de noble chauvinisme, se sont passées ici! Le peuple était ivre d'orgueil et de joie, quand il voyait entrer dans l'arène ces hommes dont on racontait des prodiges et qui venaient les reproduire sous ses yeux : Polydamas, par exemple, qui arrêtait tout à coup, en saisissant l'une de ses roues, le quadrige lancé à toute vitesse, ou retenait dans sa main nerveuse le sabot d'un taureau fuyant devant lui ; Milon de Crotone qui rompait, en gonflant ses tempes,

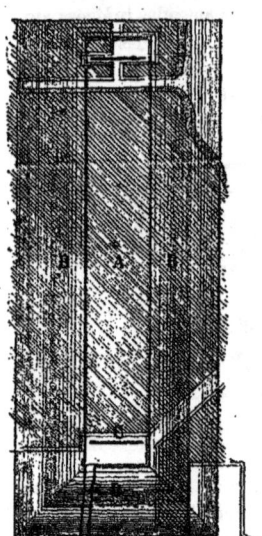

Le Stade d'Olympie.
A, Piste. — B, B, Talus. — C, Barrière de départ.

les liens dont on avait environné sa tête, ou portait sur ses épaules, au pas de course, tout autour du Stade, le bœuf qu'il allait immoler à Jupiter.

On sait que les jeux, limités primitivement à une course dans l'arène, devinrent bientôt le pentathle[1], complication variée de quatre autres épreuves, le jet du disque et du javelot, le saut et la lutte. On y ajouta encore, mais très malencontreusement à mon avis, car il avait quelque chose de barbare et de déplaisant dans des fêtes toutes joyeuses, le combat du ceste ou le pugilat, lequel, combiné avec la lutte corps à corps, constitua le pancrace. Par cela même qu'on variait les exercices, il fallut prolonger la durée du concours et porter de un à cinq le nombre des jours consacrés aux fêtes Olympiques. D'ordinaire tout le

1. Pausanias, v, 6, 6.

monde était rendu à l'avance. La veille et l'avant-veille on offrait des sacrifices, et on donnait des banquets ; on s'organisait en théories sacrées; on s'informait des concurrents, de leur histoire, des chances diverses de succès. Puis on attendait impatiemment le moment solennel. Dès l'aube, les hommes — de tels spectacles étaient sévèrement interdits aux femmes — venaient en foule s'installer sur les remblais du stade. Puis à l'heure dite, et au milieu d'un silence plein d'anxieuse curiosité, les concurrents et leurs juges faisaient leur entrée par le passage voûté mentionné tout à l'heure. Un tirage au sort assignait à chacun son adversaire, et la lutte commencée se poursuivait jusqu'à ce qu'un seul champion demeurât le vainqueur de tous. Alors, des applaudissements, des cris d'enthousiasme saluaient le triomphateur. Les parents, les amis, se pressaient autour de lui et le promenaient sur leurs épaules, afin que chacun pût le voir de près et le complimenter. Un héraut criait son nom, sa famille, sa ville d'origine. Ici, des pères sont morts de joie, comme Chilon, serrant dans ses bras son fils triomphant, et Diagoras, de Rhodes, tenant dans ses mains les couronnes de ses deux aînés, vainqueurs le même jour, qui promenaient l'heureux vieillard sur leurs épaules. Celui-ci, pour partager leur gloire, rappelait ses triomphes d'autrefois. Quelqu'un lui cria du milieu de la foule : « Meurs, puisque tu n'as plus rien à désirer ! » Et Diagoras, fermant les yeux, succomba, en effet, à l'émotion heureuse qu'il éprouvait. Ici, une mère, fille et femme d'athlètes, Phérénice, de Rhodes, déguisée en homme [1], vint, au péril de sa vie, parmi les spectateurs, suivre de près les chances de son fils dans les péripéties de la lutte. Toute femme, convaincue d'avoir assisté aux jeux Olympiques, était précipitée des hauteurs du Typée, une roche qui se dresse encore au delà de l'Alphée. Quand Phérénice vit son fils vainqueur de ses adversaires, elle se précipita dans l'arène pour l'embrasser en criant : « Je suis sa mère ! » L'assemblée, admirant l'irrésistible élan de l'orgueil maternel, jugea qu'il n'était pas possible d'appliquer la loi portée contre les femmes et non contre les mères. On lui fit grâce.

Quand les chances étaient partagées, des cris d'encouragement, des reproches, des conseils, des appels suprêmes, se faisaient entendre de toutes parts. Un vieux laboureur qui avait tiré son fils de la charrue pour en faire un athlète, parce qu'il le voyait se servir de son poing comme d'un marteau pour redresser le fer tordu, le suivit aux jeux Olympiques. Le jeune homme avait affaire à un lutteur plus agile que lui, et le vieillard lui criait : « Glaucus, frappe donc, frappe comme sur la charrue ! »

La vitesse des coureurs était si grande, malgré la mobilité du sable répandu dans l'arène, qu'à peine si on les voyait passer. Ceux qui lançaient le disque ou le javelot, étonnaient toujours par leur vigueur la foule qui s'attendait pourtant à des prodiges. L'exercice du saut admettait un tremplin pour prendre l'élan et des haltères pour s'arrêter à propos. Le vainqueur bondissait ainsi le plus souvent à une distance de 15 et 16 mètres. La lutte du pugilat avait quelque chose de particulièrement sauvage ; car, si le comble de l'adresse était de parer tous

---

[1]. Pausanias, v, 6, 8.

les coups de l'adversaire et de l'épuiser sans le frapper, le plus souvent on ripostait par des coups qui portaient, et plus d'un lutteur tombait les dents brisées, la tête fendue, au milieu de l'arène. Il est vrai qu'on n'était pas proclamé vainqueur quand on tuait son adversaire, et on sait que Cléomède devint fou, en se voyant refuser la palme du triomphe, parce que son adversaire avait expiré dans ses bras. Généralement ces combats n'avaient jamais lieu sans cruelles blessures, et l'on s'étonne, à bon droit, que la civilisation la plus avancée de l'antiquité ait pu se plaire à de tels spectacles.

Henry écoute avec intérêt mes explications sur le pentathle, mais son attrait principal, s'il eût vécu il y a deux mille ans, aurait été pour les jeux de l'hippodrome. Ces courses de chars à quatre chevaux tournant à la borne de la *sphendoné*, où tout à coup le démon Taraxippos devait les effrayer et produire des écarts qui mettaient tout dans un désordre plein d'intérêt pour les spectateurs ; ces luttes de chevaux faisant, rapides comme l'éclair, douze fois le tour de l'arène, et méritant ainsi, non seulement la palme du triomphe, mais l'honneur d'être reproduits en bronze ou en marbre, dans les bosquets de l'Altis, l'eussent vivement passionné, et il donne un cri de sympathique admiration à cette fameuse jument de Pheidolas qui, ayant démonté son cavalier, n'en arriva pas moins bonne première et s'arrêta, superbe, devant la tribune des juges, comme pour demander sa récompense. Eh bien, mon cher, il y eut quelque chose de plus beau que ces triomphes, ce fut l'apparition de Thémistocle, de Philopœmen ou de Platon, au milieu des jeux Olympiques, et la grande assemblée se levant tout entière pour acclamer dans ceux-là les sauveurs de la patrie, et dans celui-ci, le sauveur de la pensée religieuse dans l'humanité et l'initiateur aux rêves de la plus sublime philosophie.

De l'hippodrome, il ne reste rien. L'Alphée a couvert de vase le creux de terrain qu'il occupait. On sait bien, d'après Pausanias, qu'il était voisin du Stade, et un affaissement du sol, à partir des ruines appelées l'Hexagone, marque sa direction probable. Comment se fait-il qu'on n'y ait pas essayé des fouilles pour reconstituer cette lice fameuse, où avaient lutté les chars de très illustres champions, nobles bourgeois d'Athènes, comme Alcibiade, les rois comme Philippe de Macédoine, Pausanias de Lacédémone, ou empereurs romains, comme Néron, jaloux d'ajouter à leur glaive ou à leur diadème d'or une simple couronne de laurier ? En dehors du plaisir qu'on pouvait avoir à nous la montrer telle qu'elle fut, ne devait-on pas espérer, sans trop de présomption, trouver, couchés dans la vase, sinon le dauphin qui s'abaissait et l'aigle qui s'élevait pour donner le signal des courses, du moins quelqu'un de ces chefs-d'œuvre de la statuaire qui ornaient généralement la *spina* de tous les hippodromes ?

Les restes de murs et de colonnades exhumés au sud du Portique de l'Écho et qu'on nomme maison de Néron, galerie d'Agnaptos, sont encore scientifiquement indéterminés. Une porte romaine, à trois arceaux, que l'on rencontre en revenant vers le couchant, me semble ne se rattacher à rien, tant sont insignifiantes les ruines qui l'entourent. Peut-être fut-elle une des entrées de l'Altis dont le mur rejoignait ici le Bouolutérionou, maison des anciens. C'est dans cet édifice qu'était cet autel de Zeus Orkios dont nous avons parlé, et devant lequel, la main étendue sur les entrailles fumantes des victimes, les concurrents prenaient le ciel à témoin qu'ils avaient rempli et qu'ils rempliraient dans la lutte les conditions imposées par l'usage de la loi.

Cependant, M. Vigouroux et Henry m'ont quitté depuis quelque temps, et je les vois errer sur les bords de l'Alphée où ils cueillent des fleurs ravissantes. Henry en effeuille quelques-unes dans l'eau du fleuve qui se précipite. Fait-il un vœu au pauvre berger d'Arcadie changé en fleur et soupirant encore pour la nymphe Aréthuse qu'il va poursuivre, disaient les anciens, à travers les flots, jusqu'à la gracieuse fontaine de Syracuse, en Sicile? Je n'en crois rien. Son cœur est au calme parfait. Je jouis du bonheur de mes deux compagnons que je suis de l'œil, tout en me promenant sur les débris du portique méridional, là même où se promenaient les magistrats d'Olympie, quand ils contemplaient le peuple au milieu de ses divertissements dans les prairies longeant le fleuve. D'ici ils virent, par une belle nuit du mois de juillet de la 236ᵉ Olympiade, en 165 de Jésus-Christ, un groupe d'hommes, munis de torches enflammées, escorter un véritable fou qui allait volontairement à la mort. Le fou, après une jeunesse pleine de crimes, s'était rendu en Palestine où il avait embrassé la foi chrétienne. Son nom était Pérégrin, et sa patrie, Parium sur l'Hellespont. Habile à dissimuler ses vices autant qu'avide de popularité, il prêcha, il écrivit des livres, et se fit emprisonner comme défenseur de l'Évangile. On l'avait élevé, d'après ce que dit Lucien, à la dignité de prêtre et peut-être d'évêque. Les fidèles, jaloux de le vénérer dans ses fers, adoucissaient sa captivité par les attentions les plus délicates. Quand le gouverneur de Syrie le mit en liberté, les largesses de l'Église l'aidèrent à entreprendre de nombreux voyages. Mais le loup se laissa enfin entrevoir sous la peau de brebis que la ruse lui avait faite et, sans hésiter, on l'excommunia publiquement. Cette sévère leçon ne déconcerta guère sa nature perverse. Il se fit philosophe cynique, cela convenait à son orgueil froissé, et lorsqu'il eut promené à Alexandrie, à Rome, à Athènes, sous le nom de Protée, son manteau, ses longs cheveux et son bâton de disciple de Diogène, mettant, ainsi que son maître, sa gloire à insulter tout grand personnage, bourgeois ou empereur qui passait devant lui, comme ses excentricités lui valaient de minces succès, il résolut de se rendre fameux par une mort extraordinaire. S'étant rendu aux jeux Olympiques, l'an 161 de Jésus-Christ, il y annonça que, dans quatre ans, il donnerait lui-même, sur les bords de l'Alphée, la plus attrayante représentation, celle de monter sur un bûcher et de s'y brûler courageusement. A partir de ce jour, et en guise de testament, il écrivit aux villes de la Grèce des conseils, des lois, des règles de morale, comme l'avaient fait dans l'Église chrétienne, Polycarpe, Ignace et les apôtres. A l'époque fixée, l'étrange philosophe vint ici avec ses partisans, harangua la multitude qui, à sa vive surprise, loin de le détourner de son projet, se montra en masse très désireuse de le voir mourir. Le malheureux s'était trop engagé pour reculer. Il eut beau prétexter des songes pour remettre de jour en jour, jusqu'après le cinquième, qui était le dernier des jeux publics, la funèbre exhibition. Il dut s'exécuter. La nuit qui suivit la clôture des jeux, tandis qu'on attendait sa mort comme le bouquet de la fête, poussé par ses disciples, soutenu par son orgueil et emporté par sa folie, il se rendit au bûcher déjà préparé. La foule était immense. Il jeta beaucoup d'encens sur le brasier allumé et s'y coucha aussitôt lui-même, au milieu des applaudissements des uns et du rire des autres. Lucien raconte

Intérieur hypothétique de la Cella du temple de Zeus.

qu'ayant été du nombre des rieurs, il faillit être assommé par ceux qui admiraient cet acte de courage. C'est dans le vallon de l'Alphée, où se promènent mes deux amis, que se passa ce drame bizarre. Que l'humanité est un étrange mystère !

En ce moment vient me rejoindre un jeune et charmant touriste dont nous n'avions pas encore remarqué la présence parmi les ruines. Avant qu'il ait parlé et au simple salut, je reconnais un Français et un Parisien. On se serre la main, comme si l'on s'était toujours connu. Il suffit d'être loin du pays pour sentir que la France n'est, au fond, qu'une grande famille. J'appelle mes deux compagnons et leur présente M. Henry Pérard. Mais voici qu'à l'instant le Kronion nous prépare une présentation un peu différente. C'est celle d'un grand nuage noir qui couvre son sommet. On dit que Phidias, ayant achevé et mis en place son fameux Jupiter, demanda au maître du tonnerre de lui témoigner s'il était content de son œuvre, et celui-ci répondit par un coup de tonnerre qui ébranla le temple, tandis que la foudre marquait sur le parvis une trace que l'on vénéra toujours. Nous n'avons rien demandé à Jupiter, et cependant, avec fracas, le tonnerre éclate subitement sur nos têtes. Il faut retrouver un peu de l'agilité des anciens coureurs du Stade, si nous voulons atteindre l'hôtel Olympia, avant que le sombre nuage ne déverse sur nos épaules toutes les eaux dont il est gonflé. Henry arrive bon premier, et nous encourage du geste et de la voix, en même temps que de larges gouttes nous excitent à le rejoindre promptement. Comme nous arrivons chez nous, les cataractes du ciel s'ouvrent définitivement et un vrai déluge semble commencer. De pauvres paysans qui gagnent, à travers champs, le village de Drouva, situé sur la colline, glissent et tombent dans les ruisseaux, devenus des torrents. Ils se relèvent et atteignent deux arceaux en ruines, où la place libre étant vite envahie par les premiers arrivants, les autres restent dehors et endurent l'affreuse tempête. L'un d'eux cherche et trouve un abri sous le ventre de son cheval. Ce groupe, que nous tenons au bout de notre lunette, est des plus curieux. Le temps semble propice pour rédiger des notes. C'est ce que nous faisons en espérant un beau soleil pour demain.

Dimanche, Olympie.

De l'orage d'hier, il ne reste pas trace. Ces terres volcaniques, sur lesquelles nous sommes, boivent l'eau à mesure qu'elle tombe. Le ciel est d'ailleurs redevenu serein. Longuement nous admirons la belle lumière se jouant avec des teintes argentées sur les ruines éparses dans le vallon, et avec des reflets azurés et violets au sommet des collines dentelées que couronnent des bois de pins. A travers de pittoresques massifs, serpentent et murmurent le Cladéos et l'Alphée. Comme la poésie jaillit de toutes parts dans ces sites merveilleux !

Un jeune homme vient nous avertir qu'il est l'heure d'entrer au musée, et qu'on l'a chargé de nous en ouvrir les portes. Sans retard, nous le suivons, car il nous invite à voir classé par ordre tout ce qui a été retrouvé à Olympie. Deux colonnes, à l'entrée du portique s'ouvrant sur le vestibule, commencent par donner une idée de celles qui soutenaient le grand temple de Jupiter, car elles sont leur exacte reproduction. Au delà du vestibule, on aborde la salle centrale. Celle-ci mesure en longueur la largeur du fameux temple, en sorte que, sur chaque côté du mur, on a pu reconstituer un des deux frontons de l'Olympéion avec les débris très incomplets des statues qui en firent l'ornement.

Le fronton à notre gauche en entrant, celui qui jadis regardait l'Orient, œuvre, dit-on, de Pœonios de Mendé, a été le moins difficile à rétablir. Pausanias nous dit que l'artiste y avait voulu représenter Pélops se disposant à lutter avec Œnomaüs. Le jeune héros y risquait la vie, s'il se laissait vaincre; il obtenait la main d'Hippodamie, s'il était vainqueur. Heureusement pour lui qu'il avait conféré d'avance avec le cocher du roi, et acheté son déloyal concours pour s'assurer la victoire.

Quoi qu'il en soit de l'histoire elle-même, voici comment le périégète grec avait dépeint le fronton et comment nous le retrouvons ici :

« Zeus est au milieu », dit-il. — Oui, moins la tête, la partie inférieure des jambes, une partie de l'épaule droite, et la main gauche, qui devait tenir un sceptre. — « A sa gauche, et par conséquent à droite du spectateur, est Œnomaüs mettant un casque sur sa tête et, près de lui, sa femme Stéropé, fille d'Atlas. » — D'Œnomaüs,

Restauration du fronton oriental du temple de Zeus à Olympie.

il demeure le buste et la tête ; de Stéropé, des fragments incohérents. — « Le cocher d'Œnomaüs se tient assis devant les chevaux, qui sont au nombre de quatre. » Hélas! dans quel piteux état il est ce pauvre Myrtil, qui allait assurer le triomphe de Pélops en déboîtant une des roues du char de son maître! « Deux personnages, qui viennent ensuite, n'ont pas de nom, ils sont chargés sans doute de soigner les chevaux d'Œnomaüs. » Pausanias prend donc ce vieillard qui appuie gravement sa tête sur sa main et qui réfléchit comme un philosophe, pour un palefrenier assisté de son jeune fils, c'est faire beaucoup d'honneur aux coursiers du roi. « Dans l'angle apparaît couché le Cladéos. » Celui-ci, sous la forme d'un jeune homme, regarde attentivement du côté des deux princes qui vont entrer en lutte. « Sur la gauche du fronton » et par conséquent, à droite de Jupiter, ce qui est de bon augure, « viennent Pélops et Hippodamie. » Du jeune héros, il est resté le tronc et la tête, et la princesse, enjeu de la lutte, a perdu ses épaules et ses pieds. « Viennent ensuite le cocher de Pélops et, dans l'angle du tympan, le fleuve Alphée. » Pausanias précipite ici sa description et passe sous silence les chevaux de Pélops et deux autres personnages, un homme méconnaissable et une jeune fille faisant exactement le pendant du vieillard et de l'enfant qui sont à l'autre bout. Si mutilée qu'elle soit, cette composition commence, dans sa simplicité, à être remarquable de vérité et de vie. Jupiter, occupant la place d'honneur, laisse deviner au seul aspect de son torse, sa majesté et sa puissance. On n'a pas besoin de voir sa tête ou son sceptre, qui ont disparu, pour dire : « Voilà le Maître. » C'est écrit sur tout son corps. Le parallélisme des personnages qui sont à sa droite et à sa gauche a bien quelque chose de raide, mais les chevaux font une heureuse transition entre ceux qui se tiennent debout et ceux qui sont assis. Les deux fleuves, gracieusement personnifiés, viennent à point garnir l'extrémité des angles. Décidément, ceci est d'une époque où l'art commençait à marcher à sa perfection.

Le fronton occidental représente un sujet très familier aux artistes grecs, le combat des Lapithes et des Centaures, mais les personnages sont tellement incomplets qu'il est impossible de reconstituer la scène telle que le sculpteur l'avait conçue. Au reste, Pausanias lui-même semble avoir eu quelque difficulté à s'y reconnaître, alors que l'œuvre était absolument intacte. Peut-être, à force de vouloir y multiplier le mouvement, l'artiste y avait-il mis de la confusion. Le périégète suppose que le personnage central fut Pirithoüs, alors qu'à considérer son attitude majestueuse, et surtout sa tête classique, on est en droit de croire que c'était Apollon. Il semble n'avoir remarqué que neuf personnages. Les fouilles en ont exhibé vingt et un. De ces luttes corps à corps entre les Centaures et les femmes qu'ils veulent enlever, de Pirithoüs défendant son épouse contre Eurytion, roi des Centaures, de Thésée, de Cœnus leur portant secours, il ne reste que de méconnaissables débris. Ce qu'on peut dire, c'est qu'autant les personnages du fronton oriental étaient calmes, corrects, symétriquement disposés, autant ceux du fronton occidental furent mouvementés et presque tourmentés dans leurs attitudes. Il y a là l'œuvre, comme nous l'avons dit, de deux hommes très différents d'inspiration et de goût. Pour donner la note exacte de l'impression dernière que nous laissent les deux frontons de l'Olympiéion, ajoutons que, d'une manière générale, dans l'un comme dans l'autre, aucun personnage n'est soigneusement fini. Sans doute, l'effet à distance, à vingt mètres de hauteur, devait être très différent de celui produit sur nous dans cette étroite enceinte, mais la perspective ne supprime ni la vulgarité des types et des poses, ni la raideur des vêtements qui ne savent pas encore suivre les inflexions du corps, encore moins l'insuffisance de science anatomique qui éclate partout. C'est une étape importante dans l'histoire de l'art; mais il y a loin d'ici aux œuvres de Praxitèle et de Phidias.

Et pourtant la transition ne semble pas introuvable. Une victoire ailée, œuvre signée de Pœonios de Mendé, se dresse superbe de mouvement, de souplesse, de vie, au fond de la salle. Si elle est de la même main qui a sculpté Pélops et Œnomaüs se préparant à la lutte, il est évident que l'artiste a eu une seconde manière très supérieure à la première. Nous sommes ici en face d'un travail de haut mérite. Cette Victoire qui prend son vol dans un mouvement des plus gracieux, toute incomplète qu'elle nous soit restée, puisqu'elle a perdu son manteau soulevé par les zéphyrs, ses ailes éployées et une partie de la tête, n'en est pas moins saisissante de naturel et de mouvement. Des deux inscriptions qui sont sur le piédestal, la seconde, fort longue, nous intéresse au point de vue

La Victoire de Pœonios.

historique. Elle consacre, d'après le jugement rendu par le peuple de Milet, le droit des Messéniens contre les Spartiates, à propos de cet *ager Denthe-*

liates[1], sur le mont Taygète, qui avait provoqué les guerres de Messénie. Bien qu'ils eussent obtenu le privilège d'afficher à Olympie même l'acte d'arbitrage qui leur donnait raison, les Messéniens n'en durent pas moins insister encore, auprès du Sénat romain, pour maintenir leurs droits.

Sur le reste des murs de la salle centrale sont les fragments des métopes décorant jadis la frise de la cella. Les douze travaux d'Hercule y étaient représentés. Ce n'est plus aujourd'hui qu'une série de fragments chevauchant çà et là, comme ils peuvent. D'ailleurs une partie de ces métopes fut emportée au Louvre, en 1829, par l'expédition de Morée. Les plus intéressantes de celles qui sont restées ici représentent Hercule nettoyant les étables d'Augias, non pas en y détournant un fleuve, comme le disait la tradition, mais très vulgairement avec une large pelle; Minerve le regarde faire; Hercule soutenant le ciel sur sa tête, tandis qu'Atlas est allé cueillir les pommes au jardin des Hespérides. Le héros semble très impatient de se décharger du fardeau qui l'écrase.

La série des bronzes et des terres cuites, bien que considérable, n'a qu'une importance relative. Au milieu des nombreuses têtes de dieux, de bœufs, d'empereurs romains, d'hommes et de femmes inconnues qui se groupent ici, on remarque celle d'un athlète, aux traits durs, énergiques, presque sauvages, dont les oreilles, démesurément gonflées, indiquent à quel prix le terrible pancratiste avait acheté son triomphe et sa statue.

Mais hâtons-nous d'aller contempler la grande merveille du musée d'Olympie, je veux dire cet Hermès de Praxitèle, dont Pausanias avait parlé, et qu'on a très heureusement retrouvé, le 8 mai 1877, au milieu des ruines de l'Héraïon. C'est une des grandes et bonnes œuvres de l'antiquité. Comme on ne se lasse pas d'écouter de beaux vers ou un éloquent discours, on s'oublie à admirer ce jeune homme si visiblement vivant, quoique de marbre jauni par le temps. Il est appuyé à un tronc d'arbre où pend son manteau. Sur son bras gauche, il porte l'enfant Dionysos qui repose une de ses petites mains sur l'épaule du dieu, et lève l'autre dans un mouvement très naturel vers quelque objet, un thyrse ou un raisin, excitant sa convoitise. Le bras droit d'Hermès manque, mais il est évident que, dans un geste gracieux, il présentait quelque chose à l'enfant. Quelle harmonie dans cette composition, où tout ce que peuvent avoir de raideur les lignes symétriques et verticales du corps humain disparaît et se fond dans la flexibilité apparente des membres, la grâce des mouvements, la science des contours, en un mot le jeu de tous les muscles, sous des chairs si habilement modelées, qu'on croit y voir circuler la vie et la beauté! Quelle expression douce et radieuse dans la tête du jeune homme! On n'y sent peut-être pas le dieu, mais que l'homme, dans la pleine conscience de sa force, y est merveilleux! La physionomie joyeuse et tout à la fois inquiète du petit Dionysos, impatient de saisir ce qu'on lui montre, tout son corps frémissant d'une innocente convoitise et se soulevant pour atteindre l'objet de ses désirs, créent un savant contraste avec l'attitude calme et presque nonchalante de son protecteur. Quelle

---

1. Tacite, *Hist.*, IV, 43.

puissance avaient ces artistes grecs pour jeter la vie idéale, la beauté exquise, le mouvement harmonieux dans le marbre que fouillait leur ciseau ! C'est le privilège du vrai génie.

Nous quittons le musée sous ces délicieuses impressions, et, après avoir erré encore quelque temps au flanc des pittoresques collines, nous reprenons la voie ferrée pour rentrer à Patras. Le Grand-Hôtel où nous descendons est bien tenu. Nous arrivons en plein repas du soir ; la salle est comble, bruyante, mais bien composée. On dirait un restaurant de Paris. Le maître d'hôtel, placé sur un siège élevé, a l'œil sur tout et partout. « *Gligora*, crie-t-il ; ce qui veut dire : Vivement ! *Proséché*, Attention ! » au serviteur qui néglige sa table. C'est un vrai chef d'orchestre dirigeant ses musiciens. Il n'y a pas de notes fausses. C'est sa gloire. Tant mieux pour nous.

Patras, lundi matin.

A cinq heures nous sommes sur pied. Il nous est agréable d'aller saluer le souvenir de saint André dans la grande église qu'on lui a élevée, sur l'emplacement du vieux temple de Déméter. On y célèbre un office solennel, car, aujourd'hui encore, c'est pour les Grecs la continuation des fêtes pascales. Un pieux laïque nous fait remarquer le couvercle du tombeau où l'apôtre serait resté enseveli jusqu'à l'an 385, date du transfert de ses reliques à Constantinople. La fontaine dite miraculeuse, dont j'ai parlé dans notre *Voyage aux Pays Bibliques*, a toujours de nombreux visiteurs, qui déposent régulièrement leurs aumônes dans des plateaux de cuivre crasseux, ou les jettent sur le parvis quand la grille est fermée. Le sacristain, devenu notre guide, a hâte de ramasser cette monnaie éparse. Nous sommes certainement devant l'antique source mentionnée par Pausanias, et où la déesse Déméter rendait jadis ses oracles. Les malades devaient, en s'y regardant à travers un miroir suspendu au-dessus de l'eau, augurer bien ou mal de leur guérison prochaine. On nous offre une écuelle pleine de cette eau merveilleuse. Il flotte à sa surface des plaques d'huile et de cire qui la rendent peu engageante. M. Vigouroux en boit quand même, et ne lui trouve aucun goût particulier.

Cependant le temps s'assombrit, la mer est très agitée, il commence de pleuvoir. On assure qu'il neige sur les montagnes. Le froid devient vif. Notre voiture nous conduit à la gare, et, assez déconcertés par ce brusque changement de température, nous nous voyons obligés de renoncer à notre excursion de Delphes. C'est par Ægion que nous comptions l'entreprendre. De là les paquebots croisent le golfe, et on suit la route d'Itéa. A mesure que l'horizon s'élargit, les grandes cimes se dessinent au loin couvertes de frimas. Passé pour l'Erymanthe, qui a le droit d'être toujours blanc, mais le Parnasse, l'Hélicon, le Cithéron ! Qu'ont-ils fait de leur riant manteau d'avril ? Une vraie tempête règne sur tout le pays. C'est la conséquence d'un violent tremblement de terre qui a, dit-on, secoué les îles ioniennes cette nuit.

A Corinthe le télégraphe annonce que la ville de Zante a été cruellement éprouvée, et que deux cents habitants y sont enfouis sous des ruines. Ces nouvelles nous attristent et nous engagent à modifier notre itinéraire. Un homme bien obligeant et qui deviendra notre ami, M. Pélopidès, le propriétaire de l'hôtel de la *Grande-Bretagne*, nous assure que le temps sera mauvais pour quelques jours. Mieux vaut, d'après lui, aller directement à Athènes, et retourner ici par un beau soleil. Dans la capitale de la Grèce, il y a des musées à visiter, et la pluie ne fait que rendre les stations artistiques de la rue Patissia particulièrement agréables.

M. Pélopidès.

Ce contre-temps nous fait manquer une fête intéressante qui devait se célébrer à Mégare. On sait que, comme types, comme vêtements, comme mœurs, les Mégariens sont fiers de continuer la Grèce d'autrefois. Aussi chaque année, à pareille date, les bourgeois d'Athènes et les touristes étrangers viennent-ils en foule dans les murs de leur ville admirer le concours du peuple, la variété des costumes, les danses qui donnent aisément l'illusion des antiques panégyries. Ayant déjà vu quelque chose d'analogue à Éleusis, j'en retrace à Henry le pittoresque tableau. Pour cette fois cela devra lui suffire.

C'est sur la place publique, devant l'église, au milieu d'une foule immense, que l'exhibition chorégétique a lieu. Le curé donne tout d'abord et très solennellement sa bénédiction à l'assistance. Chacun sent qu'il va se passer quelque chose de grave et même de sacré. A un signal convenu, plus de deux cents jeunes femmes se détachent de la foule et se préparent à exécuter la danse du pays. Les hommes n'ont dans le programme d'autre rôle que celui de spectateurs. Quand ils dansent, ils dansent seuls et, sans manquer de courtoisie vis-à-vis des dames de Mégare ou d'Éleusis, ceux qui les ont vus exécuter les danses nationales, la pyrrhique, par exemple, les ont trouvés incontestablement plus vivants et plus artistes que leurs femmes. Celles-ci portent à peu près toutes le même costume. La variété n'est que dans les couleurs. Sur leur tête flotte un voile léger dont les deux extrémités, négligemment croisées sous le menton, laissent à découvert l'ovale très pur de la figure, tandis que des pièces d'or forment sur leur front une sorte de diadème fuyant sous les cheveux. Ceux-ci, tressés en longues nattes agrémentées de faveurs roses et bleues, retombent en arrière sur la veste rouge ou violette qu'ornent des soutaches variées. Les manches de cette veste, vertes, jaunes ou bleues, sont brodées d'or et d'argent jusqu'à l'épaule. Les robes sont parsemées de dentelles ou de guipures dans le bas. Le pied s'avance enfermé dans de fines babouches brodées. Enfin un plastron enrichi d'or ou d'argent couvre la poitrine et, arrêté à la ceinture par un tablier non moins original de décoration, achève de donner la note à tout ce gracieux arrangement.

Après s'être saluées d'un aimable sourire, les danseuses, graves et solennelles, se rattachent les unes aux autres de façon à produire un entrelacement de bras qui resserre aussitôt leur longue chaîne. Chacune, en effet, est allée prendre la main, non pas de sa voisine, mais de celle qui est au delà de sa voisine, en allongeant son bras sur la poitrine de celle-ci. Quel avantage offre cette singulière combinaison? Je ne le soupçonne pas. La chaîne étant ainsi constituée, un mouvement général se produit en cadence, avec une parfaite modestie. L'évolution consiste à faire deux pas en avant, d'une allure très déterminée, et trois en arrière, plus timidement. Les danseuses chantent à demi voix un chant peu varié, et cet exercice se prolonge plusieurs heures, sans qu'on puisse entrevoir ce qu'il a d'agréable pour celles qui s'y livrent, ou pour ceux qui en sont témoins. Ma conviction est que la Grèce antique attribua à ce pas rythmique un sens mystique et sacré; c'est pourquoi elle l'introduisit dans ses fêtes religieuses, comme contraste avec la danse échevelée des bacchantes. Quel sens? Je l'ignore. Pour la philosophie cette marche mesurée, manifestation de l'ordre dans l'espace et dans le temps, figurait peut-être l'activité pondérée de la Cause suprême. Quoi qu'il en soit c'est très probablement en raison de sa signification symbolique que cette danse grave et monotone s'est perpétuée à travers les âges. Nous remarquâmes à Éleusis qu'entre temps, quelques danseuses fatiguées allaient prier Dieu à l'église, et allumer un cierge devant les saintes images. Voilà, mon cher Henry, tout ce que je puis te dire des évolutions chorégétiques d'Éleusis. On nous assure qu'à Mégare elles sont plus intéressantes. C'est possible, mais tu ne les verras pas. Le sol étant détrempé par une pluie opiniâtre, la fête traditionnelle de demain ne saurait avoir lieu.

A la nuit tombante nous arrivons à Athènes. Il pleut toujours.

Athènes, 11 avril.

Le soleil est aux pays d'Orient ce que les yeux sont à une belle tête. Avec les yeux qui s'ouvrent, tous les traits s'illuminent et la beauté parle. S'ils se ferment, c'est un voile qui tombe sur la vie et comme une ombre de mort qui descend des paupières closes. Nous avions vu Athènes, il y a cinq ans, sous le ciel pur, dans son atmosphère brillante, avec le soleil rayonnant; c'était splendide. Aujourd'hui, avec la pluie, le ciel noir, la boue sous les pieds, tout est morne, triste, misérable. Comme il faut peu de chose pour modifier totalement le plus gracieux paysage! Quelques nuées de plus ou de moins, et ce n'est pas la même chose! Ainsi en est-il de notre âme qu'un rayon de lumière transporte d'allégresse, et qu'une pensée noire suffit à assombrir et à faire pleurer. Je témoigne à Henry mon ennui de ne pouvoir lui présenter Athènes dans sa splendeur, telle que je l'avais décrite dans mon précédent voyage. Qu'y faire ? Je ne suis pas le maître de la pluie, des nuages et du soleil. Allons nous consoler au musée national et au Polytechnicon, où le passé, pour nous venger du présent, nous offrira l'histoire de l'art antique à étudier. Il me sera agréable de montrer à mon neveu non seulement les chefs-d'œuvre de la sculpture, mais encore l'acheminement à ces chefs-d'œuvre, dans les efforts progressifs de l'école archaïque qui voit d'année en année ses riches collections se multiplier.

Dès la première salle où nous entrons, je constate que l'effet à produire sur notre jeune compagnon est manqué. Ces statues à gaine, où les jambes sont enfermées comme dans un ridicule maillot, ces dieux dont les bras pendants se trouvent seulement indiqués par un trait dans le bois ou la pierre, dont les yeux dessinés par une simple ligne sont à peine entr'ouverts, le séduisent peu, et il m'avoue franchement que leur plus réel mérite est d'être archi-antique. Il a bien un peu raison. Je comprends qu'on s'en préoccupe pour l'histoire de l'art, mais c'est tout. Ces déesses ou ces femmes de Délos, d'Éleusis, de l'Acropole d'Athènes, aux yeux taillés en amande et relevés vers les tempes, au nez épais, à la bouche fendue dans un sourire qui rend la physionomie plutôt niaise que vivante, n'ont, dans leur raideur, leur incorrection, leurs efforts maladroits vers le mouvement et la grâce, rien de commun avec le beau dans l'art ; c'est du Ronsard en littérature, des ancêtres et plus rien. Quoi de plus défectueux, au point de vue du dessin, que le soldat Aristion, avec son grand nez et ses yeux hors de l'orbite, œuvre pourtant célèbre d'Aristoclès, que nous trouvons dans une première salle en compagnie de trois Apollons, celui d'Orchomène, celui de Théra, celui de Ptoïon, raides comme des Pharaons d'Égypte ? Le mendiant

Stèle d'Aristion, trouvée à Vélandidéza.

d'Alexénor, qui, appuyé sur son bâton, donne une sauterelle à son chien, a déjà plus de vie. Une stèle dite de Lyséas garde des traces de peinture, et trahit un art peu exercé.

Mais nous ne tardons pas à aborder des œuvres autrement remarquables ; ainsi, dans la seconde salle, deux petites statues de Minerve trouvées, celle-là au Pnyx, en 1859, celle-ci au Varvakion, en 1879, et qui peuvent bien être, l'une ou l'autre, la copie, en réduction, de la célèbre statue de Phidias, au Parthénon ; la fameuse stèle d'Éleusis, qui est assurément plus belle d'inspiration que d'exécution. Déméter assistée de sa fille remet un grain de blé à Triptolème. L'inexpérience de l'artiste s'y révèle dans les yeux des personnages mal placés, les cheveux raides et surtout les énormes pieds du jeune homme très gauchement plantés. Une tête de Vénus, sous le n° 182, serait ravissante, mais elle n'a pas de nez. Dans la troisième salle, l'Hermès d'Andros rappelle l'œuvre de Praxitèle à Olympie et l'Antinoüs du Belvédère. Le groupe trouvé à Mantinée est une belle œuvre. Marsyas souffle dans ses chalumeaux, Apollon triomphe, et un troisième personnage se dispose à écorcher vif le pauvre vaincu. A côté, un fragment de manteau orné de dessins avec personnages comiques révèle un ciseau très exercé. La quatrième salle dite de Neptune a une statue du dieu des mers dans l'attitude du *Quos ego* de Virgile. C'est l'œuvre de Mélos. La cinquième est occupée par une statue colossale de Thémis. Dans la sixième on voit les bustes des Cosmètes. Parmi eux une splendide tête, sans nez, trouvée au théâtre de Dionysos semble avoir servi de type à nos grands artistes qui ont voulu peindre le Christ. L'impression de beauté pure et divine qui s'en dégage nous saisit vivement. Enfin, dans les quatre dernières galeries, une collection de stèles funèbres représente invariablement la mort comme un voyage vers le pays inconnu où l'on doit se retrouver bien-

Le Mendiant d'Alexénor.

Stèle funéraire.

tôt. Le mourant serre la main à sa femme, à ses fils, à ses amis, et semble les congédier en leur disant : « Au revoir ! » C'est une belle mise en scène des théories de Socrate sur la réalité de la vie future et la futilité de la vie présente. Le n° 743 nous a paru particulièrement rempli d'émotion et de vérité.

Plus loin, un certain Caïus avait voué, à Esculape sans doute, deux oreilles, s'il cessait d'être sourd. Il les a fidèlement offertes grandes et belles en marbre blanc. La section chrétienne, qui fait suite à celle des tombeaux, est encore peu riche. Des architraves avec croix entre deux lions, une adoration de l'enfant Jésus entre le bœuf et l'âne, quelques calices dont deux en or et les autres en plomb, des crosses d'évêques et d'insignifiants manuscrits sont tout ce qu'on y trouve.

A un autre point de vue, les antiquités recueillies dans les tombeaux de Mycènes nous offrent plus d'attrait. Je tiens à les revoir, avant de visiter l'antique acropole d'Agamemnon. Elles sont, comme je l'ai dit il y a cinq ans, avec

Amphore panathénaïque.　　　　Karkhésion.　　　　Lékythos blanc d'Athènes.

celles du musée du Caire, les reliques les plus curieuses qu'on ait encore exhumées. Je ne reviendrai pas sur mon impression d'alors. Seulement nous constatons que les tombes de Ménidi, de Spata, de Nauplie, ont heureusement complété ces incomparables trouvailles de Schliemann. C'est le monde d'il y a trois mille ans ressuscité devant nous.

La collection des antiquités égyptiennes nous a paru très insuffisante. Celle des terres cuites, des bronzes, des vases, des coupes et des burettes est au contraire des plus riches. C'est là qu'il faut étudier les coutumes, les mœurs et la mythologie des Grecs. Les plus récentes découvertes de Tanagra nous ont particulièrement intéressés. Ces milliers de statuettes, dont les plus grandes ont 40 centimètres et les plus petites 8, faites au moule et retouchées par des coroplastes, c'est, prise sur le vif, la société grecque du IV° siècle avant Jésus-Christ. Elle nous y est même présentée avec une verve et une gaieté fantaisistes que notre Cham n'eût pas désavouées. Nous y remarquons quelques hommes, silènes ivres, marchands criant leur marchandise, acteurs comiques ou dramatiques, un cuisinier, un barbier, mais rien de la classe aristocratique ; plusieurs enfants jouant à la balle ou aux osselets, luttant avec une oie ou un bélier ; des éphèbes se livrant aux exercices du gymnase, montant à cheval et surtout, ce qui passionnait si vivement les Grecs, assistant à des combats de coqs ; beaucoup de femmes, musiciennes jouant de la flûte double ou de la harpe, danseuses avec leur tambourin, jongleuses, dames de condition, mondaines à la promenade, avec leur chapeau pointu ou leur parasol, le diadème et les bracelets dorés, les cheveux rouge vénitien, les lèvres écarlates, l'œil bleu, les sourcils noirs et bien arqués, les joues rose clair. Elles se drapent coquettement dans leur péplon, se retournent avec grâce pour constater l'effet de leur robe traînante, celle-là rieuse et la tête haute, jouant de l'éventail ou du miroir, celle-ci rêveuse et attristée. Il est vraiment singulier qu'on ait voulu voir dans ces statuettes une représentation des divinités d'outre-tombe. Ce sont des jouets que l'on avait aimés pendant la vie, et qu'on déposait dans les hypogées pour amuser les morts. Les Béotiens, si épais que les fît la malice des gens de l'Attique, ont mis pas mal d'esprit dans ces figurines, fabriquées à la douzaine, et qui se vendent aujourd'hui comme des œuvres d'art. Tout naturellement nous retrouvons, dans l'exposition si amusante de ces vieux bibelots, les ren-

Statuette de Tanagra.

Femme grecque coiffée du pétasos.

seignements les plus précis et les plus authentiques sur les usages, les costumes, les amusements, la vie familière de ce peuple grec qu'il ne faut pas vouloir connaître rien que par sa littérature, ses édifices, ses luttes héroïques, ses côtés solennels et grandioses. Il fut frivole, enfant, malin, bizarre, spirituel autant qu'héroïque, philosophe, magnanime, admirable, prodigieux. Avec un égal enthousiasme, il applaudissait les lazzis des bouffons au pont du Céphise et les harangues de Démosthène sur l'agora. Après avoir admiré le Jupiter d'Olympie et l'Athéné du Parthénon, il avait des tendresses pour les caricatures de Tanagra.

Hélas! il pleut toujours. A travers les rues inondées, nous allons saluer nos jeunes savants français de l'École d'Athènes. M. Homolle est absent, enfermé à Delphes par la neige. De la neige en Grèce à la mi-avril! Les fouilles qu'il dirige en ont été interrompues. Mme Homolle, avec beaucoup d'amabilité, nous adresse à un des élèves de l'École très renseigné sur l'Asie Mineure. Nous l'accablons de questions pratiques. Les grands souvenirs de la Grèce ne nous font pas perdre de vue l'objectif réel de notre voyage, et nous glanons sur la route tout ce qui devra servir à notre excursion dans les vallées du Méandre et de l'Hermus.

Jeudi 13 avril, Athènes.

La pluie a cessé, mais le ciel est couvert de grands nuages et le vent souffle avec violence. Hasardons-nous à visiter quand même les reliques d'Athènes antique. Nous suivrons pour cela à peu près l'ordre que j'ai marqué dans mes *Pays Bibliques*, et j'aurai d'ailleurs bien peu à ajouter à mes notes d'il y a cinq ans. D'une manière générale, j'ai mieux joui de toutes choses à cette seconde visite qu'à la première. Les grandes et belles ruines étaient de vieilles connaissances avec lesquelles je m'étais entretenu maintes fois par le souvenir. A l'inverse des personnes revues à un long intervalle et qui nous donnent presque

Ruines du temple de Jupiter Olympien.

toujours une déception, car on ne les retrouve plus telles que notre imagination les avait maintenues devant le regard de l'âme, les sites ne changent guère, et à chaque pas on répète : Oui, c'est bien cela! C'est comme un air de musique que l'on a saisi et conservé, mais qu'on est heureux d'entendre jouer encore. Ici, notre satisfaction s'accroît du plaisir qu'il y a à observer sur le vif, dans une belle âme de vingt ans, l'enthousiasme provoqué par les chefs-d'œuvre et les grands souvenirs surgissant à tout instant. Je dis notre, car M. Vigouroux s'est vivement attaché à Henry en raison de sa nature séduisante de toute la fraîcheur que conserve la jeunesse vertueuse, et il l'aime comme je l'aime moi-même.

Nous débutons par le Stade, l'Ilissus avec les sources de Callirhoé, l'Olympiéion aux gigantesques colonnes, la porte d'Adrien que je trouve de plus en plus détestable, l'église de Sainte-Catherine où on enterre un brave Grec en bonnet rouge, cette vieille coiffure phrygienne encore usitée parmi le peuple, le gracieux monument de Lysicrate, le théâtre de Dionysos aux beaux sièges de marbre si admirablement conservés, les fouilles nouvelles faites au temple d'Esculape, le portique d'Eumène, l'Odéon d'Atticus et l'Aréopage, où Henry, fatigué par le vent et un léger refroidissement de la veille, est obligé de nous abandonner à nos réflexions d'archéologues et d'exégètes.

Je tenais à étudier une fois de plus cette fameuse colline de Mars, et à

Vue des ruines de l'Acropole d'Athènes.

discuter quelques-uns de mes scrupules sur le lieu communément indiqué comme site des séances de l'Aréopage. Ce lieu, où saint Paul dut s'expliquer sur sa doctrine devant les Anciens du peuple, et où il montra que les grandes ressources de l'éloquence humaine ne lui étaient pas étrangères, ne serait autre, assure-t-on, que le rectangle creusé dans le roc, au sud-est de la colline, et où l'on monte par un escalier de seize degrés. Plus j'y réfléchis, moins je trouve cette indication satisfaisante. Ces étroites entailles dans la pierre n'ont jamais pu servir à un tribunal, et, en tout cas, celui de l'Aréopage fut non pas ici, mais, d'après les souvenirs mêmes auxquels se rattachait son institution, à côté, ou au-dessus du temple des Euménides, là même où Oreste avait été absous du meurtre de sa mère. Or le sanctuaire des Euménides avait sa place toute naturelle dans une des grottes profondes ouvertes au nord-est de la colline. Laquelle? Je l'ignore. Le terrain a sur ce point subi des bouleversements effroyables. On s'y arrête stupéfait devant l'effondrement des roches énormes qui laissent complètement entrevoir, à travers des fissures profondes, des cavernes à moitié comblées. Nous cherchons à y pénétrer, mais c'est en vain. Toutes sont obstruées. Comme des fouilles auraient ici leur raison d'être ! Quand la grande masse rocheuse était debout, on comprend qu'elle ait abrité un sanctuaire sombre et terrible comme les divinités qu'on y vénérait. Au-dessus du temple, ou peut-être à ses portes, dut être le tribunal de l'Aréopage. On y montait, non par cet escalier étroit, impraticable, insensé, que l'on montre aux visiteurs, mais par des rues abordant la colline au nord et au couchant. Aujourd'hui dénudée et déserte, cette hauteur fut jadis couverte d'habitations. La preuve en est dans les arasements de maisons, les degrés taillés dans le roc et allant d'une rue à l'autre, les fragments de stuc, de poteries et de briques, semés partout. Tout ce quartier très peuplé se rattachait aux dépendances de la partie méridionale de l'Agora. Ainsi, de la place publique on passait presque directement au tribunal de l'Aréopage. Au reste, il me semble qu'une indication précieuse autorise mon hypothèse,

Fauteuil du prêtre de Dionysos éleuthérion au théâtre.

c'est la présence d'une église très ancienne en avant des cavernes effondrées. Cette église fut, dès les temps les plus reculés, consacrée à saint Denis, probablement parce qu'elle marquait la place traditionnelle où l'Aréopagite s'était converti. Les arasements en subsistent encore. Elle était orientée au levant, et mesurait environ 20 mètres de long sur 8 de large. Nous remarquons près de l'abside deux puits séparés par un sarcophage transformé en abreuvoir. Ces puits sont une dérivation de la source sacrée qui coulait dans le sanctuaire des Euménides.

Situé ici, le tribunal célèbre dominait l'Agora, tout en se trouvant à ses portes ; car, à ma grande satisfaction, je constate que, depuis cinq ans, mon opinion, établie d'après les indications de Pausanias, sur le site réel de l'Agora, est devenue celle de la municipalité athénienne. Les rues du Métroon, du Pœcile, du Bouleutérion, placées immédiatement au nord de l'Aréopage, consacrent l'idée, seule soutenable, que l'Agora fut là où toutes les anciennes ruines nous l'indiquent, et non pas au sud, vers le Pnyx, où plusieurs allaient le chercher. Il y a plus; j'imagine, et peut-être non sans raison, que la plupart des églises qui sont à nos pieds, et que nous visiterons en rentrant, correspondent aux divers temples indiqués dans Pausanias, les Douze-Dieux étant devenus les Douze-Apôtres, Apollon Saint-Élie, la Mère-des-Dieux Panaghia-Vlassorou, le Théséion Saint-Georges, Junon Megali-Panaghia, et ainsi de suite. En tout cas, elles sont toutes très anciennes et, comme on les répare peu, nous les trouvons en fort mauvais état.

Stèle d'Hégéso.

Au delà du vieux Céramique, où fut le dème des Potiers, nous atteignons le Dipylum. Pas plus qu'il y a cinq ans, je ne parviens aujourd'hui à me rendre compte de cette construction singulière. La Double Porte, se trouvant sur un point où le terrain s'abaissait, avait dû être sérieusement fortifiée pour éviter un coup de main de l'ennemi. Plusieurs fois même on refit une partie de ses tours, en changeant les dispositions de la défense; de là cette difficulté à reconstituer, d'après les soubassements actuels, les constructions telles qu'elles furent jadis. L'exhaussement du sol environnant est d'ailleurs considérable. Une chapelle voisine que nous allons visiter s'appelle Aghia Trias. Peut-être n'a-t-elle été vouée à la sainte Trinité que parce qu'elle était à la tête de trois routes, car il faut chercher plus de couleur locale que de théologie dans les dénominations des sanctuaires athéniens. Le soleil, avant de se coucher, veut nous dire son regret d'être, depuis trois jours, si peu aimable avec nous, et, tristement, il nous sourit en perçant les nuages de ses pâles rayons. Nous nous asseyons, un moment, sur les vieux tombeaux qui ont été exhumés à ce point de départ des chemins du Pirée, d'Éleusis et de l'Académie. Comme les Égyptiens, les Grecs aimaient à faire revivre, sur les monuments funéraires, leurs morts encore occupés à ce qui avait fait le charme ou la gloire de leur vie, et nos yeux errent tour à tour sur des guerriers à cheval, des femmes à leur toilette, des chasseurs triomphants, et quelques scènes d'adieu visiblement inspirées par la philosophie platonicienne, mais exprimant les espérances sur l'au delà avec moins de bonheur que les emblèmes simples et expressifs, les mots consolants gravés plus tard sur les sépultures des catacombes.

Un site si heureusement choisi, l'heure avancée, le calme du soir, nous invitent à de graves et douces pensées. Instinctivement, du rapprochement qu'il fait entre cette nécropole athénienne et le plus modeste de nos cimetières chrétiens, notre esprit se reporte vers les grands ouvriers de l'Évangile qui, il y a dix-huit siècles, changèrent le langage et la foi de l'humanité. Avec effusion, nous parlons de

Tombeaux du Céramique.

saint Paul et de ses compagnons arrivant du Pirée ou partant pour Corinthe, par ce chemin dont nous foulons le pavé, et où les chars antiques ont laissé la trace de leurs larges roues. Quels travailleurs que ces hommes, et que nous ne sommes rien, quand nous nous mesurons seulement à leur ombre! La nuit nous surprend dans cette délicieuse évocation du passé. Comme Dieu est bon d'avoir donné à notre âme cette faculté par laquelle elle remonte d'un coup d'aile, à travers les siècles, jusqu'à un monde qui n'est plus, mais qu'elle fait revivre pour l'interroger, l'admirer et converser avec lui! Nous en usons très agréablement ce soir, jusqu'à ce qu'un signal du vieux gardien fermant les portes, ou les cris d'enfants espiègles et mal élevés nous ramènent à la réalité du présent.

Athènes, 13 avril.

Henry est guéri et le temps, tout nuageux qu'il demeure, nous permettra de poursuivre nos excursions archéologiques. Nous avons vu, ce matin, deux manifestations populaires presque simultanées, l'une autour du roi allant, avec sa famille, assister à un *Te Deum* de la métropole, l'autre autour du cercueil d'un médecin, savant professeur, paraît-il, mais surtout ardent philhellène. A comparer ces deux démonstrations, il est évident que la race grecque est essentiellement démocratique et républicaine.

L'Acropole sera l'objectif de notre soirée, et nous y monterons en passant par ce Céramique que nous avons déjà traversé hier, mais où tout nous ramène, car il fut le quartier principal de la vieille Athènes. En descendant la rue d'Hermès, nous visitons la métropole, encore toute pleine de nuages d'encens et des derniers bruits de la réunion solennelle qui s'y est tenue. Cette église neuve, peinte en rouge et bleu à l'extérieur, très ornée au dedans, mais d'un style plus prétentieux que correct, nous intéresse beaucoup moins que la Panaghia Gorgopico, sa petite voisine et aînée, bâtie avec les débris de monuments antiques. Celle-ci est, en effet, un musée en plein air. A la porte principale, deux triglyphes et deux métopes sont en évidence, et la frise qui court sur la façade n'est autre qu'un calendrier des fêtes grecques très patiemment fouillé jadis par la main d'un artiste dans un marbre de Paros. Une main chrétienne y a ajouté des croix. A l'abside, un remarquable bas-relief représente des blessés revenant du combat. Quelques chapiteaux corinthiens, un fragment d'architrave dorique, des pierres avec scènes de sacrifices et jeux de palestre sont enchâssés dans tous les murs, et c'est probablement un baron français, le Mégaskyr ou Grand Sire Othon de La Roche, qui, au commencement du XII° siècle, autorisa cet amalgame digne d'un Vandale. La rue d'Éole, où nous aboutissons bientôt, est l'une des plus vivantes et des plus curieuses d'Athènes. Ses bazars avec tous les corps d'état depuis le cordonnier jusqu'à l'orfèvre, depuis le charpentier jusqu'au tailleur de fustanelles, sans oublier les marchands

La Tour des Vents.

de comestibles, qui sont toujours les mieux achalandés et les plus bruyants, ne donnent qu'une idée très insuffisante de ceux de Smyrne et de Constantinople, mais les carrefours où ils sont disséminés et dans lesquels nous nous aventurons, n'en paraissent pas moins pittoresques et animés. Henry tient à acheter des babouches rouges avec leur pompon caractéristique. Encore un peu, il se payerait une fustanelle et tout l'accoutrement d'un palicare.

Nous revoyons le Portique d'Adrien avec ses sept grandes colonnes monolithes de marbre de Karystos et leurs chapiteaux corinthiens en marbre du Pentélique. Les souvenirs qui se rattachent à ce vaste gymnase étant postérieurs à l'âge apostolique, la grandiose ruine nous intéresse moins et nous passons outre. La Tour des Vents ou l'Horloge d'Andronicus de Cyrrhos que j'ai décrite ailleurs remonte, au contraire, au II° siècle avant notre ère. Elle a vu l'apôtre Paul s'asseoir peut-être sur ses degrés, et elle a marqué pour lui les heures de tristesse et d'ennui qu'il passa à Athènes, en attendant Silas et Timothée. Sous la colonnade voisine le grand ouvrier de l'Évangile s'est promené. C'est peut-être de là, où il discourait avec les oisifs et les philosophes sur la religion[1], qu'il fut conduit officiellement à l'Aréopage. Nous prenons tout d'abord la direction qu'il dut suivre lui-même; mais, après avoir donné un coup d'œil aux colonnes du Marché de l'huile et au Portique d'Attale, au lieu de monter à la colline de Mars, nous gravissons un sentier, qui, à gauche, nous permettra de visiter les grottes d'Agraule, d'Apollon et de Pan creusées toutes trois dans les roches nord-ouest de la célèbre colline. A l'une se rattache le souvenir de la jeunesse athénienne réclamant ici sa première armure et jurant de préférer une mort

Acropole d'Athènes restaurée.

glorieuse à une vie déshonorée. On disait que, dans un élan de patriotisme, la vierge Agraule s'était jadis précipitée ici du haut de l'Acropole, s'offrant généreusement aux dieux qui avaient réclamé une noble victime avant d'accorder la victoire. Dans l'autre, Créuse, la fille d'Érecthée, aurait été surprise par Apollon. C'est dans la troisième qu'Euripide place la jolie scène d'Ion, où les trois filles de Cécrops dansent au son des chalumeaux de Pan. De nombreuses niches dans le roc montrent qu'autrefois ces sanctuaires furent pieusement fréquentés. Aujourd'hui tout y est d'une saleté révoltante. En passant, nous jetons une pierre dans la fameuse source Clepsydre, qui alimentait l'Acropole assiégée. Un bastion protecteur, élevé par les Grecs, durant la guerre nationale de 1822, la domine encore. La source sort du rocher dans une chambre transformée jadis en chapelle. On y remarque des restes de peintures murales. Les balles des Turcs ont criblé le petit édifice. Un escalier nous conduirait d'ici au pied des Propylées, près du piédestal d'Agrippa, mais ce chemin n'est pas praticable. Achevons de

---

1. *Actes*, xvii, 17 et suiv.

contourner l'ouest de la colline, et arrivons à la porte Beulé récemment déblayée.

C'est par là que se fait notre entrée solennelle. On n'aborde pas sans émotion cette Acropole qui fut le cœur d'Athènes, comme Athènes était le cœur de la Grèce et du monde civilisé. Allons, monsieur Henry! de l'enthousiasme sans respect humain. D'ailleurs, je n'en dirai rien dans mon journal, n'ayant pas à reprendre une description que j'ai faite ailleurs. Quelques lignes me suffiront pour mentionner ce que nous aurons revu aujourd'hui.

En gravissant péniblement la montée des Propylées, je me confirme dans la pensée que jamais, dans les célèbres processions Panathénées, ni les chars ni les chevaux ne sont montés à l'Acropole. On ne voit guère où aurait été leur route, et le plus simple est de supposer qu'ils restaient tous au bas de la colline.

Temple de la Victoire Aptère.

De la porte Beulé aux Propylées c'est toujours le même chaos de marbres brisés. A gauche, je retrouve l'encombrant piédestal de Marcus Vipsanius Agrippa, général et gendre d'Auguste. Pour ne pas dire de mal à ce prétentieux personnage, qui avait fait dresser là sa statue, j'arrête mes regards à droite sur les restes du petit temple de la Victoire Aptère. La frise en est incomparablement belle.

Adossés à la superbe ruine, nous contemplons le panorama qui se déroule du côté de la mer. Par delà Phalères, Munychie et le Pirée, notre œil se repose agréablement sur les flots azurés de ce golfe Saronique, où le vieux père de Thésée vit revenir, sans les signes convenus du triomphe, le navire qui avait emporté son fils allant combattre le Minotaure. Désespéré, Égée se donna la mort très mal à propos, car le jeune héros revenait vainqueur; seulement, dans la joie de sa victoire, il avait oublié de hisser le drapeau blanc qui devait l'annoncer. En se dirigeant vers le couchant, ma main montre à Henry l'île de Salamine, la Mégaride, et, au delà de la baie d'Éleusis, se perdant dans les nuages vaporeux, les sommets de l'Acro-Corinthe. Puis le ramenant tout près de nous, je lui indique, par-delà le boulevard des Philhellènes, les collines du Pnyx et des Muses, et à nos pieds l'Aréopage et le temple de Thésée. Mais ne nous attardons pas à admirer un point de vue que nous retrouverons autrement merveilleux dans quelques instants quand nous serons au Parthénon.

Notre attention doit se porter maintenant sur l'entrée décorative que l'architecte Mnésiclès avait érigée en avant de tous les monuments de l'Acropole. Les connaisseurs prétendent que les Propylées ne le cèdent en rien à ce qu'il y eut de plus admirable sur la fameuse montagne. Avec les débris qui restent, notre imagination reconstitue aisément l'ensemble de ce portique à six colonnes doriques, précédant un vestibule divisé en trois travées par deux rangées de colonnes ioniques, mais ayant cinq portes, et donnant, par sa façade intérieure, accès à la plate-forme de l'Acropole. Deux ailes de retour l'encadraient. L'artiste avait demandé

Vue des Propylées d'Athènes.

à la simplicité harmonieuse des lignes le dernier mot de la grâce et de la beauté. Son œuvre semblait à tous venue d'un jet, sans avoir été cherchée. C'est là le triomphe de l'art qui, en déguisant son effort, laisse croire que l'idéal est toujours ce qu'il y a de plus facile à atteindre.

Après les Propylées, nous laissons à gauche la Chalcothèque, et à droite l'enceinte d'Artémis Brauronia, où furent la statue de la déesse par Praxitèle, et le cheval de Troie en bronze par Strongylion.

Puis, tout en cheminant, j'énumère à Henry les chefs-d'œuvre qui bordaient les divers chemins, aujourd'hui méconnaissables, de l'Acropole : les Trois Grâces, attribuées à Socrate le philosophe ; la Lionne d'airain rappelant Léena, la maîtresse d'Aristogiton, qui, torturée de toutes manières, garda quand même le secret du complot des patriotes ; Athéné Hygiée, de Pyrrhus ; l'Enfant portant l'encens, de Lycius ; Persée combattant Méduse, de Myron ; Athéné et Marsyas, Thésée et le Minotaure, groupes de haute valeur, mais qui s'éclipsaient tous devant la colossale statue d'Athéné Promachos dont le piédestal fut à notre gauche. Phidias l'avait coulée en bronze, avec les dépouilles des vaincus de Marathon. Appuyant le bras droit sur sa lance, et présentant du bras gauche son bouclier richement décoré, la déesse, haute de plus de trente mètres, dominait de toute la tête le Parthénon. On dit que le bout doré de sa lance, reluisant au soleil, se montrait aux navigateurs dès qu'ils atteignaient le cap Sunium.

Vue des ruines de l'Erecthéion.

A notre droite fut l'enceinte d'Athéné Protectrice des beaux-arts. Il n'en reste plus rien. Prenons à gauche, et, au delà des arasements d'un temple inconnu, allons admirer à l'Erecthéion ce portique des Caryatides qui m'a toujours paru une des plus belles créations de l'art antique. De jeunes vierges, des Erréphores, sans doute, portent sur leurs têtes les chapiteaux soutenant l'archi-

Tribune des Caryatides.

trave. Ces chapiteaux, ornés d'oves et de fers de lance, se perdent à leur base dans la chevelure des jeunes filles, et ainsi se trouve très gracieusement dissi-

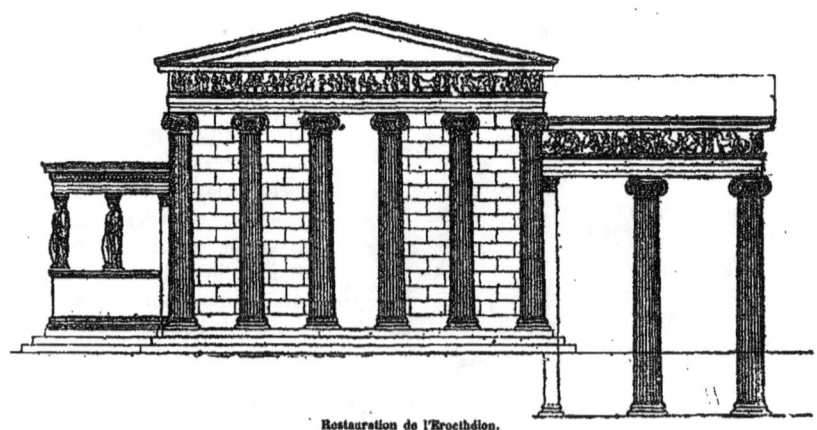

Restauration de l'Erecthéion.

mulée la raideur qu'exige d'ordinaire la solidité. Ce qu'il y a de plus merveilleux, c'est que ces caryatides, portant une architrave, semblent marcher. Chacune des Erréphores fléchit en effet celle de ses jambes qui se trouve le plus près du centre de l'édifice. Or, du mouvement contrarié des deux groupes, résulte une apparence de vie qui est le triomphe de l'art. Quant aux détails de l'indéchiffrable Erecthéion, pas plus aujourd'hui qu'autrefois je n'y comprends grand'chose. Ces constructions capricieuses et raccordées seront toujours pour moi une énigme.

Contournant le Parthénon, réservé comme bouquet final de notre excursion, mais y reportant sans cesse les yeux, nous remarquons l'emplacement du grand autel de Minerve et les restes d'un temple d'Auguste et de Rome. Puis nous entrons dans le Muséum, récemment enrichi de nouvelles collections. Les dernières découvertes ont achevé d'y mettre en lumière les puissants essais de l'art grec au vi° siècle, sous Pisistrate. Quelques sculptures en tuf calcaire, où les couleurs les plus vives sont venues au secours d'un ciseau encore inexpérimenté, nous permettent de voir comment les artistes d'alors représentaient les divers incidents de la légende d'Hercule. Henry s'étonne avec raison de ces personnages à barbe et cheveux d'azur, tandis que le globe de leur œil vert a pour pupille un morceau d'émail noir. Aussi bien que leurs lèvres, leurs oreilles sont vermeilles.

La Victoire chaussant ses sandales.

Deux lions, terrassant un taureau bleu et taché de sang, sont peints en rouge pâle avec crinière d'un rouge très vif. Tout cela est étrange, mais c'est archaïque, et ce mot vaut bien quelque chose pour les amateurs déterminés, quand même, à le trouver beau. Avec quelle autre satisfaction on s'arrête devant la Victoire chaussant ses sandales, fragment délicieux de la balustrade qui entoura le petit temple de la Victoire Aptère; devant les restes de la frise de l'Erecthéion; devant les sculptures tirées du Parthénon, torse de Vulcain qui vient de délivrer Jupiter de sa migraine en lui fendant la tête, parties de frise où des groupes de dieux, de femmes, d'hommes, de jeunes cavaliers, vous surprennent par la vérité de l'expression, la science de l'anatomie et la grâce de

Fragment de la Cavalcade des Panathénées.

la pose. Oui, voilà qui est franchement admirable. Le reste était un premier et très lointain acheminement vers le beau, mais ce n'était pas lui.

Tandis que nous parcourons une seconde fois, et en sens inverse, le curieux Muséum, Henry nous a devancés au Parthénon, et nous le surprenons les bras levés au ciel, marquant en cadence sa plus sincère admiration. Il erre à travers les colonnes renversées, contemple celles qui sont encore debout et me crie : « C'est splendide ! c'est prodigieux ! » Je l'aide à reconstituer ce de la déesse, cette autre œuvre de Phidias, rivale du Jupiter d'Olympie. Un pavement de tuf tranchant sur le marbre, marque le site qu'elle occupait. L'opisthodomos, ou le trésor, était du côté de l'occident. Sa disposition intérieure demeure incertaine. Comme le naos, il était précédé d'un portique de six colonnes encore debout. Tout autour de cet édifice rectangulaire, régnait un péristyle de huit

Ruines du Parthénon.

qui a disparu ici de l'œuvre d'Ictinus et de Callicratès. La *cella*, ou le sanctuaire d'Athéné, s'ouvrait à l'orient. Elle renfermait la fameuse statue

colonnes sur les façades et de dix-sept sur les côtés, en comptant deux fois les colonnes d'angle. De celles-ci, huit au nord et six au midi ont été renversées à la fin du xvii° siècle par l'explosion d'une poudrière fort malencontreusement placée dans l'antique édifice, et qu'une bombe vénitienne vint allumer. Il faut donc,

par l'imagination, supprimer cette détestable solution de continuité, rétablir les frontons avec les sculptures magistrales qui les ornaient : la Naissance de Minerve, du côté de l'orient, et sa Dispute avec Neptune du côté de l'occi-

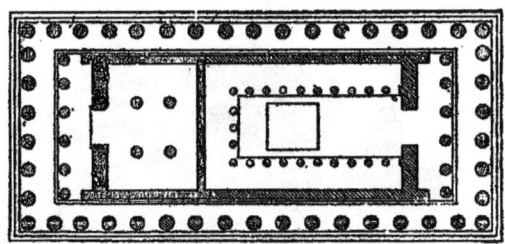

Plan du Parthénon.

dent; supposer les 92 métopes, 14 sur chaque façade et 32 sur chaque côté, avec les sujets variés qui y étaient représentés — il n'en reste que 40 singulièrement maltraitées — les triglyphes et les innombrables décorations dont des trous réguliers marquent la trace; il faut faire courir autour de la cella la merveilleuse frise rappelant la fête des Panathénées, et dont une partie est encore en place sur le côté occidental; il faut voir tout cela soigneusement polychromé, les tryglyphes en bleu, le fond des métopes en rouge, les gouttes dorées, les mutules d'azur, la bande, les moulures d'encadrement, les méandres, les canaux, les caissons, finement décorés de vives couleurs rehaussant la blancheur des marbres; il faut enfin évoquer par le souvenir toutes les œuvres d'art, temples, statues, autels, au milieu desquels s'élevait, sur un soubassement de trois énormes assises, le Parthénon, et, devant cette vision, on s'écrie avec plus d'énergie encore : « C'est splendide! C'est prodigieux! »

Depuis cinq ans, j'ai vu d'autres temples célèbres, à Pestum et à Agrigente, celui-ci est absolument à part. Il me semble encore plus beau, depuis que j'ai visité les autres. Comme il y a pour l'âme une grande jouissance à savourer la vérité, nous laissons nos yeux se repaître de la beauté qui éclate ici dans la simplicité et l'harmonie des lignes, le beau étant le splendide rayonnement du vrai. Après quelques impressions échangées, nous nous sommes assis en silence. Se taire est souvent le meilleur mode d'admirer. Puis j'explique à Henry ce que je n'ai soupçonné moi-même que très tard, en l'apprenant de la science des autres, c'est que le caractère grandiose des temples grecs et leur merveilleuse harmonie procèdent surtout de l'inclinaison donnée aux grandes lignes, dans des proportions si habilement ménagées que notre œil tout d'abord ne soupçonne pas même le procédé. Par instinct, le génie grec observa que la ligne absolument droite n'existe à peu près nulle part dans l'univers où tout, les montagnes, les flots, l'horizon même, se plaît à décrire des courbes, et il en conclut qu'en architecture il fallait chercher l'idéal du beau en suivant l'exemple donné par la nature, si admirable dans ses œuvres. Les inclinaisons verticales et les courbes horizontales qui en sont la conséquence sont la combinaison architectonique qui doit donner la note souveraine à l'harmonie des proportions. Si on l'observe attentivement, on constate que le Parthénon a la

Perspective de l'angle de l'entablement du Parthénon (Restauration).

forme d'une pyramide tronquée. Les murs de la *cella* inclinent les uns vers les autres ; les colonnes du péristyle et surtout celles des angles sont penchées vers l'intérieur, et de tout cela, il résulte pour le monument tout entier, sans qu'on sache d'abord pourquoi, un grand air de solidité qui n'en compromet pas la grâce.

Sur ces observations, nous contournons une fois de plus l'incomparable monument si imposant dans sa ruine. Nous faisons des haltes multiples, et quand le jour baisse, c'est le regret dans l'âme que nous nous éloi-

Le Parthénon. — Vue perspective restaurée.

gnons, non sans nous retourner encore pour saluer d'un long et pieux regard le vieil édifice que dorent les rayons du soleil couchant.

Demain nous visiterons les autres reliques d'Athènes, le temple de Thésée, la colline des Nymphes, le Pnyx, Philopappos, Colone, l'Académie et tout ce qui peut nous intéresser. Puis nous retournerons à Corinthe, où les souvenirs de saint Paul nous attirent. Le temps est loin d'être au beau fixe. De grands nuages errent, sombres et menaçants, du côté du Péloponèse. Nous tenterons quand même l'excursion, et nous attendrons là-bas, chez M. Pélopidès, qui nous réclame, un jour de beau soleil.

Temple de Thésée non restauré.

Cenchrées.

En dépit de toutes les prédictions désastreuses du maître d'hôtel d'Athènes sur le temps qui nous attendait à Corinthe, nous nous sommes mis en route. M. Pélopidès avait tout disposé pour nous recevoir. Un landau nous attendait à la gare, et, malgré le ciel brumeux et menaçant, nous nous sommes dirigés vers Cenchrées. Jusqu'à Hexamilia le chemin est passable, sitôt après il devient absolument mauvais. Encore que nous soyons assez loin du but de notre excursion, puisque d'ici à la mer il y a plus de deux kilomètres, nous devons mettre pied à terre, braver les chiens furieux du hameau de Kékriès, et nous acheminer, par des sentiers où nous faisons fausse route, vers la baie qui fut le port de Cenchrées. Notre vrai chemin était au nord et non pas au sud. En prenant à gauche et non à droite, nous aurions gagné une bonne heure, ce qui est appréciable, quand les heures suivantes sont des heures de pluie.

En quoi Cenchrées vous intéresse-t-il? me disait un des touristes que l'on rencontre si nombreux à l'hôtel d'Athènes. Ce n'est pas M. Pélopidès qui m'eût posé une telle question. Le restaurateur de Corinthe connaît son saint Paul, comme un enfant son alphabet, et il nous a stupéfiés en nous récitant les plus beaux morceaux des épîtres du grand Apôtre, surtout de celles écrites aux Corinthiens. Ces passages, très heureusement choisis et dits avec l'accentuation d'une foi ardente, par un habitant de Corinthe, dans la langue même où Paul écrivit, avaient pour nous un charme très grand, et nous comptons bien inviter cet homme fort cultivé à nous redire ses éloquentes tirades. Cenchrées c'est le port où abordaient d'ordinaire ceux qui allaient d'Orient en Occident, car on aimait peu de doubler le cap Malée, fameux par ses tempêtes. Les hommes apostoliques sont donc passés par Cenchrées. Pierre, qui visita l'Église de Corinthe en allant à Rome, avait dû y débarquer. Son frère André y vint à son

Topographie de Cenchrées.

tour, puisqu'il a été l'apôtre de l'Achaïe. D'une manière plus certaine, nous savons que Paul y est passé, y a séjourné, y a été secouru par la diaconesse Phœbée. D'ici il partit avec Priscille et Aquila pour Éphèse, où il ne devait pas s'arrêter, ayant hâte d'arriver à Jérusalem. Dans cette petite baie, il s'est embarqué d'autres fois encore, et notamment quand il partit avec ses compagnons, Sopater de Borée, Aristarque, Secundus et Gaïus, de Thessalonique, Timothée de Derbé, Tychique et Trophime de la province d'Asie, pour son voyage fatal à Jérusalem. De Cenchrées il expédia sa magistrale épître aux Romains, la confiant au zèle d'une femme dévouée, qui s'en alla emportant dans les plis de son manteau le code de la théologie chrétienne. Quoique à 8 ou 10 kilomètres d'intervalle, Cenchrées et Corinthe c'était tout un, puisque le port était comme un faubourg de la ville qu'il desservait et à laquelle il était rattaché par une longue allée d'arbres verts. Or, Corinthe est un des points où l'apôtre a le plus longuement exercé son ministère apostolique. Voilà pourquoi

nous sommes à Cenchrées, où si peu de voyageurs ont la pensée de venir.
Le point que nous atteignons, avec la fausse direction prise, est au sud de la baie, et la ville de Cenchrées fut au nord. Toutefois la situation y est bonne pour se rendre compte du petit golfe qui nous intéresse. Il se trouve enserré entre deux collines marquant les deux extrémités d'un arc de cercle, partagé en deux vers le milieu par un léger avancement de terrain partie naturel, et partie artificiel. La crique méridionale, sur les bords de laquelle nous sommes, dut être une station de navires, tandis que l'autre, particulièrement abritée par la jetée dont nous voyons là-bas les vestiges, constituait le port véritable où l'on débarquait. C'est elle qui attirera surtout notre attention.

Baie de Cenchrées.

Le torrent auprès duquel nous sommes est à peu près sec, mais, à en juger par les énormes blocs de pierre qui l'encombrent, il doit être terrible aux jours d'orage. C'est sur une de ces roches roulées jusque sur la grève que nous montons pour embrasser d'un coup d'œil tout le paysage. La mer vient battre à nos pieds. L'eau est parfaitement bleue, comme dans les anses de Menton ou d'Amalfi. Non loin de nous, vers le sud, sur un monticule, s'élève un phare en ruine. Deux jeunes hommes, qui paraissent pressés, nous disent qu'ils vont au moulin, au pied de la tour. C'est là qu'est cette chute d'eau tiède et salée dont parle Pausanias, et que les anciens appelaient les Bains d'Hélène. Donc les ruines de Cenchrées sont bien au nord, à l'opposé, ἀπαντικρὺ, comme dit le périégète grec. Henry dresse son appareil photographique pour prendre une vue générale. La pluie commence et vient interrompre ses opérations. Quant à nous, nous sommes bien décidés, dussions-nous être trempés jusqu'aux os, à ne partir d'ici qu'après avoir tout examiné. Notre premier mouvement serait bien de faire un amical reproche à saint Paul qui pourrait obtenir trois heures de beau temps à des pèlerins accourus de si loin chercher ses traces à Cenchrées, mais il nous vient à la pensée que lui-même voyageant ne perdait pas sa peine à de telles suppliques, et M. Pélopidès nous a assez répété ce matin comment vivait le grand Apôtre : « *Nychthimeron en to Vytho... Kindynis botamon, Kindynis en erimia...*, Une nuit et un jour dans la mer, dangers en traversant les fleuves, dangers dans les pays inhabités, etc. » Et ce n'était là qu'une partie de ses épreuves.

Suivant tantôt la grève, tantôt le lit insignifiant d'un ruisseau desséché, qui est plutôt un chemin envahi par le sable, nous atteignons, en dix minutes, les ruines d'où partait la jetée méridionale du véritable port de Cenchrées. Henry, désespérant de nous être utile avec son appareil, est parti au pas de course vers

Restes de la jetée méridionale du port de Cenchrées.

la voiture où il compte le déposer, mais il s'égare, et, craignant les périls des lieux inhabités, les périls des voleurs, *Kindynis en erimia, Kindynis tôn listôn*, redoutant surtout la rencontre des chiens qui veulent lui livrer bataille, ennuyé de nous avoir entièrement perdus de vue, il nous appelle de cris désespérés. Hissant alors nos ombrelles en signe de ralliement, nous l'invitons à nous rejoindre sans retard, et nous allons nous abriter derrière une masure dont la porte est d'ailleurs soigneusement close, mais qui représente, à elle seule, toute l'ancienne Cenchrées.

Enfin, la pluie cesse un instant et, malgré les vagues envahissantes, nous nous aventurons sur la jetée, qui, du point où nous sommes, avance, comme je l'ai dit, en arc de cercle dans la mer. Les arasements qui subsistent sont des fondations d'appartements carrés et étroits, peut-être les soubassements de quelque portique. Au point où la mer la couvre entièrement, la jetée se terminait par un édifice rond, qui fut sans doute le double sanctuaire d'Isis et d'Esculape, mentionné par Pausanias. Derrière la maisonnette où nous nous sommes abrités, nous remarquons un puits remontant à une haute antiquité.

Le niveau de l'eau s'y trouve assez élevé pour nous permettre d'y puiser avec un parapluie transformé en vaste coupe à anse. Cette eau nous paraît bonne à boire et sans goût particulier. Henry prend d'ici même une vue de la baie.

En suivant la grève vers le nord, nous rencontrons de loin en loin des blocs de marbre, les uns à moitié soulevés par l'eau, les autres encore en place. Ce sont les restes du quai où abordaient les navires. Pausanias dit qu'il y avait ἐπὶ τῷ ἐρύματι τῷ διὰ τῆς θαλάσσης, probablement sur un mur qui, du milieu du quai, avançait dans la mer, une statue de Neptune en bronze, et, en réalité, une médaille du temps d'Antonin le Pieux nous représente ainsi le port de Cenchrées. Je crois retrouver, vers le milieu du quai, les traces de ce mur, et je m'y arrête comme au point central vers lequel convergea l'ancienne ville, échelonnée qu'elle était, au nord-ouest, sur les exhaussements de terrains encore couverts de ruines. On voit, en effet, de ce côté, des débris de poterie, des restes de vieux murs émergeant de terre. Oui, là fut la cité maritime que nous cherchons. Là vécut la petite Église de Cenchrées. Dans une de ces maisons dont je foule aux pieds les pierres éparses, Paul reçut l'hospitalité, instruisit les disciples, dicta peut-être son épître aux Romains. Où fut l'échoppe du barbier qui rasa la tête du grand Apôtre ou d'Aquila, car le texte des Actes ne dit pas exactement lequel des deux avait fait vœu de nazir[1]? Où habita Phœbée la diaconesse? La tradition n'a rien conservé qui permette de préciser ces détails, mais je constate que Cenchrées fut dans ce carré de terre, et cela suffit à réjouir mon âme de croyant.

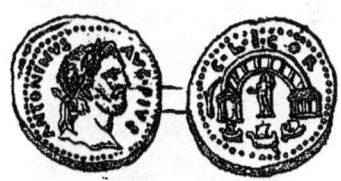

Médaille de Corinthe-Cenchrées.

Cette médaille représente : d'un côté, la tête d'Antonin-le-Pieux avec la légende : *Antoninus Aug. Pius*; de l'autre, le port de Cenchrées avec les temples qui étaient à ses deux extrémités, la statue de Neptune au milieu, et des vaisseaux en avant.
Les lettres *C. L. I. COR.* signifient : *Colonia Laus Julia Corinthus*.

Assis sur un fragment de colonne et dont le marbre aux jolies lames cristallines lutte de blancheur avec l'écume des flots qui viennent le caresser, je reconstitue, par le souvenir, ces temps où la vie afflua dans la petite baie, car ici fut l'entrepôt commun de l'Orient et de l'Occident. Je me représente les hommes de l'Évangile, pauvres et sans considération, débarqués et embarqués sur ce quai où je suis, comme de vulgaires marchandises, et cependant portant au fond de l'âme l'étincelle qui devait transformer le monde. Que j'aurais voulu être là pour leur faire accueil, ou plutôt pour les suivre! Heureuse génération qui savait où était le devoir, et que l'Esprit de Dieu soutenait dans son œuvre! Qu'est-ce aujourd'hui que notre vie, chrétienne sans doute, mais sans élan, sans vaste objectif, sans feu sacré? Mais trêve de réflexions, M. Vigouroux qui a atteint l'extrémité septentrionale du port m'appelle énergiquement. Il vient

---

1. *Actes*, XVIII, 18.

d'y faire d'utiles découvertes. Là en effet est une jetée qui avance dans la mer, comme pour rejoindre en demi-rond la première sur laquelle nous nous étions engagés tout à l'heure, mais en réalité se contentant de la saluer à 500 mètres de distance. Des colonnes brisées s'y montrent sur leurs bases, au fond de l'eau. Tout un arceau couvert et fermé du côté de la mer, y est encore debout, bâti dans sa partie inférieure en très bel appareil rectangulaire. Le sol s'y trouve sillonné de substructions, où poussent des broussailles épaisses. Ici dut être le

Ruines de la jetée du nord dans le port de Cenchrées.

temple de Vénus, que Pausanias place, en effet, à l'extrémité du port, du côté de l'isthme.

Le temps s'est enfin éclairci, et le coup d'œil devient ravissant, à gauche sur la mer, calme et bleue comme un lac, et à droite sur la vallée s'ouvrant peu large, mais pittoresque et verdoyante, jusqu'à Corinthe dont l'Acropole se dresse à l'Occident. En suivant les ruines éparses vers le nord-ouest, nous gravissons une colline d'où l'on aperçoit Isthmia. Il y a là quelques maisons modernes marquant peut-être la place du temple de Diane, que Pausanias avait vu sur le chemin de Schœnus, et où la déesse était représentée par une statue de bois de forme très archaïque. En redescendant, nous retrouvons le véritable chemin de Cenchrées. Il est marqué par une série de sarcophages brisés et cachés sous des massifs de caroubiers. Pausanias mentionne sur cette route la présence de nombreux tombeaux, mais il n'est pas aisé de dire s'il place les plus célèbres ici ou aux portes même de Corinthe.

La nuit approche, et nous rejoignons notre voiture, non sans avoir salué d'un sympathique adieu l'anse, aujourd'hui paisible et déserte, où arrivèrent et d'où partirent tant de fois des voyageurs qui nous sont chers. Les chiens de Kékriès nous donnent une nouvelle et bruyante aubade, mais à distance, car, cette fois, il pourrait leur arriver quelque désagréable réponse. Peut-être ne sont-ils si insolents que parce qu'ils se croient protégés par le chef de l'école cynique, ce philosophe de Sinope, appelé par les Grecs Diogène le Chien, et dont le mausolée s'éleva non loin d'ici. Notre automédon perdait patience. Il nous ramène prestement, à travers de formidables cahots, chez M. Pélopidès qui nous a fait préparer un bon repas et un bon gîte. Il est nuit close depuis longtemps. La pluie recommence, c'est encore la neige sur les montagnes.

La Nouvelle-Corinthe.

Oui, la bourrasque est épouvantable. De nos fenêtres, où battent la pluie et le grésil, nous voyons le golfe de Corinthe agité par la plus furieuse tempête. Les vagues sont vertes et bondissent écumantes sur la grève. Impossible de sortir, même au balcon. Le ciel est sillonné de noirs nuages, et toute l'eau qui en tombe ne déride pas le moins du monde sa face triste et courroucée. M. Pélopidès prend en pitié notre malheureux sort. Il a compris combien l'inaction et la captivité sont dures pour ceux qui sont venus chercher, voir et s'instruire. « Messieurs, nous dit-il en très bon français, car il parle correctement à peu près toutes les langues de l'Europe, hier vous étiez chez le maître d'hôtel, aujourd'hui, si vous le voulez bien, vous serez chez l'ami de la science, de la religion et des travailleurs de l'esprit. Mon plus bel appartement est libre depuis une heure, il sera pour vous, faites-moi la grâce de vous trouver désormais chez moi comme dans votre maison. » En même temps, il nous présente sa femme et ses deux grands fils, Thémistocle et Solon, que nous avions déjà entrevus. Cette résurrection des noms antiques, dans la plupart des familles du pays, est le signe des saintes ambitions qui travaillent l'âme de la Grèce moderne. Mme Pélopidès est une femme modeste, bienveillante, d'une éducation parfaite, une flûte mélodieuse à côté d'un mari qui retentit comme un clairon. J'estime que, si M. Pélopidès, enfant des montagnes du Péloponèse, avait consacré sa vie à l'étude des lettres, il eût très honorablement marqué sa place parmi les savants de son pays. Ce n'est pas seulement saint Paul qu'il récite et qu'il commente, ni rien que saint Chrysostome, dont il nous débite les éloquentes périodes pour faire valoir l'harmonie de la langue grecque, c'est aussi Pausanias, c'est Strabon, qu'il invoque à l'appui de ses vues archéologiques, car M. Pélopidès fait de l'archéologie à ses heures. Il a beaucoup connu

M. Schliemann et d'autres chercheurs célèbres. Avec sa facilité naturelle, il s'est assimilé bon nombre de leurs idées. En résumé, la journée qui s'an-

La Nouvelle-Corinthe.

nonçait triste comme douze heures de prison, nous a paru courte. Un homme de cœur intelligent dans un intérieur aimable, c'est tout ce qu'il faut pour faire échec au mauvais temps.

19 avril. La Vieille-Corinthe.

En ouvrant nos fenêtres, nous voyons à notre gauche l'Érymanthe et ses hautes ramifications jusqu'au Cyllène, à notre droite le Cithéron, l'Hélicon, le Parnasse, absolument couverts de neige, mais le soleil se lève radieux. A lui seul, il arrangera toutes choses. Notre joie est grande; bénissons Dieu !

Vers sept heures, notre landau est devant la porte. Nous serrons la main de nos hôtes que nous reverrons dans trois jours, et vivement nous parcourrons les dix kilomètres qui nous séparent de la Vieille-Corinthe. En approchant de la montagne isolée et abrupte, au pied de laquelle fut l'ancienne ville, j'éprouve une réelle déception. Nous avions vu, il y a cinq ans, ce grandiose paysage, vers les trois heures du soir, quand le soleil marchait à son déclin. Le mont de l'Acropole

Vue de la Vieille-Corinthe.

projetait alors son ombre gigantesque sur le site et les ruines de l'antique cité. C'était saisissant, et le tableau m'en était resté comme un des plus inoubliables de notre beau voyage. Ce matin le paysage est trop ensoleillé pour des ruines. Cela ne ressemble en rien à ce qui nous avait si vivement frappés autrefois.

Autre vue de la Vieille-Corinthe.

J'aime pourtant à revoir ces murs de pierre sèche, où des fragments de frises, des fûts de colonnes et des débris de chapiteaux ont été amoncelés pour marquer la propriété d'habitants probablement disparus, car, dans la plupart des enclos ainsi séparés, rien ne pousse. Je retrouve les mêmes masures à moitié debout, avec leurs portes, leurs fenêtres béantes et leurs toitures effondrées, à côté de quelques maisons blanches nouvellement bâties; des vieux cyprès portent, çà et là, le deuil de ces glorieuses ruines; enfin les sept colonnes du temple dorique, un des plus antiques de la Grèce, dominent le paysage désolé.

C'est à l'ombre même de ces colonnes que des chevaux nous attendent pour monter à l'Acropole. La précaution est bonne, car l'ascension sera longue et dure. Quand, après trois quarts d'heure de pénible équitation, nous mettons pied à terre, nous n'avons atteint, en effet, que 300 mètres d'altitude, et nous sommes seulement à moitié chemin du temple de Vénus. L'autre moitié reste à faire à travers un chaos de roches et de débris tel que, même en Palestine, le pays des pierres et des décombres, nous n'avons jamais rien vu de semblable. La première, la seconde et la troisième enceinte sont franchies; encore des ruines entassées, et toujours des ruines. Sauf quelques murs de caserne ou d'antique chapelle à moitié debout, il ne demeure de l'Acro-Corinthe absolument rien. Vouloir y retrouver une seule des indications de Pausanias serait perdre son temps. Et cependant il y a quelque chose qui vaut la peine d'une si pénible ascension, c'est le panorama qui se déroule à nos pieds, quand nous atteignons le sommet de l'Acropole. Vainement le zéphir qui vient des montagnes neigeuses souffle-t-il un peu frais, à pareille altitude,

Ruines de l'Acro-Corinthe.

nous faisons halte au point culminant où, d'après Strabon, était bâti le temple de Vénus, à 625 mètres au-dessus du niveau de la mer. Il reste du trop fameux édifice quelques belles pierres rectangulaires qui en marquent les soubassements. De là il n'y a qu'à regarder devant soi pour jouir d'un des plus classiques points de vue que l'on puisse rêver. Les deux mers, portant à Corinthe le tribut de leurs vagues d'azur, étendent leur nappe d'eau, l'une au levant jusqu'à Salamine, l'autre au couchant jusqu'à Naupacte, tandis que les hautes montagnes allongent, au nord et au sud, leurs crêtes étincelantes de neige sous un ciel magnifiquement bleu. Tout fier de reparaître après la tempête, le soleil sème à profusion sa lumière d'or sur les coteaux verdoyants où se dessinent mille petits villages aux blanches maisons. Là-bas, gardant l'entrée de la mer d'Orient, c'est Athènes dont l'Acropole semble flotter comme un navire à l'horizon. Plus près, Mégare sur ses deux collines, puis Platée, au pied du Cithéron, Leuctres, près de l'Hélicon, et enfin Delphes, sur les contreforts du Parnasse. A nos pieds, l'Isthme avec Kalamaki, gracieuse petite ville de planches peintes, l'emplacement des

Sur l'Acro-Corinthe.

Jeux isthmiques avec les ruines du temple de Neptune, le canal qui désormais unit les deux mers, et enfin la nouvelle Corinthe qui sera bientôt une grande cité. En nous tournant vers le sud, nous saluons les montagnes de l'Arcadie, cachant Orchomène, Mantinée et Olympie, celles de l'Argolide où se trouvent Mycènes, Tirynthe et Argos. Notre œil ne se lasse pas de voir et de revoir le féerique tableau, tandis qu'Henry promenant sa main vers l'horizon nous redit les beaux vers du *Pèlerinage* d'Harold :

> Là l'histoire et la fable ont semé leurs grands noms
> Sur des débris sacrés, sur les mers, sur les monts.
> Ce sommet c'est le Pinde; et ce fleuve est Alphée !
> Chaque pierre a son nom, chaque écueil son trophée ;
> Chaque flot a sa voix, chaque site a son Dieu;
> Une ombre du passé plane sur chaque lieu.
> Ces marais sont le Styx, ce gouffre est la Chimère.
> Et touchés par les pieds de la muse d'Homère,
> Ces bords où sont écrits vingt siècles éclatants,
> Retentissant encor des pas lointains du temps,
> D'un poème scellé par la gloire et les âges,
> Semblent à chaque pas dérouler d'autres pages.

L'aire de l'Acropole est très vaste et c'est un voyage que d'en suivre le pourtour. En nous dirigeant vers le sud-est, nous heurtons couchés dans la poussière quelques vieux canons ou couleuvrines, souvenir des grandes luttes de l'indépendance. Un peu plus loin coule la fameuse source de Pirène, où, d'après la fable, Bellérophon, fils de Glaucus roi de Corinthe, surprit Pégase, le cheval ailé, qui buvait à son aise. L'ayant dompté, grâce à la bride d'argent reçue de Minerve, il l'emmena pour combattre la Chimère. Actuellement, on descend par une échelle jusqu'aux abords du puits que recouvre une vieille construction de l'époque romaine. Je ne m'étonne pas du goût de Pégase pour une eau si admirablement limpide et légère. Nous en buvons, comme lui, et avec plaisir. La source fut révélée jadis par Asope à Sisyphe qui, en revanche, lui indiqua le refuge de sa fille enlevée par Jupiter. Par des conduits souterrains, après avoir formé une série de fontaines dans l'Acropole, elle tombait, au bas de la montagne, dans un bassin de marbre destiné à approvisionner d'eau toute la ville de Corinthe.

Médaille de Corinthe-Laïs.
D'un côté, la tête de la courtisane Laïs; de l'autre, une lionne tenant dans ses griffes un bélier, et l'inscription en abrégé : *Colonia Laus Julia Corinthus.*

Appuyés aux créneaux des remparts qui surplombent la plaine, nous examinons attentivement le vaste trapèze occupé jadis par la grande cité. Il mesurait 8 kilomètres de pourtour et s'appuyait au midi à l'énorme roche, s'avançant nue et abrupte, vers l'isthme. Les édifices publics ou privés durent s'échelonner jusqu'à la hauteur des terres végétales qui entourent la base de la montagne, et lui font actuellement un piédestal circulaire de blés verts. Au levant, et hors l'enceinte de la vieille ville, le terrain semble avoir été particulièrement travaillé par des tremblements de terre. On y remarque des exhaussements et des affaissements nombreux qui finissent par se transformer en ravins dont deux prennent leur débouché vers Cenchrées. Ils deviennent, aux jours d'orage, des torrents dangereux. Quelques pâtres gardent, dans des champs plantés d'amandiers ou d'oliviers, des brebis à longue toison. Des femmes ramassent des herbes dans les vignes, et deux ou trois groupes d'hommes à la blanche fustanelle errent çà et là, ou voyagent en chantant des airs monotones. D'innombrables oiseaux de proie font la chasse de tous côtés.

Il est aisé de suivre d'ici la direction de l'ancienne route réunissant Cenchrées à Corinthe. Deux bosquets de cyprès ont continué à marquer, depuis dix-huit siècles, la place probable du Cranion, ce bois sacré, situé, d'après Pausanias, aux abords de la ville. Des fouilles pratiquées dans les monticules qui les avoisinent auraient

Médaille de Corintho-Templo.
D'un côté, la tête de Claude et la légende : *Claud. Cæsar. Aug. P. P.*; de l'autre, l'Acro-Corinthe avec le temple de Vénus sur l'immense rocher avec la légende : *Luscino Octavio iter. iivir. Cor.* (Lusciaus et Octavius duumvirs pour la seconde fois, Corintho).

sans doute d'heureux résultats. Là furent le téménos de Bellérophon, le temple de Vénus la Noire, et sur le tombeau de la courtisane Laïs, la fameuse lionne léchant, avant de le dévorer, le bélier qu'elle tenait dans ses griffes. Les passants montraient ce groupe comme l'emblème très suggestif de l'homme voluptueux, qui vit et meurt victime de la femme prostituée. L'histoire ajoute que la leçon donnée par l'artiste ne leur servait guère. C'est à la promenade du Cranion que Diogène, roulant son tonneau, tournait en ridicule le luxe des Corinthiens vaniteux, et qu'il dit à Alexandre : « Ôte-toi donc de mon soleil. » Si alors le soleil était aussi ardent qu'à l'heure présente, le Cynique avait quelque mérite à en réclamer tous les rayons. L'eau de Pirène nous a désaltérés un instant, mais nous n'en sommes pas moins excédés de fatigue et de chaleur.

Nos remerciements faits, en bonne monnaie sonnante, au gardien de l'Acropole, nous rejoignons nos montures, sans toutefois en profiter de sitôt. La descente est, en effet, très dangereuse, et d'ailleurs j'entends examiner à l'aise ce qu'il y a de fondé, dans le plan hypothétique que, d'après Pausanias, j'avais tracé, il y a cinq ans, de l'ancienne Corinthe. Eh bien, l'inspection très attentive de la plaine me porte, plus que jamais, à le croire à peu près exact. Ainsi je vois très nettement la direction des routes venant de Cenchrées et de Schœnus, de Lechée et de Sicyone pour aboutir à l'Agora, dont les vieilles colonnes du temple des Douze-Dieux marquent encore l'emplacement. Nos guides, que j'interroge, affirment que le bazar est demeuré près de ces colonnes jusqu'en 1858, époque où l'ancienne Corinthe fut définitivement renversée par un tremblement de terre. C'est une indication précieuse, dans ces pays de tradition. Le chemin qui allait à Lechée, vers le nord-ouest, laissait à droite les bains de Vénus dont la trace est visible, touchait à une maison blanche qu'on aperçoit dans la plaine et, suivant la direction des cyprès qui se dressent là-bas, à travers tous les sanctuaires et toutes les statues décrites par Pausanias, arrivait à la mer. Celui qui allait à Isthmia laissait à gauche les ruines de l'ancien cirque, longeait un aqueduc dont quelques fragments subsistent encore et, par une longue avenue de pins, dont il ne demeure pas trace, aboutissait, par-delà le téménos de Neptune, au port de Schœnus. Vers Sicyone, avant d'atteindre la plaine couverte de vignes et d'oliviers, le chemin commençait à l'agora par une grande rue, et longeait le bas de la montagne, en passant près des sanctuaires d'Apollon et d'Athénée Chalinitis, près de la fontaine de Glaucé, non loin du théâtre et de l'ancien gymnase. En observant attentivement le site de cinq églises encore debout et que le guide me nomme, une à une, je serais fort disposé à les croire bâties sur une partie des temples païens mentionnés par Pausanias. Ainsi celui d'Apollon serait devenu le sanctuaire du Rédempteur, Paraskevi ; les autres correspondraient, Neptune Protecteur à la Théotokos, Octavie à Saint-Athanase, la Fortune à Saint-Paul devenu plus tard Sainte-Anne, Minerve Chalinitis à Saint-Jean-le-Théologien. Quoi qu'il en soit de ces hypothèses formulées à vue d'œil, nous ne quitterons pas Corinthe sans avoir visité ces cinq sanctuaires. Il en est bien un sixième que le guide me montre suspendu à notre droite, au flanc de la montagne, sous les roches septentrionales de l'Acropole. Il s'appelle Saint-Georges, d'après lui ; mais M. Pélopidès nous dira tout à l'heure qu'il marque la place d'une grotte où se retirait saint Paul pour prier. Je suis peu porté à croire que l'apôtre, toujours prêt à se mêler à la multitude pour l'évangéliser, se soit jamais, dans une ville comme Corinthe, retiré au fond d'une grotte. Ne confondons pas la vie des solitaires avec celle des prédicateurs de la bonne Nouvelle. En outre, tout en tenant la bride de mon cheval, mon jeune guide achève de troubler mes idées par l'histoire assez inintelligible d'un pappas qui aurait eu le doigt coupé et suspendu au rocher dominant cette chapelle de Saint-Georges. Comme je ne comprends qu'à moitié son langage, je le prie de me laisser à mes réflexions.

Près des ruines du vieux temple.

La population de la Vieille Corinthe, que nous savions très accueillante depuis notre premier voyage, s'est préparée à nous faire une petite ovation, au moment où nous descendons de cheval, près du vieux temple, sur l'ancienne agora. Ce temple fut de style dorique périptère avec six colonnes de front et quinze de côté. Des sept qui supportent encore une lourde architrave dont les blocs énormes ne tarderont pas à tomber, cinq faisaient partie de la façade occidentale, les deux autres marquent le retour et la direction de la façade méridionale. Les fouilles récentes qu'on a faites ici sembleraient établir qu'il y eut deux sanctuaires, ayant chacun son portique. Celui du levant était le plus vaste et de forme oblongue, avec huit colonnes à l'intérieur; l'autre, du couchant, était plus petit, et carré, avec quatre colonnes seulement. Cet édifice, un des plus anciens de la Grèce, si on en juge par la forme massive de ses colonnes, — chacune se compose de deux fûts monolithes et n'a comme hauteur que quatre fois son diamètre, — fut peut-être le sanctuaire des Douze-Dieux, que Pausanias avait vu sur la place publique. Les traces que l'on a remarquées sur les dalles peuvent bien correspondre non pas à douze colonnes intérieures, mais à douze piédestaux portant les statues des dieux de l'Olympe. En ce cas, on a cherché une double *cella* là où il n'y en eut qu'une. Les enfants nous offrent des fleurs, ce qui veut dire : « Donnez-moi un pourboire ». Nous nous exécutons gracieusement, pressés que nous sommes d'aller vénérer les sanctuaires qu'on m'a indiqués tout à l'heure.

Ruines du temple de Corinthe.

Ces cinq églises sont toutes très misérables. Avec leur toiture basse et mal agencée, leurs murs lézardés et irrégulièrement bâtis, elles me rappellent les bergeries qu'on trouve perdues dans les plaines de la Camargue ou de la Crau. La première que nous visitons, accompagnés du prêtre grec et de M. Pélopidès, est la Théotokos, très fréquentée le 15 août. Un auvent, supporté par les colonnes d'un ancien temple, en précède l'entrée. Sur la porte se voit une vieille croix byzantine. Le pavé présente bon nombre de pierres sculptées avec des inscriptions grecques, latines et même turques. Il n'est pas jusqu'à l'escalier extérieur conduisant à la tribune des femmes qui n'ait des débris antiques capables d'intriguer les épigraphistes. Sur l'un d'eux, nous relevons une inscription latine en l'honneur de Q. Fab. Q. R. L'état de délabrement de ce sanctuaire ne paraît guère préoccuper le pappas qui nous en a apporté la clef. Trois tableaux enfumés et graisseux décorent l'iconostase. Les rares habitants de la Vieille Corinthe sont pauvres, et ils s'habituent à voir Dieu pauvrement logé.

L'église de Paraskevi, où nous arrivons à travers des orties gigantesques, est encore plus pitoyable. Les murs paraissent près de s'écrouler. Sous le porche, gisent des fragments d'autel et des chapiteaux brisés. En revenant, à travers champs, vers les colonnes du temple antique qui marquent le centre de l'ancienne Corinthe, nous observons que le sol sonne creux sous nos pas. Pourquoi la pioche des chercheurs n'en a-t-elle pas encore interrogé les profondeurs? Il y aurait là des trouvailles à faire.

L'église de Saint-Jean-le-Théologien répond sûrement à quelque site vénéré dans l'histoire de Corinthe. On descend par un premier escalier dans la cour qui l'environne, et puis, par quatre degrés, dans l'église elle-même. Les colonnes en sont aux deux tiers enfouies dans le sol. Des trois nefs qu'elle eut jadis, une, celle du midi, subsiste seule. Ici encore le pavage a été fait avec des fragments d'édifices qui avaient vu certainement passer les apôtres. Sur des débris de tombes nous lisons en grec les noms de Philippe, Lucius, Saturnin, Apollonius.

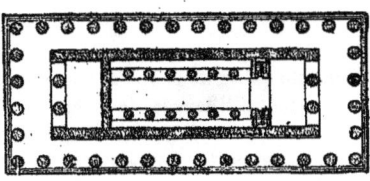

Plan du vieux temple de Corinthe.

Récemment on a restauré dans le voisinage de Saint-Jean, l'église de Saint-Athanase. Une belle fontaine qui coule non loin de là, au pied d'un platane, pourrait bien être celle du Dauphin et Neptune. On nous y offre des rafraîchissements.

Plus ancien que les autres sanctuaires serait, nous assure-t-on, celui de Sainte-Anne. C'est possible, à la condition de reconnaître qu'avant d'être consacré à honorer la mère de Marie, il a été voué à quelque saint plus directement mêlé aux origines chrétiennes. Le culte de Sainte-Anne n'est pas des plus anciens, même dans la liturgie orientale. Sur cette observation, le pappas nous déclare, en effet, que, d'après la tradition, c'est saint Paul qui fut primitivement vénéré en ce lieu. Cette transformation moderne nous paraît fort regrettable, et sainte Anne, du haut du ciel, doit l'avoir énergiquement déplorée. Le triomphe progressif de la religiosité sur la religion, et le goût passionné de la nouveauté en Orient ont fait commettre assez couramment de tels méfaits. Nous aurons l'occasion de le constater plus d'une fois sur notre route. Comme nous l'observe M. Pélopidès, les traces d'une très ancienne construction se montrent partout sous les murs actuels. Deux pierres d'angle sont particulièrement remarquables de travail et de dimension. Si Paul a jamais été honoré ici, mettons-nous à genoux et demandons pardon pour les stupides Corinthiens qui ont brutalement dépossédé le grand apôtre. Ces sottises d'une piété fantaisiste me révoltent. Une église vient d'être découverte à droite du chemin allant de Lechée à la Nouvelle Corinthe, dans une vigne que l'on défonçait; elle était à trois nefs de quatre colonnes chacune. Nous n'avons pas le courage d'aller la visiter de peur d'y trouver encore quelque saint Démétrius ou quelque saint Georges à la place des grands prédicateurs qui fondèrent le christianisme dans la capitale de l'Achaïe.

En route pour Nauplie.

Le chemin qui va de la Vieille Corinthe à Hexamilia est mauvais; il traverse des terres toutes sillonnées de ravins, et déchirées de profondes lézardes. Les grandes roches y ont été mises à nu, et c'est à travers les plus violents cahots que nous avançons. Çà et là se voient des sépultures antiques depuis longtemps violées. D'énormes lézards y ont élu domicile. Pas un être humain sur notre route. Une profonde impression de tristesse se dégage de ce paysage désolé. Quelques terres plantées de vignes ou semées de blés, des amandiers grêles et des oliviers tristes, sont les seules traces de culture qu'on remarque dans cette plaine, dont la station d'Hexamilia, avec sa petite maison blanche, marque à peu près le centre.

Nous arrivons un quart d'heure avant le train. L'inspecteur de la voie voudrait attirer notre attention sur une ruine romaine, et sur quelques tombeaux voisins; il n'est plus temps, car voici la vapeur qui siffle et nous emporte aussitôt. La voie ferrée, contournant à peu près la partie méridionale de l'Acropole, nous permet de prendre une vue complète de la forteresse. L'inflexion des remparts vers le sud est plus considérable que je ne l'avais soupçonné. Toutefois la place ne pouvait être sérieusement attaquée que par le Penté-Scouphia, hauteur sud-ouest qui se relie à l'Acropole. Les crêtes de l'immense roche, couronnées par la longue denteIure des fortifications, sont d'un aspect imposant.

Parmi les sites célèbres que longe la voie ferrée notons Ténée, dont les habitants se disaient venus de Ténédos, comme prisonniers d'Agamemnon; Cléone rivale de Corinthe; Némée à 5 kilomètres de la station, fameuse par le temple de Jupiter, près duquel se donnaient, tous les deux ans, les jeux néméens. On y montre, dans la montagne boisée, la caverne où Hercule aurait étranglé de ses propres mains le lion qu'il n'avait pu tuer à coups de flèches et de massue.

Bientôt nous entrons dans la plaine de l'Argolide, la plus belle et à coup sûr la mieux cultivée de toute la Grèce. A notre gauche, au pied du mont Saint-Elie, se dessinent, en grandes taches noires verticales, les tranchées pratiquées sur la colline de Mycènes, où nous viendrons demain. A Argos, une noce arrivant par un train spécial de Myli, l'ancienne Lerne, nous envahit bruyamment. En souriant de ce sans-gêne, nous admirons la chance du jeune marié qui a su trouver une charmante et douce compagne près de ces marais célèbres, où Hercule

Vue de Nauplie.

n'avait rencontré qu'une hydre, et une hydre dont les neuf têtes repoussaient à mesure qu'on les coupait. Le nouvel époux, tout triomphant, ne voit pas, à coup sûr, de rapport possible entre une hydre et une femme. Tant mieux pour lui. Cette avalanche de voyageurs inattendus n'est pas faite pour nous mettre au large, mais nous arrivons au terme du voyage; le chef de train prend nos billets et nous dit : « Nauplie ! »

Beaucoup de gens sont aux fenêtres pour voir défiler la noce, et nous avons nous-mêmes un réel succès de curiosité, grâce à notre costume ecclésiastique français qui paraît intriguer tout le monde. A peine installés à l'hôtel, mes deux compagnons, mis en goût par la belle ascension de l'Acro-Corinthe, prétendent monter sans retard à la forteresse de Palamidi. Ce n'est pas que le souvenir de Palamède lapidé par les Grecs sur une méchante accusation d'Ulysse, ou inventeur reconnu par la critique plus moderne de quatre lettres grecques ξ, θ, φ, χ, des poids et des balances, des mesures du temps, des échecs et des dés, les sollicite à cette excursion; non, le personnage qui a donné son nom à la montagne leur importe assez peu; ils ont retenu la recommandation d'un touriste rencontré à Athènes, et ils sont convaincus que, de là-haut, le coup d'œil sera prodigieusement beau, au soleil couchant. Huit cent cinquante-sept escaliers à gravir, n'est-ce pas plus sûrement prodigieux? Tous leurs discours ne me tenteront pas. Allez, chers amis, je vous donne ma bénédiction.

De mon côté, je visite la ville de Nauplie, petite, elle ne compte que 5,000 habitants, mais propre, ce qui, en Grèce comme en Orient, est une appréciable exception. On l'a bâtie sur le polygone très restreint que laissent, au nord d'une langue de terre s'avançant dans la mer, les deux énormes roches de Palamidi et de Ist-Kaleh. Le port est profond et bien abrité. Plusieurs vaisseaux de l'escadre anglaise ont mouillé dans la rade, et ses quais sont envahis par la foule qui vient les admirer. Il me serait agréable de passer inaperçu parmi tout ce monde de promeneurs et d'y faire des études de mœurs, à ma guise, mais des enfants terribles me poursuivent de leur désobligeante curiosité. Je quitte la place; ils m'accompagnent quand même, en criant à tue-tête : *Zitho! Zitho!* Vive! Vive! Est-ce par bêtise ou par impertinence? Je ne sais. Leur nombre grossit à chaque pas avec une rapidité effrayante. C'est alors que, fort à propos, un bon prêtre grec vient, avec deux de ses amis, me joindre et me tirer d'embarras. Le vénérable vieillard d'un mot, et les deux jeunes gens d'un geste autrement significatif, dispersent les manifestants, et se mettent à me montrer en détail tout ce qu'il y a d'intéressant dans leur ville. Après quoi, ils veulent me faire les honneurs de leur maison. J'accepte volontiers. Ce pappas catholique est de bonne famille et, ce qui est rare, ses appartements sont fort bien tenus. Il me présente tour à tour à son neveu, directeur de la Banque nationale, à ses nièces, jeunes femmes très distinguées, et à quelques amis qui, m'ayant entrevu, veulent m'entendre parler de la France et de ses sympathies pour les Hellènes. L'un d'eux est membre de la Chambre des députés, et sa conversation m'intéresse particulièrement. Entre temps, on me sert des rafraîchissements exquis. Comme je voudrais, par un procédé féerique, en faire tenir quelques gorgées, à mes chers compagnons, qu'en imagination je vois exténués au haut de leurs huit cent cinquante-sept marches! Ils regretteront surtout de n'avoir pas entendu, comme moi, vibrer l'âme d'un patriote grec qui croit à l'influence française sur les destinées de l'Orient.

Comme on me ramène à l'hôtel, mes deux infatigables ascensionnistes arrivent de leur côté. Eux aussi ont dû lutter contre l'insolence des enfants de Nauplie. Les *Zitho!* ne leur ont pas manqué; M. Vigouroux allait même sortir de son calme ordinaire, quand Henry a pris directement le rôle militant, et la fuite a seule préservé ces jeunes galopins d'une mémorable correction. Mes deux compagnons ont vu des canons vénitiens, avec le lion de saint Marc, au fort Thémistocle, et des prisonniers au fort Miltiade. Sans monter si haut, je leur en présente à peu près autant sur un des côtés de la place où donnent les fenêtres de nos chambres. D'innombrables détenus derrière de larges grilles, paraissent n'avoir d'autre ennui que celui d'être nourris sans rien faire, et de voir les passants se promener en liberté. Ce supplice est si acceptable, qu'il n'y a plus, en Grèce, assez de prisons pour enfermer tous les condamnés. Henry et M. Vigouroux protestent que le panorama est incomparable, quand on a atteint le sommet de la citadelle. Je le veux bien. Ma joie est grande qu'ils aient eu une légitime récompense de leur courage, mais je n'ai nul regret de ne pas les avoir imités.

Au restaurant, nous rencontrons un des chefs de l'insurrection de 1862 à Nauplie. C'est presque un vieillard, mais il n'en porte pas moins avec crânerie le costume des palicares. Son gilet de velours violet avec la veste noire à longues manches de soie rouge, l'un et l'autre chamarrés d'or, font bel effet sur la blanche et raide fustanelle. Ses guêtres ou cnémides, agrafées au-dessus du genou, sont brodées d'argent, et un grand bonnet phrygien, agrémenté d'un gland d'or tombant sur le col rabattu de la chemise, semble accroché par artifice à sa perruque soigneusement échafaudée. Dans sa ceinture de maroquin, le patriote a son mouchoir, sa bourse à tabac et ses armes. La moustache blanche fièrement retroussée, et l'œil flamboyant, il se promène à travers les tables et nous salue d'un geste bienveillant. Nous lui répondons : *Kalinycta!* Bonne nuit! et nous allons au lit.

A Tirynthe.

Une voiture, louée dès hier soir, nous attend vers six heures du matin, avec deux bons chevaux. Encore un jour à donner aux souvenirs profanes et classiques. Je ne crois pas qu'il faille le mettre au nombre de ceux qui sont perdus.

En sortant de Nauplie, nous visitons le lion colossal sculpté dans le roc, au faubourg de Pronia, par Siegel, en souvenir des Bavarois morts en Grèce de 1833 à 1834. J'aime à saluer, partout où je le rencontre, l'hommage qu'un peuple rend à ses vaillants soldats.

La route d'Argos, où nous revenons sans retard, est plantée de superbes peupliers et sillonnée de véhicules portant des marchandises ou des voyageurs. Au bout d'une demi-heure, notre cocher s'arrête. « C'est Tirynthe! » dit-il. Tirynthe, la cité bâtie par des cyclopes venus de Lycie, Tirynthe dont les murs, d'après Pausanias, furent une œuvre aussi surprenante que les Pyramides d'Égypte. A Tirynthe régna Persée, le roi légendaire, vainqueur des Gorgones et de Méduse. A Tirynthe grandit Hercule, le héros de tant d'aventures mythologiques. Nous voilà donc en plein dans l'antiquité fabuleuse.

Quoi qu'il en soit des vieilles légendes, la ville n'en est pas moins une très surprenante réalité. Le gardien des ruines, qui se trouve de bonne heure à son poste, nous offre ses services; il n'y a qu'à le suivre.

Tirynthe fut bâtie sur une roche oblongue, s'élevant du nord au sud en trois

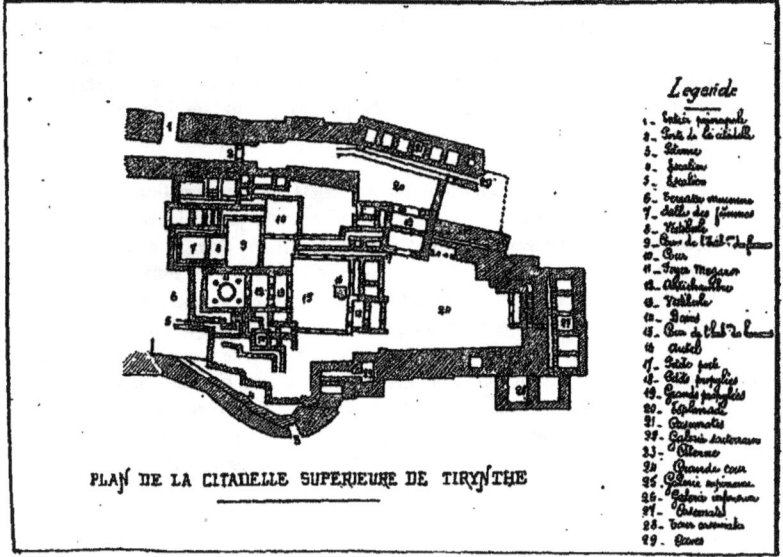

PLAN DE LA CITADELLE SUPÉRIEURE DE TIRYNTHE

étages successifs jusqu'à 20 mètres au-dessus du sol, à droite de la route, quand on vient de Nauplie. La petite plate-forme mesure environ 350 mètres de long et 110 de large. L'espace était fort restreint pour une ville. Il y a eu, en Orient, des palais qui auraient, à eux seuls, couvert cette superficie. La terrasse septentrionale, celle qui regarde du côté d'Argos, était réservée aux chevaux et aux troupeaux. En cas de long siège, elle pouvait être ensemencée. Il y a actuellement un blé assez bien venu. La terrasse moyenne appartenait aux soldats et aux gens de service. Elle se rattachait, par un étroit escalier, à la terrasse la plus élevée qui, ayant vue sur la mer, était habitée par le roi. C'est la partie intermédiaire de la plate-forme que nous abordons, par la poterne de l'ouest, près de la grande route. L'escalier, dont 65 marches subsistent encore, est étroit et ne pouvait servir qu'à des piétons. La véritable entrée de Tirynthe se trouvait du côté opposé, et donnait un large accès aux trois parties de la ville, les chevaux et les troupeaux prenant leur chemin à droite, les princes à gauche par la porte de la citadelle, et les hommes de guerre directement devant eux. C'est à cette porte principale que le guide, après nous avoir fait traverser le petit plateau dans sa largeur, et tout en nous invitant à jeter un coup d'œil sur l'ensemble des ruines, nous a solennellement conduits. L'antique chemin de la forteresse, que nous retrouvons pavé d'énormes blocs de pierre, montait de la plaine, par une pente douce, le long des remparts qui le protégaient, et aboutissait à la grande tour défendant l'entrée. De là les arrivants se dirigeaient à leur guise. Supposons que nous sommes rois de Tirynthe, et suivons, à gauche, un passage entre le mur d'enceinte et les fortifications intérieures du palais. Nous atteignons bientôt une seconde porte en ruines, c'est par elle qu'on pénétrait dans la citadelle et qu'on abordait par conséquent le palais du roi. Elle rappelle celle des Lions à Mycènes. De ses deux énormes montants, un seul est conservé; il mesure près de 4 mètres de haut sur 2 de large. Les trous destinés à recevoir la barre qui verrouillait les deux battants, y sont encore béants.

C'est ici que je commence d'évoquer, pour intéresser Henry, une série de souvenirs qui doivent lui faciliter la reconstitution d'un palais homérique. Ainsi ce sont de semblables portes qu'Ulysse charge Philétios de lier avec un câble, pendant qu'il exterminera tous les prétendants. Le défilé étroit, entre le rempart et les murs du palais où nous nous engageons, et qui devait être dangereux pour des soldats cherchant à forcer la maison du roi, me rappelle tout naturellement celui où Télémaque pendit, à une longue corde, les douze femmes infidèles du palais de son père. « Elles s'y balançaient comme des grives prises au lacet, dit Homère, ayant remué un moment les pieds, mais pas longtemps. » Ce passage conduit à une esplanade qui avait sur la gauche, du côté du mur d'enceinte, une colonnade, et à droite la porte donnant accès au palais. Cette porte, avec son entrée centrale et son double portique formé par deux colonnes, *in antis*, deviendra plus tard, quand naîtront les grands architectes, quelque chose comme les Propylées d'Athènes. Il aura fallu pour cela du temps et de l'expérience, mais ceci aboutira à cela, en vertu même de la loi du progrès. Par ce portail grandiose, on pénétrait sur une plate-forme intérieure, sorte de cour d'honneur, jadis entourée de chambres, et où subsistent encore des traces de colonnes. C'est à une entrée pareille qu'Ulysse traîna par les pieds le mendiant Iros, qu'il avait terrassé d'un formidable coup de poing; puis l'ayant appuyé tout sanglant contre le mur, il lui mit un bâton à la main et lui dit : « Reste là, maintenant; défends-nous contre les chiens et les porcs. » Toute cour d'honneur qu'elle fût, cette enceinte demeurait le réceptacle ordinaire des immondices. Ulysse entrant, sous son misérable déguisement, dans le palais d'Ithaque, trouva en pareil lieu son brave chien Argos, couché sur le fumier et couvert de vermine. La pauvre bête remua la queue à la vue du maître qui revenait, après vingt ans d'absence; hélas! elle n'eut pas la force de se lever pour aller lui lécher les pieds. Ulysse ne put retenir une larme furtive, je le comprends, et le chien mourut aussitôt, ce fut sans doute de bonheur.

A mesure que nous avançons au milieu des ruines, elles deviennent plus indéchiffrables, car tout ce qui s'élevait hors de terre sur le plateau a été singulièrement maltraité par le temps et les hommes. Cependant, au coin nord-ouest de la cour, on retrouve la trace de seconds propylées, plus petits que les autres et donnant accès, vers le nord, à une vaste plate-forme rectangulaire. C'était l'*aulè* ou cour des hommes, mesurant 22 mètres de large sur 18 de long, et entourée de portiques. Le bloc de maçonnerie carré que nous y voyons à droite, et au-dessous duquel s'ouvrait une fosse pour recevoir le sang des victimes, fut l'autel domestique de Zeus Hercéen, ou Jupiter gardien du foyer et des serments. C'est par lui qu'Ulysse jure, quand il affirme à Pénélope que son mari vit encore, et à Philétios, le chef des bouviers, que son maître reviendra bientôt. Au pied de l'autel de Jupiter Hercéen, se réfugient le chantre Phémios avec sa lyre et le héraut Médon, pardonnés par Ulysse qui vient « d'étendre les prétendants dans la salle du festin, comme des poissons morts sur la plage », dit Homère. Au nord vers le fond de cette cour, nous abordons, vis-à-vis de l'autel qui se trouve au sud, une autre porte à deux colonnes commandant le vestibule et l'antichambre du Mégaron, ou appartement des hommes. D'ordinaire cette entrée était simplement close par un rideau. Ainsi on explique que des mendiants vinssent jusque-là quémander les restes du repas. Dans Homère, en effet, Ulysse déguisé sous des vêtements sordides, avec sa besace rapiécée et nouée par une vieille courroie, se glisse, appuyé sur un bâton, « jusqu'au seuil de frêne de la grande salle, en dedans des portes, et là il s'adosse au jambage de cyprès qu'un ouvrier habile avait équarri au cordeau. »

Quatre colonnes centrales supportaient la toiture du Mégaron, et entre ces colonnes, au milieu de l'appartement, se trouvait le foyer domestique. Le long des murs durent être, comme à Ithaque, des sièges à clous d'argent et de petites tables sur lesquelles on servait chacun des convives. Les prétendants s'exhortèrent à en user comme de boucliers, au moment où Ulysse commença à leur décocher ses flèches terribles. La fumée devait s'échapper par des ouvertures pratiquées au plafond ou à la partie supérieure du mur, mais assez imparfaitement, puisque quand Télémaque veut reléguer à l'étage supérieur, du côté des femmes, les armes du Mégaron, il prétexte que la vapeur du foyer commence de les ternir. Le jour venait surtout de la porte. Le pavé consista ici en une mosaïque assez fruste. Les murs paraissent avoir été décorés de grossières peintures où cinq couleurs très crues, le bleu, le rouge, le jaune, le blanc et le noir, reviennent invariablement. Il y eut aussi quelques sculptures et une frise d'albâtre émaillée de verre bleu.

A notre gauche, c'est-à-dire vers le couchant, se déroule une série de petites chambres. Au milieu était la salle des bains. On voit les restes de la conduite d'eau qui l'alimentait. A droite, vers le levant, était le Gynécée ou appartement des femmes, avec double cour, vestibule et salle, comme du côté des hommes. On ne voit pas par où il communiquait avec le Mégaron. Pourtant dans Homère, Pénélope vient de ses appartements dans la salle des hommes. A vrai dire, il est observé qu'elle descend et qu'elle remonte, ce qui suppose que les femmes, groupées dans une salle moins haute que le Mégaron, avaient, en revanche, des appartements particuliers à un premier étage, peut-être même à un second.

Muraille de Tirynthe.

Lorsque, en effet, Pénélope va prendre l'arc et le carquois d'Ulysse pour l'épreuve décisive des prétendants, il est dit qu'elle gravit la *grande* échelle. Quoi qu'il en soit, après le repas, et sitôt que les hommes étaient sortis, les femmes venaient approprier le Mégaron, laver le pavé, et mettre en ordre les meubles. On sait comment Ulysse les manda pour emporter dans la cour les cadavres des prétendants, les entasser sous la galerie et nettoyer ensuite, avec de l'eau et des éponges, les tables et les sièges remplis de sang. Malgré le concours le plus soigneux des servantes, cette salle, où se tenaient les rois de l'époque héroïque, était d'une propreté médiocre. La cendre s'y élargissait autour du foyer. C'est sur elle qu'Ulysse va s'asseoir, quand il entre chez le roi des Phéaciens. La cuisine qu'on y préparait eût certainement dégoûté le dernier de nos paysans. Ces cuisses de chèvre, ces épaules de brebis, ces entrailles de génisse que l'on faisait griller au foyer central, devaient répandre une odeur intolérable. Il est vrai que les anciens appréciaient autrement que nous le parfum de la graisse, puisqu'ils trouvaient souverainement pieux d'en régaler le nez des dieux immortels. Accentuant encore la malpropreté du vaste appartement, les dépouilles des victimes immolées avant le repas gisaient pêle-mêle de tous côtés. Ctésippe, tout en mangeant, prend dans une corbeille un pied de bœuf pour le lancer à la tête d'Ulysse. Médon, le héraut qui avait soigné Télémaque enfant, y trouve fort à propos une peau de génisse dans laquelle il se cache pour n'être pas tué. Au reste les mœurs des princes étaient à la hauteur de cette étiquette. Ils ramassaient une escabelle pour l'envoyer, pendant le repas, à la figure du premier venu. Ils causaient avec les mendiants, et les admettaient à défiler devant eux pour faire leur collecte. En même temps, occcupant un siège à clous d'argent, quelque poète chantait, et sur une table à part, un écuyer tranchant coupait les viandes rôties, si les convives n'avaient pas préféré se les choisir et les faire cuire eux-mêmes. Eumée, le chef des porchers, prenait le banc de cet écuyer et s'asseyait sans plus de façon vis-à-vis de Télémaque son maître. Tout était d'un sans-façon inimaginable. Et c'était beau quand même, dans sa naïve et barbare simplicité. S'il fallait se faire un lit à la hâte, on en trouvait sans peine les éléments sous la main. Ainsi quand Ulysse, en attendant l'heure d'exterminer les prétendants, veut préparer sa couche, il utilise sans répugnance, avec une peau de bœuf non préparée, la dépouille de quelques brebis immolées le jour même et traînant dans le vestibule. Sous le portique de la cour, Mélanthe attache les chèvres qu'on doit tuer pour le prochain repas. L'intérieur de la salle est parfois si encombré de souillures que Télémaque, Eumène et Philétios ont besoin de pelles pour l'approprier. Ulysse demande même à la vieille et fidèle Euryclée du soufre pour le purifier.

Muraille cyclopéenne à Tirynthe.

Et pourtant quelles émouvantes scènes se passaient autour de ce foyer, aux âges de l'humanité naïve! Ici on recevait l'hôte épuisé par une longue marche et, près du feu, on lui lavait les pieds. C'est là qu'Euryclée rendant, sur l'ordre de la reine, ce bon office au mendiant qui avait apporté des nouvelles d'Ulysse, s'arrête toute troublée devant la cicatrice qui lui révèle le fils de Laërte, Ulysse lui-même, qu'elle a nourri. Elle laisse aussitôt tomber, dans le bassin qui se renverse, la jambe marquée du stigmate caractéristique, et, prenant de sa main tremblante le menton de l'étranger, elle s'écrie avec autant de tristesse que de joie : « Tu es Ulysse ! » Et le roi lui fermant vivement la bouche : « Tais-toi, dit-il, d'un mot tu peux me perdre. » C'est là, près du foyer, qu'avec ses haillons cachant sa cicatrice, il éprouve, il excite, il admire, l'affection fidèle de son épouse, par des récits qu'il invente. La reine verse des larmes délicieuses pour celui qui les fait couler, mais lui-même « tient ses propres

Galerie de Tirynthe.

yeux immobiles sous ses paupières, comme s'ils étaient de corne ou de fer, » dit le poète. C'est à la lueur du foyer qu'a lieu la scène incomparable où Pénélope hésite à reconnaître son époux silencieux et appuyé contre une colonne, après le meurtre des prétendants. C'est là qu'Ulysse triomphe de ses hésitations, en lui rappelant la couche nuptiale dressée par lui dans un olivier qui ombrageait l'intérieur de la cour. Il avait entouré de murs ce lit champêtre, l'avait recouvert d'un toit, et protégé par des portes épaisses. Impossible de le déplacer, à moins d'en couper la base qui était le tronc même de l'arbre. C'est près du foyer que les deux époux tombèrent en pleurant dans les bras l'un de l'autre, ne pouvant plus se séparer.

A en juger par leurs proportions respectives, c'est dans la cour d'honneur, et non dans celle de l'autel de Zeus, qu'on devait s'exercer aux jeux du disque et du javelot. On n'aurait pas trouvé dans cette dernière l'espace voulu pour planter

Porte à Tirynthe.

en terre, et à distance, les douze haches dont le trait, lancé par l'arc d'Ulysse, traversa les anneaux. Cette cour d'honneur était donc la place d'armes du palais. Aussi l'avait-on soigneusement fortifiée de tous côtés. Les murs, qui mesuraient 10 mètres de haut et 8 mètres de large dans les autres parties de la citadelle, atteignaient ici jusqu'à 25 mètres de haut sur 17 de large. Ils étaient munis de saillants, de tours, de portiques couverts, et d'un ensemble de défense qui étonne.

Par un escalier, déblayé il y a huit ans à peine, nous descendons dans un réseau de galeries savamment combinées, et dont la plus basse s'ouvrait sur des chambres voûtées en ogive. Ces chambres servaient soit de magasins soit de citernes. Nous avons vu quelque chose d'analogue dans les ruines de Carthage. Ce que l'on ne trouve pas ailleurs, c'est une aussi vaste construction cyclopéenne. Homère avait raison de dire Τίρυνθά τειχιόεσσαν. Que l'on se figure un ensemble de murailles de plus d'un kilomètre de pourtour, édifiées en gros blocs de calcaire, ἀργοὶ λίθοι, dit Pausanias, imparfaitement dégrossis à l'aide d'un marteau pointu et dont plusieurs mesurent 2 et 3 mètres de long sur 1 mètre de haut et autant de large. Le côté le plus large est celui qu'on a presque toujours placé en profondeur. Comme, par leurs formes irrégulières et leurs dimensions variables, les blocs n'adhéraient pas dans toute leur étendue, on avait intercalé des pierres plus petites pour remplir les vides. En outre ces quartiers de roches sont posés tantôt d'aplomb, tantôt en encorbellement, selon qu'on a voulu faire un rempart ou une voûte ogivale. Dans ce dernier cas, quand les blocs supérieurs se trouvent assez rapprochés, on les lie par des pierres placées horizontalement et la voûte est ainsi formée. Tout cela aujourd'hui presque percé à jour, parce que les interstices ne sont plus garnis de petites pierres et de mortier, semble tenir par artifice. Il y a, quand même, 3,200 ans que c'est debout!

Contraste singulier, le peuple qui habita ces lourdes murailles fut un peuple de rieurs; à tel point qu'il ne savait plus traiter sérieusement aucune affaire. Humiliés de leur frivolité, les Tirynthiens, dit-on, allèrent un jour à Delphes demander à l'oracle comment ils pourraient se corriger d'un tel défaut. « Tuez un bœuf, répondit la pythonisse, en l'honneur de Neptune et jetez-le à la mer. Si vous le faites sans rire, vous serez à jamais délivrés de votre légèreté. » Ils suivirent ce conseil. Déjà ils étaient sur le rivage, amenant la victime, et ayant, pour être plus sérieux, éloigné tous les enfants, quand un de ceux-ci, caché dans la foule et que l'on voulait chasser de force, se mit à crier : « Vous avez peur, peut-être, que je n'avale votre taureau? » Là-dessus tous se mirent à rire et, découragés, ils acceptèrent de rire toujours. On ne sait ce que devinrent les rois et les guerriers de Tirynthe. L'histoire constate seulement qu'à ces hommes d'humeur si joviale succédèrent des bergers qui firent des galeries de l'Acropole leur asile ordinaire. Phénomène digne de remarque, il est passé ici tant de brebis qu'elles ont fini par polir ces blocs de pierre mal travaillés, et la laine, si douce soit-elle au contact, a supprimé, en les usant, les aspérités des vieilles roches cyclopéennes. Tirynthe est une des ruines les plus intéressantes que nous ayons encore rencontrées.

Au pied du mamelon, il n'y a pas trace de ville ouverte ou de faubourg s'étant rattaché jadis à la formidable citadelle. Le gardien nous assure cependant que, dans des puits creusés autour de l'Acropole, on a trouvé récemment des poteries très anciennes. En réalité, il est à peu près certain que le château-fort protégea autrefois des populations vouées à l'agriculture. A celles-ci suffisaient des habitations de terre ou de bois qui ne devaient pas laisser de trace quand Tirynthe fut ruinée. Sur la partie méridionale de la grande cour ou de la place d'armes, au-dessus de la double galerie souterraine, une église byzantine fut construite au moyen âge, et notre voiture, que nous rejoignons, avait fait halte près d'un antique cimetière chrétien.

Argos.

Argos se trouve à une petite heure de Tirynthe. Nous y arrivons emportés comme un tourbillon par notre vigoureux attelage. A coup sûr l'automédon veut prouver que la race chevaline n'est pas en dégénérescence dans le pays, et qu'on peut dire aujourd'hui, comme du temps d'Homère, Ἄργος ἱππόβοτον : en Argolide on élève de bons coursiers. Henry me suggère aussi le vers d'Horace :

Aptum dicit equis Argos, ditesque Mycenas.

La ville d'Argos fut peut-être la plus ancienne de la Grèce. Inachus, dit-on, au temps des Pélages, l'aurait bâtie. Il faut convenir qu'elle est aujourd'hui une des plus modernes, car, avec une activité prodigieuse, on travaille tous les jours à la réédifier. Son site, au pied d'une colline couverte de fortifications, et s'avançant dans la plaine comme un promontoire, est particulièrement pittoresque. Ses maisons sont couvertes de tuiles rouges, ce qui n'est pas banal pour le pays. Les rues ne sont pas encore pavées, mais chaque maison a son petit jardin. On sent que cette population dispose d'éléments de richesse considérables, céréales, vignes, cotons, rizières. La vaste plaine, aussi fertile que bien cultivée, est la plus belle de la Grèce, et on comprend que, mourant dans des contrées lointaines, les guerriers antiques lui aient envoyé un souvenir attendri :

Aspicit et moriens dulces reminiscitur Argos.

Nous mettons pied à terre sur la place publique, où fut jadis l'ancienne agora. Là se trouvent aujourd'hui l'église neuve et le musée. Des oisifs, qui nous entourent aussitôt en nous observant avec une déplaisante curiosité, se mettent finalement à nous suivre pour jouir de nos impressions. La cathédrale, nouvellement rebâtie, occupe peut-être, d'après l'idée que Pausanias me donne de l'antique Argos, la place d'un temple d'Apollon Lycius, près de l'Agora. Le musée, établi dans une des salles de la *Démarchia*, ou hôtel de ville, n'offre qu'un médiocre intérêt. Sans doute on y voit une partie des sculptures trouvées au fameux temple de Junon, l'Héroeon, sanctuaire national de l'Argolide, qui, à 9 kilomètres d'ici, près du village de Phonica, rivalisait avec les plus célèbres de la Grèce. Eupolémos en avait été l'architecte, et Polyclète le sculpteur. Les fragments recueillis ici devraient nous donner une idée des deux grands artistes qui avaient attaché leur nom à ce chef-d'œuvre. Malheureusement il n'en est rien. Ces débris disjoints, têtes, membres, pierres tombales, frises, inscriptions, le tout indignement morcelé, ne disent pas grand'chose. Sur un bas-relief, un jeune homme, armé d'une lance et tenant son cheval, rappelle le Doryphore de

Polyclète. Nous remarquons sur un morceau de frise un chèvrefeuille avec sa coloration naturelle, jaune pâle sur fond noir et rouge au milieu. Puisqu'on a retrouvé le bas-relief représentant Télésilla, la femme poète et patriote qui fut une des gloires d'Argos, pourquoi n'est-il pas ici? Un riche propriétaire du pays se l'est attribué, et il le garde dans sa maison avec d'autres objets précieux. C'est regrettable ; de tels souvenirs sont de plein droit la propriété de la nation. On sait comment Télésilla, dite une des neuf Muses, après avoir honoré sa patrie par ses poésies, réussit à la sauver par son courage. Cléomène, roi de Sparte et vainqueur des Argiens, allait s'emparer de la ville. L'héroïne rassembla les plus vaillantes de ses compagnes, et leur ayant distribué des armes, les conduisit bravement au-devant de l'ennemi qui s'avançait triomphant. Celui-ci se trouva fort ennuyé en voyant venir à lui une armée si singulière. Il jugea que sa situation allait être fort embarrassante. C'est ce que Télésilla avait prévu. Vaincre des femmes devait l'exposer au ridicule. Être battu par elles, eût été le suprême déshonneur. Après quelques escarmouches sanglantes, le roi de Sparte voyant que ces terribles Argiennes étaient réellement déterminées à livrer bataille, prit le parti de se retirer. Les patriotes, tuées dans un premier engagement par des soldats peu courtois, furent ensevelies le long de la route aboutissant à Argos, afin que leur souvenir excitât le courage des générations futures. Quant à Télésilla, on lui érigea une statue. L'artiste l'avait représentée regardant, non pas ses œuvres littéraires jetées négligemment à ses pieds, mais le casque qu'elle allait placer sur sa tête.

Du reste, les femmes d'Argos paraissent avoir toujours été quelque peu terribles, depuis ces cinquante filles de Danaüs qui, sur l'ordre de leur père, tuèrent leurs maris la première nuit de leurs noces, sauf Hypermnestre qui épargna le sien, jusqu'à la vieille exaltée qui, du haut de son toit, lança une tuile sur la tête de Pyrrhus, roi d'Épire, et l'étendit raide mort au milieu de son triomphe. Au fait, elles trouvaient dans le passé mythologique de leur pays des exemples qui devaient les rendre dangereuses. En dehors des Danaïdes, on citait Ægialée et Clytemnestre, cyniques adultères, qui, sans égard pour la gloire dont s'étaient couverts leurs époux sous les murs d'Ilion, avaient, l'une refusé de recevoir Diomède, l'autre fait tuer Agamemnon, « comme on tue un bœuf à l'étable, » nous dit le vieil Homère. La grande divinité du pays était Junon, Héra, une femme qui n'avait pas toujours été commode pour Jupiter son mari, et encore moins pour les nombreuses rivales qui avaient rendu infidèle le maître des dieux. La prêtresse de son temple jouissait d'une autorité souveraine dans le pays, et, de son vivant, elle avait le plaisir de se voir placée en effigie parmi les héros qui avaient illustré l'Argolide. La durée de son sacerdoce servait à établir la chronologie du royaume.

A propos de ces prêtresses, je rappelle à Henry qui, d'ailleurs, n'en a pas besoin pour être un modèle d'amour filial, l'histoire de Biton et Cléobis. Ces deux frères, voyant la procession solennelle se rendre à l'Héræon sans la prêtresse leur mère, parce qu'on n'avait pas trouvé les deux bœufs blancs qui devaient l'y voiturer, s'attelèrent eux-mêmes au char sacerdotal, et le traînèrent jusqu'à 45 stades, 9 kilomètres d'Argos, au milieu des applaudissements les plus enthousiastes. Cydippe, fière de ses deux fils, pria instamment la déesse de leur assurer le plus grand de tous les bonheurs. Or, ces jeunes

Théâtre et acropole d'Argos.

gens, entrés dans le temple, s'y endormirent d'un doux et éternel sommeil, comme si mourir après un devoir accompli était l'idéale récompense. Sur quoi, tirant une sage déduction de tous mes récits, M. Vigouroux trouve naturel qu'il y ait au musée d'Argos plus de têtes de femmes que de têtes d'hommes. Le sexe faible, en effet, eut ici un rôle si prépondérant qu'on avait établi, dit Plutarque, une fête annuelle où les femmes, habillées en hommes, obligeaient les hommes à s'habiller en femmes.

La seule antiquité qui subsiste d'Argos, c'est le théâtre, taillé dans le flanc de l'Acropole. Nous le trouvons dans un fort triste état. Cependant on peut y compter encore plus de soixante gradins formant trois étages. En 1821 les Grecs y tinrent une grande assemblée nationale, provoquée par le patriote Ypsilanti dont nous avons salué la statue sur la place de Nauplie. Je remarque les proportions très réduites de l'orchestre qui n'a pas la moitié du diamètre de la *cavea*, ce qui donne au monument un air tout étranglé. M. Vigouroux monte jusqu'au point culminant de la majestueuse ruine, et il y demeure ravi et rêveur devant le panorama qui se déroule à ses pieds. Sur la mer bleue, des barques aux blanches voiles, flottent à l'horizon. Je n'ai pas de vers de Sophocle ou d'Euripide à réciter, mais, comme compensation, je lui rappelle l'histoire du bon bourgeois d'Argos qui, au dire d'Horace, passait ses journées assis sur les degrés de ce théâtre, se figurant qu'il entendait et voyait jouer les meilleurs acteurs de la Grèce, alors qu'il y était absolument seul :

In vacuo lætus sessor plausorque theatro.

Il remplissait d'ailleurs tous les devoirs d'un honnête homme, et savait même éviter une roche ou un puits béant, s'il s'en trouvait sur son chemin. A force de soins et d'argent, les siens eurent raison de ce qu'ils considéraient comme une vraie folie, mais que lui-même estimait un grand bonheur. « Ah ! vous m'avez tué, dit-il, au lieu de me guérir. Mon illusion c'était mes délices. » M. Vigouroux laisse volontiers la sienne, s'il en a une en ce moment. Il renonce même à faire l'ascension du château Franc bâti sur l'emplacement de l'Acropole de Larissa, et d'où le coup d'œil doit s'étendre sur toute l'Argolide. Les soubassements, supportant les constructions modernes, sont œuvre cyclopéenne ou pélasgique. Il y a beaucoup de colonnes antiques encastrées dans les murs en guise de matériaux. N'est-ce pas séduisant? Non, les huit cent cinquante-sept marches de la forteresse de Nauplie sont encore dans les jambes de mes deux compagnons. Ils aiment mieux regagner la voiture, où des enfants aussi pleins d'impudence que d'impudeur nous poursuivent de leurs désobligeantes obséquiosités. A peine s'ils nous laissent la liberté de donner un coup d'œil à deux ruines romaines qui sont sur nos pas, et dont il semble difficile de préciser la destination. L'une d'elles, la plus petite, bâtie au levant du théâtre et à l'ouverture d'une caverne, sur une terrasse que soutient un mur hellénique polygonal, marque peut-être la place du temple où Apollon Pythien rendait des oracles. Sans doute la baie qui subsiste encore derrière une niche circulaire, avait été ménagée pour faire parler le dieu.

En rejoignant la route de Mycènes, nous passons devant les débris de la chambre d'airain où, d'après la croyance populaire, Acrisius aurait enfermé Danaé sa fille, pour empêcher l'accomplissement d'un oracle assurant que son petit-fils le tuerait. Jupiter fit tomber une pluie d'or sur la captive, qui mit au monde Persée. Or celui-ci, après d'héroïques aventures, tua involontairement son grand-père d'un coup de disque dans des jeux publics. Tous ces souvenirs de la mythologie agréablement évoqués ne suppriment pas la faim qui se fait sentir. Des boulangers ont à leur devanture quelques petits pains bien levés qui excitent notre convoitise. Henry, en bon fourrier, va aux provisions, et notre déjeuner très sommaire se fait en voiture, tout en devisant sur Tyrinthe, Argos, Mycènes et M. Schliemann, qui en a fouillé les ruines.

L'histoire de cet homme est assez extraordinaire pour être racontée à quiconque s'intéresse aux recherches archéologiques, et Henry l'écoute avec le plus vif intérêt. Jeune encore et simple garçon épicier dans le Meklembourg-Schwerin, son pays, Henry Schliemann lut dans des feuilles éparses destinées à envelopper le poivre et la cannelle, les merveilleux récits de l'*Iliade* et de l'*Odyssée*. Son âme s'attacha aux héros d'Homère, et il se promit d'en retrouver un jour la trace, peut-être même la relique. Une petite folle de son âge, Minna, avec laquelle, dit-il lui-même dans son autobiographie, il échangeait, à douze ans, des serments d'amour éternel, partagea son enthousiasme et l'excita. Il fut convenu qu'on ferait fortune d'abord, et, qu'avec la fortune, on entreprendrait des recherches archéologiques ensuite. Bravement le jeune Henry s'embarqua comme mousse sur un navire marchand, mais le navire échoua presque aussitôt à la côte, et le déposa sans ressources et sans relations sur les terres de Hollande. Ce premier contre-temps, loin de décourager cette nature énergique, ne fit que la rendre plus entreprenante. A Amsterdam, l'adolescent finit par trouver une modeste place d'employé dans une maison de commerce et, avec 800 francs par an, il sut se loger, se nourrir et se donner des professeurs. Prenant sur son sommeil et sur ses repas, dont le principal était payé à raison de vingt centimes, tout le temps qu'il pouvait, il apprit successivement le français, l'anglais, l'espagnol, l'italien, le portugais et le russe. Cette dernière langue devait le mettre sur le chemin de la fortune. En 1856, il alla créer une maison de commerce à Saint-Pétersbourg et, revenant à son idée fixe sur les héros d'Homère, il se fit enseigner le grec ancien et moderne. Après quoi, il voyagea pour ses affaires. Au bout de cinq ans, sa fortune était faite. Hélas! Minna l'infidèle ne l'avait pas attendu. Il se résigna donc à choisir une autre épouse, et courut aussitôt essayer des fouilles en Troade.

A la seule inspection, Hissarlik, exactement situé à 25 stades de la mer, comme l'avait précisé Scylax [1], enfermé entre deux cours d'eau correspondant assez bien au Scamandre et au Simoïs, sur une butte élevée et appelée aujourd'hui encore Ilion par les gens du pays, avait beaucoup plus de chances que Bounarbachi d'être l'ancienne ville de Priam. Les fouilles de Schliemann commencées en 1870, durèrent quatre ans. Le chercheur était décidé à y mettre toute sa fortune. Une si énergique persévérance fut récompensée. Les déblayements avaient atteint 17 mètres de profondeur; là était le roc ferme. Or dans

---

1. Scylax, 95.

l'immense tranchée on pouvait distinguer, comme très curieuse stratification archéologique, la série des villes qui s'étaient succédé sur la colline. La plus ancienne, ou la plus profondément enfouie, parut à l'intrépide chercheur avoir été bâtie par un peuple de race aryenne et dont la civilisation, à en juger par quelques poteries noires, brunes, rouges et filetées de blanc, avait dû être singulièrement précoce. La seconde, à 8 mètres sous le sol actuel, était celle des Troyens qui avaient remplacé sans doute, après les avoir vaincus, les fondateurs de la première. Des indices certains établissaient que celle-ci avait été détruite par le feu. On rencontrait partout des monceaux de cendres rouges de 3 mètres de haut. Le violent incendie avait mis en fusion le plomb et le cuivre. Parmi d'énormes constructions de briques effondrées, gisaient des ossements humains en très grand nombre. Plusieurs squelettes avaient encore le casque sur le crâne. Çà et là étaient découverts des objets en terre cuite, quelques sceaux avec inscriptions se rapprochant des caractères phéniciens, mais demeurées jusqu'à présent indéchiffrables. L'incident le plus heureux pour le chercheur fut la découverte de ce qu'il appela le trésor de Priam. A côté du palais, à une profondeur de 9 mètres, couvert par 6 pieds de cendre, dans un coffre de bois dont on retrouva la clé, étaient des vases, des flacons, des coupes et des plats d'or, d'argent et d'électrum ; des chaudrons et des boucliers de cuivre, des bracelets, des chaînes, des bagues et d'autres ornements en or; des haches d'armes, des bouts de javelines, des épées de cuivre. M. Schliemann, à coups de dépêches, inonda l'Europe de la joie qu'il éprouvait devant ces richesses où sa foi ardente voyait les bijoux d'Hélène et d'Andromaque, les javelines et les épées d'Hector et de Priam, la coupe de Pâris. Comme valeur intrinsèque, c'était un vrai trésor, mais comme découverte archéologique le résultat était autrement considérable. Quant aux villes bâties plus tard sur les ruines de la véritable Troie par les Grecs et les Romains, il ne voulut pas s'en occuper. Tout son effort visa à retrouver les vieux murs de la cité homérique. Chose digne de remarque, celle-ci aurait eu à peine les proportions restreintes de Tirynthe, occupant comme elle une hauteur, et pouvant abriter seulement une population de cinq ou six mille hommes. Il est évident qu'en temps de guerre, on faisait appel soit aux habitants de la campagne, soit à des mercenaires, et on finissait par mettre sur pied une armée considérable.

Encouragé par un tel succès, non moins qu'excité par le désir de fermer la bouche à ceux qui contestaient l'authenticité de sa merveilleuse découverte, Schliemann résolut de chercher la contre-épreuve de son affirmation dans les ruines de Mycènes. S'il se trouvait là des bijoux, des armes, des ustensiles, pareils à ceux d'Hissarlik, la date de la ville brûlée serait exactement donnée par Mycènes; le trésor d'Agamemnon devait authentiquer celui de Priam. Ici encore la foi tenace de l'intrépide chercheur aboutit à un incontestable triomphe. Nous en avons vu le fruit au musée d'Athènes. Le chercheur fut moins heureux à Ithaque et à Orchomène. Nous l'avons rencontré à Alexandrie, en 1888, cherchant vainement le tombeau d'Alexandre. Depuis il est mort très misérablement à Naples, en sortant de chez un médecin qu'il n'avait pas trouvé chez lui, et auquel il allait se plaindre d'un violent mal de tête. Une attaque d'apoplexie foudroya le malade dans la rue. On ne découvrit rien sur lui qui pût établir son identité, et on le transporta, comme un vulgaire inconnu, à l'hôpital, où il mourut aussitôt. Le médecin ayant vu en rentrant à son logis la carte : *Henry Schliemann* — c'était la dernière que le malade avait eue dans son portefeuille — se mit à la recherche de l'illustre client. Celui-ci n'ayant pas reparu dans le très modeste hôtel où il était logé, on eut des inquiétudes. Sur le soir seulement on apprit quelle perte la science archéologique venait de faire, et quel grand mort la charité publique avait ramassé sur un trottoir. Il avait dans sa valise 300,000 fr. de valeurs. C'est M. Pélopidès son ami qui nous a donné ces détails.

Mycènes.

Comme je termine mon récit, nous arrivons à Charvati, où le cocher, un maraud plus soucieux de prendre ses aises que de ménager nos forces, nous invite à mettre pied à terre, et à aller voir, sous un soleil des plus ardents, les fouilles exécutées à Mycènes. Il a décrété que, pendant ce temps, lui et ses chevaux se reposeraient à l'ombre. Un guide s'offre à nous, et vivement nous nous mettons en marche.

Du petit village de Charvati, on n'aperçoit pas les ruines de Mycènes, cachée entre les montagnes, comme dans une retraite, ἐν μυχῷ, selon l'expression d'Homère[1]. C'est même à cette situation qu'elle doit son nom. Du pli de terrain où elle était embusquée, elle surveillait les grandes routes de l'isthme, et commandait la vallée d'Argos. Sous Agamemnon, Mycènes fut la cité importante de la Grèce. L'impatience de retrouver les souvenirs du roi, du prince des vaillants, ἄναξ ἀνδρῶν, excitant notre courage, nous atteignons bientôt la Fontaine Basse, Kato-Pigadi, qui semble avoir été défendue jadis par de grands murs. Puis nous montons à gauche vers la Fontaine Haute, Epano-Pigadi. Mycènes est encore fort loin. Dans l'étroit vallon ouvert à nos pieds, serpente un chemin carrossable, que nous aurions dû suivre en voiture si le conducteur n'avait voulu ménager ses chevaux aux dépens de nos jambes. C'est un vrai coquin. La chaleur étouffante achève de nous irriter contre lui. Une heure et demie de marche inutilement imposée à de braves gens, c'est déjà fort appréciable, mais le plus fâcheux est qu'il nous aura privés d'examiner de près les traces d'une ancienne route fort célèbre dans l'histoire religieuse de l'Argolide. Elle passait, en effet, là-bas, près des ruines d'une église dédiée à saint Jean, la voie sacrée par où défilait annuellement la pompe qui, de Mycènes, se rendait solennellement à l'Héræon. C'est sur un pont de construction

1. *Odyssée*, II, 263.

cyclopéenne qu'elle franchissait le ruisseau coulant au fond du ravin. Sur l'autre rive, on voit des traces nombreuses de constructions de l'époque pélasgique.

Nous montons encore et, en inclinant à droite, nous arrivons, enfin, à travers les ronces et les pierres, au-dessus d'un entonnoir gigantesque, dont le sommet, ouvert à fleur de terre, nous laisse entrevoir une construction souterraine des mieux conservées. C'est là une des curiosités archéologiques de Mycènes les plus célèbres. Pausanias n'a pas craint de la comparer aux pyramides d'Égypte. Nous descendons promptement vers le torrent, et de là, nous abordons le monument par une avenue longue de 30 mètres dont les deux côtés solidement bâtis retiennent les terres de la colline. La porte d'entrée de l'édifice

Porte du Trésor d'Atrée.

proprement dit, haute de plus de 6 mètres et large de 3, a pour linteau un monolithe de 8 mètres de longueur sur 3 1/2 de haut et plus d'un de large. On a calculé qu'il doit peser plus de 168,000 kilogrammes. Au-dessus de la colossale traverse est un vide triangulaire destiné à faire reposer sur les jambages de la porte le poids de la construction. Ce vide était jadis dissimulé par une dalle rougeâtre et ornée de sculptures dont on a retrouvé des fragments. De chaque côté de la porte se dressaient deux colonnes de marbre dont les fûts, avec dessins en zigzag, rappelaient les colonnes de Persépolis. L'hypogée elle-même qu'on nomme tantôt le Trésor des Atrides, tantôt le Tombeau d'Agamemnon, se compose de deux appartements distincts, l'un étant l'appendice de l'autre. Des deux, le plus considérable a la forme d'un vaste cône mesurant, à la partie basse, 15 mètres de diamètre et se rapetissant à mesure que les murs s'élèvent, jusqu'à ce que les assises annulaires, posées en encorbellement, arrivent à peu près à se rejoindre à une hauteur de 17 mètres. Là était une pierre servant non pas de clef de voûte, la combinaison de l'architecte avait su s'en passer, mais de couvercle. Elle a depuis longtemps disparu. Les arêtes des blocs ont été enlevées au ciseau, et, les intervalles laissés entre eux se trouvant soigneusement garnis de petites pierres, il en résulte que la voûte très unie s'est maintenue dans un état de conservation surprenant. Des traces de clous, observées dans plusieurs de ces pierres, ont fait supposer que d'immenses plaques de bronze recouvraient au dedans toute cette construction. Ainsi s'expliqueraient ces « chambres d'airain », où, selon les poètes, on avait enfermé quelques prisonniers célèbres, Danaé, par exemple. L'autre appartement, beaucoup plus petit et presque carré, s'ouvre à l'intérieur dans le mur par une porte de 3 mètres de haut. Il est taillé dans le roc. Le guide nous y précède avec des torches allumées. Ce fut ici, très probablement, la vraie chambre mortuaire. La grande salle circulaire était destinée à recevoir soit les objets chers aux morts illustres

Intérieur du Trésor d'Atrée.

enterrés dans le monument, soit les amis qui venaient les pleurer. Si l'on compare ces tombeaux à ceux de l'Égypte, il faudra bien convenir que les premiers habitants de l'Hellade, tout en voulant le grandiose, avaient su demeurer dans la note au delà de laquelle l'orgueil humain atteint le monstrueux.

A partir du Trésor des Atrides, nous entrons dans un fouillis de ruines, maisons détruites, remparts écroulés, qui firent partie de la ville basse ou des faubourgs de Mycènes. Un petit sanctuaire a été élevé à la très sainte Vierge, Panaghia, au milieu de ce chaos de vieilles pierres; nous le saluons avec respect dans son triste délabrement. Des fragments d'aqueduc sur lesquels errent quelques chèvres et des brebis, ne méritent guère notre attention. Il y aurait encore cinq autres tombes voûtées à voir, mais elles sont à peu près détruites, ayant été, comme le Trésor des Atrides, depuis longtemps dévalisées par un Turc, Véli-pacha, gouverneur de la Morée. Une seule, qui va se trouver sur notre route en montant à l'Acropole, est vraiment digne d'une visite et nous ne la négligerons pas. On l'a déblayée depuis peu de temps, et M. Schliemann a voulu lui donner le nom de sa propre femme, qu'il avait chargée de surveiller l'équipe des ouvriers dégageant l'intéressante construction. Notre guide l'appelle la tombe de Clytemnestre. Admettons qu'il ne voit pas de malice à rapprocher ce nom de celui de Mme Schliemann.

D'après l'heureux fouilleur de ruines, qui toutefois laissa à M. Tsoundas le soin d'exhumer entièrement celle-ci en 1892, nous serions en présence d'un édifice plus ancien que le Trésor des Atrides. L'a-t-il conclu de ce que la construction est moins complète et plus fruste? C'est probable. En tout cas, la parenté des deux tombes à coupole est évidente. Le *dromos* qui est plus long dans celle-ci qu'à celle d'Agamemnon avait été fermé par un mur en bloc de

Avenue de la Porte des Lions.

grès et comblé de terre, afin de rendre cette sépulture inviolable. La coupole ne paraît pas avoir eu de revêtement de fer. Il n'y a pas non plus de chambre latérale. Le travail dans son ensemble est moins soigné. Les matériaux en furent défectueux, et l'état de conservation laisse beaucoup à désirer.

Encore un effort, et en poursuivant notre ascension vers l'Acropole, nous atteignons la belle avenue de 17 mètres de long et 11 de large qui aboutit à la célèbre Porte des Lions. Des deux murs qui forment ce défilé, l'un, celui de droite, appartenait à une énorme tour de défense très heureusement disposée pour permettre aux assiégés d'écraser l'ennemi venant donner l'assaut. On sait que les soldats portaient le bouclier du bras gauche. Or ils ne pouvaient forcer ce passage, et arriver à la porte, qu'en exposant ici leur flanc droit aux traits des assiégés. Les pierres de ces murs sont à peu près quadrangulaires et posées par assises horizontales, mais les joints verticaux se dirigent dans des sens divers et

MYCÈNES

suivent des lignes plus ou moins obliques. Dans le reste des remparts, les blocs de forme polygonale irrégulière dominent. C'est ce qu'on appelle en architecture l'appareil pélasgique. La porte évasée par le bas, beaucoup plus que celle du Trésor des Atrides, est aussi large que haute. Deux forts pilastres de près de 4 mètres de haut supportent un linteau de plus de 5 mètres de long et 3 mètres de large. Au seuil et dans les jambages se voient les trous des ferrures de la porte, et des barres qui servaient à la verrouiller. Sur le linteau, se trouve enchâssé dans un vide triangulaire, ménagé ici comme au trésor des Atrides,

Bas-relief de la Porte des Lions.

un bloc sculpté représentant deux lions, ou plutôt, puisqu'ils n'ont ni crinière, ni touffe de poils caractéristique à la queue, deux lionnes se dressant face à face. Leurs pattes de devant sont appuyées sur le socle d'une colonne qui les sépare. Le chapiteau de la colonne fort ébréché est d'un style tout à fait à part. Les têtes des deux lionnes, artificiellement rattachées au bloc, furent peut-être de bronze, et ont disparu depuis longtemps. A l'attitude du corps, on juge qu'elles regardaient les arrivants. Il n'y a pas en Europe de sculpture plus antique que celle-là, et pourtant, si antique soit-elle, elle révèle par le naturel, la grâce même de la pose, un art qui ne pouvait être à ses débuts. On a observé, à bon droit, que les relations de l'Hellade avec l'Orient, l'Asie, la Phénicie, l'Égypte étaient très anciennes. Bien des fois les étrangers avaient fait invasion dans le pays. Danaüs était venu d'Égypte, Pélops d'Asie, Cadmus de Phénicie, apportant chacun les arts de sa patrie. Toutefois la sculpture mycénienne semble avoir un caractère trop original pour la réduire à un simple système d'imitation. On peut, et non sans de sérieux motifs, y voir le point de départ d'un art absolument autonome, qui essaye surtout de copier la nature, en mettant à

Vue de l'Acropole de Mycènes.

profit les procédés employés par des civilisations antérieures. Le sculpteur qui a ciselé les Lions de Mycènes a été l'aïeul en ligne directe de Praxitèle et de Phidias. La pierre de ce curieux spécimen de sculpture archaïque semble du basalte; en réalité c'est du calcaire gris, fort dur, que le temps a couvert d'une couleur verdâtre. Avant de franchir la fameuse porte, observons qu'elle n'est pas dans l'axe de l'avenue.

C'est à quelques pas d'ici, et dans l'enceinte même de l'Acropole, que M. Schliemann, méditant attentivement sur la dernière phrase du texte embrouillé de Pausanias, se détermina, en 1874, à chercher le tombeau des rois. « Clytemnestre et Égisthe, observe le périégète, furent enterrés un peu en dehors des remparts, car on les jugea indignes d'être ensevelis *en dedans*, où *était la sépulture d'Agamemnon et des autres* massacrés avec lui : *entos dé apexiothisan*, nous répétait avant-hier M. Pélopidès, *entha Agamemnon té autos ekito*, etc. »

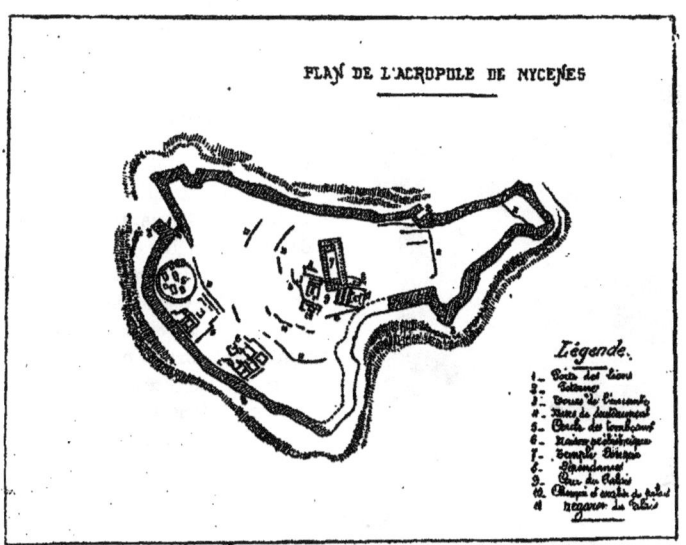

Dedans, c'était donc à l'intérieur de la ville d'Agamemnon, c'est-à-dire de celle qui est dans l'enceinte pélasgique. Et, en effet, ayant dégagé le terrain, le fouilleur se trouva bientôt sur une esplanade adossée, du côté du levant, à un mur cyclopéen qui divisait l'Acropole en deux parties, et vers le couchant à un autre mur dominant ce que nous avons appelé la ville basse. Sur cette esplanade se dessina bientôt une enceinte circulaire de 27 mètres de diamètre, autour de laquelle étaient dressées, en décrivant un rond parfait, des dalles parallèles supportant d'autres dalles qui avaient dû servir de sièges. Six de ces dernières étaient encore dans la position que toutes occupèrent jadis. Le rond s'ouvrait, au nord, du côté de la porte des Lions, par deux dalles obliquement plantées. Évidemment c'était là, aux portes de la ville, l'endroit où les anciens et les chefs du peuple se réunissaient, au dire d'Homère sur les pierres polies pour y délibérer. Dans son *Oreste*, Euripide précise que l'agora de Mycènes était de forme circulaire.

Un premier pas était donc fait vers des découvertes importantes. Il était même très considérable, si on tenait compte du témoignage de quelques historiens assurant que, dès la plus haute antiquité, les peuples avaient eu parfois la pensée d'enterrer dans l'agora les morts à qui ils voulaient rendre un solennel hommage. Or ici neuf grandes stèles, trouvées par fragments dans l'enceinte circulaire, avaient dû servir de pierres tombales. Les unes étaient sans traces de décoration, on jugea qu'elles correspondaient à des sépultures de femmes ou d'enfants. Trois étaient ornées de scènes de guerre et de chasse.

Amulette d'or représentant un petit temple.

Elles avaient dû marquer la sépulture d'hommes illustres par leur vaillance. Sur une autre se dessinait une sorte de méandre ou de serpent, emblème de la prophétie; n'était-ce pas celle de Cassandre ? La découverte d'un autel percé au milieu d'une ouverture cylindrique, et entouré de dents de sangliers, d'ossements de taureaux, de cornes de chèvres et de cerfs, venait confirmer la supposition qu'on était sur la tombe de morts à qui on avait offert des sacrifices. Schliemann poursuivit donc les fouilles avec une ardeur fébrile, et au bout de trois mois il atteignait une première cavité fort grande, mais qui se trouva vide. La déception fut cruelle. Sans se décourager, il fouilla toujours et, à 7 m. 50 de profondeur, soit à 4 m. 50 au-dessous du niveau supérieur du roc, dans une couche de cailloux, il trouva enfin une tombe avec trois squelettes. Trois autres furent découvertes bientôt après, toutes avec les morts qu'on y avait déposés. Les squelettes, regardant l'Orient, étaient sur un lit de petites pierres, assis de force plutôt que couchés, dans le sens de la largeur de la fosse. Schliemann supposa que les cadavres avaient été soumis à l'action du feu avant d'être enterrés. Nous les avons examinés de près au musée d'Athènes. Son hypothèse n'est pas admissible. L'un d'eux semblerait plutôt momifié. On les avait d'ailleurs revêtus, avant de les coucher dans le tombeau, de leurs plus beaux ornements, et là ils ont reposé en paix pendant trois mille ans, les hommes la couronne au front, l'épée au côté, le baudrier sur la poitrine, les femmes parées de colliers, de bracelets, de bagues, de diadèmes, tous revêtus de vêtements semés de plaques ou rondelles d'or. Les tissus de lin étaient réduits en poussière, mais les ornements en feuilles métalliques s'étaient fixés sur les squelettes. Un fémur portait encore le ruban d'or qui attachait la jambière. Les diadèmes adhéraient aux crânes. Avec les morts, on avait enterré les vases et objets précieux qui leur avaient servi pendant la vie, comme s'ils devaient en user encore dans l'autre monde. Il n'est pas jusqu'au portrait de certains d'entre eux qu'on n'eût essayé d'y reproduire à l'aide de masques d'or, où le marteau de l'artiste s'était exercé d'une façon très rudimentaire à représenter des figures humaines. Une dernière sépulture, découverte plus tard par l'éphore Stamatakis, porta à six, conformément à l'indication même de Pausanias, le

Masque funéraire en or, trouvé à Mycènes.

nombre des fosses renfermées dans l'enclos funéraire. En tout c'était quinze cadavres qu'on avait retrouvés. Parmi eux M. Schliemann n'hésita pas à déterminer ceux qui avaient été les contemporains de la guerre de Troie. Ses observations, souvent très ingénieuses, n'ont pu empêcher la critique d'affirmer que le chercheur passionné, prenant ses désirs pour des réalités, avait lu un roman au fond de ces antiques sépulcres.

Tout en discutant ses assertions et celles de ses adversaires, nous nous asseyons un instant sur les pierres polies ayant jadis servi de rudimentaires fauteuils aux anciens du peuple, δημογέροντες, si souvent mentionnés dans Homère. C'était donc à Mycènes, comme aux pays de la Bible; les magistrats, les notables, les sages se réunissaient aux portes de la cité. Il y avait une réelle parenté entre les peuples de la Grèce et ceux de l'Orient. La vieille humanité procède bien d'une commune origine. M. Vigouroux approuve mes réflexions. Un point culminant de la roche, au milieu du cercle des dalles, marque peut-être la place de celui qui présidait ces solennelles assemblées. Pour le moment, c'est mon ami qui l'occupe, et il paraît tout heureux de siéger à une place refroidie par une suspension d'audience de plus de trente siècles. Henry est rêveur. Je les invite l'un et l'autre à monter plus haut, jusqu'au palais d'Agamemnon, en leur disant les vers de la première scène d'*Électre* :

Οἱ δ'ἱκάνομεν, φάσκειν Μυκήνας τὰς πολυχρύσους ὁρᾶν
Πολυφθοράν τε δῶμα Πελοπιδῶν, τόδε.

Ce palais a été reconstitué par M. Dœrpfeld qui, faute d'autres indications, a cherché et suivi l'amorce des gros murs. En réalité il a retrouvé ici la trace d'un édifice semblable à ceux de Troie et de Tirynthe. Dans le Mégaron on voit

Fragments sculptés, trouvés à Mycènes.

encore la place du foyer central, sorte de gâteau d'argile élevé sur deux gradins de 7 centimètres chacun. Le sol bétonné était sillonné de lignes se coupant à angle droit. Des pierres d'albâtre longeaient les murs. Le Mégaron était précédé d'un double vestibule, auquel on accédait par une vaste cour dont le mur septentrional est encore en partie debout. Après quelque grande catastrophe qui dut ensevelir le palais homérique sous un monceau de décombres, la piété publique éleva, en guise peut-être de monument votif, un temple dorique sur une partie de la cour et des vestibules. Quelques fragments de frise et de métopes ont été seuls retrouvés dans le quadrilatère qui mesure 43 mètres sur 20. Des appartements destinés aux femmes, aux serviteurs, peut-être même aux soldats, ont été complètement bouleversés lors de la construction du temple. Quoi qu'il en soit des détails, nous sommes ici sur les ruines du palais remontant, comme celui de Tirynthe, à l'époque héroïque.

Là vécurent donc ces scélérats illustres qu'on nomma les Atrides. Le chef de la famille, Pélops, dont nous avons déjà trouvé le souvenir à Olympie, fils lui-même d'un grand criminel, Tantale, commença par mettre traîtreusement à mort Mirtyl, le cocher qui, par une coupable supercherie, l'avait fait triompher d'Œnomaüs. Deux de ses fils, Atrée et Thyeste, ayant tué leur frère Chrysippe, vinrent se réfugier ici auprès d'Eurysthée, qu'Atrée supplanta bientôt comme roi de Mycènes. Thyeste, ayant séduit la femme de son frère, est obligé de fuir. Il emporte avec lui Plisthène, le fils du roi, son neveu, qu'il élève comme son enfant, et auquel il persuade plus tard d'aller tuer Atrée. Mais Atrée fait mettre à mort le jeune et imprévoyant sicaire. Quelle n'est pas sa fureur quand il apprend que celui-ci était son fils. La vengeance qu'il tirera de Thyeste sera horrible. Pour cela il feint une réconciliation et, dans un banquet, il lui fait manger les chairs de ses propres enfants. La scène du festin racontée dans Eschyle est inoubliable. Plus tard Atrée épouse une fille de Thyeste enceinte de son père, et Égisthe, devenu grand, met à mort Atrée. Enfin pour demeurer fidèle à l'affreuse tradition de ses ancêtres, c'est Agamemnon qui immole sa fille Iphigénie, et meurt lui-même massacré par Égisthe et Clytemnestre, lesquels tomberont à leur tour sous le poignard d'Oreste. Non, rien ne manqua à l'odieuse série de crimes, si puissamment exploitée par les tragiques grecs. C'est ici, devant le palais, que, selon la donnée de Sophocle, Électre, tenant dans ses mains l'urne où elle croit porter les cendres de son frère, exhale la plainte incomparablement belle, qu'il m'est agréable de rappeler à Henry:

ὢ φιλτάτου μνημεῖον ἀνθρώπων ἐμοί,
Du plus cher des mortels, ô triste souvenir.

Un acteur de l'antiquité, Polus, ayant perdu un fils, tendrement aimé, demanda à reparaître sur la scène pour y jouer ce rôle d'Électre, et, tenant dans ses mains l'urne qui renfermait les cendres mêmes du jeune mort, il remplit, en redisant ces vers, le théâtre des cris d'une douleur d'autant plus poignante qu'elle s'inspirait de la plus cruelle réalité.

Du point culminant où nous sommes, la vue s'étend très pittoresque sur le paysage qui nous entoure. Deux pics du mont Euboia, le Saint-Élie et le Zara nous dominent, celui-là au nord et celui-ci au sud-est. L'Acropole, qu'ils enserrent en se rapprochant, se trouvait bâtie sur un massif rocheux ayant la forme d'un triangle, dont le sommet se rattachait, vers le levant, à la montagne, tandis que sa base s'allongeait au couchant, sur un terrain qui descend en terrasses successives. C'est par ce seul côté, où était bâtie la ville basse, que la forteresse était abordable. Au nord et au sud, elle se trouvait protégée par des ravins profonds, le Kokoretsa ordinairement sec, et le Chavos où coule l'eau de la fontaine Perséia. Celle-ci et les deux autres sources que nous avons rencontrées tout à l'heure sur notre route, alimentaient jadis, par des canaux encore visibles, l'Acropole et la ville entière. Un mur de défense abritant des casemates et variant de 3 à 14 mètres d'épaisseur, suivait le pourtour de l'immense roche. Les remparts de la ville basse, dont nous avons déjà remarqué les arasements, servaient d'ouvrage avancé pour protéger la porte des Lions. En dehors de celle-ci, l'Acropole n'avait d'autre issue qu'une poterne au nord, permettant d'exécuter des sorties sur les derrières des assiégeants. Ainsi fortifiée, Mycènes était une forteresse imprenable. Quand les habitants d'Argos voulurent la réduire, ils n'en vinrent à bout que par la famine. Protée, dans Homère[1], dit qu'Égisthe avait placé une vigie sur la hauteur, en lui promettant deux talents d'or quand elle viendrait annoncer l'approche du roi des rois. Rien n'était plus aisé que de voir, même du sommet de l'Acropole, où nous sommes à 325 mètres d'altitude, arriver Agamemnon, avec sa suite de soldats, de chevaux et de chars. Quand le héros parut dans la plaine, pleurant de joie et baisant la terre de la patrie, Égisthe averti prépara vingt hommes vaillants, et les mit en embuscade dans un appartement, tout près de la salle du festin. Puis roulant d'atroces pensées, il s'avança à la rencontre d'Agamemnon, qu'il invita à un grand banquet. Le scélérat tua le héros à table, « comme on assomme un bœuf à la crèche : ὥς τίς τε κατέκτανε βοῦν ἐπί φάτνῃ; après quoi, il égorgea tous ses compagnons, comme des porcs aux blanches dents : Σύες ὥς ἀργιόδοντες, qu'un homme riche fait tuer en masse pour une noce[2]. »

Porte du nord de l'acropole de Mycènes.

C'est en répétant ces réminiscences homériques que nous quittons Mycènes, ἐϋκτίμενον πτολίεθρον, la ville bien bâtie, πόλις πολύχρυσος, la ville riche, εὐρυάγυια, aux larges rues. Cette exubérance de citations classiques ne nous empêche pas d'accabler de reproches, en rentrant à Charvati, notre cocher désobligeant, qui nous a indignement trompé en prétextant que les voitures devaient toutes s'arrêter au village. Nous sommes inondés de sueur. Heureusement pour lui qu'ayant demandé le nom de la petite église de Charvati, on nous dit que c'est Saint-Pantéléimon, ou le sanctuaire de Toute-Miséricorde. Après cela, comme il lui faut une leçon salutaire, toute pacifique qu'elle soit, quand, nous ayant déposés à la station de Phictia, il nous demande son pourboire, nous lui répondons : *Odos amaxitos;* Va voir le chemin carrossable que tu nous as fait faire à pied, tu y trouveras une étrenne sous le sabot de ton cheval.

Le train arrive comme nous terminons notre repas. A notre passage à Corinthe, M. Pélopidès et sa famille nous attendent avec des rafraîchissements très appréciables, et une cordialité qui est devenue une amitié réelle. Leurs instances ne nous retiendront pas, et nous coucherons à Athènes. C'est là que nous devons prendre demain le bateau russe, pour arriver enfin en Asie Mineure, où commencera réellement notre voyage biblique.

1. *Odyssée*, IV, 525.
2. *Odyssée*, XI, 412.

Athènes.

Après avoir erré quelques heures encore et toujours agréablement du côté de l'ancienne agora, nous quittons Athènes par la voie poudreuse qui répond à l'*Odos amaxitos* des auteurs classiques. Les voitures et les lourds chariots y défilent dans des tourbillons de poussière et sous un soleil dévorant. Aujourd'hui, aux abords de la route, plus de monuments remarquables, comme quand saint Paul y passa. En revanche de nombreux et bruyants cafés. Notre automédon prétend faire halte à la porte de l'un d'eux, sans s'inquiéter du peu d'instants qui restent avant le départ de notre bateau. Avec la plus saisissante spontanéité, nous lui crions qu'il faut marcher, et marcher vite : *Gligora! Gligora!* De temps à autre, nous nous retournons pour regarder une fois encore l'Acropole, le Lycabète, la vieille ville dont nous saluons un à un les grands souvenirs.

Médaille d'Athènes.
D'une part, la tête de Minerve, et de l'autre, l'Acropole avec la grotte de Pan au bas, l'escalier montant aux Propylées, la statue de Minerve et le Parthénon au sommet.

Le ciel, plus beau que jamais, inonde le panorama de sa blanche lumière. Quand on a visité une fois la Grèce, on ne la quitte plus entièrement, et volontiers on y laisse comme une partie de son âme, ou plutôt, on prend de ce beau pays quelque chose que l'on fera parler aux jours tristes de la vie, pour jeter, tout à coup, sur ce qui est morne un peu de bon soleil.

A bord de l'*Odessa*.

C'est un vapeur russe qui nous prend. Avec nous, un archimandrite, sa femme et son diacre s'installent sur le pont de première classe. Ils vont en mission auprès du tsar pour des affaires ecclésiastiques. Le capitaine leur témoigne une prévenance presque inconvenante pour nous. Au reste je n'ai jamais vu plus belle chevelure ni plus belle barbe que celles de ce prêtre slave, gigantesque mais plein de majesté dans sa démarche, de satisfaction dans sa tenue, et d'appétit à table. Son diacre est médiocre. Il nous paraît indécemment flatteur, jusque dans le rire en cascades qu'il imite de son maître. La femme ayant, dès la première heure, tous les symptômes du mal de mer

Sur le pont de l'*Odessa*.

s'est éclipsée subitement. Un Grec, archéologue fort instruit, qui a donné au musée d'Athènes de remarquables collections artistiques, et un négociant de Smyrne qui nous offre ses services pour aller chercher au Sipyle les souvenirs de Tantale, essayent d'engager avec nous d'aimables conversations. Il leur serait difficile de nous accaparer à cette heure. Nous sommes tout aux sites célèbres qui disparaissent un à un derrière nous. Déjà nous avons franchi l'étroite passe donnant accès au port du Pirée. A notre droite, Salamine vit la déroute des Perses, au grand étonnement de Xerxès, qui, assis sur son trône d'argent, ne pouvait croire que le nombre dût céder à la vaillance. A gauche, dès que nous tournons vers l'orient, le vainqueur de la grande bataille, Thémistocle, mort en exil, avait eu tardivement son tombeau. Dans le fond, la ville du Pirée se dessine avec ses églises neuves, ses maisons de commerce, ses hôpitaux; puis les petits ports de Zéa, de Munychie, la baie de Phalères et, à l'arrière-plan, l'incomparable ruine de l'Acropole qui semble monter toujours dans le ciel bleu, jusqu'à ce qu'enfin, à un pli de terrain, elle disparaît pour toujours.

Ruines du temple d'Athéna (Égine).

Restauration du temple d'Athéna (Égine).

Égine commence alors à notre droite, avec ses côtes escarpées, derrière lesquelles les perdrix sont si nombreuses qu'on se croit en devoir d'en détruire les œufs. Cette pensée excite toutes les ardeurs cynégétiques d'Henry qui donnerait bien trois poils de sa jeune barbe pour faire une descente sur ces rives privilégiées. D'Égine sortaient jadis les meilleurs athlètes. Il y eut aussi d'habiles sculpteurs. Son temple dorique, dont vingt-deux colonnes sont encore debout, fut un des plus remarquables de la Grèce. Il a été fouillé en 1811. Les frontons représentant, celui du couchant la lutte des Grecs et des Troyens autour du corps de Patrocle, celui du Levant, les Éginètes partant pour la guerre de Troie sous la conduite de Minerve, étaient des œuvres vraiment artistiques. J'en ai admiré, et nous en retrouverons dans quelques jours des fragments à la Glyptothèque de Munich.

Bientôt, à notre gauche, apparaissent les usines du Laurium. La fumée s'en dessine en longues spirales sur le ciel bleu, tandis que le soleil couchant dore les restes du

Restes du temple de Sunium.

temple de Minerve sur le cap Sunium. Debout, au sommet du promontoire à pic, les onze colonnes marquant en partie le pourtour de l'édifice sont une ruine encore merveilleusement belle. Puis c'est Zéa, l'ancienne Kéos, qui est devant nous. Ainsi dans cette mer, où les îles se touchent, on marche, pour ainsi dire, sans quitter la terre. C'est ce qui rendait si faciles les communications entre la Grèce et l'Asie. Nous nous réveillerons demain dans le port de Chio, en vue de la terre d'Anatolie.

En rade de Chio.

Quel gracieux panorama que celui-ci, quand le soleil se lève sur la ville aux maisons blanches, roses, bleues, jaunes, vertes! Une architecture à peu près uniforme a prévalu dans la construction de Chio actuelle. Les toitures en briques rouges se détachent sur le fond boisé de la montagne. Seules les crêtes des roches demeurent nues. Près de notre vapeur, le môle antique, en partie détruit, est couvert par les eaux. Les maisons avancent leurs larges balcons sur la mer. Chio est une terre turque, mais les habitants en sont chrétiens. Le dôme de la cathédrale, avec sa grande croix, s'élève au centre de la ville. Puis d'autres coupoles encadrées dans des bouquets de citronniers, de myrtes et de jasmins, servent de trait d'union avec les faubourgs qui se prolongent au nord. Sur les flancs de la colline croissent quelques vignes remarquables de végétation, mais surtout des lentisques précieux, dont on fendra le tronc en été, pour en extraire une résine fort appréciée appelée mastic. Un marchand, portant toque rouge, vient à bord nous en offrir. Dans tout l'Orient les femmes en sont très friandes. Sa saveur aromatique me paraît agréable. On le mâche, de là son nom, pour fortifier les gencives, parfumer l'haleine et amuser ses loisirs.

Smyrne.

A une heure, nous sommes dans la rade de Smyrne, où le P. Bernard, notre hôte d'il y a cinq ans, un excellent ami, nous attend à cœur ouvert. La ville n'a pas changé depuis notre dernier voyage. C'est toujours la même animation dans le port. Des tramways sillonnant les quais, beaucoup de promeneurs à la mode, des enseignes françaises partout, donnent à ceux qui arrivent l'illusion

Vue panoramique de Smyrne.

d'une ville de nos pays, et, sans deux ou trois caravanes de chameaux défilant au milieu de cette civilisation toute européenne, on ne se croirait jamais à 10,000 lieues de Barcelone, de Marseille ou de Naples. C'est au couvent des Dominicains que nous descendons. Là sera le quartier général d'où nous rayonnerons dans la vallée du Méandre et du Lycus, puis dans celle de l'Hermus, jusqu'à ce que nous ayons sérieusement visité toutes les villes qui ont joué un rôle dans nos origines chrétiennes, les Sept Églises de l'Apocalypse demeurant au fond notre objectif spécial.

La soirée se passe à faire les visites obligatoires au consul français, à l'archevêque et à quelques amis qui, par leurs recommandations, nous seront utiles dans nos excursions prochaines. Puis nous nous reposons. Il nous semble que chez ce bon P. Bernard, un Breton à l'âme chaude et sympathique, nous sommes un peu chez nous. Cela fait du bien.

Smyrne, 22 avril.

Les Sept Églises sont celles à qui le Voyant de l'Apocalypse écrit, de la part du Seigneur, des encouragements ou des réprimandes : Éphèse, Smyrne, Pergame, Thyatire, Sardes, Philadelphie, Laodicée. Elles ont joué un rôle considérable dans l'histoire des origines chrétiennes, et un de nos regrets, il y a cinq ans, avait été de passer en Asie Mineure sans pouvoir les visiter toutes. Je sais bien qu'il n'en reste à peu près rien, mais il y a encore une consolation pour tout croyant à s'asseoir sur ces pierres où, méditatifs et l'âme pleine de nobles aspirations, les premiers disciples de l'Évangile ont prié. A ce point de vue, les vallées du Caystre, du Méandre et du Lycus d'une part, celle de l'Hermus de l'autre, sont, pour qui peut le faire, un pèlerinage archéologique incomparable. L'intensité de la vie religieuse fut si grande aux pieds du Cadmus, du Messogis, du Tmolus, qu'après un siècle de foi paisible en l'Évangile, on y vit naître, par un excès étrange de piétisme, la plupart des hérésies appelées à troubler le développement de l'Église naissante. Les Phrygiens surtout étaient des hommes à imagination féconde. Au milieu de ces populations paisibles, vouées au repos parce que la fortune leur venait sans effort, il suffisait d'un visionnaire apportant un système religieux nouveau pour créer aussitôt une secte. Les esprits s'exaltaient vite dans la contemplation d'abord, dans les conversations pieuses ensuite. Ces vallées pleines de poésie et de lumière portent les âmes à la rêverie, et les têtes faibles aux conceptions fantastiques, ce qui prépare généralement les voies à l'erreur. Apologistes célèbres, docteurs inspirés, hérésiarques insensés, tout s'y est coudoyé pendant des siècles. En bien et en mal, le rôle qu'ont joué dans nos origines chrétiennes les villes de la province d'Asie est considérable. Au point de vue de l'histoire profane, il ne fut pas d'ailleurs sans importance, et c'est avec une joie très vive que nous allons entreprendre notre excursion.

Smyrne nous est connue, et je l'ai décrite dans un autre livre (notre *Voyage aux Pays Bibliques*, volume III, p. 129 et suivantes). Mais je dois à Henry de lui en faire les honneurs.

Il y a la ville moderne et la ville antique, ou du moins dans l'une, nous devrons retrouver l'autre, car il ne s'agit pas d'aller chercher à Bournabat la vieille cité éolienne, que Strabon, en effet, place dans une autre anse du golfe, à vingt stades d'ici. Seule la Smyrne gréco-romaine nous intéresse. Or, depuis vingt-deux siècles, elle est là même où nous sommes, non pas sur ces jetées où courent les tramways, où s'élèvent de belles maisons, où ont été bâtis des quais, rivalisant avec ceux de nos villes d'Europe, ce terrain a été récemment conquis sur la mer, mais aux flancs du Pagus, depuis le Mélès jusqu'au cimetière juif, vers la pointe méridionale de la baie, et plus bas aux quartiers turc, israélite et arménien, jusqu'au pont des Caravanes. Sous les habitations qui s'entassent là, maisons privées, mosquées, khans et bazars, dans les cimetières et les jardins, il y a, pour sûr, des restes de monuments grecs et romains; mais ils y sont profondément enterrés et à jamais perdus. Le feu brûle périodiquement ces vieux quartiers. La terre a des secousses terribles qui renversent les minarets, les djamis, les médressés et les cathédrales. On rebâtit sur place, et ainsi on parvient à enfouir de plus en plus les ruines qui voudraient émerger du sol.

Ce qu'il y a de certain, c'est qu'on ne saurait trouver en Orient de ville plus dépourvue d'antiquités que Smyrne. Les guides sont amusants à entendre sur ce chapitre. Vous trouverez, disent-ils, un torse de statue romaine ici, un bas-relief sur un puits là-bas, trois têtes dans tel mur, un homme avec son cheval vis-à-vis le n° 36 de la rue du Pont-des-Caravanes; au Konak quelques tombes, aux casernes une tête d'amazone, ailleurs des débris moins importants encore. C'est là tout ce qui reste d'une cité qui, depuis Alexandre, surtout au temps des empereurs romains, joua un rôle dans l'histoire. On a de la peine à le croire, et cependant c'est exact.

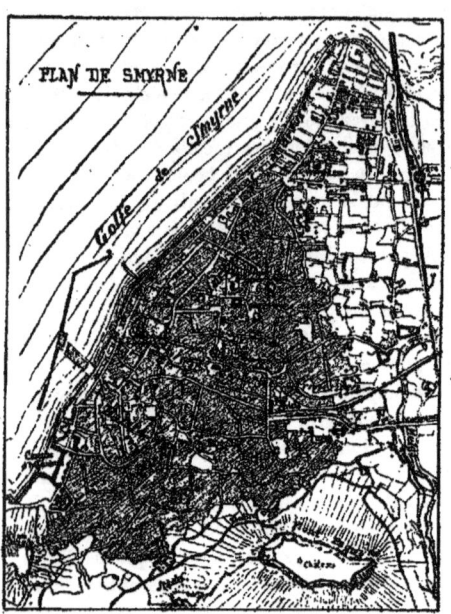

Contentons-nous donc, pour aujourd'hui, de parcourir la ville moderne, sans nous égarer dans les quartiers excentriques où règne cette perpétuelle monotonie de rues étroites, mal ou point pavées, silencieuses et sales, qui caractérise les plus belles métropoles de l'Orient. Le quartier franc, avec ses magasins très achalandés, les quais avec les hommes de peine et les flâneurs qui les encombrent, sont vite admirés. Nous les traversons en allant retirer nos lettres aux diverses postes, car il y a plusieurs postes : la française, l'autrichienne, l'anglaise et la turque. Par ce quartier presque européen, Smyrne ressemble fort aux villes maritimes d'Espagne ou de Grèce, et ce n'est pas cette ressemblance que nous sommes venus admirer ici. Sortons vite de la banalité.

Aujourd'hui, jour de sabbat, c'est la partie juive de la cité qui doit offrir un réel intérêt. Nous y allons sans plus tarder. De fait, le spectacle y est assez pittoresque. Beaucoup d'enfants aux robes voyantes, rouges, jaunes, vertes, blanches, bleues, piaillent dans les rues, les femmes sont sur les portes de leurs demeures avec leurs belles couronnes ou leurs riches bandeaux brodés d'or, en vrai costume de fête. Les hommes ne se montrent nulle part. Sont-ils infidèles à la loi du repos sabbatique? Le bazar, les affaires, le petit commerce les absorbent-ils malgré Moïse? Nous verrons bien dans les *Tcharchés*, tout à l'heure, si leurs boutiques sont fermées.

Quelques jeunes gens, frappés de l'intérêt que nous inspire la race israélite, viennent très à propos nous offrir leur amicale intervention auprès d'un dignitaire ecclésiastique quelconque, un *Hazan* sans doute, qui nous fera visiter les

Les quais de Smyrne.

plus importantes synagogues. Nous acceptons, et, du fond d'une cour où le hèlent énergiquement femmes et enfants, s'avance un beau type juif qui, clés en main et bonnes paroles en bouche, se dispose à nous montrer les maisons de prière dont il est l'intendant. Elles sont misérables, quand on les compare à celles de Livourne, de Francfort, et même de Jérusalem.

Puisque nous sommes en train de judaïser, ce qui ne déplait pas à M. Vigouroux, entrons à l'école internationale israélite où l'on enseigne la langue française. Ceci a son intérêt spécial. Le directeur, un vrai Parisien, s'est plu à nous montrer en détail l'organisation de l'œuvre dans la double section des garçons et des filles. Il dispose de ressources considérables, et c'est avec intelligence qu'il les emploie.

Décidément, on doit nous croire un peu juifs, car, à notre sortie de l'école internationale, femmes et enfants nous font une ovation charmante, et de beaux vieillards viennent nous serrer la main. C'est très divertissant. Toutefois, sans plus de politesse, entrons aux bazars, sur les confins desquels nous errons depuis un moment. Ceci va surtout charmer Henry, car c'est un des spectacles les plus curieux de Smyrne que la visite aux *Tcharchés*, ce vaste quartier où la fortune, le commerce, la vie industrielle des Orientaux s'accumulent devant le désœuvrement de ceux qui se promènent, ou la convoitise de ceux qui achètent. Ce dédale de petites rues couvertes, et bordées de modestes boutiques, surprend d'abord par l'affluence et la variété des visiteurs. On se coudoie, on se heurte, on se perd de vue, on s'appelle, on se retrouve de la façon la plus amusante et la plus désagréable. Un *hamal* ou porte-faix, aux jambes nues, aux

Hamal turc.

épaules capables de soutenir un monde, — j'entends un monde de marchandises empilées à l'infini sur des crochets de fer et se chiffrant d'ordinaire par une moyenne de 200 kilogrammes, — court dans cette foule, sans même crier gare. Une caravane passe silencieusement à nos côtés, et quand je crois parler à M. Vigouroux ou au P. Bernard, c'est un mufle de chameau qui me souffle dans les cheveux. Les costumes les plus bizarres se rencontrent au bazar, depuis le riche Arménien avec son *kalpak* ou sa robe flottante, jusqu'au pauvre paysan des montagnes qui, dans son manteau de peau de brebis, vous regarde avec des yeux stupides, sous un immense turban agrémenté de glands et de franges; depuis le cawas, ce premier serviteur de bonne maison qui traîne bruyamment son sabre au fourreau d'argent et d'ivoire, porte des pistolets et des poignards à la ceinture, et se pavane dans son vêtement bleu clair sillonné de brandebourgs d'argent et d'or, jusqu'aux femmes turques qui, avec une gaucherie rare, traînent leurs pieds dans de larges bottes de cuir jaune, ayant la tête couverte du *iachmak*, voile blanc que la civilisation moderne rend de plus en plus transparent, et le reste du corps enveloppé par le *feredjé*, manteau de soie noire ou de voyante couleur. Un malheureux juif, qui quête un bagchich et a fort misérablement fêté le sabbat, étale devant nous son costume de guenilles indéfinissables. Des kouffiehs, des tarbouchs, des chapeaux, des casquettes, des vestons, des chemises de laine, des cafetans, des culottes courtes, des pantalons bouffants, des jambes nues brûlées par le soleil, tout se croise, se mêle, se confond. Il y a ici un peu de chaque peuple : Osmanlis, Arméniens, Grecs, Albanais, Persans, Bulgares, Syriens, Tcherkesses, Yuruks, Zeibecks, dont les costumes, variant à l'infini, sont faits pour troubler la mémoire des peintres. Nous contribuons nous-mêmes, au moins M. Vigouroux, le P. Bernard et moi, avec nos vêtements de religieux, à accroître cette bigarrure d'uniformes qui amuse, quand on la voit pour la première fois. Ajoutons à ceci qu'on entend parler, bien qu'on n'y soit pas à la Pentecôte, toutes les langues simultanément et avec tous leurs dialectes. C'est étourdissant.

La série des bazars étant aussi considérable que le nombre des corps d'état ou de petits commerces en honneur à Smyrne, on n'en finit pas vite la revue générale. Ici, on vend du kalvà, du mastic, des parfums, du miel, des fruits secs, figues, raisins, dattes; plus loin des articles de sellerie, des chaussures, du maroquin de toutes couleurs; puis les ceintures de laine et de soie, les flanelles, les tapis, les belles vieilleries, les diamants, les broderies, les armes anciennes, yatagans, pistolets d'arçon, arquebuses, enfin les chibbouks et les narghilés. C'est là qu'Henry fait ses emplettes pour ses amis de France.

Détail à noter, on n'entre pas dans le magasin pour acheter; on se tient devant la porte. En vérité le magasin est d'ordinaire très petit, et il n'y aurait pas de place pour les acheteurs; mais la vraie raison qui vous consigne à distance est que le marchand se croit charitablement en devoir de ne pas vous induire à la tentation de lui dérober quelque chose. On coupe court à toutes velléités possibles ou probables de volerie en vous laissant dehors, où, si vous ne serrez énergiquement vos poches, vous êtes à peu près sûrs d'être vous-même dévalisé par ceux qui passent. Le soir, chaque petit commerçant décroche le volet qu'il avait relevé le matin au-dessus de la devanture de sa boutique, et le cadenasse soigneusement, mettant sa bicoque et les trésors qu'elle renferme, car il n'y en a pas mal dans ces microscopiques magasins, sous la protection de quelques gardes de nuit, qui fermeront à leur tour et verrouilleront tout à l'heure les entrées du bazar.

Cette excursion récréative, poussée jusqu'au bout, nous donne l'occasion de visiter quelques mosquées qui ont pris la place des sanctuaires chrétiens les plus vénérés de la vieille ville. Il faut se borner, car les mosquées sont encore nombreuses à Smyrne. Deux des plus curieuses se trouvent immédiatement au sud du bazar. Les Turcs qui nous les montrent sont tellement embarrassés dans leurs récits traditionnels et les ridicules légendes dont ils les compliquent, qu'il devient difficile de savoir si c'est réellement saint Jean et saint

Une fontaine à Smyrne.

Polycarpe, comme ils semblent le dire, qui furent primitivement honorés à Upané Makala et à Hissar Jamizi. En tout cas, ces deux saints ont donné leurs noms, le premier à trois églises grecques, et le second à l'église latine de la rue Franque. Saint Étienne est le patron de la cathédrale arménienne.

Je constate, en passant, une erreur grossière dont j'avais été victime lors de mon dernier voyage. Selon l'indication ordinaire des guides, il m'avait paru que la cathédrale grecque était sous le vocable de quelque saint du calendrier oriental inconnu pour moi, comme tant d'autres. Ce nom de Photin était d'ailleurs tout à fait grec. Or, il arrive, et c'est pour nous une très agréable surprise, que le saint est une sainte, et que la sainte est une femme très célèbre de l'Évangile, cette Samaritaine que Notre-Seigneur éclaira si heureusement

Une rue à Smyrne.

au puits de Jacob. De là son nom de Photiné, ou Photini, comme on prononce dans le grec moderne, pour désigner la pécheresse *Illuminée*. C'est en examinant la porte même par où on aborde la cour de la cathédrale, que nous avons eu cette agréable révélation. Il y a au fronton un bas-relief qui reproduit la scène racontée par saint Jean. Deux hommes intelligents et très instruits, que nous avons vus à l'École évangélique, M. Weber et M. Pittakis, nous ont confirmé ce qui était pour nous une découverte. C'est le 20 mars, d'après le ménologue Basilien, qu'on célèbre la fête de cette femme dont le souvenir, à mon grand regret, n'a pas trouvé place dans notre liturgie d'Occident. J'estime heureuse l'inspiration de la vieille église grecque qui a mis sous la protection de la Samaritaine convertie cette cité de Smyrne, frivole avec son climat énervant, et où plus d'une âme tombée a dû, dans la suite des âges, s'encourager au repentir par l'exemple de la plus édifiante des réhabilitations.

Nous pensions n'avoir à consulter à l'École évangélique que la bibliothèque, et on nous met en présence d'inscriptions et de statues qui, tout en étant pour la plupart fort endommagées, méritent cependant d'être examinées. Un coq, superbe bas-relief venu des fouilles de Phocée, nous rappelle le coq gaulois, cet emblème national introduit peut-être chez nous par les Phocéens qui fondèrent Marseille. Avec autant de bienveillance que d'érudition, M. Pittakis nous fait parcourir la nouvelle collection d'antiquités dont s'est enrichi le musée de l'École. Puis, on met très gracieusement à notre disposition quelques livres utiles à consulter avant de commencer notre excursion des Sept Églises. M. Weber, qui, dans ce voyage, eût été pour nous un compagnon inappréciable, ne pourra nous suivre, retenu qu'il est auprès de ses élèves à la veille d'un concours, mais il s'offre à nous donner tous les renseignements utiles. C'est un esprit net et un archéologue très consciencieux. Nous prenons heure pour un rendez-vous et une conversation plus longue, avant notre départ.

Une visite importante est celle que nous avons faite à M. Humann. Le fameux chercheur, si heureux dans ses fouilles de Pergame et de Magnésie, est absent, mais sa femme et sa fille nous réservent le plus cordial accueil. Avec une compétence parfaite et une amabilité exquise, elles nous expliquent les innombrables photographies des chefs-d'œuvre exhumés depuis cinq ans par le vaillant archéologue. Elles nous offrent de lui annoncer notre prochaine visite, au milieu même de ses travaux de Magnésie du Méandre. C'est une trop bonne fortune pour ne pas l'accepter.

Smyrne, le 23 avril.

D'ordinaire, ceux-là seuls trouvent qui savent chercher. Nous allons donc nous mettre en course aujourd'hui pour découvrir ce qui reste de Smyrne ancienne. Cette ville est la seconde nommée parmi les sept Églises, auxquelles le Voyant de l'Apocalypse doit écrire de la part de Dieu, mais c'est la première qui se trouve sur notre route, et il serait très déplaisant de n'y pas exhumer un seul souvenir chrétien digne de notre vénération.

Comme tous les centres commerçants de la côte, elle avait, sous Alexandre ou ses successeurs, reçu dans ses murs une colonie juive considérable. C'est là une première raison de croire que l'Évangile, grâce à l'activité courageuse des hommes apostoliques, y fut prêché de bonne heure. La seconde, c'est que des relations quotidiennes la rattachaient à Éphèse, où Paul d'abord, Jean ensuite, et enfin les autres propagateurs de la Bonne Nouvelle avaient, dès le temps de Claude, fondé une Église florissante et jalouse de disséminer la vérité. Le livre des *Actes* dit, en effet, que, Paul ayant séjourné à Éphèse, tous les habitants de la province d'Asie entendirent la parole de Dieu (*Actes*, xix, 10).

Donc, rien de plus naturel que de voir Smyrne apparaître au Vieillard de Patmos, comme un des sept chandeliers d'or (*Apoc.*, i, 12 et suivants) au milieu desquels se tient le Fils de l'Homme aux cheveux plus éblouissants que la neige, aux yeux de flamme, et à la voix rappelant le bruit des grandes eaux. Elle était immédiatement dans la sphère où l'influence d'Éphèse avait rayonné, et ce que nous lisons dans le livre de la Révélation nous donne le droit de croire qu'il y eut au Ier siècle, peu de centres où l'Évangile fut mieux accueilli. Il est remarquable, en effet, que, pour Smyrne, la justice de l'Éternel Vivant n'a que des éloges. C'est de beaucoup la mieux traitée des Sept communautés chrétiennes.

« *Écris à l'ange de l'Église de Smyrne*, est-il dit à Jean : *Voici la parole de celui qui est le Premier et le Dernier, de celui qui fut mort et qui est revenu à la vie. Je connais ta tribulation et ta pauvreté, quoique en réalité tu sois riche. Je sais les blasphèmes que prononcent contre toi ceux qui se disent juifs, mais qui ne le sont pas, vraie synagogue de Satan pour qui les connaît. N'aie peur d'aucune des épreuves qui t'attendent. Voilà que le diable va jeter en prison quelques-uns d'entre vous, pour qu'on juge de votre vertu. L'épreuve durera dix jours, sois fidèle jusqu'à la mort, et je te donnerai la couronne de vie. Que celui qui a des oreilles écoute ce que l'Esprit dit aux Églises. Le vainqueur n'aura pas à craindre la seconde mort.* »

Il serait vraiment dommage que de ceux à qui fut adressée cette belle lettre du ciel, de ces éprouvés par la persécution, de ces vaillants à qui la seconde vie est promise, il ne restât aucune relique, ne serait-ce qu'une des vieilles pierres qui les ont vus passer, s'il est vrai qu'on ne puisse pas découvrir les sanctuaires mêmes où ils ont prié, le tribunal où ils ont rendu témoignage, l'arène où ils sont tombés. Pour ne parler que de cette dernière est-elle réellement introuvable ? Je ne le crois pas. Voilà pourquoi nous venons de nous mettre en marche pour la chercher. Au fond, ces hommes de cœur qui ont fait non seulement l'Église, mais la civilisation moderne, valent bien la peine qu'on demande à la terre leur trace, et qu'on s'incline pour la vénérer. Ce sont de vrais prodiges dans l'humanité, car ils ont inauguré les pratiques de toutes les vertus héroïques au milieu d'un monde qui n'en avait aucune.

On est étonné, en effet, quand on sait par l'histoire le peu de dignité morale qu'il y avait, au premier siècle de notre ère, dans cette florissante cité de Smyrne, qu'un groupe chrétien ait pu s'y constituer et y mériter les paroles flatteuses que nous venons de lire. Souple envers tous les maîtres qui s'imposaient, et dont elle savait très servilement chanter les louanges, la grande courtisane s'était toujours jetée du côté des plus forts, trouvant son intérêt, sinon son honneur, à cette politique sans caractère. Un de ses triomphes avait été d'obtenir, en compétition avec les autres villes d'Asie, le privilège d'élever un temple à Tibère (Tacite, *Annales*, III, 68; IV, 56). Se trouver riche dans le servage lui paraissait un réel bonheur, et ce ne dut pas être une légère surprise que d'entendre un jour, parmi ce peuple d'esclaves et de jouisseurs, des voix courageuses qui parlèrent tout à coup de liberté, de dignité humaine, de sacrifice, de chasteté et de justice. Les descendants de ceux qui avaient donné à Antiochus le titre de Dieu-Sauveur, à Stratonice, sa femme, celui de Vénus, les fils de ceux qui venaient d'appeler Néron le bienfaiteur du genre humain reçurent le message du ciel, transcrit tout à l'heure, et ce fut une révolution. Les prédicateurs qui le commentaient criaient à qui voulait l'entendre : « La mort n'est rien pour qui peut revivre. C'est celui qui en a fait l'expérience qui l'atteste. Les persécutions, les spoliations violentes, les insultes ne sauraient empêcher l'homme de faire son devoir. On peut être heureux dans la douleur, et riche dans la pauvreté. Qu'importent les perles jours mauvais, s'ils doivent produire leur fruit dans l'éternité bienheureuse ? »

Médaille de Smyrne.

Et les Smyrniotes frivoles et voluptueux se dirent que ces paradoxes apparents pouvaient bien être paroles de sagesse et de vie. Ils voulurent l'expérimenter. C'est alors que, dans leur cité corrompue, une Église chrétienne se constitua puissante et belle. Au commencement du second siècle, nous la saluons dans toute l'intensité et la pureté de sa foi, ayant Polycarpe à sa tête.

Polycarpe a été un des grands hommes du christianisme naissant. Il n'y a même, parmi ses contemporains, qu'un évêque digne d'être mis en parallèle avec lui, c'est Ignace d'Antioche. Non pas que le chef de la communauté smyrniote eût reçu les dons extraordinaires de l'éloquence ou de l'activité apostolique, il n'est pas loué comme tel dans l'histoire de l'Église, mais, par son extraordinaire longévité, il prit et occupa une place à part dans la tradition primitive. Il est l'anneau vivant qui relie le second siècle au premier, et par là, son rôle, au point de vue apologétique, devient décisif; car enfin il avait connu au moins un apôtre, Jean, et il s'était trouvé en relation avec beaucoup d'hommes qui avaient entendu les premiers disciples. Dès lors, qui eût osé publier, sous ses yeux, en l'inventant, même en partie, une biographie de Jésus? Il aurait été là pour dire : « Non, ce ne fut pas ainsi. » Et il l'eût dit avec autorité, car, établi évêque de Smyrne par saint Jean, si on en croit Tertullien, il avait tout le prestige d'un homme apostolique.

SMYRNE

Rien n'est plus touchant que d'entendre Irénée, le grand évêque de Lyon, rendre compte de l'impression produite sur lui encore enfant par saint Polycarpe : « Son souvenir m'est plus vivement présent, dit-il, que bien des choses arrivées depuis. Je vois encore l'endroit où il s'asseyait pour discourir, sa façon d'entrer et de sortir, sa manière de vivre, ses traits, son attitude. J'entends les discours qu'il adressait au peuple, les récits qu'il faisait de ses relations familières avec Jean et avec les autres contemporains et disciples du Seigneur lui-même, la façon dont il reproduisait les témoignages sur le Maître et les jugements qu'il avait recueillis de leur bouche. » Irénée ajoute qu'il gravait non pas sur des tablettes, mais dans son cœur, ce que disait ou faisait le Bienheureux, ὁ μακάριος, le Vieillard apostolique, ἀποστολικὸς πρεσβύτερος. Eh bien, je partage son culte pour ce patriarche de l'Église naissante. Voilà pourquoi il nous faut, ce soir, retrouver quelque chose de lui.

J'ai raconté ailleurs l'histoire émouvante de son martyre (*Voyage aux Pays bibliques*, vol. III, p. 165). Or, il est dit en termes explicites, dans le rapport officiel qui fut adressé par les fidèles de Smyrne aux Églises d'Asie, que le Stade est le lieu même où Polycarpe fut interrogé et brûlé. Si même on en juge par les cartes de Meyer et de Murray, ce Stade existe. Comment se fait-il que de tous les chrétiens de Smyrne à qui nous en avons parlé, pas un ne le connaisse? C'est pourtant là, Grecs et Latins, votre grande relique. A quoi vous attachez-vous donc, si vous dédaignez un tel souvenir? C'est loin, là-haut, sur le Pagus? Eh bien nous y monterons, et, après nous, d'autres, suivant nos traces, continueront le pèlerinage que nous allons inaugurer. Il faut, paraît-il, un cawas, avec tout son attirail d'armes et de galons dorés, pour traverser les quartiers turcs au delà desquels se trouve ce fameux Stade. Nous le prendrons. Et en effet, le consul français, M. Rougon, met gracieusement un de ses hommes à notre disposition.

Groupe dans une rue de Smyrne.

Le tramway, qui longe la Marine d'un bout à l'autre, nous porte rapidement près du Konak, et de là, passant entre la caserne d'infanterie et les prisons, nous abordons le mont Pagus par le cimetière juif. Ce cimetière est fort mal tenu, les pierres tombales, couvertes d'inscriptions hébraïques, s'enfoncent ou se relèvent avec le terrain qui semble ici très mobile. Par un beau clair de lune, il doit être d'un effet fantastique cet immense dortoir où des milliers de dormeurs semblent les uns se redresser et les autres s'enfoncer dans leur couche, selon qu'ils ont assez de leur long sommeil, ou qu'ils veulent dormir encore. Les ruines que nous trouvons à droite, au Deirem Tépé, paraissent être celles du temple d'Esculape que Pausanias dit avoir été bâti de son temps, entre le mont Coryphée, Pagus actuel, et la mer. Nous rencontrons dans un chemin montant et pierreux des groupes de femmes turques allant à la promenade ; quelques servantes les suivent. Toutes ensemble se récréeront jusqu'au coucher du soleil sous les cyprès du cimetière musulman, en jouant gracieusement de

Cimetière israélite.

leurs ombrelles rouges et vertes. La passion des femmes d'Orient est si grande pour ce gracieux diminutif du parapluie, que nous en avons vues le tenant ouvert sur leurs têtes, même dans des voitures fermées, et on nous a assuré que plusieurs se promenaient, ombrelle en main, jusque dans les salons de l'Odalik.

Nous traversons des groupes de maisons pauvres, bâties au hasard, sur des pentes que l'eau ravine, et où il semble difficile qu'aucune construction puisse longtemps demeurer debout. On ne voit de tous côtés que mines peu rassurantes. Il y a quinze jours à peine, sur la fin du ramadan, de mal-

En montant sur le Pagus.

heureux nègres ont été ici massacrés et coupés en morceaux.

Voilà une heure que nous marchons, et nul ne sait encore nous dire où est le Stade. A droite, nous avons longé une très petite mosquée, entourée de cyprès ;

on prétend que ce fut là le tombeau de saint Polycarpe. Allons, nous devons nous rapprocher du lieu de son martyre. A notre gauche, sur le flanc de la colline, un vaste polygone s'étend du levant au couchant, sorte d'aire abandonnée. Des hommes nombreux s'y amusent à des jeux d'enfants. D'autres sont assis et devisent à l'aise. Je serais porté à croire que là fut la place publique de l'époque gréco-romaine. Plusieurs préfèrent la chercher dans le quartier des bazars, au khan central où les caravanes consignent leurs marchandises; c'est sans motifs sérieux. La vieille ville eut son centre plus haut, sur le versant même du Pagus.

Je conviens qu'ici, pas plus qu'ailleurs, il n'y a de restes de colonnades, mais le site présente exactement l'aspect d'une place publique délaissée, et, détail très significatif, de tout temps le peuple a eu l'habitude de s'y réunir pour se distraire.

Si l'agora fut réellement sur ce point, saluons en passant le souvenir de trois courageux témoins de Jésus-Christ, le prêtre Pionius, Asclépiade et Sabine, que, sous la persécution de Dèce, on traîna enchaînés dans l'intérieur d'un

Hommes jouant sur l'ancienne agora.

temple avoisinant la place publique, pour faire croire à la foule qu'ils avaient sacrifié aux faux dieux. Cependant les martyrs criaient : « Non, nous n'avons pas trahi notre foi, nous sommes chrétiens, faites-nous donc mourir, car nous méprisons vos idoles. » Là où jouent ces hommes enfants, Pionius, avant d'être brûlé vif, harangua la foule avec une éloquence victorieuse. Il avait visité la Palestine, et parlant de Sodome dont il avait vu la ruine aux bords de la mer Morte, il menaça les ennemis de Dieu des feux éternels. Il était lettré et citait Homère. Après avoir résisté aux sophistes avec autant de succès qu'au juge prévaricateur, il fut, sur l'agora, cloué à un poteau, et mourut dans les flammes, murmurant avec un calme héroïque la suprême prière : « Mon Dieu, je remets mon âme entre vos mains ! »

Quoi qu'il en soit de l'agora, je constate que nous cherchons en vain le Stade.

Cawas de Smyrne.

La vue merveilleuse qu'on a sur toute la ville, amas pittoresque de maisons dominées par des coupoles, des minarets et des cyprès; sur les montagnes ondulant autour du golfe depuis le Yamanlar, au pied duquel fut peut-être Smyrne primitive, jusqu'aux Deux-Frères, dont la double pointe se dresse à notre gauche; sur les flots azurés où se promènent, rapides comme des hirondelles, parmi les grands navires qui stationnent ou arrivent, les petits bateaux de Cordélio, ne nous console pas de notre déception. Notre cawas a vainement interrogé les Turcs relégués sur ces hauteurs de plus en plus désertes, nul ne sait rien. Or, c'est au moment même où, déconcertés, lassés de chercher inutilement, ennuyés, près du fameux canon dont la voix lugubre annonce les incendies, nous songeons à redescendre vers la ville, qu'un bon ange ou saint Polycarpe lui-même, pour lequel j'ai déjà dit ma pieuse vénération, m'inspire de retourner en arrière, et de m'engager dans un sentier allant droit vers le sud. C'était la vraie direction à prendre, et la seule que nous avions négligée. Le Stade se cache là dans un pli de terrain, au bas d'une haute colline couverte de petites maisons échafaudées en amphithéâtre. On éprouve une vive joie à découvrir même ce qui était tout découvert et au grand soleil, dès qu'on a été condamné à chercher longtemps pour le trouver. Mes cris avisent mes compagnons de l'heureuse surprise. « Voici la relique ! Le Stade ! le Stade ! » Et aussitôt ils volent auprès de moi, partageant mon enthousiasme. Après nous être pieusement recueillis, nous entrons, non sans une sainte émotion, dans cette arène où Polycarpe nonagénaire descendit jadis si vaillamment : Πρόθυμος μετὰ σπουδῆς ἐπορεύετο, ἀγόμενος εἰς τὸ στάδιον.

Le Stade était orienté du couchant au levant. Les roches qui sont au midi avaient été utilisées pour y établir une longue série de sièges pouvant contenir des milliers de spectateurs. Elles s'élèvent, en effet, graduellement et jusqu'à une très grande hauteur. En sorte que nous n'avons vu ni à Athènes, ni à Olympie, un Stade aussi vaste que celui-ci. Au nord, les gradins, beaucoup moins nombreux, furent soutenus par des constructions dont il reste quelques traces. Chose singulière, on a creusé un puits à chaque bout de l'arène, l'un marquant le point de départ des coureurs, ἄφεσις, et l'autre le point d'arrivée, τέρμα, ou le tournant, στῆλαι. Entre ces deux puits, il y a la distance exacte de deux cents pas, six cents pieds grecs, près de deux cents mètres, la mesure régulière du Stade. Ces puits, bâtis avec des pierres de l'ancien édifice, ont été sans doute creusés quand l'enclos est devenu tout simplement ce qu'il est aujourd'hui, un lieu de dépaissance. Un troupeau de chèvres broute gaiement l'herbe verte autour du puits qui est au levant, au point où commençait de se dessiner la *Sphendoné*, ou le fond de l'arène, comparé à une fronde en raison de sa forme semi-circulaire. Les sièges enfouis dans la terre qui ont échappé à la rapacité impitoyable des bâtisseurs smyrniotes, sont malheureusement très rares. Tout récemment encore, on a exploité, une fois de plus, les fondements du Stade, et une maison neuve qui l'avoisine, au nord, a été entièrement édifiée avec des pierres tirées du podium et taillées par des ouvriers morts depuis bien longtemps. Au delà du puits qui, vers le couchant, marque l'entrée de l'arène, se trouve un petit cimetière turc dont les stèles furent aussi extraites du vieux monument. Une fois de plus, nous constatons que les musulmans affectent d'établir leurs lieux de sépulture là où les chrétiens ont, de tout temps, vénéré quelque souvenir religieux.

Ici le souvenir était authentique et sacré parmi tous. Quand je me figure Polycarpe, l'auguste vieillard, s'avançant au milieu de l'arène où nous sommes, beau de sa longue vie de sainteté, majestueux comme la victime allant au sacrifice, courageux comme l'athlète sûr de sa force, contemplant à droite et à gauche les quarante mille spectateurs qui demandaient sa mort, comme clôture des jeux publics, tandis que lui n'éprouvait dans son âme qu'une immense et sainte charité pour ses bourreaux, je me sens écrasé par ces immortels souvenirs et je me dis : « Sommes-nous encore de la grande race des saints ? » La foule rugissait comme la bête fauve altérée de sang : « Mort aux athées ! A bas l'évêque ! » Tout à coup, au milieu du tumulte, une voix retentit dans les cieux : « Courage, disait-elle, courage Polycarpe et sois un homme ! » Les chrétiens seuls l'entendirent, les païens étaient trop à leur haine homicide pour distinguer les signes d'en haut. Au reste, de tous les quartiers de la ville le peuple accourait, à la nouvelle que Polycarpe était pris, et les nouveaux arrivants ne faisaient qu'aviver l'irritation universelle. C'est là même, vers la tribune méridionale, où était l'estrade du proconsul, qu'on amena l'auguste témoin de Jésus-Christ. On sait l'interrogatoire émouvant qu'il subit. Le magistrat romain aurait voulu le sauver. Il conjura l'évêque d'avoir égard à son âge, et de montrer de la sagesse en se conformant à la loi qui obligeait tout sujet de l'empire à jurer par le génie de César. « Crie : A bas les athées ! » Alors Polycarpe, ayant promené son regard sur la foule et levé vers elle sa main tremblante, dit en fixant ses yeux au ciel : « Oui, à bas les impies ! — Jure donc, ajoute le proconsul qui n'avait pas compris le vrai sens de sa parole, et je te renvoie libre. Renie le Christ. — Il y a quatre-vingt-six ans que je le sers, dit Polycarpe, et il ne m'a jamais fait que du bien, comment pourrais-je insulter mon Roi et mon Sauveur ? » Et comme le proconsul insistait pour le faire au moins jurer par le génie de César : « Tu as l'air, s'écria l'évêque, de ne pas savoir qui je suis. Ecoute-le donc : Je suis chrétien ! — Il y a là des bêtes auxquelles je vais te livrer. — Fais-les venir ! » Un jeune martyr appelé Germanicus avait montré, peu auparavant, dans ce même Stade, qu'il n'y avait pas à les craindre, et on l'avait vu attirer sur sa poitrine une panthère pour se faire plus promptement dévorer. « Si tu n'as pas peur des bêtes, j'ai le feu pour te donner à réfléchir. — Ton feu ne brûle pas longtemps. » Et la physionomie du vieillard s'animait d'un saint enthousiasme. Le proconsul étonné se leva et se retira, ayant commandé au héraut de crier au milieu du Stade le résultat de l'interrogatoire. Il y avait du Pilate dans ce magistrat qui s'en allait ainsi, laissant la victime innocente aux mains du bourreau pour ne pas s'attirer d'ennemis personnels. Le héraut cria donc trois fois : « Polycarpe s'est déclaré chrétien ! » Aussitôt la foule, où les juifs prirent le premier rôle, provoqua un tumulte indescriptible en disant : « C'est là le docteur de l'Asie, le père des chrétiens, l'adversaire de nos dieux ; » et ils priaient l'Asiarque Philippe de faire lancer un lion contre lui. Mais ce directeur des jeux, qui avait recherché des chrétiens jusqu'à Philadelphie pour égayer les fêtes célébrées sous sa présidence, refusa le lion demandé, en disant que les combats des bêtes étaient finis. Au fond, sa pensée était que les bêtes ayant pris leur repas, le lion risquait de ne faire aucun cas de Polycarpe, et la déception aurait été grande pour tous. Ce Philippe, dont le nom a été retrouvé dans des inscriptions d'Olympie, était de Tralles, ville riche parmi toutes celles de la province d'Asie. Ceux-là seuls acceptaient les dispendieuses fonctions d'Asiarques qui avaient une très grande fortune. La foule, devant son refus, cria : « Qu'on le brûle ! » et en un clin d'œil, elle eut recueilli assez de bois dans les boulangeries et les thermes du voisinage pour élever un bûcher. Les juifs déployèrent en cette circonstance une ardeur remarquable, ce qui semble justifier le mot sévère qui les vise dans la lettre apocalyptique mentionnée plus haut.

Polycarpe quitta ses vêtements, mais ne parvint que difficilement à ôter ses sandales, l'âge ayant raidi ses membres, et la piété des fidèles s'étant régulièrement imposé, jusqu'à cette heure, le pieux devoir de le déchausser. On avait réuni très rapidement tout ce qu'il fallait pour l'horrible sacrifice : la tunique enduite de bitume et de poix dont on revêtait ordinairement le patient et le poteau auquel des clous devaient le fixer : « Tout cela est inutile, dit l'évêque, Dieu me donnera la force de ne pas bouger. » Et ayant mis ses mains derrière le dos, il fut simplement lié à l'arbre fatal. Ses lèvres murmuraient une prière

Vue du Pagus.

sublime. Le feu allumé forma comme une voûte sur sa tête, et on entendait le saint vieillard répéter pieusement : « Amen ! Amen ! » La foule étonnée de voir les flammes respecter ainsi le saint évêque cria au bourreau de frapper avec l'épée, et ainsi mourut le soldat de Jésus-Christ. Son sang, après avoir éteint le bûcher, rougit cette terre que nous foulons. Cueillons-y des anémones écarlates en souvenir de l'illustre martyr.

Après cela, reprenant le sentier que nous avions quitté, nous atteignons le sommet du Pagus. Le sol y est bizarrement mêlé de roches de trachyte et de terrains tertiaires que des éruptions volcaniques ont roulés pêle-mêle. Les ruines du vieux château de l'Acropole sont plus considérables qu'elles ne le paraissent vues à distance. La partie haute, construite avec des débris d'édifices antiques, est évidemment byzantine, mais les soubassements des grands murs et les premières assises de la tour sud-ouest, en bel appareil de trachyte rouge, sont de l'époque grecque. Les restes du rempart de Lysimaque se dressent encore çà et là, par intervalles. Il allait du château à la mer, en passant sur la colline qui domine le Stade. A ce point culminant du Pagus, nous dominons de 250 mètres la Smyrne nouvelle. Les différents quartiers dont elle se compose se dessinent nettement à nos yeux : le turc est à nos pieds, le juif est à la suite, l'arménien et le grec plus loin, tandis que celui des Européens ou des Francs longe la mer. Il y a là 250,000 habitants qui s'agitent dans la peine ou le plaisir, dans l'honnêteté ou le vice, dans le travail ou la paresse. Que Dieu en tire sa gloire, et l'humanité son progrès !

Notre excursion, pour être complète, semble exiger que nous retrouvions maintenant le théâtre. Ceux à qui nous demandons des indications sont aussi peu renseignés sur le théâtre que sur le Stade, et c'est ici, au moins pour nous, encore une découverte à entreprendre. Évidemment ce théâtre est à nos pieds, à demi-colline, c'est son emplacement tout naturel, mais à travers les roches éboulées, les terres ravinées, les broussailles éparses, il nous est impossible de l'entrevoir. Henry a escaladé tous les pics les plus abruptes, sondé tous les plis de terrain, et, comme sœur Anne, il nous crie invariablement, de très loin, qu'il ne voit absolument rien. Il n'y a plus qu'à se résigner, et à descendre des hauteurs où nous sommes, pour rejoindre le sentier qui nous conduira à la ville. Chance inouïe ! Ce sentier, à 200 mètres plus bas, coupe en deux le monument que nous cherchons. A vrai dire, il faut examiner le site très attentivement pour y retrouver un théâtre, et j'excuse les Turcs qui, le traversant chaque jour, nous on dit : « Il n'y a pas de théâtre ici. » Donc le petit chemin qui descend vers le pont des Caravanes, et que nous suivons, nous mène exactement au milieu de la *cavea*. Il laisse sa partie haute à droite et sa partie basse à gauche. La solution de continuité est complète et, au lendemain des grandes pluies, les eaux, après un arrêt provisoire là où nous sommes, doivent reprendre en large cascade leur course précipitée vers l'orchestre, où elles ont voituré, depuis longtemps, une épaisse couche de limon. Les gradins sur lesquels siégèrent tant d'augustes spectateurs sont aujourd'hui occupés par des figuiers, des amandiers et des oliviers, dans les branches desquels se jouent des gamins aux tarbouchs écarlates. Vers la partie supérieure de l'enceinte subsistent encore des pierres de dimension énorme. Une grotte assez basse, où Henry pénètre en s'inclinant, et profonde d'environ trois mètres, abrita quelque autel de Dionysos, comme celui que nous avons vu au-dessus du théâtre d'Athènes. M. Vigouroux me fait observer combien, la *cavea* se trouvant à peu près orientée au nord, le point de vue sur la ville, les bords du Mélès, la mer et le Sipyle avait été heureusement choisi. La scène et ses dépendances ont été envahies depuis longtemps par de misérables habitations construites avec les débris du vieux monument. Des Turcs ignorants et pleins de vermine couchent sur les dalles où les acteurs ont fait applaudir tant de fois les chefs-d'œuvre d'Euripide et de Sophocle.

De superbes fragments de voûtes, en beau marbre blanc, subsistent encore vers l'extrémité occidentale de la scène, dissimulés dans un groupe de maisons. Quelques femmes remplissent leurs amphores à un puits qui marque certaine-

Les bords du Mélès.

ment la place du *thymélé*, ou de l'autel de Bacchus, dans l'orchestre. Amère ironie des temps! Elles cherchent de l'eau sous l'autel du dieu du vin.

Ce n'est pas à dire, si nous en jugeons par deux jeunes hommes titubant sur notre route, à quelques pas d'ici, que la religion des Smyrniotes pour Bacchus ait complètement sombré dans dix-huit siècles de christianisme. Ces malheureux sont complètement ivres. De tout temps, le vin des coteaux de Smyrne fut célèbre. Pline en fait l'éloge. Ce Pramnien dont parle Homère et que Nestor, dans l'*Iliade*, et Circé dans l'*Odyssée*, mêlent avec du miel, est celui-là même qu'on recueillait ici. On sait que l'âge ne dispensait pas les dévots de Dionysos de fêter ce jus de la treille, et le sculpteur Myron s'immortalisa en faisant, pour Smyrne, sa fameuse statue de la Vieille Femme ivre.

Mais nous voici au Pont des Caravanes; il serait très intéressant de nous y arrêter pour avoir une idée du mouvement commercial de la ville, et jouir du pittoresque va-et-vient qui s'y produit. C'est trop tard. Dans quelques instants il sera nuit close. Aux pays d'Orient, les soirées n'ont pas de crépuscule. Une voiture nous prend fort à propos, et à travers le quartier grec où la population est particulièrement nombreuse et bruyante, nous rentrons chez nous. En congédiant notre brave cawas, nous lui laissons, avec le cher baghchich, quelque chose d'autrement précieux, c'est la recommandation de ne plus dire : « Le Stade! Je ne sais où il est! » Saïd, mon ami, c'est là la grande relique de Smyrne, et pas un pèlerin sérieux ne doit passer ici sans la visiter.

Smyrne, 23 avril.

Nous nous réveillons au bruit du canon. C'est l'escadre française qui arrive. Courons saluer le drapeau national. Cela fait battre le cœur de sentir des frères sur ces villes de fer qui flottent fièrement parmi les vagues et viennent se ranger en ordre de bataille dans la rade immense. Bientôt les officiers descendent à terre. Peut-être trouverai-je parmi eux quelqu'un des élèves que j'ai formés. On ne s'est jamais vu, et on se reconnaît quand même. On se salue, on se parle, on se serre la main. Braves et honnêtes gens que ces marins toujours au devoir, à l'obéissance, au travail, au courage. Les enseignes des cafés et des restaurants, plus que jamais, sont en français, et toutes des plus attrayantes. « Aux braves marins de Cronstadt! », porte l'une d'elles; « Aux Enfants de la France! », dit l'autre. Les maisons sur les quais sont pavoisées de drapeaux tricolores. Ce soir, il nous sera très agréable de venir parmi la foule jouir de l'enthousiasme universel. Demain grand bal au Consulat. L'immense jardin a été transformé en splendide salle de gala, où les fleurs elles-mêmes, au pied des arbres, font des drapeaux tricolores. On a offert les plus beaux tapis de Smyrne pour cacher les tentures de toiles grises fournies par les marins, et plus de cent lustres éclaireront cette superbe féerie. Henry aurait plus d'une raison d'y faire bonne figure. Hélas! nous devons partir sans retard pour Éphèse. Tout notre itinéraire est réglé, et il est impossible d'y rien changer. Il faut bien savoir sacrifier les villes vivantes, quand on rêve l'honneur de ressusciter les villes mortes. Au reste, l'air de la mer est nuisible à M. Vigouroux. Il a eu la fièvre cette nuit. L'escadre saluée, il est allé se coucher. Je suis impatient de le tirer d'ici, et de lui donner les distractions intellectuelles qui sont la moitié de sa santé.

Fontaine des Derviches.

Une visite aux derviches hurleurs et tourneurs n'a d'autre résultat que de nous révéler la misère profonde où vivent, à Smyrne, ces représentants de la religion musulmane sous sa forme la plus mystique. Ce n'est pas leur jour de hurler et de danser, spectacle que nous avons vu jadis en Égypte, et que j'ai décrit ailleurs[1], mais nous les trouvons, près de leur fontaine, méditatifs et recueillis, interrogeant gravement les énormes chibouks qu'ils fument, et attendant des vapeurs enivrantes du *tombéki* les saintes inspirations d'en haut. Ils sont vêtus de misérables loques. A côté d'eux, ceux du Caire sont de grands seigneurs.

Une promenade aux Bains de Diane nous confirme dans l'idée que le petit cours d'eau, serpentant à travers les nénuphars, n'a rien de commun avec l'antique Mélès. Celui-ci doit être définitivement identifié avec le ruisseau qui passe sous le pont des Caravanes. Nous le longerons demain en allant à Éphèse.

M. Weber viendra tout à l'heure nous donner ses indications pour notre excursion aux bords du Caystre, du Méandre et du Lycus. Ne manquons pas cette utile visite. Il faut d'ailleurs boucler nos valises et prendre nos dernières dispositions. Un peu de répit nous sera nécessaire.

Éphèse, 24 avril.

Le chemin de fer de Dinair que l'on prend à la gare de la Pointe, c'est-à-dire non loin du couvent des Dominicains où nous sommes logés, suit, pour aller à Éphèse, un parcours des plus intéressants. D'abord, à travers des jardins en fleurs et des cimetières aussi recherchés des promeneurs que les jardins, il contourne le Pagus dont le versant méridional est particulièrement pittoresque, traverse la petite vallée du Mélès agrémentée d'aqueducs debout, ou en ruine, laisse voir dans la verdure la blanche chapelle de Saint-Élie, et atteint

---

1. *Voyage aux Pays Bibliques*, vol. I, p. 98.

la station de Paradis. C'est dans la gracieuse plaine s'ouvrant ici, à gauche, vers Boudja, et dans celle se dirigeant, un peu plus bas, vers Sédikeui, que les Smyrniotes aimèrent de tout temps à s'abriter contre les ardeurs de la canicule et les fièvres qu'elle provoque. Partout, au milieu des ruines rappelant les villas de l'époque gréco-romaine, ils ont semé de ravissants chalets. C'est là qu'ils s'installent durant l'été. Des embranchements de la voie ferrée font le service de ces deux charmants vallons, et permettent aux bons bourgeois en villégiature d'aller, chaque jour, à Smyrne vaquer à leurs affaires, sans renoncer

Cimetière musulman.

entièrement aux charmes de la vie de famille, qu'ils retrouvent le soir sous les orangers, les rosiers et les jasmins fleuris.

A la station de Kayas, descendent de nombreux chasseurs. Les nuées de bécasses et d'oiseaux aquatiques qui se lèvent dans les marais voisins, quand siffle la locomotive, font regretter à Henry de n'avoir pas mis pied à terre, lui aussi, pour imiter Nemrod, ou fêter saint Hubert. Bientôt la voie se dirige un peu à gauche et, dès qu'elle entre dans la plaine du Caystre, nous apercevons à l'horizon les belles montagnes du Tmolus aux blancs sommets neigeux. Tout près de nous, sur une hauteur, au milieu de belles ruines, se dressent les tours de Métropolis, ancienne cité grecque aujourd'hui détruite, mais qui ne fut pas sans importance sous les empereurs byzantins. Une chaussée sur laquelle on traverse le lac Pégase est presque envahie par les eaux, preuve que l'hiver a été long et pluvieux cette année. Bientôt nous nous rapprochons du Caystre, que nous longerons jusqu'au moment où, près d'un vieux pont, nous entrerons dans la plaine d'Éphèse. Peu après, nous atteignons la station d'Ayassoulouk, première halte dans notre voyage.

Ayassoulouk fut le nom d'une ancienne petite ville, aujourd'hui très misérable village, qui se groupa autour de la grande église bâtie sur le tombeau traditionnel de l'apôtre saint Jean. Elle prit quelque importance quand Éphèse, ruinée par l'ensablement de son port, perdit définitivement sa prépondérance commerciale et civile. Dans la prononciation du grec moderne, Aghios Théologos, le Saint Théologien, surnom de saint Jean, devint Ayassoulouk. M. Car-

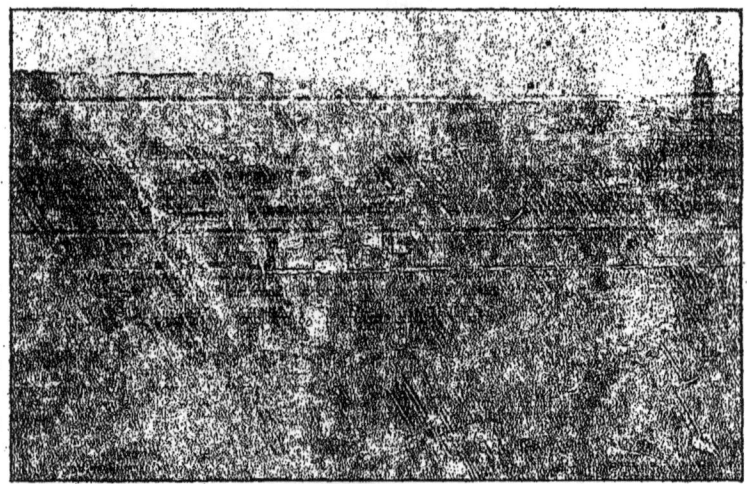

Aqueduc en allant de Smyrne à Éphèse.

pouza, le maître d'hôtel de l'endroit, car il y a ici un hôtel, nous reçoit avec l'entrain presque gascon qui le caractérise, nous installe dans ses meilleures chambres, et met un guide à notre disposition. Mais celui-ci nous serait superflu, car nous connaissons Éphèse depuis longtemps. J'en ai même longuement décrit les intéressantes ruines. D'ailleurs, il suffit d'avoir la précieuse monographie de M. Weber avec soi pour se passer de guide. Un facchino c'est tout ce qu'il nous faut pour porter l'appareil de M. Henry, qui veut bien être photographe, mais photographe sans bagages.

Comme la vie est un tissu de souvenirs qu'on doit savoir débrouiller à propos, si on veut y trouver autant d'utilité que de charmes, nous nous reportons à cinq ans en arrière, et nous demandons des nouvelles d'un brave homme, Barba-Nicola, habitant d'Ayassoulouk, qui, ayant travaillé sous M. Wood aux grandes fouilles de l'Artémision, fut chargé par M. Apak, un de nos amis, de nous diriger dans notre première excursion à Éphèse. « Vit-il toujours? — Assurément, dit Carpouza, mais vous le reconnaîtrez à peine. » Et on nous le montre affreusement vieilli, sale, rongé par la fièvre et la misère, à l'angle du café voisin, regardant d'un œil triste ceux qui boivent, qui fument, qui chantent, quand lui-même ne fume, ne boit, ne chante plus. Il n'y a pas d'être, si vivant qu'il ait été, qui résiste à l'assaut simultané de la vieillesse, de la maladie et de la misère. Barba-Nicola, solitaire et muet sur sa pierre, me rappelle Argos, ce pauvre chien qu'Ulysse, revenant à Ithaque, trouve sur des ordures à la porte de son palais. Il n'a plus que la force de dresser ses oreilles, de les baisser, de remuer la queue en signe de joie, et de mourir, ayant revu son maître. Le vieux fouilleur d'Éphèse nous a reconnus ; son œil s'est animé tout à coup, sa main, appuyée sur un bâton, s'est soulevée pour se porter tremblante à son front et à son cœur. Pauvre débris d'un vaillant homme ! Il peut à peine se mettre en marche pour venir à nous. Barba, l'élan de ton cœur vaut mieux que celui de tes jambes. Tiens, voilà pour te rendre moins malheureux, ce soir et même demain. Ne va pas mourir comme Argos, après cette bonne fortune, mais réjouis-toi de nous avoir revus, car je recommanderai à tous ceux qui passeront ici de s'informer si tu vis encore, et d'honorer ta lamentable misère en se souvenant de tes beaux jours.

C'est à pied que j'entends faire la visite d'Éphèse ; ainsi on jouit mieux de toutes choses. M. Vigouroux voudrait m'imiter, mais il est trop faible pour cette course de six heures, et nous l'installons sur un paisible bucéphale, plus disposé à nous suivre qu'à nous devancer.

La première ruine que nous rencontrons et que traverse la voie ferrée, est un aqueduc construit, vers l'époque où la décadence d'Éphèse devint complète, pour conduire les eaux du Pactyas au château d'Ayassoulouk. Quarante-cinq de ses piliers carrés sont encore debout, et il est intéressant d'y déchiffrer les inscriptions éparses et capricieusement tronquées qui en font une sorte de musée épigraphique en plein vent. Sur ces blocs de marbre, pris de partout et assez mal agencés, se déroulaient, comme d'immenses festons, de longs arceaux de briques.

Ruines d'un aqueduc près de la gare d'Éphèse.

La plupart sont tombés. D'innombrables cigognes ont élu domicile sur ces piédestaux majestueux, et, de génération en génération, ces oiseaux sacrés y vivent, regardant d'un œil distrait les vieilles pierres où des Romains orgueilleux disent encore aux passants les bonnes œuvres de leur vie. Témoin ce parent de Lucius Phœnias Faustus qui nous rappelle les fêtes, les concours, les jours de repos, les primes des athlètes, qu'il a institués ou multipliés pour le mois d'Artémésius consacré à la grande déesse.

Directement nous marchons vers une colline qui, à peu près isolée dans la plaine, dresse devant nous son double sommet. Elle est dominée au sud par une montagne beaucoup plus élevée et dont la crête profile vers le couchant, couverte de murs démantelés. Tout en cheminant, j'expose à Henry la théorie de Curtius et celle de Wood sur les noms donnés à ces hauteurs et, ce qui est plus important, sur le vrai site de l'ancienne Éphèse. Ni l'un ni l'autre de ces savants ne m'ayant satisfait, dans les hypothèses topographiques qu'ils ont émises, j'en hasarde une nouvelle, fondée sur ce que je vois ici, et sur ce que j'ai lu dans Strabon, Xénophon, Pausanias et les auteurs de l'antiquité.

D'abord, il faut reconnaître que la découverte de l'Artémisium, ou temple de Diane, n'a pas seulement fait chavirer les théories plaçant ce fameux temple près du port et en avant de la ville, alors qu'il était en arrière, mais qu'elle a

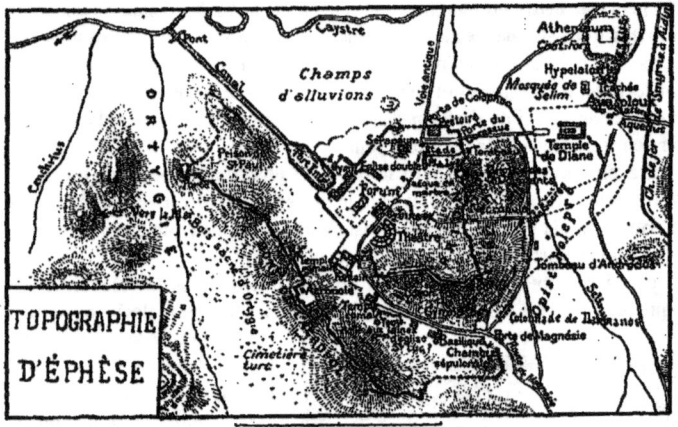

donné un point fixe à tout essai topographique désireux de procéder avec méthode. Le temple, en effet, bien que rebâti huit fois, s'est très certainement maintenu sur le site sacré où Coressus et Éphésus, au dire de Pausanias, avaient établi le premier sanctuaire de la déesse. Dès lors, c'est près du temple, et là où aboutissait autrefois la mer, qu'il faut chercher la colline ayant servi d'assiette à Éphèse primitive, et cette colline sera, sans contredit, celle d'Ayassoulouk ou du Château. De fait, quand Strabon[1] assure qu'Androclus, ayant chassé les Léléges, s'établit autour de l'Athénéum et de l'Hypélée, sur les flancs du Coressus, c'est bien elle qu'il a en vue, avec ses deux plateaux dont le plus élevé s'appelait l'Athénéum et l'autre l'Hypélaion, ou « sous l'Olivier ». Rien dans tout ce qu'on trouve dans les autres auteurs ne me semble contredire cette assertion, pas même le double mouvement stratégique de Thrasyllus qui, en marchant sur Éphèse, venait du nord, de Colophon et de Notion ravagées par

1. Strabon, xiv, 1, 4 et suiv., surtout 21.

lui, et non pas du sud[1]. Tout naturellement, il voulut attaquer l'ennemi au nord-est, du côté du Château avec ses hoplites, tandis qu'il faisait avancer son infanterie légère au nord-ouest, du côté des marais. Quant au texte de Strabon sur la situation du quartier dit de Smyrne et de l'Opistholépré, il s'accommode aussi fort bien de ma théorie. Ce quartier commençait au gymnase du sud, après le mur de la ville de Lysimaque, et s'étendait entre Lepré Acté et Trachée. Trachée était la partie rocailleuse de la colline d'Ayassoulouk, et Lepré Acté, le Prion ou la montagne raboteuse, au pied occidental de laquelle devait se bâtir plus tard Éphèse de Lysimaque, la ville décrite par Strabon. Dans la plaine,

La colline d'Ayassoulouk.
Au premier plan, sont les ruines du temple d'Artémis; plus haut, la mosquée dite de Sélim, et au point culminant le château d'Ayassoulouk. La Porte de la Persécution et l'emplacement de l'Église de Saint-Jean se voient au levant, au-dessus du village.

entre ces deux collines, aux alentours du temple, là même où avaient vécu jadis les Amazones, fut la ville primitive édifiée après l'expulsion des Léléges, et dont un quartier s'appela Smyrne, en souvenir d'une des guerrières qui avaient honoré le sanctuaire d'Artémis. Quand Lysimaque eut changé, on sait par quel stratagème, la ville de place, la faisant passer de l'est à l'ouest du Prion, pour la rapprocher de la mer qui fuyait toujours devant les ensablements du Caystre, le nom de Smyrne demeura aux habitations situées encore de ce côté, mais devenues, pour la plupart, des jardins ou des propriétés d'agrément ($\kappa\tau\dot{\eta}\mu\alpha\tau\alpha$). On appelait aussi cet endroit l'Opistholépré, ou l'au-delà du Prion. Si ma manière de voir est fondée, elle supprime toutes les difficultés topographiques créées

1. Xénophon, *Hellen.*, 1, 2, 7; Diodore, xiii, 64.

par la fameuse inscription de V. Salutarius, découverte dans les ruines du théâtre. Le circuit de la grande procession devient parfaitement intelligible. Le cortège des Éphèbes devait, en effet, aller rejoindre les images sacrées à la porte de Magnésie, au sud du Prion, et, traversant toute la ville, les accompagner jusqu'à la porte de Coressus, située au nord. Nous en retrouverons, tout à l'heure, les restes vers l'extrémité orientale du Stade ; elle s'ouvrait sur le chemin qui se dirigeait vers la colline du Château, le Coressus d'autrefois.

Quoi qu'il en soit de mon hypothèse, que je propose mais que je n'impose pas, nous appellerons tout simplement la montagne du sud-ouest à notre gauche, le mont de l'Acropole, puisque c'est là que Lysimaque bâtit sa citadelle ; celle qui est au nord-est à notre droite, la colline d'Ayassoulouk, et celle qui est devant nous, occupant une position intermédiaire entre les deux autres, le Prion. Ce nom de Prion lui vint sans doute de la forme de scie que les remparts en zigzag et à crémaillère prenaient entre les deux pointes culminantes de cette éminence. Nous le retrouverons à Sardes employé par Polybe[1] pour désigner une muraille analogue. C'est donc à tort qu'on a voulu lire sur quelques médailles ΠΕΙΩΝ, c'est ΠΡΙΩΝ qu'il y a, et sur ce point le témoignage de Strabon, comme celui de Pausanias, nous semble décisif.

Après ces éclaircissements qu'Henry écoute avec calme et déférence, mais qui n'en soulèveront pas moins ailleurs de terribles contradictions, il n'y a plus qu'à aborder les ruines. Nous avons franchi un petit ruisseau, sans doute le Sélinus, qui touchait jadis au péribole de l'Artémésium — les cours d'eau dans ces terres mobiles se déplacent très facilement — et nous atteignons une chaussée contournant la partie orientale du Prion. De nombreux tombeaux la bordent de chaque côté. Le plus large d'entre eux, à notre gauche en allant vers la porte de Magnésie, serait celui d'Androclus, mort glorieusement dans une bataille gagnée contre les Cariens. Du héros en armes qui se dressait sur le monument, il va sans dire qu'il ne reste rien. Un laboureur quitte la charrue pour nous offrir deux jolis chatons de bague avec figurines, qu'il vient de trouver dans son champ de l'Opistholepré, mais ses prétentions sont déraisonnables. Des blocs carrés que nous remarquons à droite et à gauche, sur notre route, soutinrent jadis un portique couvert, bâti par le rhéteur Damianos. Si cet honnête professeur prétendit grouper dans un si étroit espace les processions qui venaient de l'Artémésium, ou qui s'y rendaient, ce ne pouvait être qu'à condition de laisser en plein air la plupart des théories qui les composaient. Le Prion, vu de près avec ses roches toutes percées de grottes, sa végétation misérable, ses déchirures escarpées, manque absolument de poésie. Jamais il n'y a eu de ville sur cette hauteur. Cinq blocs de pierres, au sommet méridional près duquel nous sommes, indiquent soit le site d'un temple de Jupiter Pluvius que nous avons remarqué sur quelques médailles, soit un pan du mur de Lysimaque.

C'est par la porte dite de Magnésie que nous abordons la ville de l'époque gréco-romaine. Cette porte, profondément enfoncée sous le sol actuel, est

1. Polybe, VII, 4, 15.

double, et nous donne l'intelligence du Dipylum d'Athènes que nous avions jusqu'ici assez peu compris. Deux fortes tours la protégeaient. Les deux routes auxquelles elle livrait passage se bifurquaient peu après la sortie de la ville. Une allait au sud vers Magnésie, tandis que l'autre au nord, longeait le Prion, et formait la voie des tombeaux que nous venons de suivre. Ainsi à Athènes on sortait du Dipylum pour se diriger soit vers le Pirée, soit vers Éleusis, et de nombreux monuments funéraires avoisinaient, comme ici, la Double Porte. Sur un des sarcophages qui attirent nos regards, je remarque le nom de Polycarpe. Les chars ont laissé la trace des roues sur le pavé.

La première grande ruine qui se dresse à notre droite, est un gymnase. Les anciens bâtissaient volontiers ces édifices aux points extrêmes de leurs villes, et ils en bâtissaient beaucoup. Éphèse en avait au moins trois. La gymnastique était, plus encore que la grammaire et la musique, l'élément fondamental de l'éducation hellénique. On peut même dire que l'obligation de se livrer aux exercices du corps ne connaissait pas de limite d'âge, en sorte que les gymnases n'étaient pas seulement fréquentés par les enfants et les jeunes gens, mais par les hommes mûrs et les vieillards. Nul ne se dispensait entièrement de ces luttes quotidiennes, de ces courses, de ces jeux d'adresse, où le corps entretenait, avec la flexibilité des muscles et le mouvement accéléré du sang, les principes élémentaires d'une vigoureuse santé. Agésilas qui, en peu de temps, aguerrit ici même l'armée destinée à arrêter les Perses, était fier de sortir des divers gymnases portant au front la couronne qu'il avait conquise dans la lutte avec ses propres soldats. Il allait, à travers la ville, suivi des autres vainqueurs, la suspendre en ex-voto au temple d'Artémis éphésienne.

Le gymnase où nous sommes était dit d'Opistholépré, puisqu'il se trouvait au pied du Lepré ou Prion, et au point où commençait, pour les habitants de la ville gréco-romaine, l'arrière-Lepré. Construit en pierres de grand appareil dans sa partie basse, il était de briques dans sa partie supérieure. J'ai souvent relu dans Vitruve la descrip-

Gymnase de l'Opistholépré.

tion détaillée d'un gymnase modèle. On dit que le célèbre architecte avait pris pour type celui de Naples. En réalité, toutes les fois que j'ai voulu appliquer ses indications à des ruines, je me suis heurté à des impossibilités, aussi bien comme nombre de salles ou de péristyles, que comme orientation. Ainsi il veut qu'un gymnase s'ouvre de l'est à l'ouest; ici, il s'ouvre du midi au nord, probablement parce que la montagne devait l'abriter. Au reste, des tuyaux de chauffage se dirigeant dans tous les sens portent à croire qu'on devait s'y bien trouver eu hiver. Le Xystus était en avant, bordé de terrasses. Celle qui dominait l'entrée était ornée de statues colossales dont une, sans tête et sans mains, mais superbement drapée dans son manteau, se voit encore à Smyrne, dans le jardin du gouverneur. Le gymnase ayant été le champ de récréation de la jeunesse éphésienne, il est juste qu'Henry en emporte un souvenir, et il se met aussitôt à le photographier.

Vers le couchant, et à gauche de notre chemin, un édifice de 68 mètres de long, terminé par une abside, fut peut-être une basilique transformée plus tard en église. Cependant il est remarquable que l'abside, ou l'arc de cercle terminal, y a pour diamètre la largeur entière de l'édifice, tandis que, d'ordinaire, il est de beaucoup moindre dans les basiliques païennes ou les églises chrétiennes. Quoi qu'il en soit, ce monument, remanié plusieurs fois, a fini par devenir un temple chrétien. Il avait six colonnes ioniques de front, les chapiteaux des antes étaient d'ordre composite, et la frise bombée; en sorte que, dans son ensemble, il présente un amalgame de fantaisies architecturales assez surprenant.

A cette singulière construction, il faut rattacher l'édifice circulaire voisin, qui s'élève sur un terrain plus bas, vers l'occident, au milieu d'une petite place carrée. Avant les découvertes de M. Wood, et quand on mettait l'Artémisium près du port, on pouvait chercher ici le tombeau d'Androclus, bien que Pausanias n'eût pas parlé d'une colonnade supportant un dôme sur le monument du héros. Cette colonnade circulaire a depuis longtemps disparu, et la construction inférieure, transformée en chapelle, s'ouvrit par une porte formée de deux antes de marbre blanc, empruntées à quelque autre monument. L'une est brisée, c'est celle de gauche, et le fragment gisant à terre, a une croix taillée en creux. L'autre est encore

Tombeau dit de saint Luc.

entière, mais renversée. Elle porte, dans le panneau inférieur, un bœuf à bosse, c'est le bœuf symbolique de la Carie; et, dans le supérieur, une croix byzantine enlevée sur le fond par un sculpteur qui a voulu marquer ainsi le marbre antique d'un signe chrétien. La dénomination de Tombeau de saint Luc, si inconsidérément appliquée à cette ruine, ne tient aucun compte du témoignage de la tradition de l'Église qui fait mourir saint Luc en Achaïe. C'est, en effet, à Patras qu'en 357, on alla prendre ses restes pour les transporter à Constantinople, où Justinien les retrouva, deux siècles après, soigneusement serrés dans des coffres de bois. L'opinion la plus probable, selon nous, est que cet édifice circulaire fut un monument patriotique, ou un Héroon particulier, transformé plus tard, dans sa partie supérieure, en baptistère, et dans sa crypte, en sépulture pour quelques personnages importants. Dans cette crypte, dont la voûte appuyée à un pilier central repose pleinement sur le mur circulaire percé de seize fenêtres, on a trouvé, en effet, des sarcophages de prêtres. Une inscription incomplète porte le nom de Diogène. La transformation en édifice chrétien de ce monument, tout païen à l'origine, doit avoir concordé avec la transformation de la basilique en église. Si même on admettait que l'artiste, en remaniant le marbre, a eu réellement la pensée d'accommoder le bœuf de Carie avec le symbolisme liturgique, qui employait couramment le bœuf comme emblème de saint Luc, il faudrait reporter à une époque assez basse la date de cette reconstruction.

Plus loin, un autre monument circulaire, mais de moindres proportions, supporta la statue équestre d'Adrien. Passe pour cet empereur de s'être accordé ce piédestal, mais il arrivait souvent que des hommes moins illustres se payaient, parce qu'ils s'étaient enrichis, de prétentieuses statues de leur vivant, et les plus fastueux mausolées après leur mort. On sait que les Romains surtout étaient coutumiers de ces puériles faiblesses, et sur le point où nous sommes de la ville d'Éphèse, ils avaient fini par tout envahir. On peut lire encore autour d'un des piédestaux qui précédaient le Marché aux Laines, aujourd'hui monceau de briques éparses, le nom de Publicus-Védius, consul. La statue a disparu, comme tant d'autres, avec les inscriptions qui la recommandaient. L'histoire de l'humanité n'y perdra pas grand'chose. A cent mètres de là, se dresse encore un mausolée, rappelant par son architecture celui de Cécilia Métella sur la voie Appienne.

Comme nous sortons du petit col formé ici par les deux montagnes qui se rapprochent, et avant d'entrer dans la vallée qui s'ouvre vers la mer, nous remarquons un petit Odéon dans le genre de celui d'Atticus à Athènes. On l'avait adossé au Prion, et construit en marbre blanc, avec une colonnade de granit rouge dans sa partie haute. Une inscription constate qu'il fut restauré sous Antonin le Pieux. Vis-à-vis, et par conséquent à gauche de notre sentier, sur un soubassement de superbe appareil, s'éleva un temple qui dominait l'agora et la ville de Lysimaque. Tout à côté, fut bâtie plus tard une église byzantine dont il ne reste à peu près rien.

Descendons maintenant dans la plaine, où, à vingt mètres au-dessous de nous, fut la véritable Éphèse, avec ses principaux monuments. Au premier coup d'œil, on n'y distingue rien de précis, tant les terres ont été bouleversées et les ruines envahies par les ronces qui montent de toutes parts. Il me souvient cependant d'avoir vu, à notre gauche, les restes d'une fontaine, et, autant pour étancher sa soif, que pour retrouver la trace des Grecs et des Romains, Henry se déclare fort désireux d'y boire. Nous découvrons, en effet, son site fort délabré, mais la source est à sec. Elle alimentait jadis l'agora, qu'il faut chercher à quelques pas d'ici, dans le carré, exactement délimité par les arasements de portiques détruits. Cette place publique surprend par ses mesquines proportions. Une longue avenue se dirigeant vers le Port Intérieur, était sans doute destinée à la compléter. Sous les colonnades, entre les boutiques des marchands et enchâssées dans les murs, des plaques de marbre apprenaient à chacun les lois de l'Ionie. M. Waddington a déchiffré les plus intéressants fragments de ces inscriptions. Là se promenaient les oisifs, les curieux, les hommes politiques, les sophistes, les rhéteurs, après avoir fait une première station au gymnase. C'est peut-être ici qu'eut lieu la piquante entrevue entre Annibal et Scipion l'Africain, où le Romain demanda au Carthaginois quel avait été, d'après lui, le plus éminent de tous les hommes de guerre mentionnés dans l'histoire : « Alexandre, roi de Macédoine, répondit Annibal, car, avec une poignée de braves, il mit en déroute des armées innombrables, et conquit des pays où l'homme n'avait jamais eu l'espoir de pénétrer. — Et qui mettrais-tu après lui ?

Ruines du théâtre d'Éphèse.

ajouta Scipion. — Pyrrhus, qui a enseigné l'art d'établir les campements et de bien disposer ses troupes. Il savait aussi se faire aimer des peuples, et les Italiens préféraient sa domination, tout étranger qu'il fût, à celle de Rome. — Et après Pyrrhus ? dit Scipion. — Moi, répartit sans hésiter le Carthaginois. — Quel serais-tu donc si tu m'avais vaincu ? ajouta le Romain, piqué de n'être pas même le troisième. — Pour le coup, je me jugerais le premier sans conteste, » dit Annibal, et il retint Scipion à dîner avec lui. C'est encore ici que saint Justin engagea et mena si brillamment, pendant deux jours, sa célèbre discussion avec le juif Tryphon.

Autour de l'agora, se pressaient de nombreux édifices échafaudés jusque sur le versant du mont de l'Acropole. Tous ont été renversés. Des chèvres et des chameaux broutent l'herbe qui est luxuriante sur ces ruines. Un berger glapit, sur un air tristement monotone, je ne sais quelle chanson du pays. Plus près, mais toujours à notre gauche, protestent contre l'anéantissement général, les murs d'un temple romain, dit temple de Claude, dont le fronton et la frise jonchent majestueusement le sol. Ses colonnes monolithes et cannelées mesuraient plus de 15 mètres de hauteur. S'ils ne faisaient pas toujours exquis, ces Romains savaient du moins faire grand.

La plus intéressante et la plus authentique des reliques d'Éphèse se trouve derrière nous, dans les flancs mêmes du Prion : c'est le théâtre. Depuis notre dernière visite, il a considérablement dépéri. Presque tous les gradins ont fini par disparaître, détachés par les pluies et enfouis dans le fond de la *cavea*, sous le sable, quand les bâtisseurs ne les ont pas emportés. La seule des portes latérales, donnant accès aux précinctions, qui était encore debout, s'ébranle et tombera bientôt. Pourquoi, tenant tête à ceux qui détruisent sans cesse, le temps et les hommes, n'y a-t-il personne ici qui répare? Par le vandalisme des uns et l'incurie des autres, on va voir disparaître sous peu un monument auquel se rattachent les plus importants souvenirs! Le proscénium, où je m'installe, et qui était déjà, il y a cinq ans, un amalgame confus de colonnes, d'inscriptions, de frises, de sculptures, de statues brisées, me paraît plus affreusement bouleversé que jamais. Nous y sommes à plus de cinq mètres au-dessus de l'orchestre, tant les débris du portique qui l'entourait, remués par les chercheurs d'objets d'art, y ont été entassés. D'ici même le *Grammateus*, ou le greffier de la ville, adressa son pacifique discours au peuple, qui soulevé par l'orfèvre Démétrius, réclamait, pour l'honneur de la grande Artémis d'Éphèse, la vie de Paul et de ses partisans. La foule remplissait l'immense enceinte où 25,000 spectateurs pouvaient prendre place.

Médaille d'un Grammateus d'Éphèse.
D'un côté, les têtes d'Auguste et Livie; de l'autre, un cerf rappelant Diane et la légende : Γραμματευς Αριστιων Μενοφαντος ιφε.

L'émeute avait commencé soit sur l'agora, d'où nous venons, soit sur le forum romain un peu plus au nord, à deux cents pas d'ici, car c'est sur ces places publiques que se tenaient les marchands. Par ces longs corridors, dont un s'ouvre encore à droite, et demeure visible dans sa profondeur, on s'était précipité pêle-mêle dans le théâtre pour s'y improviser en tribunal, ou mieux en vengeurs de la Grande Déesse. Comme l'humanité est bien toujours la même! Il avait suffi à l'orfèvre, dont les prédications de Paul réduisaient journellement le commerce, de faire appel aux ouvriers qui fabriquaient pour lui le petits temples d'argent et d'autres amulettes fort en vogue dans le pays, pour provoquer aussitôt une véritable sédition. L'intérêt privé, habilement mis en jeu, a toujours été un moyen infaillible de pousser les foules aux plus criminels attentats. Ici l'honneur d'Artémis à réparer n'était qu'un prétexte, le vrai motif qui faisait retentir le théâtre de cris féroces et de motions homicides, était le tort porté par les prédicateurs à la vente courante des statuettes. La révolution se réduisait, en dernière analyse, à une question de gros sous. Paul n'était pas de ceux qui ont peur du peuple. Il voulut paraître devant lui au théâtre, mais on l'en empêcha, et l'affaire se finit par l'habile intervention du *Grammateus*, greffier ou archiviste, qui réussit à calmer tout le monde. Sur un beau fragment de marbre qu'Henry vient de soulever, M. Vigouroux trouve, gravée en magnifiques caractères, la mention d'un Grammateus. Le nom manque. Est-ce celui qui parla en faveur de Paul? C'est après cette émeute populaire que l'apôtre quitta Éphèse pour se rendre en Macédoine.

Les soubassements du théâtre sont construits en blocs énormes. Les voûtes étaient faites avec cet agglomérat de cailloux que les Grecs nommaient *emplecton*. Des gradins, même les moins élevés, on dominait toute la ville basse, et la vue s'étendait incomparablement belle au delà des places publiques et des édifices qui les ornaient, sur le petit et le grand port, jusqu'à la mer.

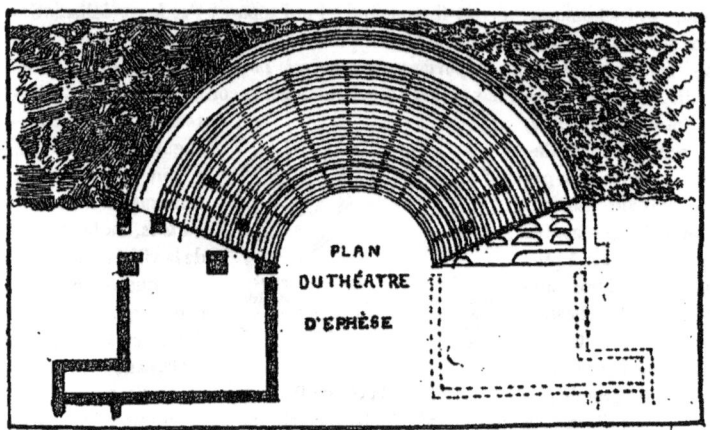

Le vaste enclos, à 200 mètres d'ici, vers le couchant, où un paysan laboure avec deux ânes, correspond au forum de l'époque romaine. Il fut trois fois plus grand que l'agora. Au milieu, on avait ménagé un lac entouré d'une colonnade dont la trace subsiste encore. A ses deux extrémités nord-ouest et sud-est, s'élevaient deux grands gymnases. Celui qui avoisine le théâtre ne présente guère que deux énormes piliers de briques debout avec les arrachements des voûtes. Un jeune poulain y prend ses ébats sur les débris énormes qui jonchent le sol, tandis que près de nous, un chameau rumine et le regarde gravement. Peut-être est-ce dans ce gymnase, le plus central de tous, et sans doute le plus fréquenté, que le rhéteur Tyrannus donna ses leçons. C'est sa salle de cours, et sa chaire même, que Paul choisit pour créer à Éphèse des conférences religieuses. M. Vigouroux se rapproche de moi à ces souvenirs, et Henry nous photographie sous la vénérable ruine. L'autre gymnase appelé le Grand, et qui touchait au port, rappelle, par ses proportions gigantesques, les thermes de Caracalla ou de Titus à Rome. Pour soutenir un tel édifice, dans un sol mouvant, on avait dû établir des constructions souterraines merveilleusement solides. Elles subsistent toutes, et on y descend par un escalier ménagé dans le massif du mur de la salle centrale. Jusqu'à M. Wood, c'est ici qu'on plaçait l'Artémisium, quoique rien, dans le caractère même des ruines, n'autorisât cette affirmation. Ce monument a eu d'ailleurs, comme le temple d'Artémis, l'honneur d'être pillé par ceux qui ont voulu faire, un peu partout et à peu de frais, de monumentales constructions. Nous trouverons tout à l'heure, à la mosquée d'Ayassoulouk, quatre des colonnes de granit rouge qui suppportaient ici les voûtes de l'Ephébéion.

Au delà du port civil, qu'un canal reliait au Panormos et dont un massif de

Le Gymnase près du théâtre.

roseaux nous masque la place, une tour carrée se dresse sur un monticule. Elle faisait partie des remparts. Deux murs qui se croisent à l'intérieur y forment quatre petits appartements. La porte, couronnée d'un arc en ogive, s'ouvrait au levant, c'est-à-dire dans l'intérieur de la ville. Pourquoi a-t-on appelé ceci la Prison de Saint-Paul? L'apôtre fut-il jamais emprisonné à Éphèse? Je l'ignore complètement. Le laboureur dont j'ai parlé tout à l'heure a suspendu son travail pour nous considérer à l'aise. Il indique à Henry, qui y vole, une excellente source au nord du Grand Gymnase. De là nous atteignons un des monuments chrétiens les plus antiques d'Éphèse, c'est la Double Église.

Que l'on se représente deux églises correctement orientées toutes deux et faisant suite l'une à l'autre, enfermées qu'elles sont par un même mur extérieur. Le rectangle mesure 88 mètres de long sur 33 de large. Le premier de ces deux sanctuaires, en allant de l'ouest à l'est, semble le plus ancien. Quatre fortes colonnes laissant en arrière, de chaque côté, un passage le long du mur y supportèrent jadis une coupole centrale. C'était quelque chose comme un tholus, ou un grandiose tombeau élevé à quelque mort illustre. L'abside, formée par un arc de cercle inscrit dans l'espacement des colonnes qui supportaient le dôme, laissait libres deux passages latéraux par lesquels on pénétrait dans la seconde église. Celle-ci était une petite basilique qu'une double rangée de quatre colonnes partageait en trois nefs. Elle avait, comme l'autre, une abside et ses dépendances. Qu'est-ce que ces deux églises ainsi réunies, et édifiées dans un style qui rappelle les constructions chrétiennes les plus primitives? Évidemment, j'entre ici dans le domaine des hypothèses, mais n'est-il pas vraisemblable qu'on a voulu honorer, dans ces deux édifices contigus, le souvenir de deux personnages se rattachant intimement l'un à l'autre, autant par le développement de leur vie religieuse que par la vénération traditionnelle de l'Église, Jean et Marie, par exemple, que Jésus avait unis en disant à celui-là : « Voici ta mère », et à celle-ci : « Voilà ton fils », et qui vécurent inséparables jusqu'à la mort? (*Jean*, XIX, 26-27). Peut-être même la formule employée par les Pères du Concile d'Éphèse dans leur lettre au clergé et au peuple de Constantinople : « Nous avons condamné Nestorius là même où Jean le théologien et la Vierge mère de Dieu, sainte Marie, ... », fait-elle allusion au double sanctuaire que nous décrivons. Il est très vrai que la phrase, dans le texte grec, n'a pas de verbe. C'est une élégance littéraire. En ce cas, on sous-entend régulièrement le verbe *être*, au présent ou au passé. Plusieurs se croient en droit de traduire « sont ensevelis », ou tout au moins « ont vécu ». Prenant un moyen terme, et sans trancher la question du séjour ou de la mort de Marie à Éphèse, supposons que les Pères du Concile général ont voulu dire simplement : « sont honorés ». Il s'ensuivrait que la sainte Vierge et saint Jean auraient eu leur sanctuaire dans l'église même où se tenait l'auguste assemblée. Et de fait, il est certain que Marie était patronne de cette église. Très explicitement, en effet, l'histoire nous apprend que le Concile se réunit le 22 juin 431 dans la cathédrale d'Éphèse, *dédiée à Marie, Mère de Dieu*. Reste à savoir si cette cathédrale fut la rotonde même où nous sommes. On est porté à le croire si on considère soit son caractère archaïque, soit son importance architecturale. De toutes les églises dont nous avons retrouvé les restes ici, une seule eût pu entrer en parallèle avec la Double Église, c'est celle que nous visiterons tout à l'heure sur la colline d'Ayassoulouk. Mais celle-là se trouve exclue par le fait même qu'elle était vouée à saint Jean, et non à la sainte Vierge. Elle était bâtie sur le tombeau de l'apôtre, et c'est dans son enceinte que Nestorius essaya de réunir ses partisans pour organiser un concile d'opposition. Memnon, l'évêque d'Éphèse, en fit fermer les portes. De là les récriminations des suffragants d'Antioche prétendant qu'on leur avait interdit d'aller vénérer les reliques des

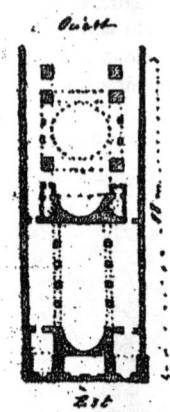

Plan de la Double Église.

saints. Donc, plus on pèse toutes les probabilités, plus on se sent porté à croire que ce tholus, rappelant les vieilles églises de Bosra, de Salonique et de Ravenne, fut la cathédrale d'Éphèse. De très bonne heure, à ce sanctuaire consacré à Marie, on avait jugé à propos d'en joindre un second en l'honneur de saint Jean, et, de là, la Double Église. Mais pourquoi édifier sur ce point de la ville gréco-romaine un monument si singulièrement combiné en l'honneur de ces deux illustres personnages? Probablement parce qu'on croyait qu'ils y avaient vécu, car, à cette époque, on ne vouait jamais d'églises par simple dévotion. Les canons des conciles prescrivaient de ne consacrer des sanctuaires aux saints que sur le théâtre même de leur vie méritoire, ou de leur mort glorieuse. C'est ce qui me fait supposer que nous sommes ici sur le site le plus vénérable d'Éphèse, là où l'Église primitive, sous la direction de Jean et le regard maternel de Marie, s'organisa, grandit et devint la métropole du christianisme dans la province d'Asie.

Marie est-elle réellement venue à Éphèse et y est-elle morte? Les PP. Lazaristes viennent d'acheter, derrière le mont de l'Acropole, une vieille construction qui leur a paru répondre exactement à la description donnée par Catherine Emmerich de la maison habitée par la sainte Vierge, pendant son séjour dans la métropole de la province d'Asie. La Voyante avait dit: « A trois lieues environ et au midi d'Éphèse, à gauche de la route, lorsqu'on vient de Jérusalem, sur une montagne que l'on gravit par d'étroits sentiers, et du haut de laquelle on voit la mer d'un côté, et Éphèse de l'autre, habita la très sainte Vierge. La maison, bâtie en pierre, était carrée et composée de deux pièces, l'une en avant, l'autre en arrière, celle-ci se

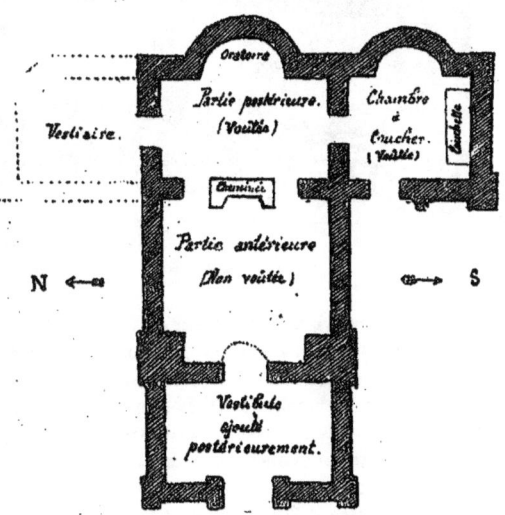

Plan de la maison de la sainte Vierge à Panaghia Kapouli.

terminant par une demi-circonférence, et servant d'oratoire à Marie. Cette pièce était séparée de la première par le foyer et par deux portes légères s'appuyant, de chaque côté, sur le foyer. A droite de l'oratoire, adossée à une niche formée par la muraille, était la chambre à coucher; à gauche, une autre chambre pour le linge et le mobilier. La couchette de la sainte Vierge, appliquée contre le mur, était comme une boîte creuse, haute d'un pied et demi, et de longueur et largeur très ordinaires. »

Or tout cela est à peu près exact. Quand le pèlerin, ayant quitté, dans la plaine, le chemin d'Azizié, finit de gravir par d'interminables lacets le Bulbul-Dagh, ou la *Montagne du Rossignol*, il se trouve, après quatre heures de marche, en présence d'un gracieux vallon arrosé par une fontaine. Au fond, et sous de grands platanes, un petit édifice, assez mal relevé de sa ruine, porte le nom de Panaghia Kapouli. C'est la maison, devenue plus tard une église, que Catherine Emmerich décrit comme l'habitation bâtie par saint Jean à la très sainte Vierge dans les environs d'Éphèse. Elle mesure à l'intérieur 4 m. 25 de large et 8 m. 50 de long, ou 11, si on y comprend le vestibule qui semble avoir

Maison de la sainte Vierge à Panaghia Kapouli.

été ajouté à l'édifice primitif. Au chœur de la petite église se rattachaient deux appartements de 3 mètres carrés chacun, constituant, celui de gauche, la *prothesis*, et celui de droite le *diaconium*. C'est celui-ci qui correspond à ce que la Voyante appelle la chambre à coucher de la très sainte Vierge. Dans le mur, à 45 centimètres au-dessus du sol, se trouve une saillie qui, à tout prendre, peut avoir servi à appuyer une couchette. Je ne crois pas à l'authenticité du site, et je dirai pourquoi; mais quand le visiteur constate qu'en réalité de la hauteur indiquée on voit Éphèse et l'île de Samos au milieu des flots, qu'à ce point de la montagne, exactement à gauche en venant de Jérusalem, et à trois lieues d'Éphèse, il y a un édifice jusqu'à ce jour ignoré de tous les voyageurs, et correspondant à la description de l'humble Voyante de Dulmen, il demeure stupéfait. Car enfin ni Catherine, ni Brentano, le rédacteur de ses visions, ne sont jamais allés explorer les hauteurs du Bulbul-Dagh. La concordance de ce que la pieuse fille a vu dans ses extases et de ce qui existe à Panaghia Kapouli est-elle purement fortuite? Ce serait plus qu'étrange. Le plan que son imagination se traçait était-il modelé sur les dispositions ordinaires des petites églises grecques, en sorte que toute ruine de sanctuaire, découverte aux environs d'Éphèse, devait s'adapter à la représentation qu'elle se faisait de la maison de Marie? Mais encore fallait-il savoir comment était disposée une église grecque, et la science archéologique de Catherine Emmerich n'allait pas jusque-là. En tout cas, resterait à expliquer le fait non moins surprenant d'une villageoise illettrée précisant qu'il y avait des montagnes au midi d'Éphèse, et que, sur l'une d'elles, dans un pli de terrain, était un sanctuaire avec deux parties distinctes, l'une postérieure, le chœur, l'autre antérieure, la nef, séparées par l'iconostase où elle place la cheminée, et complétées par deux appendices dont elle fait le vestiaire et la chambre à coucher de la sainte Vierge. On le voit, tout autorise à dire que nous sommes ici dans le domaine, sinon du miraculeux, du moins de l'extraordinaire et de l'inexplicable.

Eh bien, malgré cela, et sans révoquer en doute les dons particuliers que Dieu peut avoir accordés à la pieuse augustine, je ne puis me résoudre à chercher à Panaghia Kapouli la maison authentique de la sainte Vierge. Le site est à 15 kilomètres d'Éphèse. Les apôtres s'établissaient toujours dans les centres mêmes qu'ils voulaient évangéliser. Ils affectaient de se mêler beaucoup à la société qu'il fallait entamer, saisir et transformer. Or, si Marie vint jamais à Éphèse, ce fut pour y vivre à côté de saint Jean, et la reléguer dans les montagnes afin de la soustraire à la persécution me paraît absolument fantaisiste. En outre, si on examine de près la fameuse trouvaille, elle offre beaucoup trop de détails, les uns étrangers aux indications de la Voyante, les autres d'un goût tout byzantin, et presque ridicules, pour être prise au sérieux. Rien, en effet, n'aurait manqué au pieux asile de la mère de Jésus, pas même les pierres devant lesquelles elle faisait son chemin de croix! Ce qu'il y a de plus appréciable dans la découverte récente, c'est la bonne fortune du Turc qui, par l'entremise intéressée d'un chrétien, a vendu à une religieuse enthousiaste et loyale, pour 35,000 francs, une ruine sans valeur. Pour mon compte, beaucoup moins aujourd'hui qu'il y a cinq ans, je serais disposé à admettre que Marie soit venue et surtout soit morte à Éphèse. En dehors de la question d'années qui peut se simplifier en attribuant à la sainte Vierge une longévité très considérable, comme l'a fait André de Crète, vers la fin du VIIe siècle, il y a une difficulté sérieuse dans le silence gardé sur un fait si important par les anciens Pères qui s'appliquèrent à préconiser, comme Polycarpe, les gloires de l'Église d'Asie. Ils ont mentionné la présence des filles de saint Philippe et le lieu de leur sépulture, et ils n'auraient rien dit de la Vierge Marie? Je sais bien que ces lacunes de la tradition, si elles sont toujours surprenantes, ne doivent jamais paraître concluantes. Ainsi voyons-nous saint Ignace louer les Éphésiens d'avoir été instruits par Paul, et passer sous silence l'œuvre de Jean parmi eux, bien que lui-même, plus que tout autre, fût au courant de l'apostolat du saint Théologien, ayant été son disciple. Toutefois, pour ce qui est du tombeau de Marie, comment admettre, s'il fut à Éphèse, qu'on l'ait perdu de vue, alors que celui de Jean y demeura si longtemps en vénération? Dire qu'un tombeau n'a plus d'importance quand on l'a trouvé vide, et que tel fut le sort de celui de la sainte Vierge, est une réponse insuffisante; car, enfin, c'était déjà une belle gloire que celle d'être resté vide. Non pas que je me sente plus porté à reconnaître l'authenticité de celui que l'évêque Juvénal découvrit dans la vallée de Josaphat. Car, celui-là aussi avait été oublié durant quatre cents ans. Saint Épiphane, saint Jérôme, familiers avec les reliques de la Terre-Sainte, ne savaient rien de son existence. La découverte s'en fit seulement vers l'an 451, à l'époque où parut, sous le nom usurpé de Méliton de Sardes, le livre apocryphe de *la Mort de la vierge Marie*, condamné par le pape Gélase. Le livre fit-il

Porte romaine, improprement dite de Lysimaque.

trouver le tombeau, ou le tombeau fit-il naître le livre? Peu importe; Juvénal qui avait siégé au second concile d'Éphèse, et signé la lettre mentionnant la présence, sinon la mort de Marie en cette ville, ne voit pas de difficulté à trouver son tombeau à Jérusalem. Par tempérament, il fut, si nous en croyons le pape Léon le Grand, peu scrupuleux dans ses moyens. Quand l'empereur Marcien demanda des reliques de la sainte Vierge, il répondit qu'il n'y en avait pas d'autres que son tombeau. L'empereur voulut faire enlever le sépulcre pour le transporter à Constantinople. Juvénal donna, assure-t-on, un faux tombeau et garda celui qu'il prétendait être le vrai.

Quoi qu'il en soit de cette question, insoluble faute de données suffisantes et authentiques, il m'est agréable de croire que très probablement la cathédrale où se passèrent les scènes solennelles du troisième concile œcuménique, anathématisant Nestorius et le déposant de son siège patriarchal de Constantinople, fut ce que l'on a appelé la Double Église. Mettons-nous à genoux et donnons un souvenir pieux aux grands docteurs qui élucidèrent ici, avec tant d'énergie et de raison, le dogme transmis intact, mais insuffisamment approfondi par la première génération chrétienne. La conséquence providentielle de l'erreur est d'appeler un rayonnement plus complet de la vérité.

Une vasque de marbre bleuâtre, mesurant 4 mètres de diamètre, et que nous trouvons sur nos pas, en revenant vers le Prion, est peut-être une œuvre inachevée. Sa partie centrale se relève à la hauteur du bord extérieur; on n'y voit aucune ouverture pour recevoir ou pour rejeter l'eau. A vrai dire, nos bénitiers actuels n'en ont pas davantage, mais où aurait-on placé un bénitier taillé dans de si larges proportions?

Une porte romaine, construite avec des débris où figurent des sculptures et des inscriptions aussi incomplètes que disparates, est le monument qui, dans

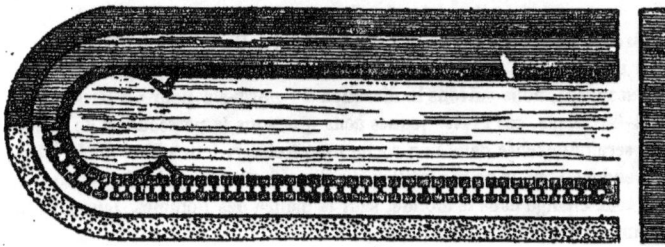

Plan du Stade.

cette plaine couverte de ruines, a le mieux résisté à l'injure du temps. Elle se dresse près du mur méridional du Stade, mais n'en fait point partie. Peut-être marquait-elle l'entrée d'une voie montant sur le Prion.

Le Stade, ici comme à Smyrne, s'appuie au midi sur la montagne et au nord sur des constructions solidement voûtées. La *sphendoné* est très exactement marquée du côté du levant. Un portique de l'époque romaine, qu'il est aisé de reconstituer, puisque les bases des colonnes sont encore en place, donne une idée des constructions monumentales servant d'avant-corps ordinaire aux édifices destinés aux jeux publics.

La hauteur qui s'élève vis-à-vis du stade, vers le couchant, servit de piédestal à un sanctuaire indéterminé. Sur la terrasse qui en constitue le sommet, on voit quelques traces de constructions, et, vers l'est, une sorte de plan circulaire qui, percé de niches, a l'aspect d'une roue dentée et couchée à plat. Quoi qu'on en ait dit, il n'y a ici rien qui rappelle le Sérapéum de Pouzzoles. Un escalier, vers le couchant, descendait dans la plaine.

Je considère comme sites très incertains l'élévation plus éloignée qu'on appelle le Pnyx, et les grandes ruines au nord du Stade, que les uns désignent comme un gymnase, d'autres comme un prétoire ou une douane. Sous des voûtes enfumées, les bergers y abritent leurs troupeaux. Remarquons, à l'angle nord-ouest, les traces d'une porte et de la route qui se dirigeait vers Colophon, puis retournons sur nos pas et passons entre le Stade et le Prétoire. La rue aboutissait ici à une autre porte, celle du Coressus, si on identifie le Coressus avec la montagne d'Ayassoulouk. Comme à la porte de Magnésie, la voie qui partait de ce point était bordée de tombeaux. Mais n'abandonnons pas encore le Prion. Quelque rocailleux que soit le terrain où l'on marche, il importe de n'y pas craindre la fatigue, et d'en faire l'ascension en suivant les restes du vieux rempart jusqu'à son sommet. Entre les deux collines, près d'une ancienne porte, les Arméniens vénèrent chaque année le souvenir de saint Jean. J'ignore sur quoi se fonde leur tradition.

Médaille d'Éphèse représentant le temple avec ses huit colonnes de façade et la statue de Diane.

Le point le plus élevé du Prion, celui qui est au sud, se trouve à 150 mètres au-dessus de l'Agora. De là on peut apprécier et modifier utilement les diverses hypothèses émises sur la topographie d'Éphèse.

En descendant, nous suivons la direction du nord-est pour visiter la grotte des Sept-Dormants, ces braves jeunes gens qui, sous la persécution de Dioclétien, se seraient cachés dans une roche avec Ketmer, leur chien fidèle, et s'y seraient endormis pour ne se réveiller que deux cents ans après, fort étonnés de trouver tout changé dans le monde, sauf la malice des hommes, leur frivolité et leur amour effréné du plaisir.

Pour nous rapprocher d'Ayassoulouk et aller droit vers l'Artémisium, il suffit de rejoindre la Voie Sacrée un peu au nord du tombeau d'Androclus, là où M. Wood la prit pour diriger ses fouilles. Nous arriverons, comme lui, au péribole du temple. Une inscription rapportant à Auguste, vers l'an 6 avant Jésus-Christ, la reconstruction de l'enceinte, et trouvée dans la muraille, à 100 mètres d'ici, devint pour l'archéologue anglais un encouragement décisif à continuer ses recherches. L'histoire attestait que cet empereur avait fait restreindre le péribole, démesurément agrandi par Marc Antoine, afin que le droit d'asile, attaché à l'enceinte sacrée, ne s'étendît pas à la moitié de la ville, ce qui était un abus. M. Wood suivant, dans sa double direction, la muraille mise à jour, faisait forer des puits de distance en distance, lorsqu'enfin, assez loin du point de départ, et à 6 mètres sous le limon, il finit par atteindre un parvis de marbre blanc encombré de débris de frise, de colonnes et de chapiteaux. En déblayant le terrain, il trouva le mur détruit de la cella. Comme nous lisons dans plusieurs auteurs, et dans Pline en particulier, la description du fameux édifice, il fut aisé de constater que la ruine mise à jour concordait, à peu près, avec les indications architectoniques des anciens. Le temple, élevé sur une terrasse qu'on atteignait par dix degrés, avait 8 colonnes de front et un double portique latéral, en tout 128 colonnes, bien que Pline dise 127, ce qui semble fautif, car on devait nécessairement aboutir à un nombre pair. Ces colonnes, hautes de 20 mètres, avaient toutes été offertes par des rois. Trente-six étaient sculptées. La base de l'une d'elles a été retrouvée, et répond exactement à la représentation des colonnes de front qu'on voit sur les médailles d'Éphèse. Le sujet traité représente Mercure tenant son caducée. Il converse avec la Victoire, tandis que deux autres personnages écoutent. Ce remarquable travail, une tête de lion de la corniche, trois tambours de colonnes sculptés et des fragments de frise, sont au British Museum de Londres. Quand il a cru n'avoir plus rien à prendre, M. Wood est parti, laissant l'immense fosse béante. Les terres sont en train de la recouvrir sans qu'on ait dit, à mon avis, le dernier mot archéologique de ce fameux édifice qui fut une des sept merveilles du monde. Le travail de l'ingénieur anglais s'est arrêté trop prématurément, et M. Humann, qui va le reprendre, peut-être, au bénéfice de l'Allemagne, ne perdra pas son temps. Les grenouilles coassent parmi les joncs, ou sautillent sur les débris de colonnes

Éclairage du temple d'Éphèse, d'après M. Wood.

cannelées émergeant de l'eau. Des saules pleureurs poussent au bord du marais, et des oiseaux se jouent dans le feuillage. Ce qui reste de l'Artémisium est si peu que rien.

Une constatation que je fais et qui me confirme dans la pensée de chercher sur la colline d'Ayassoulouk l'Athénaion et l'Hypélaion, c'est que le mur du péribole, en se prolongeant jusqu'aux premières dépressions des deux sommets, paraissait vouloir rattacher au temple ce double berceau d'Éphèse primitive. Resterait à mesurer la distance exacte qu'il y a entre les murs du château et l'Artémisium, pour savoir si elle concorde avec l'indication d'Hérodote assurant que les Éphésiens, attaqués par Crésus, consacrèrent leur cité à Artémis, en la reliant à son sanctuaire par une corde de 7 stades. Nous n'avons pas en main ce qu'il faut pour entreprendre scientifiquement ce calcul, mais Henry qui promptement mesure à grands pas l'intervalle entre les deux points indiqués, déclare que l'harmonie avec la donnée d'Hérodote semble parfaite.

Sans plus nous attarder aux traces du péribole, traversons la route qui va de Scala Nova à Ayassoulouk. Elle est sillonnée de travailleurs qui rentrent après avoir fini leur journée. Il faut croire qu'ils ne font pas même les huit heures de travail réclamées par nos ouvriers d'Europe. Le soleil n'est pas encore près de se coucher. A travers beaucoup de ruines sans importance, nous arrivons à la grande mosquée qu'on croit bâtie par Sélim, sur le témoignage d'Ibn-Batuta, à la fin du XVI° siècle. Peut-être le prince seldjoucide qui la fit construire eut-il

Temple et colline d'Éphèse.

moins la pensée, en choisissant ce site, de supplanter un sanctuaire chrétien que de mettre à profit, sans beaucoup de peine, les débris très appréciables de l'Artémisium. Bien que celui-ci, depuis sa ruine définitive, survenue vers l'an 260 sous Gallien, eût servi de carrière à tous les bâtisseurs impériaux de l'Orient, il était encore si considérable, avec ses diverses dépendances, que ses matériaux devaient tenter les architectes musulmans. La façade occidentale, par laquelle l'édifice se présente à nous, a donc été bâtie avec les débris de la cella. Une porte monumentale, que l'on abordait par un perron de dix marches, s'ouvrait au milieu de cette façade. Les hommes de l'art mêlant avec une remarquable harmonie des marbres de toute couleur, les fouillant avec une habileté rare, ont semé ici, en fait de combinaisons de pierres et d'arabesques, tout ce que leur imagination a su trouver de plus merveilleux.

Mosquée de Sélim.

Trois entrées donnent accès à la cour intérieure. C'est par celle du couchant que nous y pénétrons. Cette cour ou harem était ornée, sur ses trois côtés, d'une colonnade aujourd'hui détruite; au centre du quatrième, en face de l'entrée septentrionale, vis-à-vis la fontaine destinée aux ablutions, s'ouvrait la porte de la Djami ou du sanctuaire proprement dit. Les voûtes de celui-ci sont soutenues par quatre colonnes qui font l'admiration de tous les visiteurs. Elles ont appartenu au grand gymnase, que nous avons visité près de l'ancien port intérieur. Un jeune couple grec, probablement en voyage de noces, est assis sur les débris des voûtes effondrées. Nous le laissons à ses honnêtes épanchements pour monter à la colline du Château, où il me tarde de saluer le grand et authentique souvenir de saint Jean. Sur mes pas, à moitié hauteur, j'aborde un groupe de pauvres gens d'Ayassoulouk se récréant à la porte des masures qu'ils habitent. La famille est au complet; il n'y manque pas même le chameau. Henry prend, au soleil couchant, cette scène très intéressante, puis, tandis qu'il va avec M. Vigouroux, qui a besoin de repos, mettre en lieu sûr ses clichés et son appareil, je monte à la Porte dite de la Persécution.

Par elle, on aborde l'Hypélaion ou premier plateau de la colline qui, selon moi, fut le Coressus. Sa pente rocailleuse méritait bien le surnom de Trachée. La lourde porte cintrée a été construite avec les débris des sièges soit du Théâtre, soit du Stade couverts, pour la plupart, d'inscriptions et ornés de sculptures. Trois de celles-ci représentent des sujets homériques, la mort de Patrocle, Hector pleuré par les siens, et des enfants se roulant sur des outres de vin. On n'en saisit pas tout d'abord le sens, et

Porte de la Persécution.

ces gens qui se lamentaient, celui surtout qu'on voyait mis à mort, reportèrent les imaginations aux temps des martyrs, en sorte que l'arceau byzantin, flanqué de ses deux tours carrées et saillantes, fut appelé très mal à propos « Porte de la Persécution ».

Ne nous arrêtons pas maintenant aux ruines grandioses qui gisent à notre gauche, mais suivons la large voie pavée et inégale qui monte jusqu'au château turc, si coquet à distance sous les rayons du soleil, et si misérable quand on le voit de près. L'édifice qui le domine, surmonté d'une voûte, fut tout simplement une citerne. Il est sans intérêt. Je n'en dirai pas de même des remparts. En Orient, c'est dans les constructions relativement modernes qu'il faut chercher les meilleurs restes de l'antiquité. Je remarque donc à la partie supérieure de ces murs de nombreux fragments de marbre avec des croix et des inscriptions. On a bâti ces remparts avec les pierres tombales du cimetière qui avoisina la fameuse église de Saint-Jean. Ainsi on a dépouillé les morts pour défendre les vivants. L'humanité est plus utilitaire que sentimentale.

En faisant ces réflexions, je m'achemine vers le point où j'avais, dès ce matin, résolu de venir, au coucher du soleil, sanctifier mon pèlerinage à la principale des Sept Églises. Je trouve une grande suavité à lire, près du tombeau du Voyant, la lettre adressée, par ordre de Dieu, à l'ange d'Éphèse.

L'authenticité du site ne semble pas contestable. Denys d'Alexandrie, dans Eusèbe, Eusèbe lui-même, saint Jérôme, saint Augustin, saint Chrysostome, attestent que le tombeau de l'Apôtre était, de leur temps, connu et vénéré à Éphèse. Le pape Célestin exhorte les Pères du Concile général à suivre les saintes inspirations de Jean, le disciple bien-aimé, dont la relique est près

Groupe au village d'Ayassouloum.

d'eux; et les évêques de Syrie se plaignent de n'avoir pu vénérer les restes des saints, justement parce que Memnon a fait fermer les portes de l'église de Saint-Jean, où ils voulaient se réunir en conciliabule avec Nestorius. Cette église, appelée anciennement l'Apostolicon, était sur la colline de Libate. Justinien voulut plus tard qu'on en fît un monument digne du saint Théologien, et « sur la hauteur rocailleuse et inculte (c'est bien la Trachée de Strabon), en face de la ville, dit Procope[1], il édifia, à la place de l'ancienne qui tombait en ruine, une nouvelle église si grande et si belle qu'elle put être comparée à celle qu'il avait bâtie à Constantinople en l'honneur des Saints Apôtres ». Eh bien, cette magnifique église de Justinien, c'est celle dont les débris grandioses jonchent ici le sol. Les bases de quatre énormes pilastres sont encore en place. Un superbe mur de soutènement subsiste encore au couchant. Sur les chapiteaux des colonnes était gravée la croix grecque. Le grand édifice, faute d'en-

1. *De Ædif.*, v, 1.

tretien, dépérit rapidement. Déjà, vers la fin du XII° siècle, un métropolitain d'Éphèse, Georges le Tornique, s'écriait : « Les terrasses de l'église sont transformées en marais parce que l'eau y séjourne, la chaux tombe de tous côtés, les images sont détruites, les serpents et les sirènes s'y réfugient, mais les pasteurs ne peuvent y habiter[1]. » Ces énormes agglomérations de briques se sont peu à peu désagrégées, et tout est tombé d'une grande et irréparable ruine. Aujourd'hui, c'est la désolation absolue sur la colline abandonnée, le silence règne où avaient si longtemps retenti les cantiques sacrés, la mort où avait fleuri la vie. N'y cherchez plus un seul de ces innombrables pèlerins qui vinrent, jusqu'au XII° siècle, recueillir la poussière miraculeuse du glorieux tombeau. Les foires célèbres qui s'y tenaient, au lendemain de la fête de l'Apôtre, ont elles-mêmes cessé. Tout s'est tu, dispersé, évanoui, sous le cimeterre des Turcs. Et cependant le site est là. Rien n'est plus tenace que la foi religieuse. On l'opprime, on ne la supprime pas. Quand tout a été détruit, tué, enseveli, il y a eu encore une main qui est sortie de terre pour bâtir un modeste, un imperceptible sanctuaire. Elle a ramassé les marbres tombés de la grande basilique, et elle les a groupés en l'honneur du saint, en sorte qu'une petite chapelle s'est dressée, sous la truelle de quelque pauvre pappas, pour murmurer encore : « C'est ici ! » Hélas ! cette chapelle elle-même a été brûlée, il y a huit ans.

Je pénètre avec un saint respect dans cette enceinte de quatre murs sans toiture. Pour faire un autel, on a pris un chapiteau où on a établi une dalle qui est la table du sacrifice. L'iconostase est en planches non polies ; un débris de vieux cuivre a été transformé en chandelier pascal. Derrière l'autel, une caisse, espèce de cercueil demeuré inutile, sert de siège au prêtre et de coffre pour enfermer les objets du culte. Je n'ai jamais rien vu de plus navrant que la désolation de cette ruine. Cependant il est à peu près sûr qu'il y a là, sous terre, le tombeau du grand Voyant.

La légende, cachant, comme toujours, une idée vraie sous une histoire fausse, nous a légué, dans une œuvre apocryphe, le récit étrange de la mort et de la sépulture de saint Jean. Un soir, comme maintenant, l'auguste vieillard dit à Prochore et à six autres disciples : « Prenez une pioche et une pelle ; venez avec moi. » Et il alla sur la montagne, priant Dieu que personne ne vînt les déranger. « Creusez là, ajouta-t-il, et faites une tombe à ma mesure. » Et quand la tombe fut faite, il y descendit, et, ayant donné quelques avis à ses disciples, il les embrassa. « Prenez de cette terre qui est ma mère et couvrez-moi. » Alors les disciples baisèrent respectueusement ses habits et le couvrirent de terre jusqu'aux genoux. Et il les embrassa encore en disant : « Maintenant, ensevelissez-moi jusqu'au cou. » Ils baisèrent sa poitrine, et ils firent comme il l'ordonnait. Puis il ajouta : « Posez un suaire sur ma tête et embrassez-moi bien fort ; vous ne me verrez plus ici-bas. » Et les disciples, tout en pleurs, baisèrent son front pour la dernière fois ; puis ils achevèrent de le couvrir de terre. Le saint rendit son âme à Dieu, et eux s'en allèrent

---

1. Parnassos, 1878, cité par M. Weber, *Guide à Éphèse*, p. 39.

désolés. Peu après, le soleil se levait à l'horizon en feu. Ne cherchons dans ce récit qu'un symbolisme naïf de la filiale vénération vouée, jusqu'à la dernière heure, par l'Église naissante, au vieillard qui la rattachait à Jésus-Christ, son fondateur. A mesure qu'on voyait l'apôtre bien-aimé plier sous le poids des ans et s'incliner vers la tombe, on semblait vouloir le retenir avec une affection toujours plus vive et une espérance plus obstinée. On disait qu'il ne devait pas mourir; mais quand, après de longues années, étant peut-être plus que centenaire, il dut prendre congé des siens pour entrer dans l'éternité, tous crurent qu'un monde finissait avec ce dernier anneau de la chaîne apostolique. Eh bien, non, rien n'était perdu. La chaîne se renouait aussitôt par la tradition orale ou écrite, et le soleil se levait quand même sur l'humanité dont Jésus-Christ seul est le Sauveur.

Appuyé sur un pan de mur de la petite église en ruine, je regarde vers l'occident les flots vermeils où l'astre du jour achève sa carrière. Par là arrivèrent Paul, Aquila et Priscille, apportant la Bonne Nouvelle dans un milieu où la colonie juive n'avait encore prononcé que le nom de Jean-Baptiste. Ensemble ils fondèrent à Éphèse la jeune Église d'où l'Évangile allait rayonner dans la province d'Asie, illuminant tout à la fois et Juifs et Gentils[1]. Paul employa plus de deux ans à cette fondation importante, prêchant pour convaincre, et faisant des miracles pour entraîner des populations amies du merveilleux, et vouées à toutes les pratiques de la superstition païenne. Là travaillèrent avec lui d'énergiques serviteurs de l'Évangile, Trophime et Tychique qui étaient probablement Éphésiens de naissance, Apollos, l'éloquent Alexandrin gagné à la cause de Jésus-Christ, et tant d'autres. L'Église d'Éphèse, confiée par Paul à Timothée, se fortifiait déjà dans la foi, lorsqu'elle vit arriver un nouveau groupe de personnages évangéliques, attiré, sans doute, par le succès de la parole divine dans ce centre important de la civilisation grecque. Ce fut Jean, le disciple bien-aimé, amenant peut-être avec lui Marie l'illustre mère, et Madeleine, l'amie dévouée de Jésus, comme si ces trois existences, après la mort du divin crucifié, n'avaient pu consentir à se séparer, et si la religion nouvelle avait tenu à prouver que, lavé dans le repentir, l'être le plus déchu peut toujours trouver place à côté des âmes les plus pures et les mieux préservées. Jean lutte ici contre les hérésies naissantes. Paul est mort, c'est à lui d'être le défenseur de l'Évangile dans ce pays où l'Esprit de Dieu l'a poussé. La persécution le saisit et l'envoie à Rome, ce rendez-vous des grands martyrs. Il résiste à l'épreuve de l'huile bouillante, et est condamné à l'exil dans l'île de Patmos pour y travailler aux mines. Patmos est là-bas, au milieu de ces flots où descend le disque du soleil, parmi ces Sporades que baigne une mer rouge bleu, ou couleur de vin, comme disait Homère.

La persécution sévissait encore, surtout en Asie, quand, un dimanche, l'Esprit de Dieu saisit l'Apôtre. Jean entendit derrière lui une voix éclatante comme le son d'une trompette :

« *Je suis l'Alpha et l'Oméga, le commencement et la fin*, disait-elle, *écris*

---

1. *Actes*, XIX, 10.

dans un livre ce que tu vas voir, et adresse-le aux Sept Églises d'Asie : Éphèse, Smyrne, Pergame, Thyatire, Sardes, Philadelphie et Laodicée. » *Et celui qui parlait, au milieu de sept chandeliers d'or, la tête rayonnante comme un soleil et les pieds brillants comme de l'airain chauffé dans la fournaise, tenait dans sa main sept étoiles. Il dit :* « *Écris à l'Ange de l'Église d'Éphèse : Je sais tes œuvres, ton labeur, ta patience, car tu ne veux pas pactiser avec les méchants. Tu as éprouvé ceux qui se disent apôtres, mais ne le sont point, et tu les as trouvés menteurs. Tu as eu du courage, et, en souffrant pour mon nom, tu n'as pas faibli. J'ai pourtant un reproche à te faire. Tu n'as plus autant de charité qu'autrefois. Vois donc d'où tu es déchu, fais pénitence et retrouve tes œuvres*

Vue générale des ruines d'Éphèse.

premières; autrement, voici que je viens, et, si tu n'as pas le repentir, je transporterai ailleurs ton chandelier. Il y a cela de bon chez toi, c'est que tu détestes les œuvres des Nicolaïtes que je hais, moi aussi. Que Celui qui a des oreilles entende ce que l'Esprit dit aux Églises : Au vainqueur je donnerai à manger du fruit de l'arbre de vie qui est au milieu du paradis de mon Dieu. »

Éphèse entendit sans doute l'avertissement divin. Jean, d'ailleurs, fut là pour veiller sur cette Église qui avait récemment perdu, dans la persécution, son premier évêque Timothée. Jusqu'à la plus extrême vieillesse, il lui prêcha la charité, sans crainte de fatiguer son auditoire par ce perpétuel sermon : « Mes enfants, aimez-vous les uns les autres », et légitimant son insistance par ces mots : « C'est là ce que Dieu commande, faites-le et tout sera bien. »

Henry, inquiet sur mon compte, est remonté à la Porte de la Persécution pour me rejoindre, et il interrompt ma contemplation. Je prends sa main, et lui montrant la vaste plaine couverte de ruines qui s'étend devant nous, je lui dis : « Mon ami, il y a des cimetières illustres où dorment les soldats des grandes idées. Ce site en est un, saluons-le avec respect. Gloire aux nobles âmes qui ont ici travaillé pour Dieu et pour l'humanité ! »

Carpouza ne ménage rien de tout ce qu'il a pour nous être agréable. Après dîner, nous faisons une promenade à la lueur des étoiles, le long de l'aqueduc, où les cigognes, à moitié endormies, frappent encore du bec. Bénissons Dieu de l'excellente journée qu'il nous a accordée. M. Vigouroux va mieux. Tout s'annonce heureusement.

Magnésie du Méandre.

Après un dernier coup d'œil donné, ce matin, aux ruines les plus rapprochées de la station, et une nouvelle visite à la porte dite de la Persécution, nous sommes partis pour Balachik, où M. Humann a la bonté de nous attendre. Les trains ne sont pas nombreux sur la voie ferrée, mais ils sont complaisants. Ainsi notre express, qui régulièrement ne s'arrête pas à Balachik, fera halte pour nous y déposer et, ce qui est plus merveilleux encore, celui qui partira sur Sokhia nous débarquera, à la demande de M. Humann, en pleines ruines de Magnésie, où il n'y a d'ailleurs aucune station.

M. Humann est des provinces rhénanes, c'est-à-dire plus près de la France que de la Prusse, un homme aimable, tout plein de son sujet, enthousiaste parce qu'il a toujours été heureux dans ses recherches, parlant fort bien le français, l'anglais, le grec, le turc et sans doute l'italien qui est, à Smyrne, une langue courante. Venu en Orient pour rétablir sa santé, aujourd'hui si bien remise qu'il ne compte plus ni avec la fatigue, ni avec les privations, ni avec la fièvre, il fut chargé tout d'abord d'établir des fontaines à Métélin. L'occupation était trop banale pour celui qu'on avait fait ingénieur, mais qui était né archéologue entreprenant et chercheur perspicace. Oui, on naît fouilleur de ruines tout comme poète. De Métélin, où il était fixé, il explora les pays avoisinants, et soupçonna bien vite les trésors artistiques qu'on peut exhumer dans ces terres d'Anatolie, tombeau de la belle civilisation antique. Ainsi à Pergame, en se promenant sur l'Acropole, le lendemain d'un violent orage, il remarqua, émergeant du sol raviné par les pluies, des marbres qu'il jugea être les fameux bas-reliefs du grand autel de Zeus. Sans perdre un instant, il adressa un mémoire au ministre des Beaux-Arts à Berlin, lui communiquant ses espérances et son désir d'être officiellement chargé d'une mission pour faire des fouilles au profit de l'Allemagne. Le ministre ne répondit pas.

Comme il y a une Providence pour les hommes de bonne volonté non moins que pour les malheureux, ce ministre muet perdit son portefeuille, et il arriva, ce qui est dans l'ordre voulu, qu'un successeur le ramassa. Ce successeur voulut signaler son avènement par des choses glorieuses. Ayant mis au hasard la main dans ces casiers où les hommes de bureau, à leurs heures d'énervement, jettent pêle-mêle aux gémonies, les élucubrations des fous et les révélations des hommes de génie, il en retira le mémoire de M. Humann. Son Excellence écrivit donc à l'ingénieur : « Faites vos fouilles, voici de l'argent de Berlin et un firman de Constantinople. Nous verrons ce que vous en retirerez ! »

La maison de M. Humann à la station de Balachik.

Ce qu'il en retira fut merveilleux, comme nous le constaterons dans la suite de ce voyage. En retour des trésors archéologiques qu'il expédia en Allemagne, il reçut le titre de directeur du Musée royal de Berlin, en résidence ordinaire à Smyrne. On ne met pas au repos de si bons chercheurs. Une nouvelle mission lui fut donnée pour exhumer, à Magnésie du Méandre, le fameux temple d'Artémis Leucophryne. C'est là que nous venons le voir.

Son succès n'est pas moindre ici qu'à Pergame. Cent cinquante caisses énormes, encombrant les abords de la gare de Balachik, nous le disent éloquemment. Elles renferment des statues, des bas-reliefs, des chapiteaux, des frises, qui vont être exportés moitié à Berlin, moitié à Constantinople. Le Sultan s'est ravisé depuis quelque temps, et il ne permet de remuer les ruines de son empire qu'à la condition d'avoir la moitié des trouvailles pour son Musée impérial. Voilà pourquoi nous rencontrons ici, en compagnie de M. Humann, Halil Edhem, le frère du conservateur du Musée ottoman, arrivé pour surveiller le partage. C'est un jeune Turc d'une éducation absolument européenne. Docteur en philosophie, et fort au courant de toutes choses, il parle le français comme un Parisien et l'allemand comme un étudiant de Berlin, où il a conquis ses grades universitaires. Difficilement on lui ferait accepter la mauvaise part dans le butin. Un neveu du Grand Visir l'accompagne pour constater, sans doute, que tout s'est passé selon la justice.

Disons cependant, pour la consolation des touristes, que, sans avoir vu le contenu des fameuses caisses, ce que l'on laisse ici en place est très probablement plus

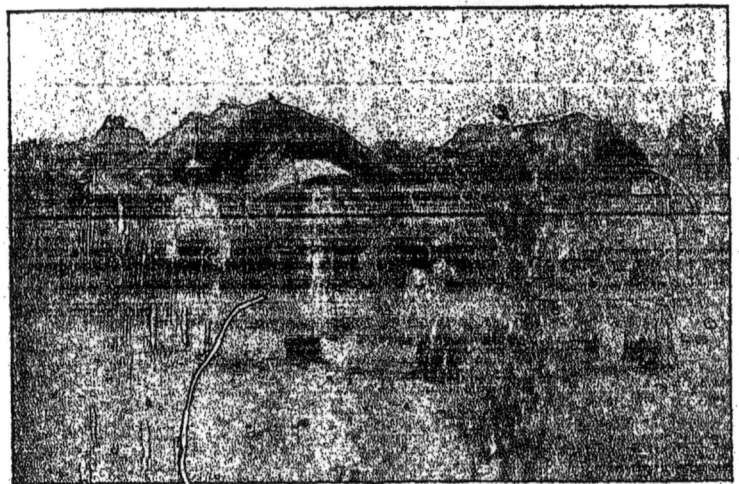

Tcherkesses à Magnésie du Méandre.

intéressant encore que ce qu'on emporte. M. Humann nous en fait les honneurs avec l'éloquence d'un homme satisfait. Je ne déflorerai pas ce qu'il a le droit d'exposer le premier au public, puisqu'il a eu le mérite de le découvrir, mais nous pouvons déclarer que l'agora, mise à jour par ses travailleurs, est, avec ses dépendances, ce que nous avons vu de plus complet et de mieux conservé depuis que nous voyageons.

Au point où nous dépose le train de Sokhia, nous nous trouvons presque au levant de Magnésie. D'ici les murs de l'ancienne cité, à moitié détruits, mais visibles à peu près dans tout leur circuit, produisent un effet grandiose. Ils sont en blocs de bel appareil et remontent à la bonne époque des constructions grecques. La ville, bâtie d'abord sur les flancs du Mont Thorax, descendit peu à peu dans la plaine, où nous devons chercher ses principaux monuments : le temple d'Artémis Leucophryne, l'agora et quelques édifices de la période romaine. Seulement la plaine, envahie par les eaux thermales descendant de la montagne de Gumuch, et les débordements d'un petit lac près duquel meurent de la fièvre quelques familles de Tcherkesses, est depuis longtemps devenue un véritable marais. A la saison où nous sommes, on n'aborde encore les ruines du fameux temple d'Artémis qu'en sautillant, comme on peut, à travers les marbres émergeant de l'eau. Les petites mares ainsi franchies, on arrive devant un amoncellement prodigieux de blocs carrés, de rondelles énormes, de chapiteaux ravissants.

Tout d'abord il est difficile de s'y reconnaître, mais de la plate-forme du temple, où les murs de la cella sont en partie debout, M. Humann, qui nous voit d'ailleurs très avides de l'entendre, se met à nous faire l'historique de l'édifice, et l'appréciation raisonnée de l'œuvre d'Hermogène. Il nous révèle jusqu'aux petites tricheries imaginées par l'architecte, qui voulut mettre à profit, dans la reconstruction de l'édifice, ce qui était resté du temple antérieur brûlé par les Perses, au temps de Xerxès. Les crampons de fer qu'il établit dans les dalles de marbre n'ont pas supprimé les entailles de ceux qui les avaient précédés, et on peut voir ainsi dans quelles conditions, habilement modifiées, le second temple remplaça le premier. Les colonnes cannelées et formées chacune de quatre ou cinq blocs de marbre du Pactyas, se sont couchées un jour majestueusement sur le sol, les unes brisant le parvis et s'enfonçant dans la terre, les autres se heurtant aux premières, et se disjoignant violemment. Des joncs poussent à travers les interstices que laissent ces débris épars, et des grenouilles nombreuses boivent le soleil sur les marbres blancs que la main des pillards a respectés. On nous fait admirer le style très pur des chapiteaux ioniques, et l'exquise variété d'ornementation qui règne dans tous les détails. Comme presque toutes les bases, faites d'un seul bloc avec le tore orné de feuilles, sont en place, il est aisé de reconstituer les dispositions de ce temple qui, après celui d'Éphèse, était, au dire de Vitruve, le plus beau de toute l'Asie. Les hommes de la partie le qualifient d'octostyle, périptère et pseudo-diptère, ce qui veut dire qu'il y avait huit colonnes sur la façade de devant, autant sur celle de derrière et quinze sur les côtés en une seule rangée, bien qu'il y eut l'espacement nécessaire entre le mur du naos et les colonnes extérieures pour en placer une seconde. De là le mot de *faussement diptère*. M. Humann nous fait observer les différences voulues par Hermogène dans les entre-colonnements. Elles étaient motivées par les proportions mêmes de la cella. Ainsi, tandis que la première et la dernière colonne s'alignaient avec celles du portique latéral, la seconde et l'avant-dernière se dressaient dans l'axe du ptéroma, la troisième et la sixième dans l'axe des antes, et enfin les deux du milieu, correspondant aux deux établies entre les antes, étaient les plus largement espacées. Tout cela, dit Strabon[1], cadrait à merveille. Comme les pierres de l'entablement étaient reliées avec des crampons de fer scellés en plomb, il arriva que, renversée par un violent tremblement de terre, la masse entière tomba sans se disjoindre. Quand Texier visita ces magnifiques ruines, il n'eut qu'à prendre ce qui couvrait le sol

---

1. Strabon, XIV, 1, 40.

pour orner une de nos plus belles salles du Louvre, dite salle de Magnésie du Méandre. Qui n'a admiré ces splendides bas-reliefs où l'artiste, avec une hardiesse et une vérité de mouvement merveilleuses, avait représenté, sur le fronton d'entrée et dans les deux faces latérales, le combat des Athéniens contre les Amazones. M. Humann a raison de dire, en nous montrant ces ruines : « C'est beau, mais vous avez enlevé le plus précieux ! » Oui, ces sculptures, qu'il faut regarder à distance pour les bien juger, sont réellement d'un maître, et nous n'avons qu'un regret, c'est qu'il y ait eu si peu de Texier, depuis cinquante ans,

L'Agora de Magnésie du Méandre.

et qu'aujourd'hui même notre ministre des beaux-arts ne songe pas à envoyer ici des chercheurs faisant à M. Humann une glorieuse concurrence.

Le temple n'était pas exactement au milieu du téménos irrégulier qui l'entoure. Il était précédé, du côté de l'agora, par une grande construction quadrangulaire dont les soubassements subsistent encore. Faut-il voir là les restes d'un autel monumental destiné aux sacrifices? M. Humann, hanté par le souvenir de celui de Zeus à Pergame, est disposé à le croire. Peut-être n'y eut-il ici qu'un temple de petites dimensions, voué soit à Rome, soit à César, comme celui qui était près du Parthénon à l'acropole d'Athènes. Quoi qu'il en soit, l'édifice masquait presque la porte de communication avec l'agora.

Cette place publique, qu'une équipe de cinquante hommes achève de déblayer, et qui demeurera certainement la perle des fouilles de Magnésie, un Français, Huyot, en 1820 l'avait devinée. Le vaste quadrilatère, dont les murs affleuraient à la couche épaisse de vase amoncelée par les siècles, ne pouvait être, selon lui, que l'agora, orientée du nord-est au sud-ouest. Il entrevoyait même les traces des propylées qui y donnaient accès. Mais ses indications, semées dans trois volumes, où il a tracé le plan d'ensemble et les dessins particuliers du stade, du théâtre, du gymnase et des thermes de Magnésie, allèrent dormir aux manuscrits de notre Bibliothèque nationale, sans que personne songeât à mettre à profit de si précieuses indications.

Au reste, avait-il soupçonné que l'agora était là complète, avec ses colonnades de marbre blanc, ses inscriptions, ses bassins, ses fontaines? Ce n'est pas probable, et M. Humann a été bien inspiré en se déterminant à voir toutes choses de plus près. Il a exhumé une ruine aussi vivante, aussi merveilleusement conservée que le forum de Pompéi ou de Timgat en Algérie. Groupez autour de ces colonnes quelques Grecs vêtus à l'antique et vous vous croirez au temps, où, sous ces portiques, se promenaient Scipion l'Asiatique, Alexandre, Thémistocle. Du monument élevé à celui-ci sur l'agora, M. Humann n'a rien trouvé. C'est assez surprenant, car les données historiques sont précises à ce sujet. Thémistocle, fuyant son ingrate patrie, s'était retiré auprès de Xerxès, l'orgueilleux roi de Perse qu'il avait vaincu. Le barbare, touché d'une si chevaleresque confiance, lui fit le plus généreux accueil. Par une attention délicate, et afin de lui rendre l'exil moins cruel, Xerxès créa, dans la plaine du Méandre, une sorte de satrapie dont Magnésie fut la capitale, et l'en institua gouverneur. La femme ou la fille de Thémistocle a été, ici même, prêtresse du temple de Leucophryne. Mais les faveurs des rois sont des lettres de change qu'il faut payer à échéance. Un jour, Xerxès demanda à Thémistocle d'aller se battre pour lui contre les Athéniens. C'était réclamer le seul témoignage de reconnaissance que le grand général ne pouvait lui accorder. Thémistocle, réduit à la dure alternative de déplaire à son bienfaiteur ou de lever la main contre sa patrie, s'empoisonna.

Les Magnésiens se sentirent pris d'un souverain respect pour le grand homme qui était ainsi fièrement sorti de la vie plutôt que de trahir sa patrie, ou de manquer au devoir de la reconnaissance, et ils l'ensevelirent dans l'agora même, où longtemps sa statue demeura debout[1]. Pausanias dit que les Athéniens réclamèrent plus tard ses restes. C'est peut-être ce qui a détourné M. Humann de chercher plus exactement la place d'un si illustre tombeau. Sous les portiques, nous voyons gravées de très intéressantes inscriptions. Ce sont les réponses des diverses cités de la province d'Asie que la municipalité de Magnésie avait invitées à venir remercier Artémis Leucophryne d'un prodige accompli en faveur de quelque dévot personnage. C'est vers l'an 353 avant Jésus-Christ que dut avoir lieu cette grande manifestation religieuse. Chaque ville ayant répondu dans son dialecte, ces lettres promettent d'être utiles à la philologie, car elles abondent en indications très instructives sur certaines formes idiomatiques de la langue grecque.

Il ne nous déplaît pas de faire halte un moment auprès de l'équipe des travailleurs qui, stimulés par notre présence, luttent d'ardeur et voudraient découvrir

---

1. Plutarque, *Vie*, 32; Cornélius Népos, *Thémistocle*, 10.

quelque chose d'important. Chaque coup de pic éveille une émotion et une espérance, au moins pour nous qui sommes novices. Le charme d'avoir affaire à un archéologue d'instinct, comme M. Humann, c'est qu'il prédit successivement à peu près tout ce que l'on va déterrer : un angle rentrant du mur, un pylône, des colonnes *in antis*. A l'extrémité sud-ouest de l'agora, il a mis à jour une belle fontaine de marbre blanc et une série d'édifices dont la destination reste encore incertaine. Le gymnase romain qui est plus loin, vers le couchant, a vigoureusement résisté aux tremblements de terre et à l'injure du temps. La salle centrale y avait été construite dans de vastes et belles proportions. Mais ceci n'offre plus l'intérêt des ruines de tout à l'heure.

Tandis qu'en nous dirigeant vers la colline méridionale pour joindre le stade, nous échangeons nos pensées sur la vieille cité magnésienne, un bruit strident, comme celui de l'obus ou de l'aérolithe qui fend l'air, siffle tout à coup sur nos têtes et instinctivement nous poussons un cri d'anxiété autant que de surprise. « Ce n'est rien, dit M. Humann avec son bon sourire, c'est un aigle qui fond sur sa proie. » Et en effet, à nos pieds, à 100 mètres de nous, se passe, en un clin d'œil, un petit drame qui, pour n'être pas prévu, n'en agrémente pas moins notre excursion. Un renard d'assez belle taille dispute un lièvre à un serpent, et l'aigle, troisième larron, vient de tomber sur les deux adversaires pour les mettre d'accord. En moins de temps qu'il n'en faut pour le dire, le roi des airs a éliminé les deux compétiteurs et, emportant sa proie dans ses serres, il remonte vers les hauteurs du Thorax. Henry court pour juger de plus près, sur le terrain même, le coup de maître de l'aigle triomphateur et les situations respectives des combattants. Le renard, sans se presser, s'éloigne tristement. Quant au serpent, il se blottit dans les broussailles au pied d'un chêne vert, d'où, sur nos représentations bruyantes, mon neveu juge prudent de ne pas le déloger.

Cet incident curieux nous amène à remarquer le grand nombre d'oiseaux de proie qui voltigent sur les blanches crêtes de la montagne où fut bâtie la primitive Leucophrys. Il faut croire que ce n'est pas un phénomène fortuit ou nouveau. Sur ses médailles, Artémis Leucophryne était représentée entourée d'aigles au bec menaçant. C'est même uniquement par ce détail caractéristique et par ses sourcils brillants qu'elle se distinguait de l'Artémis d'Éphèse, étant, comme elle, divinité lunaire, avec le croissant ou l'étoile sur la tête, et symbole de la nature féconde, avec des mamelles multipliées à l'infini, tandis que le bas du corps disparaissait dans une gaine métallique, et que ses bras étendus semblaient enchaînés au sol.

Le théâtre, placé au sud de l'agora et du temple, sur la dernière pente de la montagne, manquait de ces lointaines perspectives qui, d'ordinaire, servaient à reposer agréablement l'œil des spectateurs. La raison en est dans la situation topographique de la ville elle-même, qui se trouvait enfermée dans un arc de cercle par les hauteurs voisines et n'avait d'horizon que sur un côté, au levant, vers le Léthé. Or difficilement on eût orienté le théâtre de ce côté, à moins de ne pas l'appuyer à la montagne, ou de le bâtir loin de la ville. Il avait donc fallu se contenter de lui donner une assez large vue sur l'agora et les édifices avoisinants. Au reste, ses proportions étaient excellentes. La *cavea* mesure 24 mètres de profondeur sur 41 de largeur. C'est ici un bon modèle de théâtre grec. L'hémicycle de l'orchestre y avait une tout autre importance que dans les théâtres romains, où on ne réservait que quelques places pour les principaux personnages de la cité, tandis qu'ici il fallait y loger tout le chœur. Les gradins, suivant la forme de l'orchestre, avancent, en effet, au delà de la demi-circonférence. Les colonnes de la scène subsistent en partie. Les Magnésiens, aussi bien que les Tarsais, d'après Vitruve[1], avaient, grâce aux eaux thermales de leurs montagnes, de très belles voix, et les hommes les plus célèbres de Magnésie, si on en croit Strabon, furent des chanteurs, des musiciens, des cinèdes et des déclamateurs décadents.

Le peuple s'engouait volontiers de leurs futiles talents, et acceptait de les traiter en grands personnages. Ainsi l'un d'eux, le citharède Anaxénor, que Marc Antoine nomma phorologue, ou receveur d'impôts, de quatre villes à la fois, avec escorte militaire pour exercer ses fonctions, devint, par la volonté de ses compatriotes, grand prêtre de Jupiter Sosiopolis, et jouit ainsi du privilège de porter la pourpre. C'est dans ce costume que les peintres l'avaient représenté, sous les colonnades de l'agora. Détail plus intéressant pour les archéologues, on lui avait érigé une statue au théâtre et, sur le piédestal, on avait fait inscrire les deux vers d'Ulysse à Démodochus : « *Ah! c'est bien bon assurément d'entendre un chanteur pareil, l'égal des Dieux par la beauté de la voix.* » Or le graveur n'ayant pas bien mesuré de l'œil, sur le piédestal un peu étroit, l'espace nécessaire au second vers d'Homère, se trouva dans l'impossibilité de mettre l'iota qui devait terminer le dernier mot, αὐδή. Ce fut un accident des plus désobligeants pour un peuple chatouilleux qui n'entendait pas être taxé d'ignorance, car, sans iota, le mot semblait être au nominatif, lorsqu'en réalité il doit être au datif. Rien n'était pourtant plus simple que de souscrire l'iota comme nous faisons nous-mêmes, et tout se serait fort bien arrangé. Strabon raconte le fait, comme s'il avait eu une importance réelle pour la cité vaniteuse et futile, et les fouilles viennent d'établir l'exactitude de son renseignement. La statue d'Anaxénor, n'a pas été retrouvée, mais on a exhumé le piédestal avec l'inscription fautive qui avait failli troubler le bonheur des braves Magnésiens.

En montant d'ici vers le sud, nous arriverions à la grotte d'Hylé qui fut consacrée à Apollon. On y conservait une très ancienne statue du dieu, et les prêtres célébraient son culte par des courses échevelées sur la crête rocheuse de la montagne, portant dans leurs bras, à travers les précipices, des arbres déracinés violemment, et mettant leur religion ou leur vaine gloire à passer par les plus impraticables sentiers[2]. Mais il est temps de suspendre notre excursion. Le train qui doit complaisamment nous reprendre s'annonce par de lointains sifflements. Nous voyons, près du petit lac, les huttes de ces pauvres Tchérkesses qui s'obstinent, malgré les fièvres qui les déciment, à demeurer ici. Mlle Humann, une ravissante jeune fille, est leur providence quand elle vient passer quelques

1. *De architect.*, VIII, 3.
2. Pausanias, x, 32, 6.

Mademoiselle Hannan distribuant du pain aux Tcherkesses.

heures auprès de son père. C'est elle-même qui les visite et leur fait l'aumône sous toutes les formes. Rien n'est plus gracieux que la charité au bout des doigts, ou sur les lèvres, d'une aimable sainte de 18 ans. Il y a à Magnésie du Méandre, pour toute population, quinze ou vingt malheureux qui n'ont, hélas! rien de commun avec les riches citoyens de la cité d'autrefois.

Ajoutons que les souvenirs chrétiens dont nous nous préoccupons, avant tout, dans notre voyage manquent totalement ici. Dans l'intérieur du Téménos, au sud du temple de Leucophryne, M. Humann a bien trouvé les restes d'une ancienne église ; mais il suppose que la construction serait de basse époque. Cependant il y eut, dès l'origine, à Magnésie, une église florissante, puisque saint Ignace, allant au martyre, lui adressa une de ses plus belles lettres, et la félicita du respect qu'elle témoignait à Démas son évêque, qui, très jeune encore, était pour elle le représentant de Dieu. Il rend encore hommage à la vertu des deux prêtres Bassus et Apollonius, venus à Smyrne avec leur évêque l'embrasser avant son départ pour Rome. Les fidèles d'Éphèse, accourus en ce moment auprès d'Ignace, ne veulent pas que la lettre se ferme sans un fraternel salut pour ceux de Magnésie. C'est la preuve des relations intimes qui existaient entre les fidèles des deux cités, dont l'une, Éphèse, avait certainement communiqué l'Évangile à l'autre. Magnésie ne figure plus dans l'histoire profane à partir du IIIe siècle. Les dernières monnaies qu'on retrouve d'elle, sont du temps de l'empereur Gallien, an 253. Cependant Hiéroclès parle de son siège épiscopal, en mentionnant les diocèses d'Asie, et très probablement l'évêque qui signe, au troisième concile de Constantinople, vers la fin du VIIe siècle, comme évêque de Méandropolis, clôture la liste des pasteurs d'un troupeau qui n'eut pas d'histoire.

Le train nous dépose en quelques minutes à la station de Balachik, où nous avons encore le temps de faire honneur au petit festin que M. Humann nous a préparé dans sa pittoresque installation. La maison est en planches et devant la gare. Il s'est logé au premier étage où, dans un assez large divan, il a ses livres, ses cartes, son bureau de travail. Un jeune dessinateur, son intelligent auxiliaire, nous montre gracieusement les plans qu'il a relevés et les photographies qu'il a prises des fouilles et des objets trouvés, tandis que le maître de la maison, toujours plein de cordialité et d'entrain, cherche dans ses caisses ce qu'il pourra nous offrir de meilleur. Il s'est au reste pourvu d'un excellent cuisinier, et son triomphe est de nous faire apprécier le pilaw, plat oriental que j'avais toujours dédaigné, probablement parce que je l'avais mal connu. Une conversation à table entre deux Allemands, deux Turcs et trois Français ne peut qu'être très intéressante, même quand on sort du terrain de l'archéologie pour aborder celui de la politique, et nous en voulons à la locomotive qui vient, trop vite, interrompre nos charmantes divagations.

En serrant la main à notre hôte, nous lui demandons d'aller bientôt entreprendre des fouilles à Antioche de Syrie. Ce serait si fructueux à tous les points de vue ! Il a jeté son dévolu ou sur Éphèse, ou sur Milet, et il va y transporter bientôt son équipe de travailleurs.

En route vers Aïdin-Tralles.

Partout ailleurs, je suppose, si vous demandez des cartes de première classe et qu'on vous en délivre, il est certain pour vous que le train a des wagons de la catégorie demandée et payée. Ici point du tout. On vous donne très ponctuellement vos billets de première, mais, quand le train arrive, l'employé vous ouvre des troisièmes, sales et enfumées, où des bancs de bois brut vous paraissent l'antithèse exacte de nos bons sièges capitonnés, puis il vous dit : « Le train n'a pas d'autre classe. — C'est bien, mais nous avons payé des premières. — Monsieur, l'administration ne rend pas l'argent. »

A vrai dire, pour nous faire honneur, on nous a installés cérémonieusement dans le wagon de la poste. Il n'est en aucune façon plus confortable que les autres ; au contraire, les sièges, en forme de caisses, s'y trouvent si démesurément élevés qu'il est impossible d'appuyer nos pieds quelque part, et que nous allons demeurer avec nos jambes ballantes jusqu'à Aïdin, à moins de les replier pour nous y asseoir dessus, à la mode turque, ce qui n'est pas énormément récréatif. Nous demandons en quoi nous serons mieux dans cet incommode compartiment, et on nous répond gravement : « Il y a toujours plus de chance de n'y pas prendre de vermine. »

La vallée vers Aïdin se déroule très belle. C'est toujours la grande forêt de figuiers commencée après Ayassoulouk qui se continue pendant 60 kilomètres. J'observe que ces arbres, soigneusement cultivés, sont plantés à peu de distance l'un de l'autre. Les branches s'entremêlent et, quand les feuilles ont poussé, elles doivent opposer aux rayons du soleil un impénétrable rempart. Balachik, ou le *Pays du miel*, est renommé pour ses fruits suaves. Ses figues sont, paraît-il, les meilleures du monde entier, n'en déplaise aux Marseillais eux-mêmes. Nous en avons mangé tout à l'heure, mais elles étaient sèches, et, si exquises que nous les ayons trouvées, il est évident qu'il y a loin de là au fruit cueilli sur l'arbre et servi dans sa belle maturité. On en récolte chaque année, dans la vallée même que nous traversons, 30,000 charges de chameau, c'est-à-dire de 6 à 7 millions de kilogrammes. C'est à la fin de juillet que se fait la cueillette, et on les transporte à Smyrne, où un travail particulier développe en elles la saveur sucrée qui les rend si fameuses. La population des campagnes se nourrit volontiers de figues, et on sait que les soldats de Philippe, père de Persée, ayant été condamnés à en manger en guise de pain, ne se trouvèrent pas plus malheureux pour cela.

A Deïrmandjik, je rappelle à M. Vigouroux la copie d'une lettre de Darius, fils d'Hystaspe, trouvée en 1886. Bien que cette copie datât seulement de l'époque romaine, elle n'en offrait pas moins un réel intérêt. Le grand roi écrivait ses observations à Gadatas, son serviteur, qui avait eu le tort de soumettre à l'impôt et à la corvée les jardiniers sacrés d'Apollon Or ces jardiniers rééditaient la fameuse lettre, toutes les fois que leurs privilèges étaient menacés. Nous savons par ce rescrit que Gadatas avait transplanté dans la basse Asie des arbres venus de l'autre côté de l'Euphrate, note importante pour Henry qui est botaniste amateur.

Peu à peu la voie ferrée, laissant à droite le Méandre dérouler ses interminables lacets au milieu de la vallée, se rapproche des monts Messogis, aux crêtes capricieusement déchiquetées en aiguilles ou en cônes bizarres, et aux flancs rougeâtres plantés de vignes. De là vient ce vin fameux du Messogis, qui, selon Pline, donnait à la tête des buveurs. C'est le privilège des terres volcaniques de produire les vins les plus généreux. Bientôt des bosquets d'orangers, des jardins soigneusement cultivés au milieu desquels se dressent de blancs minarets, annoncent un centre considérable de population. Une belle ville est, en effet, gracieusement accrochée aux flancs de la montagne, et en suit les contours. L'effet de ses maisons bleues, roses, blanches, étagées sans ordre, au milieu d'une verdure qui varie ses teintes depuis l'oranger jaune jusqu'au cyprès noir, en passant par le platane gris, est charmant. Nous sommes à Aïdin.

Aïdin-Tralles.

Les Filles de la Charité, — on les appelle ici, comme dans tout l'Orient, les Bonnes Vieilles, *Kalogriê*, bien que, si elles sont toujours bonnes, elles paraissent rarement vieilles, — doivent nous donner l'hospitalité. Leurs blanches cornettes flottent triomphantes dans le lointain. Elles sont venues à la gare nous attendre, et leur sympathique accueil est pour nous un second sourire du ciel dans une journée si bien commencée. Ce que nous n'avions pas prévu, c'est que ces braves filles devront nous servir elles-mêmes de guides pour visiter les ruines de Tralles. La supérieure nous déclare qu'il n'a pas été possible de nous trouver un meilleur cicérone qu'elle-même. Elle s'offre donc très simplement pour diriger notre excursion archéologique avec une de ses compagnes qui, tout en étant Russe, parle les diverses langues du pays aussi aisément que le français. Après quelques objections de pure politesse, nous acceptons avec une vive reconnaissance le concours que ces bonnes sœurs daignent nous offrir, et nous voilà en route.

Pour atteindre le site antique de Tralles, il faut d'abord traverser Aïdin de bas en haut. Nous commençons vaillamment cette ascension. A peine sortis de la gare, où les chameliers, leurs bêtes et les hammals, portefaix qui les chargent ou les déchargent, vous étourdissent de leurs cris, vous heurtent de leurs fardeaux, vous soufflent dans la figure leur respiration haletante, nous entrons dans le quartier juif. Il est remarquablement sale. Des enfants déguenillés, jouant avec des chiens maigres et galeux, des femmes, assises nonchalamment sur les portes, remplissent les rues. Le fragment de bazar que nous traver-

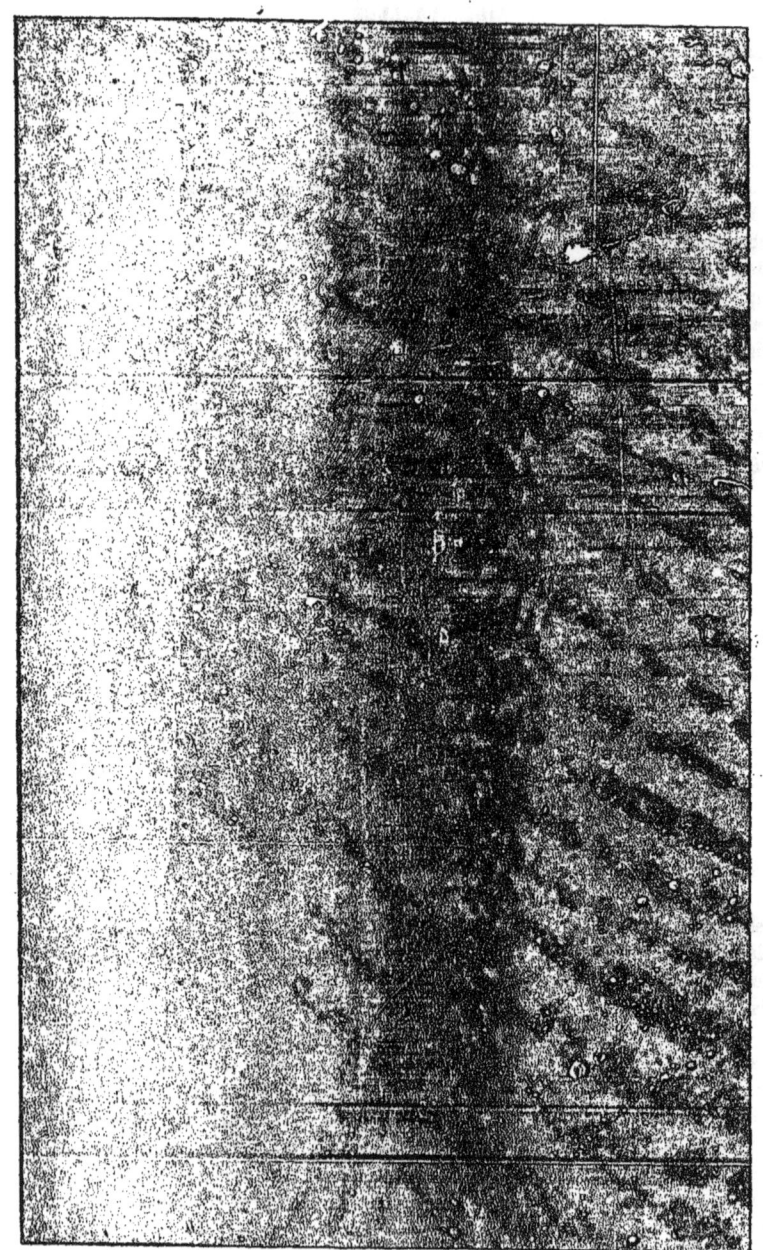

Vue générale de Aidin.

sons est, sans doute, le plus intéressant ; c'est celui où se vendent les larges ceintures à poches pour poignards, pistolets et tabac, les jolies selles recouvertes de maroquin jaune artistement piqué, les bâts ornés de coquilles marines et les brides de soie rouge qui excitent l'admiration et la convoitise de notre cher Henry. Dans quelques maisons mieux bâties que les autres, nous remarquons des fragments de colonnes, de chapiteaux et de frises qui firent partie de la ville antique.

Monastiri, le quartier arménien, où nous entrons sitôt après, ne manque pas, dans ses rues étroites et entrecroisées, de jolies habitations. Celles dont la porte est ouverte laissent entrevoir des cours avec jets d'eau, verdure et vérandahs où la famille se tient à l'ombre ; on se croirait à Cordoue ou à Séville. Enfin une longue rue montante, que nous escaladons, et où coule une eau très abondante, est l'artère principale du quartier grec, Képasi. L'élément hellène est ici considérable et entreprenant.

Il cherche, comme à Smyrne, à s'assurer la prépondérance ; mais en réalité, Grecs, Arméniens et juifs réunis ne constituent guère que le cinquième de la population, et Aïdin, ou Guzel Hissar, le *Beau Château*, demeure quand même une ville turque. Elle reçut son nom d'un émir qui en fit la conquête, et depuis, sous la domination des sultans ou des princes de Karamanie, les Kara Osman Oglou, elle prit place dans l'histoire. Mais nous n'avons pas à nous occuper d'elle aujourd'hui.

Épicerie turque.

Elle ressemble d'ailleurs à toutes les villes musulmanes d'Orient. Ce que nous entrevoyons au bout de notre ascension, c'est le site de Tralles, et nous l'atteignons, en effet, après une demi-heure de marche.

Le plateau, tout couvert de grands oliviers, représente exactement, comme le dit Strabon[1], un trapèze dont la partie septentrionale va en s'élevant. Cet auteur ajoute que la ville était naturellement fortifiée de tous les côtés, et il a raison. Au levant, l'Eudon, petit cours d'eau qui ne tarit jamais, coule dans un ravin, à 100 mètres de profondeur. Au couchant et au midi, le plateau se termine par des pentes abruptes sur la vallée et les maisons d'Aïdin. Vers le nord, nous constatons que la ville était reliée à la montagne par une sorte de croupe qui, elle-même, se trouvait fortifiée par une excroissance rocheuse de plus de 25 mètres de haut, ce qui semblait décisif au point de vue stratégique. Après cette reconnaissance générale des lieux, nos guides nous demandent ce que nous

---

[1] Strabon, XIV, 1, 42.

voulons voir : « Tout! disons-nous. — Oui, mais il n'y a à peu près rien. » Et c'est vrai. Les champs de terre rouge, où l'herbe pousse timidement, nourrissent une superbe et vaste plantation d'oliviers. Celle-ci nous produit l'effet d'une grande forêt verte et argentée, où règne le silence d'un cimetière. Des blocs considérables de pierre, il n'en faut pas chercher, au moins sur les points les plus rapprochés de la ville. Comme nous l'avions entrevu en traversant le bazar, les habitants d'Aïdin ont tout pris pour se faire des maisons, des mosquées, un konak. Seuls des fragments de briques semés partout, rappellent que sur ce large plateau il y eut une cité.

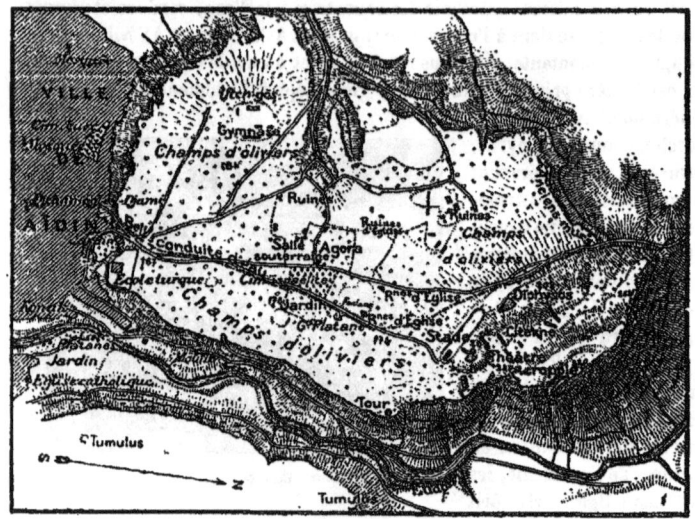

PLAN DE TRALLES.

Cependant Tralles eut, à l'époque gréco-romaine, une importance considérable; plusieurs de ses habitants sont même demeurés célèbres, les uns par leurs immenses trésors, les autres par l'influence dont ils jouirent, comme magistrats, dans le gouvernement des villes de la province d'Asie. Strabon raconte que Pythodore, un d'entre eux, possédait une fortune de plus de 2,000 talents, soit 12 millions de notre monnaie actuelle. Cette haute situation lui valut de vivre dans l'intimité d'un homme illustre, Pompée, et ce fut pour lui un malheur. César, au lendemain de la victoire de Pharsale, fit mettre tous ses biens aux enchères. Chose surprenante, dit le géographe, Pythodore trouva encore dans ses ressources secrètes de quoi tout racheter, et laissa plus tard à ses enfants sa fortune reconstituée comme auparavant. Grâce à ses immenses richesses, sa fille Pythodoris épousa le roi du Pont, et gouverna elle-même ses sujets, après la mort de son mari. On peut se faire une idée du luxe des habitants de la grande cité par les bijoux trouvés, il y a peu d'années, dans un tumulus trallais, et exposés au musée du Louvre. Ces pièces, en or très fin, ornées de disques découpés, de fils cordelés, de figurines délicieuses, sont des chefs-d'œuvre d'orfèvrerie qui n'ont pas été surpassés. On sait que les Attales, ces princes somptueux de Pergame, avaient voulu avoir leur palais à Tralles, pour y lutter de prodigalité luxueuse et de dispendieuse élégance avec les plus riches habitants du pays. Ce palais, qui devint ensuite la résidence du grand-prêtre de la cité, était bâti en briques, genre de construction, dit Pline[1], qui

Utch Gœuz ou les Trois Yeux de Tralles.

dure éternellement. Et, en effet, tandis que les revêtements de marbre, les blocs, les colonnes, tout a depuis longtemps disparu, nous retrouverons peut-être tout à l'heure, dans un édifice encore en partie debout, un reste du palais des Attales.

A en juger par la seule ruine considérable qui subsiste, et à laquelle les bonnes Sœurs nous conduisent d'abord, ces Tralliens aimaient à faire grand. Vers l'extrémité sud-ouest du trapèze où fut bâtie la ville, et au-dessus de la plaine du Méandre, s'élève encore un fragment gigantesque de l'ancien gymnase. C'est une muraille haute de 20 mètres et large de 8. Trois immenses portes cintrées, de 11 mètres d'élévation, lui donnent tout d'abord l'aspect d'un arc de triomphe, mais on ne tarde pas à remarquer les amorces qui la ratta-

1. *Hist. nat.*, XXXV, 49. — Conf. Vitruve, XI, 18, 9.

chaient à un ensemble de vastes constructions dont les soubassements en briques s'étendent vers le levant. Si on examine de près l'épaisse bâtisse, on constate que les vides entre ses énormes revêtements de travertin étaient garnis par un amalgame de colonnes, de stèles, de statues brisées. Ces fragments ont été ramassés, à coup sûr, au lendemain de quelque tremblement de terre, peut-être celui qui détruisit la ville de fond en comble sous Auguste, et secoua simultanément les deux versants du Tmolus. L'empereur donna l'argent qu'il fallut pour reconstruire Tralles et Laodicée. « A Tralles, dit Strabon [1], on rebâtit le gymnase et d'autres monuments. » C'est donc ici un reste du gymnase dont parle le géographe grec. La voûte des arceaux avait été ornée de peintures. Il en demeure encore des traces. Au milieu des stucs qui tombent chaque jour, on aperçoit aussi les restes de trois immenses couronnes. La bonne sœur nous dit que le peuple appelle ces arceaux *Utch Gœuz*, les *Trois Yeux*. Le nom est bien trouvé, car par ces trois ouvertures, on a sur la vallée basse du Méandre une vue incomparable, s'étendant de Sultanissar, au levant, jusqu'à Priène et Milet, au couchant. A travers les terres couvertes de moissons et d'arbres fruitiers, le grand fleuve promène ses flots aux capricieux détours :

Quique recurvatis ludit Mœander in undis,

comme dit le poète. Il débouche dans la plaine à une altitude de 140 mètres et, tout en n'étant plus à Aïdin qu'à 50, il va si lentement qu'il a l'aspect monotone de flaques d'eau se succédant derrière des sinuosités jaunâtres de limon et de folles herbes. Son parcours se trouve plus que doublé par ses interminables circuits. Ce phénomène tient à la nature même des terres qu'il traverse et aussi à la quantité de limon qu'il transporte. Plus d'une fois ce limon encombre le lit normal et celui-ci, creusé dans un terrain mouvant et sans cesse miné par l'eau, se déplace pour suivre la direction qu'un drainage insensible lui a préparée d'avance. Le Méandre va ainsi à droite, à gauche, en arrière, semblant vouloir, par ses crochets, retarder son voyage vers la mer, ou même remonter vers sa source. Ce n'est pas sans faire de sérieux ravages qu'il prend ainsi ses ébats, et les anciens n'avaient pas été trop mal inspirés en lui intentant un procès toutes les fois qu'il emportait leurs terres. Le fleuve perdait toujours sa cause, et payait les indemnités avec le revenu des péages, ce qui ne le corrigeait guère, car il n'a jamais interrompu son travail dévastateur. On sait qu'avec le limon qu'il transporte il a comblé tout le golfe Latmique. D'après un calcul d'Élisée Reclus, il aurait conquis sur la mer environ 325 kilomètres carrés en vingt-trois siècles et, si on admet que les eaux du littoral avaient, près de Milet, 20 mètres de profondeur comme actuellement encore le long de la côte, il aurait charrié 40 milliards de mètres cubes de terre dans ce laps de temps. C'est inimaginable ! L'ancienne île de Ladé n'apparaît plus que comme une excroissance au milieu de cette mer de sable, qui a depuis longtemps

---

1. Strabon, XII, 8, 18.
2. Strabon, XII, 8, 19.

enfoui plusieurs villes aussi grandes que Milet. Le sommet qui se dresse au couchant, vers le fond de la vallée, est le mont Mycale, s'avançant en promontoire dans la mer. C'est là que la flotte grecque défit les Perses en 479, le jour même où Pausanias battait Mardonius à Platée.

Quelque ravissant que soit le coup d'œil des *Trois Yeux*, pour nous qui sommes justement trois à admirer le paysage, il faut nous arracher à cette contemplation et aller à d'autres ruines. La bonne sœur nous avertit, en nous précédant, qu'elle connaît surtout les restes des vieilles églises; c'est bien un peu ce qu'il nous faut. Laissant, sans y descendre, le ravin très cultivé qui est au couchant, nous nous dirigeons vers le centre du trapèze. Ici les murs de béton renversés deviennent nombreux. On les a désagrégés avec la pioche, pour séparer des cailloux, avec lesquels on les mêlait par couches alternées, les fameuses briques lydiennes, très recherchées encore aujourd'hui par ceux qui veulent construire des fours à chaux. Leur solidité à toute épreuve légitime la haute réputation que, d'après Pline, elles avaient chez les anciens. Quelques pans de murs encore debout, que nous rencontrons bientôt, et qu'on a respectés, quoique faits de cailloux et de briques, semblent avoir appartenu à un édifice considérable, peut-être au palais des Attales. Évidemment nous nous rapprochons du centre de l'ancienne ville. Les ruines amoncelées sous les oliviers sont considérables. Au delà d'une vigne fort mal entretenue, près de voûtes enfouies sous terre, nous croyons reconnaître les traces de l'agora. Les Juifs, en établissant là leur cimetière, ont transformé en stèles funéraires tous les débris de marbres qui jonchaient le sol. Peu après, et en traversant des débris d'édifices informes, nous aboutissons aux restes d'une ancienne église. Quelques enfants, jouant sur l'herbe, nous disent qu'elle porte le nom de Panaghia. Le peuple consacre volontiers à la Sainte Vierge tous les sanctuaires dont il ne sait pas les origines. L'édifice, en pierres blanches, d'appareil régulier, a été démoli jusqu'au point où le sol exhaussé a protégé les douze dernières assises. Le périmètre subsiste tout entier. Sur les bords, autour du chœur, il y a même de très beaux blocs carrés gisant à terre et qu'on semble avoir craint de déplacer. La dévotion des habitants du pays à ce sanctuaire est encore très grande. Un tronçon de colonne, planté au milieu du sanctuaire, sert d'autel et les enfants nous assurent que, plusieurs fois par an, les Grecs viennent ici processionnellement chanter une messe en plein air. Le chœur avait trois enfoncements semi-circulaires, sans parler des deux qui, en forme de chapelles latérales, constituaient sans doute la *prothesis* et le *diaconium*. Ces trois enfoncements étaient destinés à recevoir le trône de l'évêque et de ses deux assistants.

L'Église de Tralles fut fondée probablement, comme celle de Magnésie, par des chrétiens venus d'Ephèse. Ignace le Théophore lui écrit, en allant au martyre, une lettre de félicitations et de conseils pour la mettre en garde contre des hérésies qui suppriment la réalité de Jésus-Christ ou de ses souffrances, et l'attacher plus fortement que jamais à son évêque Polybe, si digne de la vénération de tous. « L'évêque, dit-il, c'est Jésus-Christ, Fils vivant du Père, et les prêtres sont l'assemblée des apôtres sous l'œil de Dieu. » La place absolument à part et inaccoutumée qu'on avait réservée dans le sanctuaire à l'évêque et à ses deux assistants témoigne que les leçons d'Ignace n'avaient pas été inutiles, et qu'on tenait à faire preuve publique de respect envers les chefs de la communauté chrétienne.

J'imagine, en effet, que nous sommes sur les ruines de l'église cathédrale. Elle mesure 15 mètres de large et 35 de long. Henri en prend une photographie, et son opération rapide paraît intéresser vivement les enfants devenus désormais nos guides supplémentaires. Comme ils ne veulent pas être seuls à jouir de notre société, voici qu'à grands cris ils convoquent un groupe de promeneurs assis sous un platane géant, et en train de terminer un joyeux goûter. Ce monde, dont nous étions loin de soupçonner la présence ici, est un peu de tout âge, jeunes gens, jeunes filles, papas et mamans, tous bien vêtus, fins de race et de type, et, ce qui nous met d'abord à l'aise, fort respectueux envers nous. Ils sont venus, en famille, passer la soirée agréablement près d'une grande et belle source, qui fut jadis la fontaine de Tralles. Aujourd'hui encore, après avoir arrosé le plateau, l'eau fraîche et murmurante s'en va alimenter toute la ville d'Aïdin.

Ruines de la cathédrale de Tralles.

Sans autre préambule, les nouveaux venus nous font demander par la sœur interprète, qu'ils appellent familièrement de son nom de religion Kyria Karolina, Madame Caroline, la permission de nous escorter, et de nous diriger dans notre visite. C'est heureux pour nous, car la chère sœur Caroline est au bout de son latin. Elle sait les églises, mais elle ne s'est jamais informée du théâtre, du stade et de l'acropole. Ceci eût été sortir de sa sphère. Donc la nouvelle escorte, une trentaine de personnes environ, se joint à nous. D'abord nous visitons les ruines d'une seconde église. Celle-ci était vouée à saint Jean. Je trouve que c'est juste, car l'influence de Jean sur l'organisation, sinon sur la fondation des Églises d'Asie, fut prépondérante. Le vieux sanctuaire est à peu près dans le même état que l'autre, moins beau comme construction, mais pourvu d'une crypte sous le chœur. L'entrée de cette crypte se trouve close, assez peu pour que les enfants passent à travers les fissures des portes, beaucoup trop pour que nous puissions y pénétrer nous-mêmes. C'est un vrai regret. D'autant que les jeunes explorateurs, entrés dans ce souterrain par le côté de l'évangile, en sortent par celui de l'épître, en nous racontant qu'il y a de vieilles peintures, des débris de colonnes, tout autant de choses qui nous font déplorer d'avoir passé l'âge où l'on est agile comme eux. Henry tente l'excursion. Il doit lui-même y renoncer.

Montant toujours vers le nord, nous arrivons au point où le trapèze se relevait avec la montagne et formait l'Acropole. Vainement nous prions les bonnes religieuses de nous attendre là et de ne pas s'épuiser davantage à venir contempler des pierres éparses. Elles n'en sont que plus déterminées à aller de l'avant, et la supérieure, déjà arrivée sur une première terrasse, au flanc de la colline, nous crie : « C'est ici le théâtre ! » Nous constatons qu'il est dans un très lamentable état. Les gradins ont été arrachés depuis longtemps. Détail à noter, les sièges étaient composés de deux pierres dont l'une servait de tabouret. De nombreux éboulements de terrain ont compromis la physionomie ancienne de l'édifice.

Toutefois il est encore aisé de constater que la *cavea* occupait plus que la demi-circonférence, et ici, comme à Magnésie, nous sommes devant une œuvre d'origine grecque. La vue, donnant au midi, était très belle. En lui-même le théâtre n'était pas grand, mais je ne saurais lui appliquer la qualification de minuscule que nous lisons dans Vitruve[1]. Certainement l'histoire des peintures de l'Alabandin Apaturius, que Licinius le Mathématicien critiqua si vivement comme représentant des impossibilités en perspective, maisons bâties sur des toits, colonnes reposant sur des tuiles, ne peut se rapporter aux décors de la scène sur laquelle nous sommes, et dont les proportions, 26 mètres de largeur et 5 de profondeur étaient fort convenables. Cependant un agréable incident nous porte à croire que les habitants de Tralles ont toujours eu du goût pour toute sorte d'impossibilités. A l'angle même du théâtre, près d'un chêne qui a poussé dans les ruines, tout notre cortège s'est groupé, et demande instamment à être photographié. Il est six heures du soir. La lumière sera insuffisante, car Henry ne peut aujourd'hui prendre que des vues instantanées. Nous avons beau dire que, sans soleil, le résultat sera nul. On insiste gracieusement. Les jeunes filles, d'un tour de main, ont déjà revisé leur toilette et les jeunes gens retroussé leur moustache. Les enfants sont devenus sérieux comme des pontifes, les mamans souriantes comme des madones. Henry s'exécute et donne le coup de doigt magique. Que sortira-t-il de son appareil ? Rien sans doute, et c'est fort regrettable, car le groupe, dans un site absolument pittoresque, était idéal. Une charmante jeune fille, qui n'ose pas s'adresser au photographe lui-même, vient à moi et me dit, dans cette langue si douce que parlent les Grecs : « Pappas, je t'en prie à deux genoux, fais donc que je reçoive une des photographies que fera ton fils, car je suis jolie et j'ai bien posé. »

Cependant M. Vigouroux est arrivé au haut de la colline, et il nous annonce que là sont les ruines de l'Acropole. Un peu plus vers l'ouest, un jeune homme nous montre les restes d'une construction qui fut un sanctuaire de Dionysos. Le stade se trouvait au-dessous du théâtre et parallèle à la scène, s'appuyant d'un côté au pied de la colline et de l'autre à des substructions dont les soubassements existent encore. En réalité, toutes ces ruines sont insignifiantes. Ce qui est franchement beau c'est le coup d'œil sur l'immense terrasse où fut Tralles, et plus loin sur la plaine du Méandre, qui commence à gauche, au-dessous des belles montagnes bleues où les dernières lueurs du soleil se jouent sur des

---

1. Vitruve, vii, 5.

sommets neigeux, blancs et roses, et se termine à droite à la mer où se couche l'astre du jour. Quelques restes de portiques qu'on nous montre, au-dessous du théâtre et près du stade, nous rappellent celui d'Eumène à Athènes. C'est à ce portique sans doute que fait allusion une inscription publiée, il y a peu de temps, par M. Misthos. Il y est parlé d'un passage couvert, κρυπτόν, non pas souterrain, mais dans le genre de celui de la prêtresse Émachia à Pompéi. Ce passage, ou cloître, fut construit par la munificence d'Artémidore et de Diogène, *Agoranomes*, ou édiles, comme disaient les Romains. Le peuple s'y tenait à l'abri de la chaleur et du mauvais temps.

Comme la nuit arrive, nous descendons en hâte vers Aïdin, entourés de notre sympathique escorte qui, impuissante à se faire comprendre, nous laisse toute liberté d'évoquer le souvenir des célébrités de Tralles. Elles sont d'ailleurs peu nombreuses. Les pays du bien-être et de la richesse sont rarement le berceau des hommes de génie. Strabon, que nous lisions ce matin, cite bien deux orateurs, Dionysoclès et Damasos, nés ici, mais ce sont, du moins pour nous, des noms inconnus, et franchement nous ignorons en quoi consista leur éloquence. L'Asiarque Philippe, qui présidait les jeux à Smyrne, en 155, lors du martyre de saint Polycarpe, était, comme nous l'avons dit, un gros bourgeois Trallien. Enfin Esculape eut ici un temple célèbre, mentionné par Vitruve, mais dont nous n'avons pas trouvé trace, pas plus d'ailleurs que du sanctuaire de la Victoire où, le jour de la bataille de Pharsale, un palmier poussa tout à coup entre les dalles du parvis, près de la statue de César, et monta jusqu'à la voûte[1]. Près du temple d'Esculape, il y eut une école de médecine. Y vit-on des médecins fameux? Tout ce que j'en sais c'est que deux se distinguèrent par leur suffisance et leur originalité. L'un, Thessalus, fit fortune à Rome, sous Claude, en injuriant tous les médecins passés ou présents, et en ne vantant que lui-même; en sorte qu'il fit graver sur son tombeau de la Voie Appienne : « Ci-gît qui a vaincu tous les guérisseurs, et est mort roi de la médecine. » L'autre, portant le nom de Ménécrate, mais différent de celui qui écrivait : « Ménécrate Jupiter à Philippe, salut »; et à qui le roi de Macédoine répondait : « Philippe à Ménécrate, santé et bon sens, » avait inauguré une thérapeutique assez singulière pour l'époque, et qu'il proclamait souveraine, c'était de traiter toutes les maladies chroniques par les bains froids, l'exercice violent et surtout le bon vin. Il est évident que la dernière partie de l'ordonnance souriait aux malades. Asclépiade de Pruse l'avait aussi recommandée. Ménécrate l'exploita avec une très grande vogue. Enfin l'architecte qui, avec Isidore de Milet, édifia Sainte-Sophie de Constantinople, Anthémius, fut aussi de Tralles. Mais déjà, à son époque, la ville renversée par des tremblements de terre périodiques n'était plus qu'une ruine. Justinien, à la prière d'un paysan, Chérémon, qui alla le trouver au milieu d'une expédition contre les Cantabres, et l'intéressa par son éloquence naturelle au sort de sa patrie détruite, donna des ordres pour la rebâtir. Cela servit de peu. La grande cité était définitivement perdue,

---

1. *Bell. civ.*, 105.

et les invasions musulmanes achevèrent bientôt ce que les secousses répétées du sol avaient commencé. En vain Andronic Paléologue, frappé de l'importante situation de la vieille ville, essaya-t-il, à son tour, d'en relever les murailles, les Turcs anéantirent son œuvre, et bâtirent, aux flancs de la colline, Aïdin dont nous parcourons depuis un bon moment les interminables et obscurs dédales. Les rues mal pavées, comme toutes celles d'Orient, sont, au milieu des ténèbres, pleines des plus désagréables surprises, et nous arrêtons ici notre conversation historique pour veiller à nos pieds et à notre équilibre compromis. La bruyante escorte, qui nous a toujours suivis, se dissipe peu à peu, à mesure que chacun passe devant sa demeure, mais tous tiennent à nous baiser la main avant de nous quitter. Plusieurs petits garçons veulent nous faire escorte jusque chez les religieuses. Nous traversons le Konak où les soldats nous regardent avec grande curiosité. Il est huit heures et nuit close depuis longtemps quand nous arrivons à l'école catholique.

Que ces Filles de Saint-Vincent-de-Paul sont braves et bonnes! Visiblement épuisées par une course de sept heures, à travers les pierres et les ronces qui agrémentent régulièrement les sites antiques, elles veulent quand même servir notre repas avant de manger elles-mêmes. La petite communauté nous est alors présentée au complet : une Russe, Kyria Carolina, que nous connaissons, une Anglaise, une Suissesse, une Grecque et deux Françaises, l'une de Nîmes et l'autre, sœur Vincent, l'excellente supérieure qui nous a guidés, du bon pays de Bretagne. Et tout ce petit monde, disparate de nationalité, vit ici heureux, en douce et sainte émulation de dévouement, en parfaite communauté d'ambitions pieuses, donnant, après avoir sacrifié les joies les plus légitimes de la famille et les saintes attaches de la patrie, son temps, sa santé et son cœur à des enfants d'étrangers, à des malades sans reconnaissance, à des musulmans abrutis, sans autre espoir que celui d'inculquer çà et là une idée chrétienne et de faire faire, très lentement, hélas! un pas à l'Évangile. C'est une sublime folie que seul l'amour de Jésus-Christ peut expliquer. Nous bénissons cette pieuse et bienfaisante communauté. Demain, à quatre heures, il faudra être sur pied pour partir. Quel regret d'avoir si peu à jouir des chambres proprettes et des bons lits qu'on nous a préparés! Toutefois comme notre excursion dans la vallée du Lycus a pour nous un suprême attrait, je suis sûr qu'au *Benedicamus Domino*, nous répondrons joyeusement : *Deo gratias!*

Colosses.

Nos bonnes sœurs de charité ont, dès hier soir, garni nos valises de leurs meilleures provisions. Rien n'y manque, pain, viandes et fruits. Les oranges de leur jardin sont aussi exquises que celles de Tripoli et de Jaffa. Voilà nos vivres donc assurés pour la journée; c'est quelque chose, quand on ne sait rien des pays où l'on va, ni de l'hospitalité qu'on y peut trouver. En quittant la ville, aux premiers rayons du soleil, nous apercevons le quartier qui borde les deux côtés du l'Eudon. Ce n'est pas le moins important, comme population. Il est vrai que celle-ci se compose surtout de tanneurs, ce qui rend cette partie de la ville moins agréable. Les scories des peaux jetées dans la rivière, répandent une détestable odeur dans la petite vallée, si gracieuse par elle-même avec ses plantations d'orangers, de grenadiers, d'arbres à fruits de toute sorte, parmi lesquels des abricotiers et des pêchers en fleurs sont du plus ravissant effet.

Les coqs chantent ici d'une façon toute spéciale, et on nous assure que d'Angleterre et des pays d'Europe où cet animal est particulièrement apprécié, on fait acheter des coqs à Aïdin. Ils lancent leur voix avec méthode, et leur cri s'étend en un interminable point d'orgue, où il y a successivement le trémolo de l'émotion et l'énergie de la fierté. Ce concert matinal, qui nous est donné, ne manque pas d'un réel intérêt.

A Nazli, le point de transit le plus important de la ligne ferrée, nous sommes attendus par le chef de gare, notre ami, M. Apak, qui, ne pouvant nous suivre à Colosses, a chargé les chefs de station de Beudjeli et de Congéli de nous attendre et de nous escorter avec un drogman, des chevaux et des moukres. La gare de Nazli se trouve encombrée de Zeibeks que l'on envoie tenter, je ne sais où, quelque expédition dangereuse. Ils ont l'air, et ils sont, paraît-il, de vaillants soldats, mais leur costume et leur pose, pleins de prétention, prêtent à rire. L'échafaudage prodigieux des étoffes diverses formant leur bizarre coiffure n'a de comparable, comme exagération, que la largeur et l'encombrement de leur ceinture, transformée en véritable arsenal. Très crânement, les chefs vont et viennent devant nous, et quand le train se met en marche, ils nous saluent.

Chef de Zeibeks.

A Beudjeli nous trouvons notre caravane prête, c'est-à-dire les délégués de M. Apak, avec le guide Hélias en tête et une sorte de zaptié protecteur en queue. En tout, nous formons un groupe de huit cavaliers.

D'abord c'est à travers champs et blés que l'on chemine, puis sur la belle route qui va de Denizli à Tschallova, vers l'orient. Homère qualifie les Phrygiens de dompteurs de chevaux, $ἱππόδαμοι$, et en réalité, les hommes du pays à qui nous faisons compliment de leur tenue, nous disent que, pour eux, un cheval n'est réellement formé que quand le cavalier peut le lancer au galop, sans verser le café de sa tasse pleine. Ils sont superbes sur leurs coursiers rapides, $ἀνέρας αἰολοπώλους$. Henry cherche vaillamment à les imiter. M. Vigouroux et moi maintenons la note grave au groupe explorateur, en formant une solennelle arrière-garde. Nous traversons sur un pont de pierre, récemment construit, le Lycus que nous retrouverons moins large mais plus capricieux tout à l'heure. D'importants terrassements et un viaduc, marquent la courbe que fait ici le

Tentes de Yuruks.

chemin de fer, pour éviter la gorge étroite où passe le fleuve impétueux. Il est évident que nous aurions gagné du temps en faisant conduire nos montures plus loin, à la station suivante, près de l'Ak-Soû. Les heures ont leur importance, et nous ne pouvons que regretter d'avoir été mal renseignés. Tournant à droite, nous gravissons un large plateau de forme ronde, mais peu élevé. Pour la première fois, nous observons là un canal dont l'eau, se pétrifiant peu à peu, a élevé les deux rives. Il se déroule en interminables circuits sur un espace de plusieurs kilomètres, et se rattache aux fontaines incrustantes que nous retrouverons, tout à l'heure, près du Lycus. Hélias se rapproche alors d'Henry et, lui signalant le phénomène, il dit solennellement : « *Néro!* » Ne songeons pas ici au scélérat empereur qui, aussi célèbre par ses bizarres caprices que par ses cruautés, aurait bien pu se donner le plaisir de faire tailler dans le travertin de la colline ces rives dentelées en apparence par une main d'artiste; il y a eu quelque chose de non moins capricieux que lui, c'est l'eau qui, par une transformation du vieux mot grec ναρός, porte communément son nom; en sorte que quand on a soif, monsieur Henry, il faut crier au serviteur : *Néro!*

A notre gauche, vers le nord-est, la belle vallée est bordée de petites montagnes coniques, blanches, brunes, rouges, dans le genre de celles d'Olympie. Au midi, les hautes cimes du Cadmus, couvertes de neiges, scintillent sous les feux du soleil. Des Yuruks, campés sous des tentes basses et noires, font paître leurs troupeaux dans les champs, et leurs chiens furieux livrent à nos chevaux un assaut qui nous exerce à un équilibre un peu trop instable. Des femmes et des enfants les chassent à coups de pierres. Mille remerciements ! Nous ne sommes plus sur la grande route, mais les sentiers sont praticables, il ne faut pas se plaindre. Après une demi-heure, nous arrivons devant une vaste nécropole qui se déroule en plan incliné jusqu'à un cours d'eau rapide et bruyant appelé le Tchoruk-Tchaï, c'est le Lycus que nous retrouvons. Évidemment il y eut ici une grande ville. Les innombrables sépultures taillées dans le roc, et dont quelques-unes sont monumentales, nous le prouvent. Or le site de la ville est tout indiqué sur le cône tronqué qui est par delà le fleuve. Actuellement ce monticule est couvert de verdure, mais de longs sillons, où les blés prennent une pâle teinte de rouille, accusent des substructions presque à fleur de terre, qui rendent la végétation misérable. Les inflexions du sol laissent même apercevoir le mouvement sinueux des rues qui montaient en lacets parallèles.

Un des monuments funéraires de la nécropole.

Tout ce que l'antiquité nous a dit du site de Colosses me revenant à l'esprit, j'en conclus que Colosses dut être là. Le Lycus y passait et, au témoignage d'Hérodote[1], s'y cachait quelque temps sous terre, pour reparaître à un kilomètre plus loin. La ville était à huit parasanges, soit quarante-huit kilomètres,

1. *Hist.*, VII, 30.

du Méandre, selon Xénophon [1], or c'est à peu près la distance qu'il y a d'ici à la station de Serakeui, ou à Karatach, point précis où nous avons quitté ce fleuve. Mais nos guides ne connaissent ni Hérodote ni Xénophon, ou s'insurgent contre leur autorité, car ils nous entraînent, malgré nous, vers les hautes montagnes au pied desquelles ils nous montrent, dans le lointain, des maisons noires et basses échelonnées assez régulièrement, ayant chacune sa terrasse couverte, ce qui leur donne, à distance, l'air d'un immense groupe de nids d'hirondelles. C'est la cité moitié turque, moitié chrétienne de Khonas.

Hélias a dû prendre ses indications au moyen âge, et il compte sur leur va-

Vue de Khonas.

leur absolue. A cette époque, en effet, sinon plus tôt, la population de Colosses, troublée par des tremblements de terre successifs et désastreux, semble avoir déserté le site de sa ville détruite, et s'être abritée dans les murs de Khonas. C'est, sans doute, à cette immigration que Khonas dut de porter, dès lors, simultanément son nom et celui de Colosses. Nicétas Acominatus, qui était Khoniate, dit dans ses *Annales* que, de son temps, vers l'an 1200, Khonas et Colosses étaient une même cité. Nous suivons nos guides en rechignant, mais que faire contre des gens qui savent, quand on n'a soi-même que le droit de supposer? Laissant à notre gauche un moulin qu'une source pétrifiante fait tourner, tout en couvrant sa roue motrice d'épaisses stratifications qu'il faut nettoyer chaque jour, nous franchissons, sur un vieux pont, le Lycus bondissant et bouillonnant à travers les arbres qu'il emporte, puis nous longeons la colline, où je pré-

1. *Anab.*, I, 2, 6.

tends que fut Colossès. M. Vigouroux ne sait qui croire d'Hélias ou de moi. Je proteste vingt fois, tout en me laissant entraîner. « *E pur si muove!* » lui dis-je, « Et vous verrez que c'est ici ! » De fait, Hélias nous conduit droit au sud, vers la grande montagne aux sommets couverts de sapins et de neige. Le chemin, entre des haies vives, sous de grands noyers auxquels sont suspendues des vignes hautes de huit mètres, à travers de clairs ruisseaux murmurant çà et là, est des plus pittoresques. Quelques chaumières habitées se montrent dans le feuillage. Un pâtre joue de la flûte, et cherche à mettre toute son âme dans une mélodie, qu'il recommence obstinément, sans se lasser. Sa flûte n'est qu'un roseau. Il n'en tire pas moins de surprenants effets. On sait que les meilleurs roseaux pour faire des flûtes venaient, au dire des anciens, d'un lac près de Céléné, non loin d'ici, appelé Aulokréné. C'était peut-être des rejetons directs de ces vieux bavards qui, trahissant le secret confié à la terre par le barbier du roi de Phrygie, répétaient sous le souffle du vent : « Midas, le roi Midas a des oreilles d'âne. » La légende de ce pauvre roi est née en effet dans le pays où nous sommes.

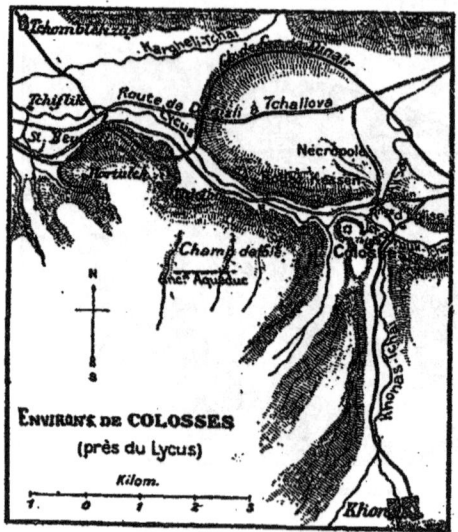

PLAN DE COLOSSES.

Voici un problème qui, chemin faisant, se pose à mon esprit : comment expliquer l'influence des joueurs de flûte sur les peuples de l'antiquité ? Car enfin, en écoutant ces sons aigres ou graves, gais ou mélancoliques, que le souffle de l'homme tire d'un roseau, les anciens s'exaltaient jusqu'au délire, comme font encore les sauvages de l'Océanie. Ils étaient mis hors d'eux-mêmes, et Aristote, aussi bien que Platon, déclare que les éducateurs de la jeunesse doivent soustraire aux funestes influences de ces mélodies phrygiennes les âmes sensibles de ceux qu'ils veulent façonner virilement. Aux Grecs il fallait la lyre. Eh bien, j'ai élevé de nombreux jeunes gens, je ne puis croire qu'un seul se fût laissé exalter ou amollir par les notes que nous entendons ici. Notre sensibilité musicale doit avoir considérablement baissé. C'est sans doute que l'humanité a vieilli. Henry, qui est pourtant d'une belle souche de musiciens, ne remarque pas même l'artiste s'escrimant à produire quelque impression sur nous, et il se borne à savourer, en chevauchant, un cigare exquis.

Vainqueur en apparence de toutes nos objections, Hélias nous amène dans la partie occidentale du village de Khonas, c'est celle où habitent les Grecs; l'autre, au delà du ruisseau, vers le levant, est toute peuplée de Turcs. Nous passons devant une belle et fraîche fontaine que je choisis, pour me désaltérer, tandis que le reste de la caravane va boire du mastic chez le cafetier de l'endroit. Bientôt tous les notables se réunissent autour de nous. Rien n'y manque, depuis le pappas, qui est épicier, jusqu'à un médecin de rencontre, Américain dit-il, et qui, peut-être, n'est ni Américain, ni médecin. A notre grande joie, il parle italien. Si nous en jugeons par la mine de ce pauvre hère, la science médicale doit être ici peu appréciée et mal payée. « Docteur où est donc Colosses ? Pappas où est Colosses ? Braves gens de tout nom et de

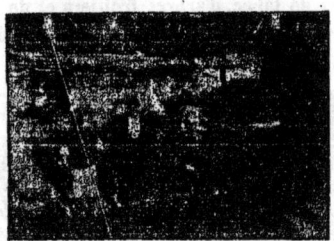

La fontaine de Khonas.

tout âge, où sont les ruines de Colosses ? » Et tout ce concile des savants de Khonas ne sait même pas si Colosses a existé. « Mais enfin de vieilles pierres (c'est l'expression consacrée dans le pays), y en a-t-il ici ? » « *Ouchi! ouchi!* Non! non! » répondent-ils à l'unisson, à moins qu'on ne veuille parler du château byzantin suspendu jadis aux rochers de la montagne et aujourd'hui écroulé. Ce n'est pas là Colosses et, puisqu'il n'y a rien ici, ni gymnase détruit, ni théâtre au flanc de la colline, ni colonnades renversées, ni restes de grands murs ayant entouré une ville, nous nous sommes fourvoyés. Décidément Hélias passe un mauvais quart d'heure. Nous l'accusons d'ignorance honteuse devant l'assemblée stupéfaite des anciens de Khonas. Les femmes se sont rapprochées pour apprécier notre indignation. Sans plus tarder, il faut reprendre notre première piste. C'était la bonne. Vite, nos chevaux, et retournons au site que nous avons laissé à quatre kilomètres d'ici, vers le nord, sur la rive gauche du Lycus.

Ce n'est pas que le paysage de Khonas ne soit remarquable. Au-dessus de ces maisonnettes de pisé ou de bois, qui se pressent échelonnées avec leurs toitures plates et parallèles comme les gradins d'un large et sombre amphithéâtre, la montagne s'élève majestueuse avec ses roches noires. Plus haut, des arbres verts, sapins vigoureux pour la plupart, trempent leurs pieds dans la neige et secouent leur tête au soleil. Une large échancrure qui s'est produite ici, entre les flancs du Cadmus, laisse passer, sous de grands noyers, un torrent qui roule des eaux blanchés et froides, comme celles des Alpes. Henry se console de notre course inutile en photographiant la gorge abrupte et pittoresque où figureront, crânement campés, les chefs de station qui nous ont escortés. Nous le hélons en prenant les devants. C'est Colosses, c'est Colosses qu'il nous faut ! Croirait-on qu'Hélias n'avait nulle envie de retourner à notre colline des bords du Lycus? Il prétendait rentrer à Congéli par la voie la plus courte. Mais la science, monsieur Hélias, la science, c'est un aimant, un vautour, un tyran, que vous dirai-je de plus ? C'est quelque chose devant qui il faut capituler. Nous vous montrerons Colosses, et vous serez désormais moins ignorant avec les touristes qui passeront.

Excitant nos haquenées blanches, nous redescendons rapidement, M. Vigouroux et moi, vers le Lycus. Henry, après avoir veillé à la sécurité de son appareil photographique, nous suit de près. En une demi-heure, à travers des jardins plantés de tabac, d'arbres fruitiers et de vignes, nous arrivons à la fameuse colline qui, dès le début, avait très légitimement attiré notre attention. Le

Le ravin de Khonas.

chemin la côtoie. Dans un champ de blé, à notre droite, des colonnes à moitié enfouies sont encore debout. Par leur aspect noirâtre, elles nous rappellent, quoique moins nombreuses, celles qui émergent dans les champs de Samarie. Là, fut peut-être une agora. Cependant le monticule qu'elles avoisinent ne garde pas trace de monuments considérables. Il est vrai que tout cela a été fouillé à fond par les bâtisseurs du pays. Quelques rares blocs, dispersés çà et là, ne nous indiquent rien de précis. Il faut donc porter nos investigations à gauche, vers deux hauteurs contiguës, aplaties l'une et l'autre à leur sommet, et disposées de façon que celle du sud a dû servir de large escalier à celle du nord. Nous les escaladons successivement, et avec plaisir nous constatons que les pieds de nos chevaux glissent à chaque instant sur les ruines couvertes par les blés déjà grands. Des chapiteaux, des débris de poterie, des pierres d'assez grand appareil, en travertin comme celles de Tralles, gisent partout. Les arasements d'un mur d'enceinte, descendant du point culminant qui se dresse au nord-ouest, contournent la première et la seconde colline à l'occident et au sud, comme pour décrire la forme d'un pied immense qui se dirigerait vers le midi en appuyant sa partie plate au levant. Très certainement il y eut ici une ville, et une ville fortifiée. Sa situation stratégique était excellente, entre trois cours d'eau le long desquels s'étendaient les faubourgs. Deux de ces cours d'eau descendant du sud au nord, sont de petits ruisseaux, mais l'autre se précipitant de l'est à l'ouest, est un fleuve. Or ce fleuve c'est le Lycus, et certainement la ville fut Colosses. N'en reste-t-il absolument rien? Ce serait trop dur pour des visiteurs venus de si loin saluer le site célèbre, et

La colline où fut Colosses.

nous devons opiniâtrement chercher. Un peu trop vite, ceux qui nous escortent sur leurs chevaux fringants, ont exploré les deux hauteurs, et découragés de n'avoir rien aperçu, ils sont allés se reposer au moulin, et boire du mastic en mangeant de la salade. Hélias, confus de la leçon que nous lui donnons, a le désir de ne rien trouver du tout. Henry, toujours alerte et dévoué, chevauche de tous côtés, impatient de nous faire plaisir en criant *Eureka !* Sur la plus haute des deux collines adjacentes, il nous signale des murs carrés qui firent certainement partie de l'Acropole. Ils sont de l'époque grecque, et ont vu passer soit Xerxès marchant sur Sardes, en 481 avant Jésus-Christ, soit Cyrus le Jeune se dirigeant vers l'Euphrate en 401. Alors Colosses était une grande cité. Elle le demeura plusieurs siècles encore, puisque Pline, au temps de saint Paul, c'est-à-dire après les catastrophes qui l'avaient réduite pour Strabon à l'état de bourg, πόλισμα, la mentionne parmi les villes célèbres de la Phrygie. Et tout cela nous fait dire : si Colosses fut une grande ville, elle eut un stade et un théâtre. Le stade nous l'avons peut-être vu, au flanc occidental de la hauteur, mais absolument transformé par cette lutte incessante de l'agriculteur ou du maçon contre tous les droits et toutes les objurgations des archéologues. Le théâtre, il faudra donc partir sans l'avoir retrouvé. Ce sera non pas seulement un amer regret au milieu de réelles satisfactions, mais, avouons-le, une humiliante déconvenue, car enfin il y est, j'en suis sûr. Le théâtre est invariablement la dernière ruine qui demeure de toute vieille ville, protégé qu'il est d'ordinaire par le pli de terrain dans lequel il s'abrite. Ainsi à Smyrne, à Magnésie, à Tralles même où tout a été détruit, le théâtre subsiste encore.

Heureusement il y a un bon ange pour les archéologues comme pour tous les hommes de bonne volonté, et l'ange, s'il ne parle pas directement au cavalier, ne dédaigne pas de diriger et d'arrêter tout à coup sa monture, comme au temps de Balaam. Eh bien, oui, ce fameux théâtre de Colosses, dont la pensée nous obsédait, c'est mon cheval qui l'a trouvé. En cherchant sa route au flanc de la plus basse des deux collines, il s'arrête net devant un large creux caché par les blés. Ce creux c'est la *cavea*! Honneur à la brave bête! Je pousse le cri du triomphe, qui devient celui du ralliement, car mes deux compagnons accourent aussitôt. C'est donc au bas de la deuxième colline, et tourné au levant, presque sur la route actuelle, qu'est ce site, l'unique reste incontestable de la vieille cité. La partie haute en est taillée dans le roc. Il peut avoir 25 mètres de diamètre. Le proscenium est enfoui sous la terre et couvert par le blé. La place des gradins est visible, mais tous les marbres ont disparu. Nous entrons avec joie dans l'enceinte. Très probablement les premiers disciples de l'Évangile s'y sont assis, au moins avant leur conversion. Par ici sûrement nous touchons à la grande époque qui nous préoccupe. Nous soulevons la terre, nous retournons en tout sens les fragments de pierre et de marbre. Pas une inscription. Un seul débris avec quatre lettres finales, HNΩN, semble bien une signature des Colosséens déchirée par le temps. Il est regrettable que la pioche des chercheurs n'ait pas interrogé plus sérieusement ces champs muets. Que d'intéressantes révélations ils devraient nous faire!

Médaille de Colosses.
Tête avec l'inscription :
Δημος Κολοσηνων.

Reste un point à éclaircir, c'est l'indication d'Hérodote d'après laquelle le Lycus se serait jeté ici dans un gouffre, et aurait cheminé sous terre un kilomètre durant, dans la direction du Méandre. En réalité le fleuve est très profondément encaissé au pied septentrional de la ville, mais il n'y a pas de gouffre, bien que le courant demeure très rapide; encore moins peut-on dire que l'eau s'y cache sous terre. Hérodote s'est-il trompé? Il faut examiner toutes choses de près, avant de mettre en doute son témoignage. Ayant franchi le pont par lequel nous étions venus ce matin, nous laissons nos montures sur la pelouse qui borde le moulin, et nous descendons à pied dans le lit du Lycus même, qu'Henry s'empresse de photographier. Tandis qu'inutilement je cherche partout des vestiges de gouffre, M. Vigouroux me fait remarquer çà et là des restes de parois surplombantes qui, après avoir formé jadis un vaste et long arceau, ont dû être brisées par de violents tremblements de terre. Les points de départ ou d'arrivée de la voûte sont plus particulièrement visibles sur la rive gauche. Comment se forma cet immense tunnel? Il fut l'œuvre non pas des eaux du Lycus qui elles-mêmes ne sont pas incrustantes, mais des fontaines aboutissant ici pour rejoindre le fleuve. On les voit sourdre impétueuses de tous côtés. Sont-elles des dérivations multiples de l'Ak-Sou, ou la Rivière Blanche, qui,

Le fleuve Lycus contournant la colline de Colosses.

beaucoup plus élevée que le Lycus, se précipite du plateau où elle coule, près du moulin, en envahissant peu à peu de ses pétrifications la berge même du fleuve? Sont-elles des infiltrations du torrent que nous avons vu à Khonas et qui, tout à coup, a disparu sous terre? Peu importe; étant donnée la nature de ces eaux, le résultat général est facile à déterminer. Puisque, par leur mouvement naturel, elles tendent, à travers leurs cascades pétrifiantes, à pousser sans cesse, comme un pont avancé, leurs vastes concrétions, — ce que nous verrons demain à Hiérapolis en sera la démonstration évidente, — on peut imaginer qu'à la longue, elles aient couvert une partie de l'étroit passage où le Lycus roule ses flots rapides. Et ceci n'est pas une hypothèse sans fondement. Les arrachements de voûte, que nous observons sur les hautes roches bordant le fleuve, sont de même nature que les pétrifications produites sur l'arbre de couche et la roue du moulin. En sorte que le phénomène signalé par Hérodote, non seulement s'explique, mais risque de se reproduire le jour où un éboulement de terrain avançant quelques roches, une tempête couchant de grands arbres établiront au confluent de l'Ak-Sou et du Lycus, un point de départ pour des concrétions nouvelles et suivies. Non moins qu'au temps de Pline l'Ancien[1], l'Ak-Sou, aujourd'hui durci, comme des pierres, les briques ou les bois et les herbes que baignent ses eaux, et le travail qu'il fait, comme incrustations, est d'une rapidité surprenante. Au reste les habitants du moulin et nos loueurs de chevaux qui sont de Denizli, nous assurent qu'il n'y a pas rien que lui dans les environs à pétrifier tout ce qu'il touche. Ils nous citent d'autres ruisseaux disparaissant tout à coup sous la voûte créée par leurs eaux cristallisées au contact de l'air, entre autres le Kiouk Bonar. Mais qu'est-il besoin de leurs allégations? La nécropole de Colosses, sur laquelle nous sommes en ce moment, n'est-elle pas une immense couche de travertin déposée par des eaux incrustantes? Les tombes y sont creusées comme dans une roche épaisse et résistante. Or, si ces eaux ont pù créer ici un vaste plateau, à plus forte raison, en descendant de 20 mètres de haut dans le ravin du Lycus, étaient-elles capables d'y établir un vrai tunnel. D'ailleurs le dire d'Hérodote ayant été confirmé par Strabon[2] et par Pline[3], il n'y a pas à le révoquer en doute, mais à l'expliquer.

Fiers d'avoir retrouvé ce site de Colosses auquel se rattachent de grands souvenirs chrétiens, nous avons une véritable consolation à le contempler. Dans ces rues que mon œil devine sous les blés verts, et qu'il suit serpentant autour de la colline, derrière ces murs que mon imagination repeuple, vécurent ces fidèles, ces saints, ces frères que Paul salue avec tant d'effusion, dans une magistrale épître. Y était-il venu lui-même? C'est une question controversable, mais que nous essayerons de trancher dans le sens de l'affirmative, en publiant notre second volume de l'*Œuvre des Apôtres*. En tout cas, l'épître, une de ses plus hautes inspirations, m'a toujours paru résumer, sous sa forme la plus saisissante et la plus complète, l'idée fondamentale du christianisme, Jésus-Christ donnant seul la vie surnaturelle à l'homme, parce qu'il a en lui la plénitude de la Divinité, et l'Église, dans son ensemble, comme dans chacun de ses vrais membres, n'étant qu'une extension de son fondateur. Rien ne manque à ce chef-d'œuvre, ni les sublimes aperçus sur la nature divine et l'œuvre du Rédempteur qui a attaché au gibet, pour la détruire, la lettre de créance constatant la dette de l'humanité, ni les leçons pratiques sur la mort du vieil homme et la naissance de l'homme nouveau, ni les conseils sur les relations sociales ou

Halte près du Lycus.

1. *Hist. nat.*, XXXI, 2.
2. Strabon, XII, 8.
3. Pline, *Hist. nat.*, IX, 103.

de famille. C'est par Tychique que la lettre fut envoyée. Avec lui, arriva l'esclave Onésime porteur, lui aussi, d'une autre lettre, bien courte, mais modèle exquis de tendresse, de haute religion et de délicates pensées, à l'adresse d'un bourgeois de Colosses, Philémon. Où fut la demeure de cet ami de Paul, qui avait chez lui une petite église ? A quelle porte vint frapper l'esclave fugitif devenu chrétien et repentant ? On la montrait encore au temps de Théodoret. Aujourd'hui ceux qui dorment sous nos pieds, dans les sépulcres de la nécropole, pourraient seuls nous le dire. Un édifice sacré en ruines sur le bord du Lycus, en amont du moulin et du pont, marqua peut-être, dans le passé, quelque souvenir pieux : la maison d'Archippe constitué évêque de Colosses par Epaphras, l'infatigable apôtre des villes du Lycus, ou celle de Philémon et de sa femme Appia. Nous nous asseyons sur le parapet du pont et, au bruit des eaux jaillissantes, nous lisons le petit billet donné par Paul à Onésime, l'esclave fugitif. Rien de plus intéressant que d'y voir ce qu'était l'apôtre en dehors de la polémique ardente et des soucis de son ministère ; ce qu'il mettait de délicieux dans ses relations avec ses amis, de spirituel, d'enjoué et d'ému dans son langage, quand il voulait faire oublier l'austérité naturelle de son tempérament. Au point de vue social, cette lettre a une importance considérable, puisqu'elle nous révèle la solution donnée par Paul à la question de l'esclavage. Rien de plus modéré que sa théorie. Se faire chrétien n'est pas, pour l'esclave, supprimer les liens qui l'attachaient à son maître, seulement celui-ci, s'il est lui-même disciple de l'Évangile, devra désormais voir dans son esclave baptisé un frère selon la nature et selon la grâce. Dès lors, il sera tout disposé à en faire un homme libre. C'était résoudre par la charité ce qu'il est toujours dangereux de vouloir trancher par la violence.

Les habitants du moulin, qui ne savent rien ni d'Onésime ni de Philémon et ne cherchent guère dans les grandes traditions apostoliques leurs saints à honorer, nous assurent que ces ruines furent une église consacrée au Taxiarque saint Michel. On nous a déjà montré à Khonas un sanctuaire détruit, où était honoré ce chef de la milice céleste. Ce serait un indice que les Colosséens eurent de tout temps un penchant naturel à vénérer, comme l'insinue saint Paul, les anges qu'ils n'avaient pas vus, de préférence aux prédicateurs et aux apôtres qui les avaient évangélisés. Le meunier semble assez désireux d'entrer en conversation avec nous, et de montrer sa science hagiographique, tandis que nos guides mangent de la salade et des oignons. Nous l'écoutons volontiers. « Sur ces ruines de l'église que je vous ai montrées, nous dit-il, se sont accomplis de nombreux miracles. Nos pères nous les ont racontés. La fontaine que vous y avez vue jaillit, il y a bien longtemps, à la prière de Jean et de Philippe. Ces deux apôtres, qui avaient vaincu l'un l'impure Artémis à Éphèse, l'autre la grande Vipère à Hiérapolis, étaient venus prêcher à Colosses. Or, ils dirent au peuple que là où était la source, là le Taxiarque Michel devrait faire de miraculeuses guérisons. Et ce fut vrai ; le nombre de ces guérisons devint incalculable. Nous avons entendu citer, comme particulièrement célèbre, celle d'une jeune fille de Laodicée, muette de naissance. Le père était idolâtre, et malgré son infidélité, il entendit une voix, celle de l'archange Michel, qui lui disait : « Va à la source miraculeuse, et tu n'en auras pas de regret. » Le brave homme s'y rendit aussitôt, et invoquant le Père, le Fils, le Saint-Esprit ainsi que leur bras droit, l'Archistratège Michel, il se mit à jeter de l'eau dans la bouche de sa fille ; subitement celle-ci parla pour glorifier Dieu. Toute la famille reçut le baptême, et le père bâtit un petit oratoire au dessus de la source, en l'honneur du chef des armées célestes. Là, pendant des siècles, vécurent de saints religieux qui bénissaient les pèlerins accourant pour obtenir des miracles. Hélas ! un jour des hommes méchants résolurent de détruire la source et le sanctuaire. Ils détournèrent un cours d'eaux cristallisantes comme celles de mon moulin, et les eaux peu à peu envahirent le lieu béni, jusqu'à ce qu'enfin, le ciel irrité ouvrit un gouffre où disparut à jamais le pieux souvenir. Les ruines qui sont là marquent sa place, mais les miracles ne s'y font plus. » Après cet intéressant discours dont nous faisons notre profit, je me hâte de dessiner sommairement la topographie de Colosses. Comme je l'ai déjà observé, la ville était entre trois cours d'eau. Les deux moins importants descendent des contreforts du Cadmus, et la longent l'un au levant et l'autre au couchant. Le troisième, qui est le Lycus, la protège au nord et reçoit, en ce point, non seulement les deux précédents, mais aussi l'Ak-Sou venant du plateau septentrional. Le paysage est gracieux. Les champs ensemencés ont de belles moissons. Les arbres sont puissants de végétation. Les hautes montagnes, à l'arrière-plan, produisent un saisissant effet. Le soleil, qui va se coucher, donne maintenant à leurs neiges des teintes rose et or délicieuses. Reprenant nos montures, nous traversons le plateau tout sillonné de dépôts calcaires par où nous étions arrivés ce matin. D'innombrables oiseaux de proie planent sur nos têtes. Nous rejoignons la grande route de Denisli. Des paysans, venant de quelque marché, nous regardent avec une curiosité inquiète. Bientôt nous retrouvons le pont moderne où le Lycus, devenu plus calme et moins encaissé, coule à grands flots.

Laissant Beudjeli à notre gauche, malgré les pressantes invitations du chef de station qui voudrait nous y offrir un café, nous marchons sur Congeli où nous devons coucher. La traite est longue. A 9 heures de la nuit, nous chevauchons encore à travers des torrents pierreux et des sentiers impraticables, sans jamais arriver au terme du voyage. « Dans un quart d'heure ! » nous répète Hélias, et, commencé depuis une heure et demie, le quart d'heure n'est pas près de finir. Cette déception perpétuelle, l'ennui de ne pas savoir où l'on va, la crainte d'un accident au milieu des ténèbres, surtout quand on a la responsabilité de deux trésors aussi chers que mes deux compagnons, tout cela m'énerve plus qu'il ne faudrait. Aussi ai-je peu de goût pour regarder un vaste khan abandonné qu'Hélias, au clair de lune, propose à notre admiration. Bientôt, c'est à travers les tombes que nous cheminons. Nous longeons l'antique nécropole de Laodicée. Je n'ai, à pareille heure, aucun désir d'y faire de l'épigraphie.

Enfin, vers 9 h. 45 nous arrivons à Congeli, devant notre hôtel. Le mot est prétentieux quand on regarde la chose : une petite maison en construction, où le menuisier du pays n'a encore placé ni portes ni fenêtres, et où le maçon n'a pas mis d'escalier pour en aborder l'entrée. C'est par un pont de planches improvisé que nous y pénétrons. Pour le moment, l'hôtel n'a qu'une chambre où deux hommes ne sauraient se mouvoir à l'aise. La bâtisse en pisé n'est pas encore enduite de mortier, et les fissures énormes qui s'ouvrent à travers les briques mal faites nous laissent à peu près en plein air. A travers ces désagréables interstices, les chacals pourraient nous montrer leur langue, si un chien très hargneux ne les tenait à distance. Décidément la situation est critique. Le chef de gare offre un lit à M. Vigouroux sur la table du télégraphe. Au moins notre ami sera-t-il à l'abri de l'air et des bêtes. Henry se fabriquera une couchette à côté de moi, sur une sorte de canapé qui encombre l'appartement. Un guide intelligent, que M. Apak nous a envoyé tout à l'heure de Nazli, doit désormais nous servir d'interprète. Je laisse à mes compagnons toutes les préoccupations du souper. Ce n'est pas peu de chose, attendu qu'il n'y a rien de prêt. J'ai senti comme un frisson de fièvre, et je me suis couché. A travers des visions et des cauchemars d'archéologue, j'entends enfin le cliquetis de leurs fourchettes. Tout est bien. Une discussion s'est engagée entre Henry qui voulait la volaille rôtie et Hélias qui l'a mise au pot. Mais Hélias est homme de ressource et, ayant aussitôt fait passer le poulet du pot sur le gril, il l'offre rôti et bouilli tout à la fois. Ainsi se tournent les difficultés. Moi, je me retourne dans mon lit.

A Hiérapolis.

Antée, en touchant la terre, retrouvait toutes ses forces. Nous les avons retrouvées nous-mêmes en touchant nos lits, mobilier d'ailleurs absolument neuf, dans une baraque hélas trop neuve, puisqu'elle n'est pas finie, mais à laquelle on se fait, comme le pauvre homme à ses habits troués, ou mieux, comme en Orient on se fait à tout. Dès cinq heures, je suis debout, encourageant Henry qui s'est enfoui tête et pieds dans son lit, transformé en chambre noire, pour garnir ses appareils photographiques, félicitant M. Vigouroux qui aurait été mieux logé que nous, si son matelas avait voulu tenir en place sur la table vernie du télégraphe. Il paraît qu'il a subi quelque peu, toute la nuit, le supplice de Sisyphe remontant, non plus le rocher, mais sa couche qui redescendait sans cesse. Bref, tout le monde est content, comme au lendemain d'une rude et heureuse bataille. Nous sommes prêts à en livrer une autre. Les chevaux, broutant l'herbe çà et là, nous attendent avec nos guides. Le brave jeune homme, John, que M. Apak nous a expédié hier soir, a couché avec les maçons presque à la belle étoile. Un de ces pauvres ouvriers grelotte sous l'étreinte de la fièvre. Je l'interroge et lui donne de quoi se soigner. Un petit acte de charité est le meilleur salut adressé au soleil qui se lève.

Nous suivons un instant la voie ferrée vers l'occident et puis, tournant à gauche, nous semblons nous éloigner du but. Hiérapolis se trouve, en effet, là-bas, au nord, sur la blanche plate-forme, qui se dessine en capricieux zigzags, en avant des pentes brunes du Messogis. Mais notre direction provisoire au midi n'est, assure Hélias, qu'un mouvement tournant qui attrapera bien le Lycus, décidé à ne pas nous laisser passer, puisqu'il vient d'emporter tout récemment un de ses ponts. Les ponts, dans ces pays étranges, sont des poutrelles accouplées au petit bonheur sur deux ou trois jetées, quand les jetées existent. Avant d'y aventurer les chevaux, on s'assure qu'elles sont à peu près rejointées, surtout qu'aucun maraudeur n'en a supprimé aucune, et puis on

Types de la vallée du Lycus.

va de l'avant sans peur et sans reproche. Croisant enfin le chemin de fer, nous marchons franchement au nord, à travers une plaine où les grands blés ondulent de toutes parts. Sur notre droite, au milieu de verts pâturages, un immense troupeau de brebis noires nous rappelle les bonnes bêtes dont l'antiquité prisa si haut la toison fine et abondante. Mon imagination repeuple cette riche et immense vallée, comme aux temps antiques, de vaillants agriculteurs. Les Phrygiens avaient le culte des travaux des champs. Leurs vieux rois, tels que Gordias, étaient des laboureurs qui avaient vu l'aigle leur apporter la couronne en se reposant sur le timon de leur charrue. Ils mettaient leur meilleure gloire à faire, autour d'un joug, un nœud inextricable comme celui qu'Alexandre, pour en finir avec les oracles, trancha de son épée. Le géant phrygien Lityorsès, un fils de Midas que tua Hercule, n'avait qu'une ambition, celle de vaincre tout le monde dans l'art de faucher rapidement le blé. Une charrue, le bœuf, le char, l'*araba* actuelle, étaient pour ces bons Phrygiens des objets sacrés, et le culte de la nature suffisait aux aspirations de leurs âmes d'enfants. En descendant des montagnes de la Parorée dans la plaine, ils y avaient apporté toutes leurs pratiques religieuses, et nous sommes presque à l'époque de l'année où, ici même, au son des tambours et des castagnettes, le peuple en fête promenait, sur un brancard triomphal, le pin sacré, image de la végétation qui n'a pas de défaillances. Quelle vie! quels cris! quelle joie alors! Aujourd'hui tout est mort. Le Turc a mis l'idéal de sa vie à être conducteur de chameaux, *devidgi*, ou tout au plus de chèvres et de brebis. Jamais il ne consent à s'incliner sur le sillon. Il trouve que c'est là un servage, et fièrement il préfère mourir de faim que s'astreindre à cet avilissant travail. Comme les Arabes, il a, du moins ici, l'horreur innée des arbres. Si un seul trouve grâce devant lui, c'est qu'un derviche aura dit : « Voilà un arbre sacré ! » Alors l'arbre peut se promettre de longs jours. C'est l'histoire de ce platane gigantesque que nous rencontrons sur notre route, et dont nous nous plaisons à admirer le prodigieux développement. A la partie inférieure du tronc, il ne mesure pas moins de 12 mètres de circonférence. Hérodote raconte que Xerxès, passant ici pour aller à Sardes, trouva également sur ses pas un platane si extraordinaire de proportions qu'il le fit envelopper d'or, et préposa à sa garde un soldat de la cohorte immortelle. Nous regrettons de ne pouvoir faire le même honneur à celui que nous venons de rencontrer ici.

Après avoir franchi le Lycus sur un de ces ponts rudimentaires dont je parlais tout à l'heure, nous entrons dans des marais desséchés. Au milieu des hautes herbes, d'innombrables cigognes poursuivent, pour les manger, des grenouilles et des vipères. Des papillons dorés, bleus, rouges, volent partout. Peu à peu nous nous rapprochons de la montagne où, sur la blanche terrasse, se dressent de majestueuses ruines. Déjà nous venons de traverser les premiers ruisselets pétrifiés qui descendent du plateau et

Le plateau d'Hiérapolis à distance.

serpentent à travers champs. Une sorte de ferme assez importante nous permet de comparer l'aspect triste, sale, désordonné, du *tchifflick* turc, avec l'air toujours gai, propret, bien rangé de nos bonnes maisons de paysans. Chez nous, la fermière veille sur tout, bêtes et gens, approprie coquettement sa cour comme son intérieur de maison, se sent quelqu'un et non pas quelque chose, une sorte de petite reine qui gouverne maternellement son modeste royaume. En Orient, la femme n'a jamais entrevu, même de loin, une vie si occupée, si utile, si honorable.

Enfin nous voici au pied de la vaste et curieuse plate-forme. C'est par le sud-est que nous devons l'aborder. La petite ascension menace d'être accidentée. Bientôt nos chevaux ne marchent qu'avec peine sur les dépôts calcaires qui couvrent la pente rapide, et la hérissent de désagréables dentelures. Des tombeaux, moins nombreux et moins remarquables que ceux dont nous étudierons tout à l'heure les inscriptions à l'autre extrémité du plateau, mais intéressants quand même, se dressent çà et là en forme de petits temples avec pilastres doriques et fenêtres à croisillons. Autant pour les examiner de près que pour me délivrer de mon cheval qui bronche, je mets pied à terre. Mes compagnons en font autant.

A mesure que nous gravissons la hauteur, les phénomènes géologiques deviennent de plus en plus surprenants. Le sol, blanc comme la neige, sonne creux sous nos pas. Tandis que le soleil, appelé par le vieux peuple de Phrygie *le Berger des astres blancs*, Ποιμὴν λευκῶν ἄστρων, et, d'après l'auteur des *Philosophuména*, adoré jadis comme le dieu du pays, brûle impitoyablement nos têtes, la réverbération de la vaste masse crayeuse nous oblige, par moments, à fermer les yeux. Voici un premier ruisseau d'eaux cristallisantes, coulant sur une crête à hauteur d'homme. Nous y plongeons la main. L'eau, très limpide, est à peine tiède. Elle se déverse dans un petit vallon fermé, qu'elle comblera peu à peu. Dans sa course capricieuse, elle a élevé à droite et à gauche, et elle développe graduellement, les deux rives crétacées entre lesquelles elle se précipite. Son travail est visible à l'œil nu. Quelques joncs tristes et rares poussent çà et là.

Un peu plus haut, et en inclinant à droite, nous atteignons la ville d'Hiérapolis et la grande rue qui, du sud-est au nord-ouest la traversait d'un bout à l'autre. Par une porte monumentale, depuis longtemps rasée, elle aboutissait aux remparts dont les débris sont amoncelés devant nous. Une antique colonnade qui l'ornait, et que nous retrouverons mieux conservée à l'autre extrémité de la ville, est ici détruite. Difficilement on chemine à travers les blocs de travertin entassés çà et là.

Le premier monument à peu près reconnaissable que nous rencontrons fut une église chrétienne. Elle avait trois arceaux de chaque côté, supportés par un pilier central. Il nous est agréable de faire une halte sur ces pierres qui ont entendu les chants des premiers fidèles. L'édifice remonte au moins au v° siècle. De ce point notre œil embrasse à peu près tout le site de l'ancienne ville encore à moitié debout. Jamais nous n'avions vu un tel ensemble de ruines protester contre l'injure du temps et des hommes. Les grands murs de travertin rougeâtre semblent avoir été brûlés par un effroyable incendie. Les édifices de pierre blanche, tels que le grand théâtre à notre droite, ont simplement jauni sous l'action du soleil. La difficulté d'emporter ces matériaux par des chemins impraticables a préservé Hiérapolis, la Ville Sainte, de la main des démolisseurs.

A la vue de tant de ruines à interroger, notre enthousiasme est grand, et pour mettre quelque ordre dans notre excursion, nous suivons à gauche la trace de l'ancien rempart, dans la direction de l'immense remblai que les eaux incrustantes poussent toujours au-dessus de la plaine. Là sont d'ailleurs les restes majestueux d'une très vaste construction, le Gymnase et les Thermes. Là aussi nous aurons un peu d'ombre, ce qui n'est pas à dédaigner par une chaleur de 40°.

Après les grandes constructions de l'Égypte, je n'ai pas vu d'architecture plus hardie, plus gigantesque que celle du Gymnase d'Hiérapolis. C'est comme un fragment des Thermes de Caracalla debout, mais en pierre brune, au lieu d'être en briques. Peut-être y eut-il à Tralles quelque chose d'analogue, près de l'Utch Gœuz, seulement, comme nous l'avons vu, il n'en reste plus rien. Pour bien se rendre compte des proportions de ce qui est ici, il faut se rappeler que les eaux pétrifiantes y ont exhaussé le sol de plus de 2 mètres tant à l'intérieur des édifices

Partie nord des Thermes ou du Gymnase d'Hiérapolis.

qu'en plein air. Dès lors, l'élévation des salles a été elle-même singulièrement amoindrie, et cependant on demeure, en y entrant, sous l'impression de l'étonnement que cause le grandiose, le prodigieux. Les voûtes en énormes blocs sans mortier ni crampons, ont résisté vaillamment depuis de longs siècles à tous les tremblements de terre, et s'arrondissent, encore intactes, sur des salles dont une mesure 14 mètres de large et 30 de long. Bien que la nature poreuse de la pierre employée la rende légère, nous nous demandons, une fois de plus, comment les architectes d'autrefois procédaient pour soulever des masses si colossales, et établir sur de tels espacements des cintres si stupéfiants. Il y a plusieurs grandes pièces qui se communiquent. Impossible de déterminer leur destination particulière. Le sol primitif, où durent être les piscines avec les sièges des baigneurs, est trop profondément enseveli sous les dépôts calcaires pour qu'on hasarde des suppositions plausibles. L'ensemble de l'édifice a plus de 130 mètres de côté.

Quelques Turcomans, qui gardent des troupeaux aux flancs de la montagne, sont accourus pour nous voir de près. Ils nous disent que ces édifices prodigieux furent un château-fort, et, à l'appui de leur affirmation, ils nous montrent dans l'épaisseur des murs des passages secrets qui auraient servi aux soldats. Leur science est donc plus courte encore que la nôtre, car leur tradition ne saurait un instant résister à la plus sommaire inspection du colossal monument. Toutefois nous les suivons dans les réduits où ils s'engagent. Rien de plus surprenant que les séries d'escaliers taillés dans le mur, sur les côtés de la grande salle. L'un d'eux est pris d'un bout à l'autre dans une seule pierre. La partie plus maltraitée par le temps, qui s'ouvrait sur une grande place, au nord, dut servir aux exercices du corps, jeux du disque, de la course, du pugilat, et les compartiments marqués par des piliers encore debout étaient peut-être les hémicycles, *Scholœ*, comme disait Vitruve[1], où les philosophes et les rhéteurs donnaient leurs leçons aux curieux qui voulaient les entendre. Ces piliers quadrangulaires et jadis surmontés de chapiteaux corinthiens, ce qui était aussi disgracieux que rare en architecture, présentent de curieuses incrustations. On les obtenait en jetant des fragments de marbre, de cippolin et de jaspe sur le parcours des eaux cristallisantes où l'on voulait former, comme dans un moule, ces singulières colonnes. Plusieurs d'entre elles se sont courbées sous le poids qu'elles portaient, ou sous l'action du soleil, comme des matériaux trop imbibés d'eau et trop peu durcis quand on les a employés. De la couverture des hémicycles, il ne reste plus rien.

C'est là, sous un de ces portiques, que le jeune Épictète, se chauffant peut-être au soleil, comme un de ces Turcomans qui nous regardent et sans doute nous admirent, commença d'apprendre *à s'abstenir et à supporter*. Telles devaient être plus tard les deux grandes maximes de sa philosophie, la plus élevée que l'homme ait formulée en dehors de l'Évangile. Mais Épictète fut-il tout à fait en dehors de l'Évangile? Il est difficile de supposer qu'un esprit si désireux de trouver la vérité n'ait pas prêté quelquefois l'oreille, ici même peut-être, aux discours des chrétiens qui parlaient de leur religion. Les bains étaient, en effet, le rendez-vous de tous ceux qui voulaient enseigner ou apprendre quelque chose. Ah! si ces vieux piliers pouvaient parler, que d'intéressantes révélations ils auraient à nous faire! Les Turcomans se sont rapprochés de nous. Nous leur demandons le nom des ruines qui nous entourent. Ils répondent avec ensemble Pambouk-Kalessi, et non, quoi qu'en ait dit M. Renan, après d'autres, Tambouk-Kalessi. La raison qu'ils en donnent, c'est que les blanches cascades forment autour des ruines comme une enveloppe de coton (Pambouk). Nous sommes donc ici au *château* (Kalessi) *de coton*. Plus difficilement nous obtiendrons de ces indigènes un peu d'eau potable. Il paraît qu'ils vont la puiser fort loin. Quant à celle des sources thermales, gardons-nous bien d'y goûter. Un jeune homme de 18 ans, qu'on nous présente pour lui octroyer gratuitement une consultation médicale, a des jambes absolument grêles et un

---

[1]. Vitruve, lib. V, c. x.

ventre énorme. Si vous frappez sur ce ventre monstrueux et insensible, il rend le son mat et dur de la pierre. En buvant ces eaux cristallisantes, le malheureux a-t-il, comme il le croit, progressivement pétrifié ses boyaux ? Cela semble inadmissible. Ce qui est certain c'est qu'il se dessèche chaque jour, ne pouvant plus manger, parce qu'il ne peut pas digérer. Je laisse à la médecine d'expliquer le phénomène. Henry n'ayant nulle envie de voir sa taille svelte s'encombrer d'un embonpoint si effrayant, préfère se condamner au supplice de la soif que s'en rapporter à la bonne foi des Turcomans arrivant enfin avec une gargoulette remplie on ne sait où. Hélias trouve un peu de lait pour M. Vigouroux et pour

Près de la source pétrifiante d'Hiérapolis.

moi. Nous condamnons Henry à en boire, quoiqu'il ne l'aime guère, et ainsi réconfortés, nous reprenons notre excursion.

Remontant vers la grande rue transversale déjà mentionnée, nous atteignons la source thermale, qui fit la réputation, et qui demeure encore l'incomparable curiosité d'Hiérapolis. Quelques débris de colonnade en marbre blanc sont tout ce qui reste de l'antique Nymphéum dominant la fontaine. L'eau couleur d'émeraude, est tellement transparente, qu'une petite pièce d'argent demeure visible jusque dans les dernières profondeurs du gouffre, et si quelqu'un se hasarde à l'aller chercher, nous disent les Turcomans, il n'en revient pas. Une colonne couchée dans l'abîme empêche les imprudents de s'y aventurer.

A la surface, l'eau, qui atteint à peine 32°, semble bouillonner, tant est grande l'abondance des gaz qui s'y dégagent. Strabon[1] regardait comme une merveille

---

1. Strabon, liv. XIII, 1, 14.

que cette eau se pétrifiât à mesure qu'elle s'éloignait de sa source. Pour la science moderne, la raison en est facile à imaginer. L'acide carbonique, qui maintient en dissolution dans ces eaux alumineuses et sulfureuses une grande quantité de sels calcaires, s'évaporant à l'air libre, ces sels se déposent dans les rigoles, surtout aux points où s'opère un frottement, sur les rives, par exemple, parce que le dégagement de l'acide carbonique y est plus considérable.

On a cru que le célèbre géographe était tombé dans l'exagération en parlant des baies qui se produisent, par la déviation de ces sources à travers champs, ὥστ' ὀχετοὺς ἐπάγοντες φραγμοὺς ἀπεργάζονται μονολίθους. Son affirmation est absolument exacte, et les rebords de ruisseaux qu'on voit près de la ferme, au-dessous des grandes cascades, ont bien 0 m. 60 de haut. Régulièrement les rebords s'exhaussent jusqu'au niveau même du point de départ de l'eau. Lorsque celui-ci est atteint, les eaux ne montent plus mais se répandent de tous côtés, en créant la vaste croûte blanchâtre qui couvre le sol. C'est en forme de petits dépôts blancs perlés, et s'agglomérant peu à peu comme des branches de corail, que ce phénomène se produit sur les pierres et le long des herbes, en contact avec l'eau; puis d'autres masses liquides viennent unifier le tout en un stuc blanchâtre, assez friable, mais qui s'épaissit de jour en jour. On dirait des couches de chaux ou plutôt d'os de seiches formant, sur une grande profondeur, une immense dalle, d'où la chaleur monte étouffante avec la réverbération des rayons solaires. Plusieurs bassins, moins profonds et comparables à des mares entourées de joncs, de fucus, d'algues, contiennent aussi des eaux tièdes acidulées et ferrugineuses. C'est probablement le résultat des infiltrations de la source principale.

Ce que nous ne retrouvons pas, à notre grand regret, c'est le fameux Plutonium qu'on voyait jadis, d'après Strabon, sous un petit avancement de la montagne, ὑπ' ὀφρύϊ μικρᾷ τῆς ὑπερκειμένης ὀρεινῆς, et dont l'ouverture, si petite qu'un homme y serait à peine passé, s'enfonçait sous terre à perte de vue, laissant échapper une épaisse vapeur. Nul être vivant, sauf les Galles, prêtres de Cybèle, ne pouvait résister aux gaz qui se dégageaient de la fissure mystérieuse. Aussi l'avait-on isolée par des barreaux quadrangulaires sur une étendue d'une demi-plèthre (15 m. 40). Le récit de Dion Cassius qui place le Plutonium au-dessous d'un ancien théâtre, suppose qu'il s'agissait d'un puits entouré d'une muraille. C'est en se penchant qu'on voyait l'ouverture et la vapeur qui s'en exhalait[1]. Quelque éboulement de terrain aura fermé l'antre de Pluton. Il faudrait opérer des sondages pour le retrouver. C'était quelque chose d'analogue à la Solfatara de Naples et à la Grotte du Chien. Les taureaux aussi bien que les oiseaux soumis à cette atmosphère, dit le géographe grec qui en avait fait l'expérience, étaient subitement asphyxiés. Les Galles ayant soin de ne pas respirer, tandis qu'ils tenaient leur tête à l'orifice du puits, semblaient braver impunément les effets de l'acide carbonique. On croyait que c'était là un privilège accordé par la grande Déesse aux prêtres eunuques qui la servaient.

[1]. Dion Cassius, LXVIII.

Un monument en ruines, espèce de carré long, au-dessus de la belle source que nous venons d'admirer, semble avoir eu une colonnade qui s'ouvrait sur le bassin. Les niches qu'on y voit indiquent qu'il fut bâti pour recevoir des statues. Peut-être ce fut là le Nymphéum, ou encore ce fameux temple d'Apollon que Photius dit avoir été tout près de la source thermale, et que Crassus renversa après l'avoir pillé. Nous ne pouvons formuler ici que des hypothèses.

En suivant dans la direction du nord-ouest la grande artère principale de la ville, nous rencontrons les restes d'un imposant édifice que les tremblements de terre ont vivement secoué. Le linteau d'une de ses ouvertures a cédé en partie, et le cintre, où se voit une croix grecque, ne tardera pas à s'effondrer. C'était pourtant admirablement appareillé et disposé. A l'entrée nous remarquons, au pilier de droite, une niche qui renferma sans doute quelque statue. Ma pensée est que ce fut là un ancien temple transformé plus tard en église. M. Humann, avec qui j'en ai causé plus tard, n'est pas de cet avis. Je sais bien qu'une croix sculptée sur un arceau ne suffit pas à indiquer invariablement une église, mais peut-être le célèbre chercheur est-il trop exigeant, quand il s'agit de vérifier les titres qui établissent la destination, au moins accidentelle, de certains édifices occupés finalement par les chrétiens.

Ainsi, il veut voir des thermes dans une troisième église, où nous allons de ce pas, et qui est par delà la porte occidentale de la ville. Ce fut certainement un temple chrétien bâti dans les plus belles proportions. La nef était constituée par un arc plein cintre de 13 mètres de diamètre, dont la retombée porte sur trois arcs latéraux formant des chapelles, ou plutôt, car ces chapelles se communiquent, constituant ce qu'on appelait, dans les églises grecques primitives, l'*embolos*, de 7 mètres de profondeur. Le *béma*, avec son enfoncement circulaire mesure 9 mètres de la balustrade, κάγκελοι, au trône de l'évêque. Il est accosté par deux petites chapelles latérales dont celle de

Vieille église à Hiérapolis.

droite, ou de l'Épître, portait le nom de Prothèse, et l'autre, du côté de l'Évangile, celui de Diaconium. De la balustrade du sanctuaire à l'entrée où se tenaient les ὑποπίπτοντες, les Prosternés, la nef mesure 41 mètres. A l'extérieur, l'emplacement du narthex est encombré d'immenses ruines. Là était la place des Écoutants, ἀκροώμενοι, des Hivernants, χειμαζόμενοι, et enfin des Catéchumènes. Puis, au delà des grandes portes, sous les propylées, gémirent les Pénitents, προσκλαίοντες, des premières générations. Aux voûtes des chapelles encore debout, nous remarquons des restes de peintures où, malgré notre excellente lunette, notre regard demeure impuissant à distinguer des personnages. Peut-être n'y eut-il là que des fleurs, des arbres, des oiseaux et des fruits. Quelques croix grecques et même le monogramme du Christ indiquent qu'il ne faut pas reporter plus haut que le IVᵉ siècle la construction de cet édifice. Peut-être est-ce ici que se tint le concile, non pas contre les Montanistes ou Cataphryges, sous l'évêque Apollinaire, car l'Église à cette époque, 173 de J.-C., n'avait pas encore de si vastes monuments, mais celui de l'an 445, sous le Métropolite Étienne, qui essaya de régler le différend survenu entre Athanase de Perrha et Sabinien son compétiteur au siège épiscopal de cette ville. Les pierres employées sont d'aussi grand appareil et de même nature que celles des thermes où nous étions tout à l'heure. Cependant elles marchent à une prochaine et irrémédiable ruine. Le mur qui regarde la montagne penche de plus d'un mètre à son sommet, et la dernière catastrophe est imminente.

Tombeau d'Hiérapolis.

Cette église se trouve, comme je l'ai dit, à l'entrée de la grande nécropole. D'ici on chemine vers le couchant, pendant une heure, à travers les sépultures. Rien de plus intéressant et de plus solennel que cet immense cimetière où des milliers de tombes, vieilles de tant de siècles, sont toujours debout. Tous les genres de sépultures s'y trouvent représentés, depuis le simple cercueil de pierre avec son couvercle massif et parfois sa stèle ou sa colonne, jusqu'à l'héroon, sorte de petit temple que l'on élevait aux principaux bourgeois de la cité. Ces constructions, très simples comme lignes architectoniques, sont pleines de goût dans leur robuste solidité. La façade, à peu près carrée et surmontée d'un fronton quadrangulaire, a d'ordinaire une porte s'ouvrant à 1 m. 50 au-dessus du sol. A l'intérieur, une énorme dalle, destinée à recevoir les cercueils, est logée dans chacun des murs de côté et dans celui du fond. L'édifice tout entier peut mesurer 5 mètres de hauteur. Des inscriptions très lisibles indiquent le plus souvent les personnages ensevelis dans ces monuments et l'engagement pris par certaines associations d'y entretenir des couronnes.

Tombeau d'Hiérapolis.

Les corporations industrielles eurent ici une grande extension. Les teinturiers en particulier se font remarquer par leurs engagements à honorer la mémoire de certains morts :

Τοῦτο τὸ Ἡρῷον στεφανοῖ ἡ ἐργασία τῶν βαφέων.

Il paraît que, mêlées avec certaines racines très communes dans le pays, les eaux d'Hiérapolis étaient excellentes pour teindre en rouge. Des associations charitables sont souvent mentionnées dans les inscriptions que nous relevons et dont plusieurs sont d'origine chrétienne. Il y est question de distributions faites à des corporations ouvrières le jour des Azymes et de la Pentecôte, enfin d'orphelinats, ἐργασία θρέμματική, où on nourrissait les petits enfants délaissés. C'était l'Évangile produisant ses premiers fruits de bienfaisance, même avant que Constantin protégeât ses prédicateurs. Ici, on n'était pas seulement loin de Rome, mais encore en dehors de la surveillance des gouverneurs romains qui ne semblent avoir jamais résidé en Phrygie. Pas une des monnaies que l'on a retrouvées de ce pays ne porte le nom d'un empereur. Les persécutions furent moins violentes ici que dans le reste de l'empire, et c'est ce qui explique la liberté avec laquelle, de très bonne heure, on grava sur des stèles tombales des signes chrétiens. Pour reconnaître l'âge des diverses inscriptions, il faut se souvenir qu'elles sont régulièrement datées — quand il y a une date — de l'époque où la Phrygie fut réduite en province romaine, soit de l'an 85 avant Jésus-Christ. Le nom des mois est macédonien. C'est un souvenir de la conquête d'Alexandre. La promenade épigraphique à travers l'antique cimetière est des plus instructives. Des ouvriers font un vœu au *Dieu très grand et très juste!* Plus loin, un négociant se vante d'avoir fait soixante-douze fois dans sa vie le voyage d'Hiérapolis en Italie par le cap Malée. Çà et là nous trouvons le nom de Pappias, qui dut être assez répandu, peut-être en souvenir du personnage apostolique qui l'avait porté. On sait de quel intérêt serait pour nous le témoignage du vieil évêque d'Hiérapolis dans l'histoire de nos origines chrétiennes, si son livre des *Discours du Seigneur* était jamais retrouvé. Eusèbe de Césarée, n'envisageant que les théories millénaristes de ce contemporain des derniers apôtres, a beau nous dire qu'il fut un petit esprit, nous lirions avec respect ce que sa foi et son amour avaient consigné par écrit, comme la donnée authentique de la tradition primitive sur Jésus et son œuvre. Ce rôle qu'il s'était attribué de recueillir ce que racontaient les disciples de Jésus n'exigeait pas une grande portée intellectuelle. Il suffisait de savoir interroger, écouter et écrire fidèlement. Quel malheur que son œuvre se soit perdue! Il n'est pas possible qu'elle n'eût pas gardé quelques reflets de la parole simple, sublime et populaire du Maître. Et dire que l'antiquité n'a pas eu souci d'une telle relique! Qui sait si elle n'est pas cachée dans un de ces hypogées devant lesquels nous demeurons contemplatifs et muets? Que ne donnerait

Médaille d'Hiérapolis.
D'un côté, tête avec la légende : Βουλη (Sénat) ; de l'autre, un homme à cheval avec l'inscription : Ιεραπολειτων (des Hiérapolitains).

pas notre âme de croyant pour faire revivre quelques paroles de Jésus, obtenir quelques-unes des indications biographiques qui nous manquent, trouver la réponse autorisée à des difficultés qu'on nous objecte ? Or tout cela était dans le livre de Pappias.

Il dort lui-même, le chroniqueur de l'âge évangélique, sous une de ces pierres. Là sont aussi au moins deux des filles de Philippe, le diacre évangéliste, qu'Eusèbe confond mal à propos avec Philippe l'apôtre. Elles prophétisèrent, c'est-à-dire prêchèrent l'Évangile de leur vivant, et alimentèrent, pour une bonne part sans doute, le recueil anecdotique entrepris par Pappias. Proclus, dans le *Dialogue de Caius*, croit que les quatre filles de Philippe furent ensevelies à Hiérapolis auprès de leur père, mais Polycrate, qui semble n'en connaître que trois, deux vierges et une prophétesse, place le tombeau de cette dernière à Éphèse. En tout cas, il est certain qu'au second siècle, on montrait ici même la sépulture de Philippe et de ses filles. Dans ce cimetière dort aussi Claude Apollinaire, l'auteur des courageuses apologies adressées à Marc Aurèle, aux païens et aux juifs. En ce temps-là on n'ensevelissait pas encore les évêques dans les églises. La stèle d'Abercius, trouvée à l'autre bout de la Phrygie, et que nous avons admirée récemment à Rome, en est la preuve. Nous saluons donc respectueusement les illustres morts couchés dans la vaste nécropole, et, rêveurs, nous retournons vers les ruines de la ville.

Nous y entrons cette fois par une porte triomphale à trois arceaux et protégée, à droite et à gauche, par une tour. Seule, la tour du midi subsiste tout entière. Par son architecture lourde et massive, par les proportions même de son arc central et des deux plus petits qui l'accostent, cette entrée rappelle d'une façon saisissante ce qu'on nomme à Jérusalem l'arc de l'*Ecce Homo*, et qui fut tout simplement, comme ici, une des portes de la cité reconstruite.

La porte occidentale d'Hiérapolis.

A la hauteur de cet arc triomphal, et vers le nord-est, Henry nous signale, au flanc de la montagne, les restes d'un vieux théâtre, de proportions très réduites et en fort mauvais état. J'imagine que c'est celui au pied duquel fut le Plutonium, car Dion Cassius, plaçant l'étrange soupirail au-dessous d'un ancien théâtre, n'a pu viser que celui-ci; l'autre, que nous verrons tout à l'heure, était à coup sûr le théâtre neuf. Toutefois nous n'observons dans le voisinage rien qui rappelle l'antre de Pluton.

Notre jeune photographe, qui s'était déjà installé sur la hauteur pour prendre une vue générale des ruines où errent un chameau, des brebis, quelques vaches, des chèvres et des chevaux, descend en toute hâte, désireux de voir de près un superbe poulain alezan qu'Hélias veut acheter aux Turcomans et qui semble, je l'avoue, un pur sang très réussi. On l'aurait bien pour vingt-cinq louis, mais un cheval n'est pas un camée qu'on met en poche, ni même un oiseau qu'on porte en cage. Si enviable soit-il, il serait surtout très encombrant, car nous ne sommes pas au terme du voyage. Cette raison suffit à faire rompre tous les pourparlers, et nous déterminons Henry à pratiquer la maxime d'Épictète : « *Abstine*, sache t'en passer. »

Hélias reviendra ici, un de ces quatre matins, et, pour deux cents francs, il aura ce superbe coursier, digne, à coup sûr, de porter Alexandre au milieu des batailles, mais impitoyablement voué par le sort à exporter les pierres de quelque ville enfouie sous terre, ou à tourner la roue d'un vulgaire moulin. Les circonstances, qui font les hommes, sont aussi pour beaucoup dans l'avenir des chevaux.

Par la porte triomphale, dont je parlais tout à l'heure, on entre dans la longue rue transversale que nous connaissons déjà, et qui divisait la ville en deux parts égales. Quelques restes d'une colonnade dorique qui l'ornait sont encore debout, à moitié envahis par le sable. Des triglyphes y demeurent en place. Ici se promenèrent jadis les grands hommes d'Hiérapolis. La trace des chars est encore visible sur l'antique pavé. Nous aboutissons, en suivant cette rue, à l'édifice que nous avons désigné déjà comme une antique construction transformée en église. Mais là, obliquant à gauche, nous nous dirigeons

Théâtre d'Hiérapolis.

vers la montagne, où nous devons visiter le grand théâtre, un des mieux conservés de toute l'Asie Mineure. Chemin faisant, les Turcomans, résignés à garder leur cheval alezan, appellent notre attention sur une belle statue de marbre et d'autres sculptures enfouies dans un ruisseau profond. Ils offrent de nous les vendre ; mais comment les enlever d'ici ?

L'agora dut s'étendre du point même où nous sommes vers les thermes que nous avons visités. La grande rue le traversait. Il était au-dessous du théâtre, et les spectateurs pouvaient reposer leurs regards sur ses principaux monuments, qui se dessinaient, en superbes silhouettes, au-dessus de la plaine où le Lycus va noyer son impétuosité dans le cours sinueux du Méandre. Cette plaine est incomparablement belle, et Élisée Reclus, dont nous recueillions à Smyrne les impressions récentes, a eu raison d'appeler sans pareil le féerique panorama qu'elle présente. La grande vallée ovale où, çà et là, les contours du fleuve semblent multiplier de petits lacs miroitants, se trouve circonscrite par des séries ininterrompues de montagnes qui s'élèvent harmonieusement en gradins superposés. Au-dessus de leurs sommets dentelés, planent, splendides dans l'éther, le Cadmus à notre gauche et le Salbacus à droite, deux géants appuyés l'un sur l'autre et dressant fièrement leurs têtes blanches dans l'azur des cieux.

Comme je l'ai déjà dit, le théâtre d'Hiérapolis est des mieux conservés. Tous les degrés y sont en place, et une partie des constructions extérieures qui se rattachaient à l'édifice demeure encore debout. On l'abordait par treize portes en arceaux. Cinq s'ouvraient de front, et quatre sur chaque côté de l'hémicycle, car le théâtre n'était pas tout à fait creusé dans la montagne, et une galerie en faisait le tour. Nous avons compté vingt-cinq rangées de gradins, coupées par sept descentes régulières, κλίμακες. Les constructions du proscenium se sont

La cascade d'Hiérapolis.

effondrées depuis peu. C'est un amas de marbres blancs, où l'on retrouve de beaux fragments de sculpture : statues mutilées, mais qui durent être remarquables de mouvement et de naturel, frises soigneusement fouillées, chapiteaux révélant un art très avancé. Sur un bas-relief, on avait représenté des combats de bêtes féroces, ce qui porterait à croire que l'orchestre servit parfois à des jeux sanglants. Peut-être quelque martyr a-t-il rendu ici témoignage à Jésus-Christ. Le théâtre est un peu moins grand que celui d'Éphèse, mais il pouvait contenir près de vingt mille spectateurs.

En descendant, nous traversons la plate-forme qui, d'après nous, fut l'emplacement de l'agora. Là encore les saints sont passés. Sur quelqu'une de ces pierres éparses, Philippe a conversé avec Pappias. Une fois de plus, pourquoi faut-il que tant de ruines demeurent obstinément muettes, et qu'elles n'aient aucune complaisance pour notre pieuse curiosité ?

Tandis qu'on recherche, avec une bruyante inquiétude, nos chevaux subitement disparus, nous nous aventurons sur les dernières avances des cataractes, là où les eaux pétrifiées sont demeurées capricieusement suspendues au-dessus de la plaine. La plus belle, et la seule d'entre elles où l'eau coule encore, est celle qui se trouve immédiatement au-dessous des anciens thermes. Rien de plus merveilleux que cette représentation d'un fleuve subitement figé avec ses vagues, ses cascades, ses jaillissements multiples. La masse blanchâtre offre le très curieux aspect d'une grande chute d'eau qui ne tombe jamais, mais où des ruisselets, coulant çà et là, donnent l'illusion, et laissent croire que toute la cascade se précipite. Dans la partie haute, on dirait des séries de chapiteaux d'un style à part, mais rappelant quelque peu ceux des grands temples d'Égypte ou des palais assyriens, comme si la nature, dans ses jeux, et l'homme, dans ses rudimentaires combinaisons, devaient se rencontrer. Au bas, ce sont des vasques formées par les rebords de vagues qui semblent s'être endormies en se succédant. La blancheur des larges nappes cristallisées s'harmonise de teintes bleuâtres, comme sur les glaciers des Alpes. L'eau qui parvient à se détacher de l'immense falaise s'en va à travers champs, où elle laisse entre les bords qu'elle élève, une longue trace blanche semblable à un large ruban de fil. Notre œil rêveur suit lentement ce singulier travail de la nature. Puis il va admirer, une fois de plus, les lointaines limites de la grande plaine dont l'ovale se redresse au loin avec les montagnes qui l'enserrent.

On a ramené nos montures au bas du plateau, et nous allons les rejoindre. Le retour à Congeli se fait en deux heures. Des oiseaux aux couleurs les plus variées et les plus vives amusent beaucoup Henry qui les convoite successivement, ne serait-ce que pour les apporter à sa sœur Marie, ou à son cousin Joseph, le grand chasseur et éleveur d'oiseaux. Avant la nuit, nous atteignons notre gîte avec lequel nous nous familiarisons peu à peu.

Les soirées sont superbes dans la vallée du Lycus. Après souper, on s'installe, pour deviser à l'aise, sur des piles de bois destinées au service de la voie ferrée. C'est

Puits dans la vallée du Lycus.

un lit peu moelleux, mais plein de charme pour rêver. Les étoiles ont ici un scintillement exceptionnel. La limpidité de l'air multiplie leurs rayonnements. La lune est splendide. Je comprends la dévotion des vieux Phrygiens au dieu Men, *Lunus*, la lune prise au masculin. Les chacals glapissent sur la colline où fut Laodicée. Ils se rapprocheront quand nous serons couchés.

Laodicée.

La course aujourd'hui ne sera pas longue. Les ruines de Laodicée que nous devons visiter touchent au village de Congéli, et les pierres de l'antique cité ont servi à bâtir la gare. En sorte que M. Vigouroux a eu l'honneur de dormir, deux nuits, sous les pierres et les marbres qui avaient abrité ces Laodicéens auxquels fut adressée une des sept lettres de l'Apocalypse. Ses rêves ont dû, comme toute sa vie, être une éloquente protestation contre la tiédeur d'âme, qui est le grief capital de l'*Amen* interpellant les fidèles de cette Église. En tout cas, notre ami était mieux installé que nous, qui dormions vulgairement

Plan de Laodicée.

entre quatre murs de terre glaise, chez le criminel Hélias. Oui, le criminel, car c'est lui qui, jadis entrepreneur, a dévasté les monuments de l'antique Laodicée, pour édifier la station de la voie ferrée. Le gouvernement turc l'en a châtié en le mettant à la misère ; c'est ce qui nous permet de l'avoir pour drogman. La compagnie du chemin de fer vient de le consoler en lui bâtissant une méchante maison, prétentieusement dite un *Xénodochéion* ; c'est ce qui nous vaut de l'avoir pour hôtelier. Ainsi s'établit, en ce monde, l'heureux système des compensations. Je ne sais si Azaïs, ancien élève de notre École de Sorèze, qui a écrit un livre sur ce système, aurait apprécié celle-ci.

A 6 heures, nous sommes à cheval et, traversant le village, nous nous dirigeons vers le sud. On suit quelque temps la voie ferrée qui mène à Denizli. Des employés veulent nous l'interdire, sans doute avec la pensée très arrêtée d'obtenir quelques piastres. Hélias, comme les hommes passés tout à coup de l'opulence à la misère, est peu disposé à délier sa bourse qui, au fond, semble bien la nôtre. Il préfère descendre dans le ravin, et même dans la rivière, que de donner le moindre bagchich. Nous voilà donc dans l'Asope, un des deux cours d'eau qui, en jaillissant de la montagne, entourent ici, comme à Colosses, la hauteur où fut édifiée la ville. L'autre, au levant, c'est le Caprus. Je me sers, pour les désigner, des noms antiques, moins barbares que les modernes articulés par Hélias.

L'Asope a quitté son ancien lit, dont quatre piliers avec arceaux, au levant du lit actuel, marquent la place primitive. Ces ruines qu'un tremblement de terre a violemment secouées, se détachent sur le fond accidenté des montagnes, et marquent par leur direction le plateau où fut Laodicée. Nous tournons, en effet, à gauche et nous abordons, par le sud-ouest, les ruines de la vieille ville. Partout des débris, et des débris tellement morcelés qu'ils sont indéchiffrables. A une hauteur de 20 mètres environ, et creusé dans la montagne, nous retrouvons l'emplacement du Stade. On y a semé un blé. Comme à Smyrne, l'arène antique promet ici une superbe moisson. Sa largeur est de 42 mètres et sa longueur

Ruines de Laodicée.

de 120. Il s'ouvrait à l'occident. Sur le fronton du portique, par lequel les chevaux ou les athlètes faisaient leur entrée solennelle, était une longue inscription grecque,

ΑΥΤΩΚΡΑΤΟΡΙ ΤΙΤΩ Κ. Τ. Λ.,

constatant que l'ancien Stade, devenu insuffisant, avait été refait et transformé en vaste amphithéâtre par Nicostrate, sous le septième consulat de Vespasien, an 79, et terminé sous celui de Trajan. C'était l'époque même où l'Évangile faisait les plus rapides progrès à Laodicée, et à la veille des premières persécutions. Il est dédié à ce même Titus qui avait détruit le temple de Jérusalem. Les Juifs, dont la colonie était nombreuse à Laodicée[1], durent avoir en abo-

1. Josèphe, Antiq., XIV, 10, 20.

mination un tel hommage. La restauration de l'édifice fut achevée sous Trajan, qui en profita pour y faire exposer les chrétiens aux bêtes.

Non loin de là, d'énormes constructions écroulées marquent, selon toute probabilité, l'emplacement d'un gymnase avec des thermes. Les portes et les galeries étaient tournées vers l'amphithéâtre. C'est le même appareil de construction qu'à Hiérapolis, et le même style. Les piliers sont demeurés en partie debout, mais les arceaux jonchent la terre d'immenses débris. Ces bains publics ne s'établissaient pas sans peine sur des plateaux aussi dépourvus de sources naturelles que celui de Laodicée, et la munificence des empereurs ou des grands personnages du pays se plaisait à mériter les remerciements de la ville entière, en construisant d'immenses aqueducs qui allaient recueillir des eaux fraîches et vives jusque sur les contreforts du Salbacus. C'est auprès d'un de ces canaux que la corporation des teinturiers et des foulons avait érigé une statue à un bienfaiteur « *ayant amené de l'eau à la plus belle ville d'Asie, Laodicée, près du Lycus* ». Cette eau traversait la vallée par une très ingénieuse application de la théorie des vases communiquants. Un conduit de 60 centimètres de diamètre, creusé dans des pierres solidement unies, lui permettait, en effet, de descendre et de remonter jusque sur le plateau où elle se déversait dans un immense réservoir à côté du stade. Les dépôts calcaires, qui subsistent sur les débris de travertin, montrent que la source utilisée était quelque peu incrustante, ce qui devait consolider tout naturellement le siphon adopté pour servir de conduite. Hélias nous fait remarquer une colonne de serpentin encastrée dans un mur de construction relativement peu ancienne. Ce qui nous intéresse davantage parmi ces ruines, ce sont quelques restes de piédestaux qui supportèrent une série de statues. Sur l'un d'eux se lit encore une inscription en l'honneur d'un personnage « saint et pieux du nom d'Ased, qui, par ses services, avait mérité l'hommage de ses concitoyens ».

Déjà Henry, qui commence à savoir se débrouiller dans les sites des vieilles villes, nous a devancés et, à travers les restes indéchiffrables de l'agora, vers le nord, il a atteint le petit théâtre que l'on est convenu d'appeler l'Odéon. Ce fut un édifice dans le genre de celui d'Hérode Agrippa à Athènes. Beaucoup de marbres brisés y jonchent le sol. Les restes de sculptures qu'on y remarque sont de l'époque romaine. Sa situation devait le rendre très coquet. On n'y trouve plus que huit rangs de sièges au-dessus du podium. Jadis il dut y en avoir vingt. Son pourtour est de 45 mètres environ. De ses trois entrées de front, celle du milieu mesurait près de 7 mètres, et les deux autres 4 seulement. Il est tourné au midi, et les spectateurs pouvaient contempler, au delà du proscenium, les monuments de l'agora, se dessinant sur un fond de montagnes sombres, au-dessus desquelles les cimes étincelantes du Salbacus faisaient miroiter leurs glaciers.

Le reste du plateau, semé de blés jaunes et maigres, est encombré de débris méconnaissables et tellement mêlés que toute reconstitution de monuments, même la plus hypothétique, y demeure absolument impossible. Cent fois, depuis quinze siècles, les tremblements de terre ont secoué et bouleversé ce sol, mobile comme celui des volcans. Une belle ruine qu'Henry s'empresse de photographier est celle d'une ancienne église absolument semblable, par sa disposition et sa solide architecture, à celles que nous avons admirées hier à Hiérapolis. Les blocs de travertin en sont presque aussi gigantesques. Un arceau, à moitié enfoui, mais indestructible, proteste encore, par sa masse imposante, contre les forces brutales de la nature et la main dévastatrice du temps qui ont renversé tout le reste. D'ici, et en sens inverse, nous dominons la même plaine ovale que nous avons admirée hier des hauteurs d'Hiérapolis. On pouvait correspondre par des feux de joie en guise de signaux avec les deux villes sœurs, Hiéra-

Ruines d'une ancienne église à Laodicée.

polis et Colosses, se dressant, celle-là au nord sur sa blanche plate-forme d'eaux pétrifiées, celle-ci au levant, sur sa colline ronde, près des rives vertes du Lycus.

Selon toute probabilité, ces trois cités reçurent simultanément la lumière de l'Évangile, et Épaphras, instruit par Paul, fut leur principal apôtre. Entre elles, il y eut, dès l'origine, des relations très suivies, et comme un échange perpétuel de prédicateurs, de biens spirituels et de charités. Paul ne recommande-t-il pas aux fidèles de Colosses de communiquer l'épître qu'il leur adresse aux frères de Laodicée, tandis que ceux-ci leur transmettront, en retour, une autre lettre qu'ils ont reçue eux-mêmes, et qui malheureusement ne nous a pas été conservée? Je me représente les messagers de la Bonne Nouvelle circulant dans la riche plaine, pour aller tantôt à Hiérapolis, tantôt à Laodicée, tantôt à Colosses, édifier chacune de ces Églises par le récit du progrès des deux communautés voisines. Le bien-être ne paraît pas avoir été ici un obstacle au développement du christianisme. Au milieu de ces paysages si délicieux, si différents des vallons arides de la Phrygie Brûlée, les âmes étaient par tempérament ardentes et enthousiastes. La semence divine y leva promptement, puisque, dès le second siècle, le Christianisme se trouva, non seulement établi, mais hiérarchiquement organisé dans les Églises du Lycus.

Tandis que nous faisons avec M. Vigouroux revivre ce passé, qui eut ses saintes gloires, nos chevaux nous ont amenés successivement au haut de deux vastes théâtres, preuves irréfragables de l'importance de Laodicée antique. L'un regarde au nord vers Hiérapolis. Il mesure 38 mètres de diamètre, et on y compte 50 gradins à partir du podium, avec 17 descentes, κλίμακες. Sur un des sièges soutenus par des griffes de lion, se lit encore le nom de Zénon, ce rhéteur célèbre, qui fut l'infatigable bienfaiteur de son pays. La scène se trouvait, sans que j'en puisse deviner la cause, singulièrement déformée. Elle semble refaite en zigzag. L'autre théâtre, orienté au couchant, est de beaucoup le mieux conservé. Il avait 43 rangées de sièges, et 11 descentes de 65 centimètres de large. Presque tous les gradins y sont en place. La vue s'étendait en partie sur le Salbacus, et la route qui conduisait aux portes de la ville le longeait vers le couchant.

Non loin de là, trois pierres dans un blé marquent l'entrée d'un souterrain qui, d'après Hélias, s'étendait jusqu'à Hiérapolis. C'est une évidente exagération. Je doute même qu'il se prolonge jusqu'à Congeli. Ce qui est certain, c'est que la colline tout entière, où fut la grande cité, se trouve percée de cavités profondes. Elle sonne creux sous les pieds de nos chevaux. L'espèce de pierre ponce dont elle est formée indique son origine volcanique, ce qui n'empêcha pas les habitants du pays de s'y établir de très bonne heure. Antiochus Théos en fit une grande ville, et voulut qu'on l'appelât non plus Diospolis, ou Rhoas, mais Laodicée, du nom de la reine son épouse. Au temps d'Auguste, si on en croit Cicéron[1], Laodicée fut une des métropoles de la Phrygie. Quelques-uns de ses citoyens, Hiéron, puis Zénon et son fils Polémon, dépensèrent une partie de leur fortune à l'embellir. A leur tour, les premiers empereurs de Rome luttèrent de munificence pour réparer les désastres que les tremblements de terre ne cessaient de multiplier au sein de la belle cité. Puis l'empire eut d'autres préoccupations, et Laodicée marcha vite à une irrémédiable décadence. A la fin du XIe siècle, elle fut enlevée aux musulmans par les empereurs de Constantinople. De là sa ruine définitive, car les Mongols et les Turcs la saccagèrent impitoyablement au milieu du XIIIe.

Tandis que mes deux compagnons descendent à cheval vers le village, je laisse au moukre ma monture, et je m'assieds sur un fragment de colonne pour relire dans l'Apocalypse, la lettre que l'Amen, le Témoin fidèle et vrai, adressé à l'Ange de Laodicée :

« *Je connais tes œuvres, dit-il, tu n'es ni froid ni chaud; plût à Dieu que tu fusses l'un ou l'autre. Mais parce que tu es tiède et ni froid ni chaud, je suis*

---

1. *Ad Fam.*, II, 17; III, 5.

sur le point de te vomir de ma bouche. Tu dis : Je suis riche, je surabonde, je n'ai besoin de rien, et tu ne vois pas que tu es malheureux, misérable et pauvre et aveugle et nu. Je te conseille d'acheter de moi l'or passé au feu pour être vraiment riche, et des vêtements blancs pour te couvrir, afin de ne pas montrer la honte de ta nudité, et un collyre pour oindre tes yeux afin que tu voies clair. Tous ceux que j'aime, je les reprends, moi, et je les châtie. Du zèle donc, et fais pénitence ! Voilà que je me tiens à la porte et que je frappe ; si quelqu'un entend ma voix et m'ouvre j'entrerai chez lui, je mangerai avec lui et lui avec moi. Au vainqueur je donnerai de s'asseoir avec moi sur mon trône, comme moi aussi, ayant vaincu, je me suis assis avec mon Père sur son trône. Que celui qui a des oreilles écoute ce que l'Esprit dit aux Églises. »

La tiédeur, c'est-à-dire l'absence de toute énergie dans le bien, semble avoir été le mal caractéristique de l'Église laodicéenne, à l'époque où Jean publie son Apocalypse. Le bien-être d'un pays prodigieusement enrichi par ses innombrables troupeaux, ses terres fertiles, son grand commerce, énervait déjà la première vigueur chrétienne. Depuis près de vingt ans, l'influence de Paul avait cessé de s'y faire sentir. Peut-être, Épaphras, le grand prédicateur de la contrée, était-il mort, et l'Église qui se trouvait dans la maison des Nymphas, tout en multipliant ses adeptes, n'avait pas conservé sa piété primitive. Aussi le Voyant de Patmos reprend-il vivement ceux qui s'endorment dans les vulgarités de la vie matérielle. Il rappelle qu'en expédiant sur les grands marchés du monde les plus beaux tissus de Phrygie, on risque de demeurer soi-même absolument nu quant à l'âme. Il avertit qu'on peut se croire riche et être pauvre, si on ne possède pas le seul or ayant cours devant Dieu, l'or de la charité active ; qu'on peut s'estimer très clairvoyant sous la belle lumière d'un ciel toujours pur, et n'être qu'un pauvre aveugle, si l'œil du cœur est obscurci. Rien de plus touchant que cet appel du Seigneur aux âmes endormies dans l'étourdissement de la vie sensuelle. Il est debout devant la porte de ceux qui l'ont éconduit, et doucement, mais avec une miséricordieuse insistance, il frappe et attend qu'on lui ouvre pour rentrer. Je m'arrête pieusement à cette pensée qui m'émeut et

Médaille de Laodicée.
D'une part, tête avec la légende : Ιερα Συνκλητος ; de l'autre, un personnage assis avec une seule partie de l'inscription lisible : Λαοδικεων.

me charme. Que de fois, dans ma vie de prêtre initié à l'histoire intime des âmes, j'ai constaté ce qu'il y avait de divine profondeur dans cette surprenante parole ! C'est lentement et tout rêveur que je quitte les ruines de Laodicée.

Peut-être, sous quelque voûte d'église effondrée, trouverions-nous des fragments de la lettre de Paul aux premiers fidèles ! Quelle découverte que celle-là !

Pourquoi Dieu, qui sait les difficultés de notre foi et de notre vertu, même avec beaucoup de lumières, a-t-il permis que la négligence des hommes ou une catastrophe naturelle, soient venues supprimer encore une partie de ce qui nous avait été donné ?

En rentrant dans le village de Congeli, Hélias me raconte les trouvailles dont il fut témoin, sans en bénéficier, quand ses ouvriers bouleversèrent la colline pour la construction du chemin de fer. J'en note deux particulièrement intéressantes, une stèle et un vase. La petite stèle calcaire ornait le tombeau d'un certain Dionysos, de sa femme, de ses enfants et petits-enfants. Le mort avait dû être orfèvre ou forgeron. Il était représenté sur un fauteuil confortablement pourvu d'un coussin. Ses pieds reposaient sur un escabeau, et de la main droite il frappait avec un marteau sur une enclume fixée dans un bloc cylindrique. Devant lui, et comme lui vêtu du chiton ou blouse, un ouvrier était debout, tenant d'une main un tube où il soufflait, et de l'autre paraissant, avec un petit balai, accélérer l'activité du feu. Quand au vase de marbre, il portait en relief, avec une croix de bronze, la représentation de trois personnages fort disparates : Ève, Charon et Artémis d'Éphèse. De ces deux objets, le premier fut envoyé à Smyrne et l'autre à Constantinople.

En entrant dans une maison, où il va s'approvisionner de lait, notre guide me fait admirer l'habileté des Phrygiennes pour tisser et broder les riches étoffes. Elles se servent d'un métier composé de deux montants plantés en terre et de deux cylindres mobiles. L'étoffe que l'on travaille s'enroule autour du cylindre inférieur. Des pelottes de laines très variées sont sur une natte près de la tisseuse qui y choisit ses fils, et les fait passer avec son doigt à travers les fils de la chaîne écartés par des bâtons de croisure. Un peigne de bois lui sert à battre de temps en temps son ouvrage, et ainsi elle obtient une sorte de tresse qui, par l'agencement des couleurs, est du plus bel effet. Cet appareil correspond à ce que nous appelons le métier de haute lisse. Si merveilleux que soit le travail de ces pauvres femmes, elles ne gagnent qu'une piastre, un peu moins de 25 centimes, par jour !

Caravane de chameaux à Congeli.

M. Vigouroux, qui s'est exercé à suivre Henry en faisant quelques temps de galop, sera bien ennuyé de n'avoir pas vu de près, comme moi, cette industrie du pays dont nous avions déjà admiré les produits au bazar de Smyrne.

Le train nous prend dans la soirée, et nous traversons de nouveau, en la trouvant toujours très belle, la longue plaine du Méandre. A Nazli, M. Apak nous présente sa charmante famille, et nous le remercions de nous avoir envoyé

John, le brave garçon qui nous a servi d'interprète. A Aïdin, Henry fait une nouvelle provision d'oranges exquises. En gare de Balachik, nous trouvons M. Humann qui rentre à Smyrne, comme nous. Enfin à Ayassoulouk, Barba-Nicola, qui guette notre passage, reçoit notre dernier souvenir avec une bouteille de vin. Carpouza souhaite de nous revoir bientôt.

Smyrne, 29 avril.

Bénissons Dieu de nous avoir visiblement assistés dans cette première partie du voyage. Notre excursion dans la vallée du Méandre a été des plus satisfaisantes. Nous nous reposons un jour ici, en collationnant les notes que nous avons recueillies. Demain nous repartirons pour Ala-Sheir, l'ancienne Philadelphie, et de là pour Sardes, Thyatire et Pergame. Quelques amis viennent nous serrer la main, et nous féliciter de notre heureux retour. Une partie de la journée a été perdue à chercher inutilement un petit vapeur qui se chargeât de nous recueillir, dans huit jours, à Dikéli, pour nous conduire, par Assos et Alexandrie de Troade, sites bibliques à visiter, jusqu'au port de Cavalla, l'ancienne Néapolis. De là nous atteindrons Philippes. Les prétentions des armateurs smyrniotes sont excessives. Il faudra se passer d'eux.

A Philadelphie, aujourd'hui Ala-Sheir.

Partis de Smyrne à la première heure, nous arrivons dans l'après-midi à Ala-Sheir par un train qui porte des pèlerins grecs retour de Jérusalem. Déjà plusieurs Philadelphiens, impatients de revoir les pieux voyageurs, son venus les rejoindre à Cassaba, et, depuis, l'ovation n'a fait que s'accentuer à chaque station. Ici c'est la ville entière qui est sur pied. Quelles effusions cordiales ! Les maris retrouvent leurs femmes, les fils leurs pères ou leurs mères, les jeunes filles leurs fiancés. Ce n'est pas seulement bruyant, c'est touchant. Pour la première fois, nous voyons un frissonnement de vie religieuse, quelque chose comme un élan d'enthousiasme dans cette pauvre église grecque, sans prédicateurs qui la remuent par la parole, sans souffle de l'Esprit qui la travaille, et dès lors fatalement vouée à dépérir, âgée dans un formalisme qui n'a rien de l'Évangile, et amusée par le culte des images. Les voyageurs semblent raconter avec beaucoup de volubilité ce qu'ils ont vu : Jérusalem ! Jérusalem ! Ils s'acheminent en masse vers une église où nous les rejoindrons bientôt.

Le plus pressé est pour nous de trouver une installation. Le chef de gare,

M. Fiorovich, à qui nous étions recommandés, est lui-même introuvable. Quelqu'un nous adresse à un khan voisin, en nous conseillant de nous en contenter parce qu'il nous serait difficile d'obtenir ici un autre pied-à-terre. Ce que je remarque dans tous ces khans, c'est que régulièrement les bêtes y sont mieux logées que les hommes. Celui-ci n'a pas de cour fermée, et à vrai dire paraît être plutôt une vaste auberge. Au fait, l'immense construction en planches et en terre durcie au soleil a été baptisée par quelque touriste français du nom d'*Hôtel de la Baleine*. De belles caravanes de chameaux stationnent sur l'aire, en avant de l'édifice. Les braves bêtes semblent épuisées de fatigue. Elles viennent, à travers la Phrygie-Parorée, de l'antique Iconium où Barnabé et Paul prêchèrent l'Évangile. Elles sont lourdement accroupies sur le sable. Une vingtaine de chevaux remplissent les écuries. À côté d'eux, dans un réduit assez mal tenu, un Vatel de bonne composition fait pour les convoyeurs une cuisine sommaire.

L'hôtelier de la Baleine.

Nous demandons d'abord des chambres. L'hôtelier, un Italien octogénaire, Barba Miguelé Russo, ancien négociant, armateur, industriel, concessionnaire de mines, et finalement aiguilleur de la voie ferrée, nous offre ce qu'il a de mieux, deux petits réduits où l'on monte par un escalier de bois taillé à la dimension de quelque progéniture de géants, où l'on entre par une porte qui, faute de loquet, doit toujours rester ouverte, et où, en essayant une première reconnaissance, nous avons la surprise de sentir nos jambes descendre, par des interstices imprévus, dans un café qui est au-dessous de nous. Inutile d'ajouter qu'il monte régulièrement de cet estaminet des vapeurs de narguilhé modifiant tout à fait les combinaisons atmosphériques d'une chambre proprement dite. Le gîte de M. Vigouroux est, en revanche, orné d'un fauteuil, qui doit avoir été jadis un trône épiscopal. Notre ami s'y est gravement assis, et toutes nos plaisanteries ne peuvent lui faire perdre contenance, dans la satisfaction qu'il éprouve à occuper un siège aussi visiblement archaïque. Henry a son lit près de moi. Nous inspectons minutieusement les draps, pratique très sage dans le pays. Évidemment,

Repas des chameliers.

ils n'ont pas été dépliés pour nous, car ils sont cousus à la couverture, mais enfin ceux qui y ont dormi les ont à peu près respectés.

Les ressources dont dispose le vieil hôtelier étant peu variées, nous devrons souper avec des œufs durs, de l'agneau rôti, s'il s'en trouve, du pain et de la salade. Le pain et les œufs sont seuls assurés. Le reste est hypothétique, mais Barba-Miguélé fera l'impossible pour nous l'obtenir. Tout s'annonce donc assez mal, comme gîte et comme table, mais ces détails demeurent sans importance puisque nous avons en perspective une soirée archéologique des plus intéressantes. On nous a donné pour guide un jeune homme, neveu ou petit-fils de

Vue d'Ala-Sheir ou Philadelphie.

Barba, qui, en route, s'adjoint un de ses amis, oisif comme lui, et heureux d'occuper ses loisirs à nous faire escorte. La vie de la plupart des Orientaux se passe ainsi à tuer le temps.

Nous traversons la voie ferrée, non sans jeter un regard d'envie sur la belle maison, qui, avec un peu de complaisance de la part du propriétaire, le chef de gare Fiorovich, aurait pu être notre domicile. Hélas, j'ai perdu la lettre de recommandation que M. Biliotti, le Directeur en chef du chemin de fer, nous avait donnée pour lui et ses autres subordonnés dans la vallée de l'Hermus. M. Vigouroux est presque heureux de pouvoir, dans sa barbe, m'adresser une petite mercuriale. Henry, oubliant la voix du sang, fait chorus avec lui, et ces deux chers ingrats ont l'air de n'avoir jamais remarqué qu'au fond j'ai, seul, alors que je n'en voudrais aucune, toutes les sollicitudes matérielles du voyage. Pour les calmer plus vite, je me range de leur avis, et je m'accuse, je me condamne moi-même avec une sévérité qui finit par les apitoyer et les faire éclater de rire. En réalité,

M. Fiorovich a beaucoup de monde chez lui et très certainement, quelle qu'eût été sa bonne volonté, il n'avait pas de place à nous offrir. Nous remarquons en effet un groupe de dames, à peu près françaises, qui, sous sa vérandah, jouent largement de leurs éventails multicolores. Pas une n'a l'air de soupçonner notre embarras. « Eh bien, dis-je à mes amis, soyons grands dans l'infortune, et passons fièrement sans paraître déconcertés. César, disait d'un mauvais village des Alpes : Mieux vaut être le premier ici que le second à Rome! Mieux vaut être chez nous au khan, que chez les autres dans ce chalet. » C'était bien un peu l'histoire du renard et des raisins. Mis en train par cette boutade, nous avons, sans hésiter, et malgré le soleil brûlant, abordé la ville moderne d'Ala-Sheir.

On sait que Philadelphie fut bâtie par Attale Philadelphe, roi de Pergame, un siècle et demi environ avant l'ère chrétienne, non loin des versants du Tmolus et sur la rive du Cogamus, torrent qui en descend et qu'on appelle aujourd'hui le Sarikyz-Soudéré, ou *Ravin de Fille blonde*. La vieille cité a subi, dans la suite des âges, les plus effrayantes catastrophes,

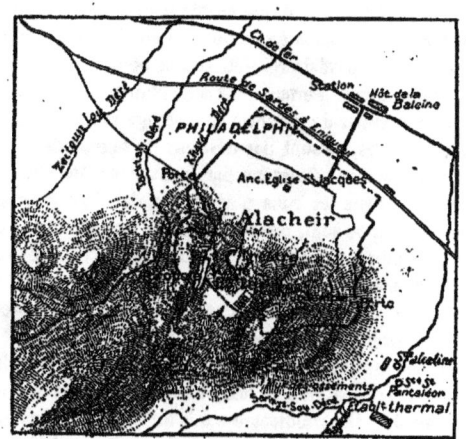

PLAN DE PHILADELPHIE.

tremblements de terre qui, déjà du temps de Strabon[1], semblaient devoir la rendre inhabitable, invasions byzantines, turques, mongoles, et cependant elle dure encore. A vrai dire, elle n'a plus rien de ces monuments, de cette vie artistique, de ces jeux publics, qui la firent jadis appeler, par je ne sais quel flatteur, une nouvelle Athènes, mais elle s'étale, quand même, gracieuse et belle sur quatre collines où ses maisons, entremêlées d'arbres, de clochers, de blancs minarets, produisent l'effet le plus pittoresque. Si elle a survécu à tant d'autres villes mortes, depuis des siècles, c'est grâce à sa position heureusement choisie à la tête des routes qui débouchent dans les vallées de l'Hermus et du Méandre, et, peut-être aussi, en raison du sol incomparablement fertile qu'elle occupe.

Nous l'abordons au nord-ouest par une des nombreuses brèches ouvertes dans ses vieux remparts byzantins. Rien de plus médiocre, comme construction, que ces murs de défense. Il n'y a pas dans le Tmolus de belles carrières de pierre, et ils ont été faits en béton avec un parement de petits moellons de

---

1. Strabon, XIII, 4, 10.

gneiss. L'ensemble de ces fortifications, munies de tours rondes aux points de défense, formait un vaste rectangle, enveloppant trois collines sur lesquelles la ville était assise en amphithéâtre. L'acropole se trouvait à 130 mètres d'altitude, sur le point méridional le plus élevé. Des cigognes ont établi leurs grands nids de buissons sur ces pans de murs abandonnés. Elles y perchent, ou y couvent, en maîtresses incontestées. Dans ce qui reste de l'enceinte, on retrouve encore la trace de quatre portes. Jadis il y en eut sept. Les deux principales marquaient l'une au levant, l'autre au couchant de la ville, les deux extrémités d'une grande rue transversale qui longeait le bas des trois collines. Elles sont encore assez bien conservées. C'est par celle de l'occident qu'Ala Eddin, en 1300, fit son entrée triomphale. Depuis, elle est restée religieusement murée. Nous en admirons l'architrave qui subsiste en entier.

Les eaux du Khavé-Déré, détournées pour arroser quelques jardins, envahissent toute la rue. Personne ne s'en plaint. La police, n'existant pas ici, n'a pas à se préoccuper de garantir un passage aux promeneurs ou aux touristes qui, comme nous, ne sont pas désireux de se mouiller les pieds. En remontant à notre droite, nous finissons par trouver un endroit guéable, et nous voilà enfin engagés dans les rues d'Ala-Sheir, la *Ville Blanche*. La population en fête se tient sur le seuil des maisons. Les femmes et les enfants blonds y sont en grand nombre, plantant, avec gourmandise, leurs dents blanches dans une sorte de gâteau de miel appelé halva. C'est le pain d'épices du pays. Tout le monde paraît d'ailleurs très accueillant. Notre visite première sera pour les sanctuaires chrétiens qui subsistent encore.

On ne sait qui apporta, tout d'abord, l'Évangile à Philadelphie; mais cette Église fut très probablement fondée en même temps que celles du Lycus, dont elle était voisine. Des prédicateurs tels qu'Epaphras rayonnèrent de Colosses, de Laodicée ou d'Hiérapolis jusqu'ici. L'élément premier à mettre en contact avec l'Évangile était d'ailleurs tout préparé à Philadelphie, puisqu'il y avait un centre juif considérable. L'histoire dit, en effet, qu'Antiochus le Grand avait transporté en Phrygie et en Lydie, pour y servir sa politique de pacification, deux mille familles israélites de Babylone, les affranchissant de tout impôt, et leur donnant d'excellentes terres, avec ce qu'il fallait pour les exploiter. Comme les juifs réussissaient mieux dans le petit négoce que dans l'agriculture, ils laissèrent là les champs et les vignes, pour se concentrer de préférence dans les villes commerçantes du pays. Philadelphie, située sur la route par laquelle les grandes caravanes débouchent dans la vallée de l'Hermus, avait une importance considérable, et, de bonne heure, la colonie israélite y devint très florissante. C'est à elle que s'en prirent d'abord les messagers de la Bonne Nouvelle. Leur ministère y fut béni et, au moment où Jean composa son Apocalypse, l'importante communauté chrétienne de Philadelphie était digne d'éloges. Dieu, en effet, dit au Voyant :

« *Écris ceci à l'Ange de l'Église de Philadelphie : Voici ce que dit le Saint, le Véridique, celui qui, ayant la clé de David, ouvre sans qu'on puisse fermer, et ferme sans qu'on puisse ouvrir. Je connais tes œuvres. Voici que j'ai mis devant toi une porte ouverte, et nul ne peut la fermer; c'est qu'encore que ta force ne soit pas grande, tu as cependant gardé ma parole et tu n'as pas renié mon nom. Eh bien, voici que je te donne de cette synagogue de Satan, de ceux qui se disent juifs, mais qui mentent, car ils ne le sont pas; et je ferai qu'ils viennent et qu'ils se jettent à tes pieds, et qu'ils sachent que je t'aime. Parce que tu as gardé la parole de la persévérance en moi, moi aussi je te garderai de l'heure de l'épreuve qui va venir sur tout l'univers pour éprouver les habitants de la terre. Je dois arriver bientôt. Tiens énergiquement ce que tu as, et que nul ne te ravisse ta couronne. Le vainqueur, je le ferai colonne dans le temple de mon Dieu, il n'en sortira plus, et j'écrirai sur lui le nom de mon Dieu, et le nom de la ville de mon Dieu, la nouvelle Jérusalem qui descend du ciel, d'auprès de mon Dieu, et mon nom à moi, le Nouveau. Que celui qui a des oreilles écoute ce que l'Esprit dit aux Églises. »*

Est-ce à cette consolante promesse que la communauté de Philadelphie doit d'avoir encore, après dix-huit siècles, une vie religieuse que tant d'autres métropoles de la province d'Asie ne connaissent plus? Je ne sais, mais il est certain que l'église Sainte-Marina, où nous entrons, à la suite des pèlerins arrivés de Jérusalem, nous offre le spectacle d'un peuple chrétien qui sait affirmer sa foi. Selon la vieille promesse apocalyptique, Philadelphie se dresse donc comme *la colonne* de la religion encore debout, quand Colosses, Laodicée, Hiérapolis, Tralles, Magnésie du Méandre, Ephèse et Sardes sont détruites. Se pressant dans l'enceinte sacrée, la foule bruyante chante avec enthousiasme des hymnes d'action de grâce, et promène une forêt de cierges qui enfume l'atmosphère. Ces gens-là se sentent à peu près maîtres chez eux, et ne se préoccupent guère ni des Turcs ni des Juifs, qui sont en minorité dans leur ville. Dès que notre présence est signalée, on s'empresse de nous faire accueil, et de nous conduire devant l'iconostase. Deux femmes, vénérables matrones, peut-être les diaconesses de la paroisse, portent dans leurs bras de larges couronnes, souvenir évident du pèlerinage lointain. Deux bons bourgeois, personnages importants, convenablement vêtus à l'européenne, chantent au pupitre. Le protopappas, qui encense tout le monde, vient nous encenser individuellement avec une visible déférence. Je remarque que les chants tantôt à l'unisson, tantôt en parties harmonisées, alternent assez agréablement. Tout le monde y prend part, et, quand le diacre ou le prêtre doivent moduler seuls les paroles du Psalmiste, les deux grands chantres font entendre une note grave, très longuement soutenue, qui semble un vibrement de bourdon. C'est sans doute un *amen*, en accord de basse octave.

Il y a à Philadelphie, en dehors de Saint-Jean et Saint-Elie, chapelles où ne se célèbrent qu'une fois par an les saints mystères, cinq églises ouvertes au culte quotidien, c'est Sainte-Marina, la plus riche de toutes, la Panaghia, Saint-Spiridion, Saint-Pantaléon, et Saint-Georges qui est la cathédrale. Cette dernière est de beaucoup la plus intéressante. On l'aborde en descendant plusieurs degrés, car son parvis est à 2 mètres au-dessous de la cour

-avoisinante. Un tel exhaussement du sol, qui serait à lui seul un signe non équivoque d'antiquité, se complique d'un détail non moins significatif à l'intérieur. Comme on trouvait la vieille église trop enfouie sous terre, on amoncela des ruines pour en exhausser le niveau intérieur. Sur ces ruines, on établit un pavage des plus variés avec des fragments de vieux marbres sculptés. Seulement comme on n'osa pas toucher aux colonnes qui supportaient la voûte, il arriva que celles-ci se trouvèrent singulièrement raccourcies, et que l'élévation des plafonds devint insuffisante; on se préoccupa alors d'élever la toiture avec de nouvelles colonnes. Deux seulement des anciennes furent conservées et, pour les allonger, on les continua en bois dans leur partie haute. C'est ainsi qu'elles subsistent encore. A en juger par ce qui émerge de terre, il est probable que le pavé du sanctuaire primitif se retrouverait à 7 mètres au-dessous de la cour extérieure. Le pappas ne sait rien des origines de ce sanctuaire, peut-être le plus vénérable de Philadelphie. Saint Georges, dont il porte le nom, ne fut certainement pas son premier patron.

On nous présente, à la sortie, de charmants petits enfants auxquels nous distribuons quelque argent et des caresses, ce qui nous vaut une véritable ovation. La population d'Alasheir est des plus avenantes que nous ayons encore rencontrées en Asie Mineure. Les juifs y paraissent nombreux. Les Turcs, au contraire, s'y tiennent dans une position relativement modeste ou effacée. Ils ne possèdent guère ici que cinq mosquées assez misérables et n'ayant pas même chacune son minaret. Ils n'en sont que plus sauvages, désobligeants et fanatiques Nous ne tardons pas à en faire l'expérience. Presque au centre de la ville basse, s'élèvent

Famille juive à Philadelphie.

deux énormes piliers, restes d'une ancienne église vouée soit à saint Jean, soit à saint Jacques, et qu'on appelle communément l'Église de l'Apocalypse, comme si, à l'époque où Jean transmettait aux croyants de Philadelphie la parole du ciel, il avait existé des temples chrétiens aussi importants que celui-ci. C'est là une des nombreuses inconséquences dont les traditions populaires s'accommodent sans difficulté. Pour nous permettre de voir de plus près les restes du vieil édifice, nos guides ont frappé discrètement à la porte d une des maisons qui l'entourent. Un Turc se présente; il a le turban vert, signe qu'il est sinon, comme on le croit vulgairement, un descendant, du moins un disciple exceptionnellement zélé du Prophète. Très respectueusement nous lui demandons la permission de pénétrer dans la petite cour où il fumait son narguilhé, pour examiner les deux arceaux séculaires qui nous intéressent. Cet homme, sans même nous rendre notre amical salut, nous jette un regard plein de haine et, à travers une imprécation affreuse, il nous ferme brutalement la porte au nez. O Mahomet, les siècles ne t'ont pas changé, et tu nous en veux encore! Le plus simple sera donc d'entrer par une autre brèche, et cette fois sans requérir de permission. C'est ce que nous faisons. Notre apparition subite dans une dépendance immédiate de l'antique église effarouche quelques femmes qui vont précipitamment se cacher, nous laissant en tête à tête avec un âne. Le pauvre animal se délecte en mangeant de l'herbe sèche, et nous paraît, dans son attitude grave et réfléchie, moins déplaisant que le vilain Turc de tout à l'heure.

Du sol à la naissance des voûtes, la construction des énormes piliers est partie en moellon, et partie en bel appareil rectangulaire. L'œuvre date de Justi-

Ruines d'une ancienne église à Philadelphie.

nien ou même de Théodose. Les arceaux en belles briques rappellent, en effet, les débris de voûtes que nous avons admirés à Éphèse, à l'ancienne basilique de Saint-Jean, près la Porte dite de la Persécution. Tous ces grands édifices furent probablement construits à la même époque, peut-être sur une ordonnance impériale de Théodose qui voulut consacrer ainsi le souvenir traditionnel des Églises de l'Apocalypse.

Sans perdre de temps, nos guides veulent nous conduire à une fontaine d'eau ferrugineuse et gazeuse qui se trouve à l'orient de la ville. Le site en est gracieux, et, sous les grands arbres, de nombreux buveurs agrémentent leur cure en fumant du tombéki. Nous échangeons avec eux un salut de politesse et, comme notre soif est ardente, nous descendons à la source pour nous désaltérer. L'eau, bien que fraîche, est tellement acidulée et pétillante que nous n'osons guère risquer les conséquences en l'absorbant à fortes doses. Elle est apéritive, nous dit-on, mais est-il prudent d'exciter notre appétit, quand nous ne sommes pas sûrs d'avoir, ce soir même, le plus maigre souper? Elle est astringente, ce n'est pas la peine. On a beau attester qu'elle fait aux buveurs le plus grand bien; ce bien nous serait peut-être nuisible. Toutefois, puisqu'il y a ici un café, demandons quelques gouttes de mastic. L'eau ainsi mêlée sera moins efficace, et nous ferons, en les invitant à boire avec nous, une gracieuseté à nos deux jeunes drogmans. En hâte, un garçon est allé, sur notre désir, demander la fameuse eau-de-vie de l'Orient. Il ne revient plus. C'est que notre désir, si simple semble-t-il, soulève, à notre insu, une difficulté grave. Il faut pour la résoudre une petite délibération municipale. La réponse nous est solennellement apportée par le maître de l'établissement. Elle est négative. Si on nous servait du mastic ou du raki, l'établissement risquerait d'être fermé aussitôt. M. le Cadi, par une ordonnance récente, a défendu de modifier en quoi que ce soit l'efficacité de la source thermale. Il faut boire ici de l'eau et plus rien. L'arrêté nous semble quelque peu tyrannique. On nous montre parmi les fumeurs, et nous observant avec malice, le despote barbu qui l'a porté. Il nous serait agréable, si peu que le teneur de la buvette voulût s'y prêter, de l'enfreindre publiquement, non pas qu'aucun de nous regrette absolument le mastic ou le raki que nous n'aimons guère, mais nous tenons à notre dignité d'homme, et nous aurions une vraie satisfaction à porter une santé à M. le Cadi en lui disant : « Monsieur, c'est du raki ; vive la liberté! »

Les terres au levant du ravin et la fontaine gazeuse firent partie de la ville ancienne. C'est ce qu'ont établi des fouilles récentes, pratiquées par des Turcs en quête de matériaux pour bâtir des maisons. Les remparts s'étendaient à l'est jusqu'au Tashly-Déré, le Ravin des Roches. En nous dirigeant de ce côté, sitôt après avoir traversé le Sari-Sou, abréviation de Sarikyz-Sou-Déré, nous trouvons, à 200 mètres environ, une autre fontaine dite de Saint-Pantaléon. L'eau en est sulfureuse et comparable à celle des Eaux-Bonnes dans les Pyrénées. Une petite chapelle, dédiée au saint, témoigne des services que la source a rendus aux malades. C'est à un kilomètre plus loin, vers le sud, au fond de la gorge resserrée et abrupte, que M. Fiorovich a trouvé et fait restaurer, près de belles eaux ferrugineuses et carbonatées, d'anciens thermes aujourd'hui très fréquentés.

En revenant vers la ville, et sitôt après avoir repassé le Sari-Sou, au sud de la première source thermale, nous rencontrons le *Mur des ossements*, antique et odieux souvenir des cruautés d'un farouche vainqueur. Barba Miguélé nous a déjà parlé avec terreur de cet horrible trophée des Turcs. Plusieurs prétendent, mais cette opinion met le vieillard hors de lui, qu'il n'y a dans cette muraille que des pétrifications de branches d'arbres ressemblant à des tibias ou à des fémurs humains, des pierres arrondies en forme de crâne, enfin un travail capricieux d'eaux incrustantes coulant à travers un mur qui aurait jadis servi d'aqueduc. En réalité, les os supposés n'y présentent pas les renflements caractéristiques qu'ils doivent avoir aux jointures, et les crânes n'y sont pas vides. J'aime mieux voir dans la sinistre muraille l'œuvre bizarre de la nature que le trophée sacrilège d'un conquérant.

Pour embrasser d'un coup d'œil toute la ville de Philadelphie, il faut se décider à gravir la hauteur avoisinant, à l'ouest, la fontaine minérale. De là on se rend un compte exact des trois collines, au versant septentrional desquelles la grande cité s'échelonna en amphithéâtre. On s'y trouve à environ 120 mètres d'altitude par rapport à la station qui est, elle-même, à 191 mètres au-dessus du niveau de la mer. Entre ces collines s'ouvrent des ravins où circulent de petits cours d'eau aux noms les plus pittoresques : à l'orient le Sari-Sou ou le ruisseau de la Fille Blonde, qui reçoit le Baghtché-Déré ou le ruisseau des Jardins, et vers l'Occident, le Kahvé-Déré, le Tacktaly-Déré et le Zeitounlou-Déré, c'est-à-dire les ruisseaux du Café, des Planches et de l'Olivier. En arrière de la cité, et au pied

Les chiens en Orient.

des contreforts du Tmolus, on est surpris de voir un gracieux vallon tout sillonné d'eaux murmurantes et planté de fertiles jardins. Beaucoup de promeneurs sont venus y respirer la brise du soir. Il y a là les plus beaux platanes du pays. Une chapelle dédiée à la sainte Vierge, et où les Grecs font volontiers leurs pèlerinages, achève de rendre pittoresque ce coin de terre privilégié. Le sol, d'origine volcanique, rappelle, comme le dit Strabon[1], celui de Catane. La vigne y réussit merveilleusement, mais, comme en Sicile, les vins sont, à notre avis, beaucoup trop capiteux. Virgile, dans ses *Géorgiques*, les met en parallèle avec ceux de Campanie et de Chypre :

Sunt et Aminææ vites, firmissima vina;
Tmolus et assurgit quibus et rex ipse Phanæus.

1. Strabon, XIII, 4, 10 et 11.

D'après Strabon, la Phrygie Brûlée commençait non loin d'ici. Les anciens croyaient qu'elle avait été consumée jadis par les feux du ciel, et plusieurs rattachaient à cette contrée la fable de Typhon terrassé par la foudre. Nous ne voyons rien toutefois, même dans le lointain, de ces pierres noires et de cette terre couleur de cendre dont parle le géographe grec. C'est à 150 kilomètres vers le sud-est qu'il faut chercher cette partie de la Phrygie. Si, de la colline où nous sommes, on se retourne vers le nord, la vallée s'étend belle et fertile, sillonnée par l'Alasheir-Tchai, qui va rejoindre l'Hermus dans la plaine de Sardes. La ville entière de Philadelphie est à nos pieds. Quelques pans de vieux murs sur la colline occidentale sont tout ce qui reste de l'ancienne acropole. De là, on tire le canon pour annoncer les incendies. Le stade s'y dissimule dans un pli de terrain. Le théâtre était tourné vers la ville, sur la colline du milieu. Ce qui en reste est insignifiant.

La nuit arrive, et les muezzins, du haut de rares et misérables minarets, crient l'heure de la prière. Cette voix humaine qui fait vibrer l'air de ses accents solennels et convaincus est plus émouvante encore que le bronze de nos cloches. Quelle foi persistante en ce prophète Mahomet, qui ne fut pourtant qu'un habile aventurier! C'est surtout une question de race que ce problème d'une religion visiblement fausse, et pourtant, depuis douze siècles, demeurant toujours vivace, sans que rien, ni l'indifférence, ni l'impiété, ni même l'Évangile aient pu entamer le bloc. Nous nous acheminons vers le khan et la précaire hospitalité qu'on nous y réserve.

Tandis que je marche lentement, en arrière de mes compagnons, cherchant à faire revivre un passé religieux depuis longtemps évanoui, et à retrouver dans mon âme un parfum de christianisme antique, sur cette terre où fut une Église aimée du Seigneur, je suis salué en français par une jeune femme qui est visiblement fière de me montrer qu'elle sait notre langue, et qu'elle ne la prononce pas trop mal. Aux premiers mots qu'ils entendent, mes deux amis reviennent promptement vers moi. C'est si bon, en pays étranger, d'entendre la langue de sa patrie! La jeune femme est une Smyrniote, en visite chez le chef de gare. Est-ce parce qu'elle est là avec sa famille que nous n'y sommes pas nous-mêmes? C'est très probable. Elle nous dit toute son admiration pour la France, et son désir de voir notre influence s'affirmer de plus en plus en Orient. Comme nous sommes peu disposés à faire de la politique à cette heure tardive, où nos préoccupations sont d'un tout autre côté, nous lui répondons en hâte quelques mots pour lui faire plaisir, et, traversant la voie ferrée, malgré une tribu de chiens affamés et furieux, nous hélons Barba Miguélé, aiguilleur, maître du khan et restaurateur. C'est actuellement pour nous le personnage souverainement préoccupant. Où est la salle à manger? Le dîner est-il prêt? La salle à manger, c'est le petit café où sont déjà installés tous les conducteurs de chameaux. Un Turc s'y fait raser la tête. Manger au milieu de ces devidgi et en face d'un barbier qui opère, nous semble peu appétissant. Manger quoi? Nous l'ignorons encore. C'est alors qu'intervient, comme élément providentiel, un jeune homme très alerte et serviteur de quelqu'un, puisqu'il s'appelle Demitri. Ghiorghi et Demitri sont, dans ce pays d'Asie Mineure, les deux noms réglementaires de tous les domestiques, et si un garçon d'hôtel ne se retourne pas quand vous prononcez le premier, soyez sûr qu'il répondra au second. Le présent Demitri nous annonce crânement que son maître nous veut à dîner chez lui. Qui est son maître? Un ingénieur français. Où loge-t-il? A l'autre extrémité du khan. De telles invitations, en tels pays, à une telle heure, sont des sourires du ciel auxquels on répond toujours : *Deo gratias!* Sans hésiter, nous suivons l'agréable messager, et nous nous trouvons, tout aussitôt, en face d'un brave et vaillant Limousin, le type accompli de l'homme bon, intelligent, simple et cordial. C'est à peine s'il a déballé son mobilier et son service de table, nouvellement arrivé qu'il est lui-même, mais avec joie, il nous fait les honneurs de tout ce qu'il a. Excellent père de famille, il est venu ici, à travers un exil momentané, essayer de gagner quelque argent en exécutant un tracé de

Barbier turc.

chemin de fer. Il a laissé sa femme et ses enfants chez sa belle-mère, dans une petite ville de l'Aveyron, presque au pays de M. Vigouroux. Là, vont perpétuellement ses pensées, ses affections, ses discours, à travers l'espace, et il est si heureux de nous le dire! Je ne sais rien de plus sympathique que le cœur d'un brave homme. M. Lebart devient aussitôt notre ami. Nous exhibons le peu que nous avons pour compléter le festin : deux melons, fruit rare à pareille époque. Le chef de train a eu la complaisance de les acheter pour nous à un Turc qui les promenait sur son épaule, à la gare de Cassaba. En retour, nous avions prié cet excellent employé de dîner avec nous, vaille que vaille, chez Barba Miguélé, et l'ingénieur a dû, pour nous faire plaisir, l'englober dans l'invitation autrement rassurante qu'il nous a adressée. Ce jeune homme est d'ailleurs très discret et surtout attentif à observer et à suivre nos coutumes de France. Le repas, préparé par Demitri, absolument exquis, est apprécié à sa valeur par chacun de nous. La soirée se prolonge en agréables et utiles conversations. M. Lebart a déjà exploré les environs, et il nous assure que les belles ruines émergent de terre un peu partout sur la ligne ferrée qu'il va construire. Il voudrait nous garder auprès de lui, et nous intéresser aux fouilles qui se préparent. Tout ce qu'il a, il le met à notre disposition. Pour le moment le plus utile serait un lit convenable. Le brave ingénieur couche lui-même par terre. Nous prenons donc congé de lui, et résolument nous allons à ce que Barba Miguélé qualifie de bonne couchette : *Ena kalo krevati*. Une jeune femme qui, en haillons, avec un petit enfant sur les bras, rappelle les douces vierges de Raphaël, éclaire notre ascension périlleuse dans l'escalier de la Baleine. C'est sans doute la femme de l'octogénaire Barba, alors qu'elle pourrait être sa petite-fille. Nous lui demandons si les draps seront propres : *inè pastrika ta sindonia ?* Avec une grande timidité, elle nous en donne sa parole. Allons, faisons un acte de foi.

Un chamelier turc au café.

Le sort en est jeté. Mes amis, dormons jusqu'à demain.

Les chameliers, devisant à l'appartement inférieur, sont énergiquement rappelés à l'ordre par nous, que leur conversation, aussi bruyante qu'intempestive, empêche de dormir. Henry, déjà juriste distingué, vante la sagesse des arrêtés de police qui ferment les cafés de France à une heure fixe de la nuit. Enfin, à force de démonstrations hostiles, à travers les lacunes du plafond, nous obtenons que nos Turcs se mettent au silence. Ils se vengent en faisant obstinément monter vers nous la fumée épaisse de leurs chibouks ou de leurs narguilhés. On dit qu'au milieu de ces nuages odoriférants, on fait toujours des rêves d'or. Nous verrons bien.

1ᵉʳ mai, départ pour Sardes.

J'ai rêvé qu'un brave homme venait nous tirer d'un grand embarras, et c'est vrai.

L'embarras est que, nos heures étant limitées par le départ du paquebot, il nous faut coucher ce soir à Magnésie du Sipyle, après avoir passé notre journée à Sardes. Or il n'y a sur la ligne qu'un train par jour. S'il nous laisse à Sardes, nous devons y demeurer jusqu'à demain soir. S'il nous prend aujourd'hui à Magnésie, adieu les ruines de Sardes. Cependant la vieille capitale de la Lydie, une des sept Églises, mérite d'être visitée. Dans cette conjoncture assez préoccupante, nous avons, d'un coup de télégraphe, demandé à Smyrne un train spécial. Or voici que le chef de gare, vainement cherché tout hier soir, vient nous saluer de bon matin en nous annonçant qu'une locomotive et un wagon de première classe seront, à partir de Sardes, mis à notre disposition par le Directeur général du chemin de fer, M. Biliotti. Le wagon qui doit être le nôtre, est déjà préparé. Il n'y aura qu'à le rattacher au train ordinaire qui le laissera à

Sardes, où une locomotive spéciale viendra le reprendre ce soir. Nous allons donc partir dans deux heures.

Je mets le temps à profit pour engager une intéressante conversation avec le chef de gare. C'est plus qu'un employé, il a une culture réelle, et nous trouvons auprès de lui d'utiles indications, tandis qu'Henry prend quelques vues d'Alasheir. Il nous fait observer que l'ancienne ville fut un peu au levant de la ville actuelle. Ainsi on a trouvé sur le plateau qui touche à l'établissement thermal, entre le ravin de la Fille Blonde et celui des Roches, de gros blocs de pierres de taille et de superbes dalles de marbre blanc. C'est à la suite de tremblements de terre ébranlant fréquemment ce site rocheux de la ville primitive, qu'on se

Médaille de Philadelphie

mit à bâtir vers le couchant, où le sol argilo-marneux rendait moins dangereuses les violentes commotions.

La nécropole de Philadelphie fut là même où se trouve la gare. En créant de belles vignes, qu'il nous fait admirer, M. Fiorovich a trouvé trois couches de tombeaux superposés. Les plus profonds, à 5 mètres environ sous le sol, étaient voûtés en briques, mais vides, et depuis longtemps violés. C'est là, sans doute, que reposèrent les Philadelphiens de l'Église chrétienne primitive, pieux croyants dont les noms nous sont inconnus. L'archevêque grec, Mgr Stéphano Soullidis, et ses prêtres à qui on nous présente, car il arrive à la gare pour prendre, comme nous, place dans le train, paraissent très estimés dans le pays. Ils sont peu au courant des origines et des vieilles gloires de leur Église. Le prélat croit, ainsi que nous l'avons pensé nous-mêmes, que le sanctuaire dédié à saint Georges est le plus ancien de Philadelphie. Irait-il jusqu'à dire que ce site est plus vénérable que celui de l'église en ruine dite de Saint-Jacques? C'est douteux; et cependant cette affirmation, pour paraître paradoxale aux Philadelphiens, n'en serait peut-être pas moins fondée en raison. Comme je l'ai observé, le titre de Saint-Georges a certainement remplacé une dénomination plus ancienne et plus apostolique, toujours en vertu de l'irrémédiable manie qu'ont les

Médaille de Philadelphie.

Orientaux de substituer aux grands ouvriers de Jésus-Christ, Paul, Pierre et les hommes de la première génération chrétienne, deux ou trois saints, dont l'histoire, par bien des points, se confond dans l'esprit du peuple avec les fables de la mythologie païenne. Ainsi sur la colline, au couchant de la ville, dans un petit sanctuaire qui domine la vallée, une longue procession monte en pèlerinage. Qui va-t-elle vénérer? Saint Jean, par la plume duquel Dieu écrivit aux Philadelphiens? Saint Épaphras, qui les a évangélisés? Un martyr du pays? Un Père de l'Église? Non, mais saint Élie. Peut-être parce que là il y eut jadis un temple d'Apollon ou du Soleil. Décidément, observons-nous à l'archevêque, la religion ne semble plus être pour ces chrétiens d'Orient la même chose que pour nous. Qui les tire de saint Georges, de saint Nicolas, de saint Démétrius et de saint Élie, les tire du paradis. Pourquoi, quand on est évêque et docteur du troupeau, ne pas lui crier, comme Paul aux Éphésiens, que toute Église a dans ses fondements les apôtres et les prophètes ou prédicateurs évangéliques, et à son sommet, comme pierre angulaire, Jésus-Christ. Le reste est de l'ornementation

Au pied de l'acropole de Sardes.

qui doit figurer seulement quand on a déjà assuré l'essentiel de l'édifice.

Sur ces mots que j'accentue pour que l'archevêque en fasse son profit, nous serrons affectueusement la main à ceux qui nous ont témoigné une réelle cordialité et, une heure après, le train nous dépose au pied des ruines de Sardes. M. Vlastaroudi, chef de la station, nous attend et met à notre disposition son fils pour nous guider.

Le site désolé est ici d'un aspect non moins grandiose qu'à Corinthe, avec une note encore plus triste. Deux sommets, assez élevés, se dressent devant nous. Ils se détachent parallèlement des derniers contreforts du Tmolus, ou Boz-dagh, qui dresse au loin sa tête à 2,050 mètres au-dessus du niveau de la mer. En s'avançant vers la plaine, ces deux collines forment le lit d'un petit cours d'eau, qui n'est autre que l'antique Pactole. Jadis il dut être plus important, si on en juge par les piliers d'un vieux pont qu'on y voit encore. Aujourd'hui, il n'a pas un mètre de profondeur. Des deux hauteurs, celle qui est au couchant, sur la rive gauche du Pactole, tout en étant très pittoresque de formes, sous les châtaigniers, βάλανοι Σαρδιανοί, et les chênes verts qui la couvrent, n'a rien de commun avec les ruines de Sardes; car, s'il est évident que la vieille ville traversant le Pactole, au delà du temple de Cybèle, aurait pu s'étendre de ce côté, il est plus certain encore qu'on n'y voit pas trace d'antiques constructions.

Toutes nos recherches vont par conséquent se concentrer sur le sommet qui, directement devant nous, se trouvé enserré au couchant par le Pactole, et au levant par les eaux d'une source appelée Tarné, dans Pline l'Ancien[1]. Sur une base de 1,500 mètres de long environ, il s'élève, nettement découpé, jusqu'à 150 mètres de haut, et là il se termine par une double corne qu'une violente déchirure a formée, laissant debout à un des angles un fragment de rempart, ou plus probablement du temple de Jupiter Olympien bâti par Alexandre. En sorte que quelques pierres, à moitié enfouies dans la terre, grimaçant çà et là sur un pic abrupt et coupé en deux par une violente secousse, c'est tout ce qui reste de l'Acropole de Sardes. La ville proprement dite s'échelonna au pied de la montagne, à l'est et à l'ouest, pour prendre son principal développement au nord où les deux cours d'eau qui l'entouraient durent jadis se rejoindre. Ainsi s'explique le témoignage d'Hérodote disant que le Pactole coulait dans l'Agora[2].

Laissant à gauche, pour y revenir tout à l'heure, les restes d'une vaste construction, probablement la Gérousie, nous longeons le versant occidental de l'Acropole, et nous marchons droit au midi. Les pluies d'orage ont creusé des ravins profonds dans la direction du Pactole. Nous les franchissons à pied sec. Sur notre chemin quelques ruines éparses sont de peu d'intérêt et sans caractère archéologique. Un berger y siège rêveur, en gardant des brebis à longue toison. Sardes fut, de tout temps, célèbre par ses nombreux troupeaux, πολυπροβατωτάτη, disait Hérodote. De bonne heure on y avait perfectionné l'art de teindre les laines et d'y fabriquer des tapis à poils ras, ψιλοτάπιδες, qui sont devenus les tapis de Turquie actuels.

Deux misérables maisons, couvertes de branchages avec une sorte de terrasse sur le devant, abritent les quinze ou vingt habitants qui représentent l'immense cité d'autrefois. Comme ils font mal à voir ces descendants des vieux

Huttes de Turcs à Sardes.

Lydiens de Crésus, couverts de haillons, rongés par la fièvre et voués à mourir de faim parce qu'ils ne veulent pas secouer leur incurable paresse! Une femme s'exerce pourtant à alléger son enfant de la vermine qui le dévore, tandis que des hommes dorment les pieds à l'ombre et la tête au soleil. Les aboiements

1. *Hist. nat.*, v, 30.
2. Herod., v, 101, 5, διὰ μέσης τῆς ἀγορῆς ῥέει.

de leurs chiens les réveillent, et nonchalamment ils se lèvent pour nous examiner de plus près. L'un d'eux va dans sa hutte chercher des *antika*, médailles et fragments de statues, qu'il nous présente. Un café, qui s'était établi en si pauvre lieu, a dû se fermer faute de consommateurs. Cette désolation absolue d'un site jadis plein de vie et de merveilles nous serre le cœur. Seules, deux grandes colonnes ioniques émergeant un peu plus loin, derrière un pli de terrain, pro-

Le temple de Cybèle.

testent contre l'anéantissement du passé. A vrai dire, la protestation est éloquente, et nous avons rarement vu une ruine plus majestueuse que ces deux fûts debout avec leurs splendides chapiteaux. Par leurs dimensions, ils nous rappellent les temples de Jupiter Olympien à Athènes, de Héra à Samos, et ceux, non moins grandioses, que nous avons visités l'an passé, à Agrigente. A moitié enfouies sous terre, ces colonnes laissent encore voir douze de leurs énormes rondelles de marbre blanc. De la base au sommet, elles mesurent 20 mètres de hauteur, comme les obélisques d'Héliopolis.

Bien que les bâtisseurs du pays aient exploité les ruines du vieux temple comme une vraie carrière de pierres, et que l'acropole, dans son effondrement au sud, ait couvert de terres sablonneuses une partie de ce qui restait, il n'est pas impossible d'en reconstituer le plan général. Les bases de quatre autres colonnes se voient encore à fleur de terre.

Une d'elles, nous disent les Turcs qui nous escortent, fut renversée, il y a trente ans à peine, parce qu'on espérait y trouver de l'or caché. Plusieurs de ses rondelles gisent dans le sable. Au commencement du siècle dernier, les six colonnes étaient debout. Les deux qui subsistent appartiennent à la façade orientale du temple. Vers l'occident l'édifice touchait presque au Pactole. Des fouilles

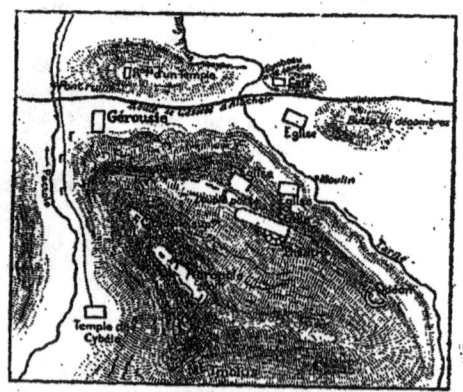

Plan de Sardes.

faciles, mais que le sable a promptement comblées, ont permis de retrouver les arasements des murs de la cella, ainsi que la base des huit colonnes du pronaos et des seize se développant en double rangée sur les ailes. Ce temple, assez semblable à celui d'Éphèse, était donc octostyle diptère. Assurément il date de la bonne époque de l'art grec, mais on aurait tort de vouloir l'identifier avec celui de Jupiter Olympien, encore moins avec celui de Diane, bâtis tous deux par Alexandre, l'un sur l'acropole, l'autre, avec droit d'asile, près du lac Coloé [1]. Bien qu'aucune indication archéologique n'ait été retrouvée ici, il faut accepter comme plausible la tradition qui donne à ces belles ruines le nom de temple de Cybèle. Quand les Ioniens eurent incendié le sanctuaire primitif de la grande déesse, on bâtit celui-ci. C'était la revanche de l'art et de la piété contre la barbarie.

Il y a beau temps que le Pactole a cessé de couler de l'or. Descendons-y quand même pour ramasser quelques-unes des jolies pierres qu'il roule, rousses ou noirâtres, tout émaillées de mica. Son sable est du sable vulgaire, où il ne faut chercher ni paillettes, ni grains, ni pépites. Ce serait perdre son temps. Le pauvre Midas, à qui, selon la fable, il arriva tant de désagréables aventures, entre autres celle des malencontreuses oreilles d'âne qui lui poussèrent pour avoir, avec ses goûts rustiques, préféré le talent de Pan sur la flûte à celui d'Apollon sur la lyre, fut un jour très embarrassé d'un souhait qu'il avait fait, et que Bacchus, son obligé, s'était cru en devoir d'exaucer impitoyablement. Il avait demandé que tout ce qu'il toucherait se changeât en or. Pour un roi paysan,

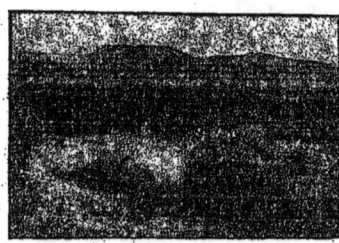

Le lit du Pactole.

c'était une ambition un peu bien excessive. Aussi risqua-t-elle de lui être fatale, car, sous sa main, tout devenait si cruellement de l'or, qu'il n'eut plus même la possibilité de se nourrir. Toucher du pain, des viandes, des fruits, pour les porter à sa bouche, c'était faire de l'or, et l'or, comme l'on sait, ne peut être qu'une nourriture fort indigeste et peu succulente. Midas se vit donc au moment de mourir de faim. Bacchus lui persuada, pour se délivrer du funeste privilège qu'il avait si imprudemment souhaité, d'aller se baigner dans le Pactole. Midas le fit, et y sema ces innombrables paillettes d'or qu'on ramassa bien longtemps après lui. Henry est déjà en train de tremper ses pieds dans les eaux de la rivière. Espérons qu'il n'en rapportera pas l'étrange privilège que Midas y a laissé. Sa mère ne me pardonnerait pas une telle aventure. Pas d'ambitions insensées, jeune homme! Je lui rappelle les vers d'Ovide :

> *Copia nulla famem relevat : sitis arida guttur*
> *Urit, et inviso meritus torquetur ab auro.*

En attendant, nous cherchons à nous désaltérer nous-mêmes dans l'onde pure. Elle n'est pas fraîche, et, plutôt que d'en boire, nous préférons garder notre soif, et poursuivre notre excursion sans autre répit.

---

1. Strabon, XIII, 4, 5.

Le vrai et droit chemin serait, à coup sûr, de contourner le sud de l'acropole et de rejoindre la vieille ville par la gorge qui longe le versant oriental de la montagne, là où coule le Tarné, mais c'est difficile et dangereux. Les éboulements ont produit sur ce point des ravins et des collines presque infranchissables. Des chiens très méchants, gardant une hutte perdue dans ce désert, viennent accroître, avec d'énormes broussailles, les difficultés de l'escalade. C'est fâcheux, car nous constaterons, mais trop tard, que c'était bien là la véritable route. Je conseille donc aux visiteurs qui viendront à Sardes après nous, de ne pas se rebuter et de faire, malgré tous les obstacles, le tour de la montagne. C'est le seul moyen de bien voir le site de la vieille ville dans son entier.

Tandis que nous hésitons, Henry, qui a atteint avec le jeune Vlastaroudi les premiers contreforts de l'acropole, et qui domine le passage à franchir, achève de nous décourager. Le terrain sablonneux glisse partout sous les pieds. Des buissons nous déchirent les jambes. Retournons en arrière, et allons reprendre par le nord ce qui reste à voir des ruines de la cité.

En une demi-heure, et par le chemin que nous avions déjà parcouru, nous retrouvons ces larges pans de murs que nous avions remarqués à la base nord-ouest de l'acropole, et que nous avions désignés, en passant, sous le nom de Gérousie. Que furent en réalité ces immenses salles visiblement rattachées l'une à l'autre, et dont une, la plus grande, mesurant 50 mètres de long sur 14 de large, se termine en demi-cercle à ses deux extrémités? Un palais? Il ne faut pas penser à celui de Crésus, car, quand même Arrien[1] ne nous aurait pas raconté qu'Alexandre, voulant élever sur l'acropole, environnée d'un triple mur d'enceinte et escarpée de toutes parts, un temple à Jupiter Olympien, choisit, selon l'indication du ciel, le lieu même où avait été le palais des rois de Lydie, il serait peu probable que ces rois eussent établi leur demeure, ici, au pied de la montagne, en un point stratégique très mal défendu. La ville basse, en effet, ne pouvait opposer qu'une faible résistance à l'ennemi. On sait que quand les Ioniens se présentèrent sous ses murs, ils la prirent sans effort et la brûlèrent. S'emparer de la citadelle fut tout autre chose, et ils y renoncèrent. Les soldats de Cyrus eux-mêmes ne purent y pénétrer que par le plus singulier des hasards. Au point où, tout à l'heure, Henry tentait l'escalade, un des assiégés avait laissé tomber son casque du haut des murs; Hyrœadès, soldat de l'armée assiégeante, remarqua qu'il allait le reprendre en descendant par un escalier à pic, habilement dissimulé dans le roc. Suivre lui-même, avec quelques hommes de courage, ce même chemin, quelques jours après, et tenter ainsi l'assaut de l'acropole, parut au soldat persan un bel acte de courage. En réalité, il réussit ainsi à prendre la ville haute jusqu'alors inexpugnable. La légende disait que, la femme du vieux roi Mélès ayant mis au monde un enfant à tête de lion, les oracles avaient déclaré que, si le petit monstre était promené autour des murailles, la ville ne tomberait jamais au pouvoir de l'ennemi. Or on le porta sur tous les points, sauf vers le midi, du côté du Tmolus, où l'acropole

---

1. *Expéd.*, I, 17.

semblait inaccessible, et c'est justement par là que l'ennemi entra. Tout concourt, selon nous, à établir que le palais de Crésus fut sur la citadelle. D'où est venue la tradition très ancienne qui le place là où nous sommes? Je l'ignore. Pline[1] et Vitruve[2] s'en autorisent pour attester que le palais du vieux roi fut réellement transformé plus tard en maison d'honorable retraite, ou Prytanée, pour les citoyens ayant bien mérité de la patrie. Ils citent l'édifice comme modèle de ces solides constructions en briques que les Grecs, quand ils n'avaient pas de belles pierres à employer, savaient élever avec un art merveilleux. Le mur mesure ici trois mètres d'épaisseur. Il fut recouvert de marbres dont les fragments gisent çà et là. Une longue série de chambres dont les voûtes se sont effondrées, répond assez bien à l'idée d'un Prytanée. La grande salle, avec double hémicycle, que j'ai signalée tout à l'heure, aurait été le lieu réservé aux assemblées solennelles. Dans l'un des hémicycles, siégèrent les membres de l'auguste sénat, dans l'autre furent quelques statues avec un autel pour des sacrifices. Si la Gérousie ou la maison des anciens, fut réellement bâtie sur un palais de Crésus, il faut supposer que ce roi en eut, quand même, un autre plus sûrement abrité dans la citadelle, et ainsi s'expliqueraient les indications contradictoires d'Arrien et des deux auteurs latins que je viens de mentionner. Presque vis-à-vis, vers le nord, sur un monticule, des ruines amoncelées marquent la place d'un ancien temple. Mes deux compagnons s'y reposent un moment. Nous n'y trouvons aucune indication utile.

Médaille de Sardes.

En continuant notre marche vers le levant, le long du chemin qui fut l'antique *route royale* mentionnée par Hérodote, route régulièrement suivie encore de nos jours par les caravanes allant de Cassaba à Alasheir, et en inclinant ensuite vers le midi, nous rencontrons d'autres édifices non moins dévastés par le temps. C'est d'abord une double porte voûtée, qui donne sur des salles orientées du nord au sud, restes probables de quelque gymnase rattaché au stade dont l'emplacement est tout voisin. Celui-ci, en effet, suivait le mouvement de la montagne, et s'appuyait au nord sur un rang d'arcades. Au point où nous sommes, les grandes ruines se touchent, et c'est, à coup sûr, la partie de la ville qui fut jadis la plus habitée. Comme à Tralles, le théâtre était contigu au stade, et adossé à un mur de soutènement bâti en pierres d'assez bel appareil. Est-ce là l'édifice même dont il est question dans le récit de la prise de

1. *Hist. nat.*, xxxv, 493.
2. *Architect.*, II, 80.

Sardes par Antiochus le Grand, 214 avant Jésus-Christ? Ce n'est guère probable, car celui-ci est romain, et, par son site même, il se prête mal au mouvement de troupes qu'indique Polybe à cette occasion[1]. Peut-être vaut-il mieux chercher plus au sud, dans ce qu'on est convenu d'appeler l'Odéon, le théâtre et la plate-forme mentionnés par l'historien grec. Là trouvèrent naturellement leur place un mur à pic et le chemin de la citadelle. Des roches qui le dominent, on pouvait, sans inconvénient pour la ville, jeter dans les précipices ouverts en arrière, les cadavres des bêtes mortes chez les assiégés. Les vautours allaient les manger, et, sans crainte, ils perchaient, après leur repas, sur les poternes et les mâchicoulis du mur, ce qui amena le Crétois Lagoras à conclure que ce point appelé, comme à Éphèse, l'Prion ou la Scie, n'était pas gardé, parce qu'on le jugeait imprenable. Antiochus simula, sur l'autre côté de la ville, une violente attaque, et, par le Prion démuni de soldats, Lagoras entra dans la citadelle. Ce qui est certain, c'est qu'aujourd'hui encore, même sans y avoir de corps morts à dévorer, les vautours ont élu domicile dans cette gorge. Ils voltigent par douzaines sur nos têtes. Nous remarquons les vestiges de deux anciennes voies romaines, qui partant l'une d'ici, et l'autre du temple de Cybèle, gravissaient les pentes du Tmolus. Elles s'unissaient près d'un lac à 1,040 mètres d'altitude, pour descendre, par Hypepa et Odenish, dans la vallée du Caystre, au sud de la haute montagne.

Un ruisseau, qui s'échappe d'une abondante fontaine, faisait tourner, il y a peu de temps encore, quelques moulins. C'est certainement le Tarné mentionné par Pline. Aujourd'hui il rejoint le Pactole au-dessous des ruines de Sardes, mais un reste de fossé, à moitié comblé, indique que la jonction s'opérait jadis dans la ville même, ce qui permettait de dire, comme je l'ai déjà observé, que le Pactole traversait l'agora : $\mu\acute{\epsilon}\sigma\eta\varsigma\ \tau\tilde{\eta}\varsigma\ \dot{\alpha}\gamma o\rho\tilde{\eta}\varsigma\ \acute{\rho}\acute{\epsilon}\epsilon\iota$. Au reste, en présence de tous les débris de monuments que nous trouvons ici, Gérousie, Gymnase, Stade, Théâtre, Odéon, il serait peu raisonnable d'aller chercher l'agora près du temple de Cybèle. L'histoire d'ailleurs, en constatant que les Ioniens brûlèrent cet auguste sanctuaire, pendant que les habitants de Sardes étaient réunis sur la place publique pour organiser une résistance désespérée, indique assez nettement qu'il n'était pas sur l'agora.

Les seuls monuments chrétiens de Sardes, qui subsistent à l'état d'insignifiantes ruines, se trouvent également sur ce point central de la vieille ville. Il y eut deux églises assez rapprochées l'une de l'autre. La première, qui a le mieux résisté à l'injure du temps, conserve encore six piliers, trois de chaque côté, avec quelques arceaux de briques. Elle fut consacrée à saint Jean. Je la crois plus ancienne que l'autre. Elle rappelle visiblement par son architecture les constructions que nous avons visitées à Philadelphie et à Éphèse. Très logiquement on peut la faire remonter à Justinien ou même à Théodose. L'autre fut consacrée à la très sainte Vierge, *Panaghia*, et nous paraît d'une époque plus récente. On l'a édifiée avec des débris d'anciens monuments, parmi les-

---

[1]. Polybe, VII, 4, 7.

quels les marbres du temple de Cybèle jouent le principal rôle. Quelques cigognes nichent sur les piliers à moitié détachés de leur base. L'herbe croît abondante sur ces ruines désolées.

En retournant vers la station, nous passons devant un petit café établi sur la route de Cassaba à Alasheir. Il n'y a pas d'autre client que le patron, rongé par la fièvre et fort navré de se trouver seul dans son établissement. Son petit fourneau est froid, ses cafetières de cuivre sont vides, ses chibouks suspendus au mur sont couverts d'araignées. Les tabourets en désordre gisent entassés dans un coin. Le pauvre homme rêve sur les inconvénients de la civilisation moderne et maudit la voie ferrée qui, en supprimant les caravanes, tue son débit de café. Comme Sardes, lui aussi a sa ruine.

Et ces deux grands débris se consolent ensemble.

Finalement ce spectacle de la désolation absolue, succédant ici à la vie et à la richesse proverbiales, saisit mon âme et, assis sur un tombeau de santon, je me plais à rêver, en évoquant les vieux souvenirs de l'illustre cité. Elle fut la capitale de la Lydie, et son roi Crésus, en contemplant ses immenses trésors, se proclama un jour le plus heureux des hommes, comme, avec sa cavalerie formidable, il se croyait le plus puissant des rois.

Ruines de Sardes.

Solon lui rappela que le bonheur n'était ni dans la richesse, ni dans la puissance, et que d'ailleurs il ne fallait se dire heureux que quand on était arrivé, sans contre-temps, au terme de la vie, l'avenir portant toujours dans son sein le terrible inconnu. Une guerre malheureuse ne tarda pas à prouver que le Sage d'Athènes avait raison, et, sur un bûcher allumé par le vainqueur, au milieu même de cette agora où mon œil s'arrête, le pauvre roi désabusé s'écriait peu de temps après : « Solon! Solon! » comme s'il voulait dire : « Que ma prudence était courte, et que ta sagesse était grande! » Sa dramatique et mystérieuse invocation frappa le roi de Perse qui voulut se la faire expliquer. Avec son élévation d'âme ordinaire, Cyrus trouva, dans l'incident même, une grande leçon pour lui, et il fit grâce à celui que les flammes commençaient d'environner.

A Sardes, on frappa, pour la première fois, les pièces d'or blanc, ou *electrum*, qui devaient inaugurer parmi les hommes l'usage de la monnaie, avec ses avantages et ses dangers. J'ai vu, à notre musée national des Médailles, ces petits lingots ovoïdes, aplatis sur les bords, ayant la forme d'une grosse pastille avec un côté tantôt strié, ce sont les plus anciennes, tantôt à l'effigie du lion de Sardes, et l'autre poinçonné d'une triple empreinte, qui était la garantie du gouvernement. Ici, les rois et les artistes venaient acheter l'or le plus pur pour modeler la figure des dieux, et, partout dans le monde, on répétait qu'il n'était pas, sous le ciel, de pays plus favorisé par la fécondité du sol, la beauté du climat, le développement de l'industrie, que ce coin de la Lydie, sur la route royale de l'Orient, où les citoyens ne rêvaient plus de guerres et de conquêtes, mais vivaient, depuis Cyrus, d'une vie de plaisirs faciles, dans une paix inaltérable. La vérité était que le vainqueur du peuple lydien l'avait systématiquement condamné à la vie efféminée, prélude et consécration de l'asservissement définitif au sein des jouissances matérielles. On sait, en effet, que, sur le conseil de Crésus, désireux de sauver ainsi la ville révoltée, le roi des Perses avait obligé tout habitant de Sardes à porter une tunique sous son manteau, à chausser des brodequins, et à mettre entre les mains de ses enfants une cithare, pour en faire des générations sans énergie et sans courage. Le moyen fut excellent, et bientôt on n'eut plus, dans toute la province, que la préoccupation d'accumuler beaucoup de richesses afin de mieux jouir de la vie. On y réussit au delà de toute espérance, et, pour ne citer qu'un exemple de ces fortunes accrues à l'excès, l'histoire raconte qu'un certain Pithyos, gros négociant du pays, domicilié à Célènes, put offrir à Xerxès jusqu'à quatre-vingts millions, si besoin était, pour entretenir son armée. Crésus, la veille de sa défaite, n'avait-il pas adressé en hommage au temple de Delphes 6,448 kilogrammes d'or, sans compter les objets de valeur qui accompagnaient cette offrande, soit, en tout, environ trente millions de notre monnaie? A Sardes vinrent s'enrichir successivement les satrapes persans envoyés pour gouverner la province. L'opulente cité se vengeait de ses oppresseurs en les gorgeant d'or et d'argent, et en les livrant ainsi aux vices et aux soucis que les richesses engendrent. Alexandre, qui se sentait plus grand que la grande corruptrice, affecta de mépriser ses trésors, et réussit à l'humilier par le spectacle même de ses propres munificences. Après lui, Séleucus, vainqueur d'Antigone, Antiochus le Grand et les rois de Pergame, qui supplantent les Séleucides, tiennent sous leur sceptre ces Lydiens dont leur tyrannie ne peut épuiser les ressources. Quand Rome les remplace, Sardes a encore des trésors à offrir à l'insatiable cupidité de ses préteurs. C'est peut-être le seul pays du monde où la fortune publique renaît ainsi, comme par enchantement. Les tremblements de terre eux-mêmes n'ont pas raison de l'opulente cité. Renversée sous Tibère, elle se relève de sa ruine, s'encourage dans son malheur, et le César de Rome est fier de lui tendre la main pour hâter sa restauration.

Monnaie primitive de Sardes.

C'est peu après cette résurrection que l'Évangile fut prêché dans ses murs. Un centre aussi favorable pour faire vite fortune avait dû attirer, de bonne heure, beaucoup de ces petits commerçants juifs répandus alors sur toutes les routes et dans tous les grands centres de l'Orient. C'est par eux, ou du moins à leur occasion, que la lumière dut venir à la cité corrompue et corruptrice. Une église s'y fonda dans la seconde moitié du premier siècle, mais avec un mélange de matérialisme qui correspond exactement au caractère des Lydiens. Ils comprennent la religion comme une chose tout extérieure, alors qu'elle doit avoir sa plus sainte réalité dans le cœur de l'homme. Aussi Jean est-il chargé d'un avertissement sévère pour l'Ange de Sardes.

« *Voici*, crie la voix au prophète de Patmos, *ce que dit Celui qui a les sept esprits de Dieu et les sept étoiles : Je connais tes œuvres; tu passes pour vivant et tu es mort. Sois vigilant et fortifie le reste qui vit encore, et qui va mourir. Je n'ai pas trouvé tes œuvres pleines devant Dieu. Rappelle-toi donc comment tu reçus la parole; ce que tu as entendu, garde-le et fais pénitence. Si tu ne veilles pas, je viendrai à toi comme un voleur, et tu ne sauras à quelle heure je viendrai. Il y a pourtant à Sardes quelques fidèles qui n'ont pas souillé leurs vêtements. Ils marcheront avec moi en robe blanche, car ils en sont dignes. Le vainqueur sera vêtu d'habits blancs, et je n'effacerai point son nom du livre de vie; mais je le proclamerai devant mon Père et devant ses anges. Que celui qui a des oreilles entende ce que l'Esprit dit aux Églises !* »

Les vrais chrétiens sont donc rares dans un milieu où la fortune abonde, où le luxe domine, où la jouissance est la première loi de la vie. A l'ange de veiller sur ce qui reste de bon, sur ce qui vit encore. Son peu de zèle est la cause de tout le mal. Il faut être et non paraître bon ouvrier de Jésus-Christ. L'Évangile doit diriger les mouvements du cœur et non pas du corps. C'est ainsi qu'il a été compris, quand on l'a prêché pour la première fois à Sardes. Pourquoi l'avoir sitôt déformé? A l'ange de l'Église de s'en souvenir et de garder la parole pure de tout alliage, en faisant pénitence pour les défaillances passées. Grâce au salutaire avertissement du Voyant, la communauté chrétienne prospérera, et d'illustres évêques la gouverneront. En fermant la page de l'Apocalypse que je viens de lire, il m'est agréable de saluer le souvenir de Méliton, une des grandes lumières de l'Asie chrétienne, le docteur assisté du Saint-Esprit, comme disait Polycrate. Il était de la race des vaillants celui-là, et, évêque comme il en faudrait encore, il prêchait, il voyageait, il écrivait sans relâche. Méliton composa plus de vingt traités dont la plupart malheureusement ne nous sont pas parvenus. Les titres en étaient bien choisis pour piquer la curiosité publique : *Dieu en corps, La Clef, De l'Hospitalité, De la formation de l'Homme, De l'Esprit, De la génération de Jésus-Christ, De la Vérité.* Ce dernier a été retrouvé. On l'avait pris longtemps pour une partie de l'Apologie à Marc-Aurèle. Tout en écrivant, Méliton agissait pour la cause de l'Église. Le désir de répondre aux préoccupations religieuses de son temps lui fit affronter les fatigues d'un long voyage en Palestine, et pour donner satisfaction à un chrétien intelligent nommé Onésime, il y alla relever le canon des Écritures. Ce canon renfermait exactement vingt-deux livres. Celui d'Esther était exclu. C'est le premier catalogue de ce genre publié par un évêque catholique.

Comme il fallait s'y attendre, Sardes fut une des villes où Julien l'Apostat essaya, avec le plus d'énergie, de rétablir le culte des idoles. Elle eut ses martyrs et demeura chrétienne. Malheureusement les discussions dogmatiques devaient faire dans ces contrées plus de mal que la persécution des Césars, et au v° siècle, non seulement l'Église, mais la ville même de Sardes, déclinèrent rapidement. Une invasion de Goths n'y fut que le prélude des barbaries plus désastreuses encore de l'islamisme. Les habitants découragés se retirèrent peu à peu dans les montagnes. Au xiv° siècle, les Turcs s'établirent à l'Acropole pour terroriser de là tout le pays. Cent ans après, Tamerlan fit de l'antique cité un monceau

Habitants de Sardes.

de ruines. Depuis il n'est venu à l'esprit d'aucun prince ottoman de la ressusciter, et cependant, l'histoire de sa prodigieuse prospérité dans le passé devait être un sérieux motif de croire à son avenir. Tout ce qui l'enrichit autrefois, elle peut le retrouver aujourd'hui. Du haut de son Acropole rebâtie, elle commanderait encore à la plus fertile des plaines. Dans ces champs, qui se succèdent incultes et couverts de hautes herbes jusqu'à l'horizon lointain, poussent, toutes les fois que la main de l'homme veut les ensemencer, de belles et fécondes moissons d'orge, de blé et de dari blanc; des cotons vigoureux y entr'ouvrent leurs vertes capsules, et font la fortune de cultivateurs européens qui annuellement viennent, à tout hasard, les semer. A ma droite, et sur un carré de terre cultivée, se dressent des myriades de pavots, dont les têtes laisseront bientôt, à travers une incision circulaire, couler la liqueur laiteuse dont on fait le *bogaditch*, cet opium exquis tant apprécié sur le marché de Smyrne. Que de bras, vaillants et honnêtes, remuent ailleurs des terres froides et stériles pour leur en arracher un pain insuffisant, tandis qu'ici il n'y a pas même de mains pour cueillir ce que le sol, à peine soulevé, offrirait en surabondance au travail le plus insignifiant! A qui la faute sinon à cette triste civilisation musulmane qui n'aide pas le laboureur, ne protège pas le propriétaire, et maintient l'idéal du bonheur de l'homme dans le *farniente* du grand ou du petit harem? Et dire que nos nations d'Europe s'obstinent à maintenir, malgré tout, les représentants de cet odieux régime, au lieu de les chasser, au nom même du progrès, et de les reléguer définitivement dans les sables du désert! Le chemin de fer a bien fait de mettre ici, en face des ruines et si isolée soit-elle, une station que l'on nomme Sart. C'est le passé ressuscité dans le nom, espérons qu'il le sera bientôt dans une grande et belle ville, qui groupera, à Sardes, une population riche et nombreuse, comme autrefois.

En attendant, la petite gare nous offre un utile pied-à-terre. Nous nous y rendons, sans retard, à travers des marécages produits par les déviations de la source Tarné. Ces eaux croupissantes entretiennent des fièvres dangereuses dans un pays qui serait par lui-même très sain. Des milliers de tortues boivent le soleil parmi les joncs boueux.

La bonne famille Vlastaroudi, qui fait le service de la station, nous a préparé des rafraîchissements. Je n'ai pas besoin de dire qu'après six heures de marche, sous un ciel de feu, ils nous sont très agréables. Notre petit train spécial est en gare, à nous attendre. La locomotive, comme un cheval fougueux, hennit d'impatience, et lance vers le ciel sa respiration haletante. Le mécanicien nous salue en portant sa main au front et au cœur. Tout le monde est à nos ordres, sans doute parce que nous sommes désireux d'être nous-mêmes aux ordres de la science et des savants. Honneur et remerciements à M. Biliotti qui a voulu avoir sa part dans nos travaux, en nous facilitant le moyen de tout examiner dans notre voyage! Nous promettons au chef de gare de nous intéresser à son fils, qu'il voudrait faire admettre dans le personnel de la Compagnie; et cette promesse ne sera point vaine. J'ai su, depuis, que notre requête à Smyrne avait été exaucée.

On s'installe dans un wagon spacieux et propre. Le coup de sifflet officiel retentit; nous voilà en marche. Au nord de la plaine, par delà l'Hermus qui roule des eaux calmes et argentées, comme celles d'un lac, nos regards cherchent « les Mille et une Tombes », *Bir-Bin-Tépë*, le lieu où fut l'ancienne nécropole de Sardes. Au bout de notre lunette, nous distinguons, en effet, une succession de petites collines. Parmi elles, une, s'élevant, vers l'est, plus haut que les autres, en face même de Sardes, attire notre attention. C'est celle d'Alyatte. Au dire d'Hérodote, elle avait près de 1,200 mètres de circonférence. Elle mesure encore 70 mètres de haut. Cet énorme tumulus de terre amoncelée et retenue par un pourtour de belles pierres soigneusement taillées, fut construit jadis en l'honneur du père de Crésus par les marchands de l'agora, les artisans et les femmes publiques. Celles-ci, fort nombreuses dans le pays, puisque toutes les filles, d'après Hérodote, employaient leur première jeunesse à se prostituer pour gagner une dot avant leur mariage, ayant offert une somme très considérable pour l'érection du monument, se crurent en droit de lui donner leur nom, et il fut appelé le Tombeau de la Courtisane. On a essayé tout récemment de le fouiller, mais sans y rien trouver d'important. Il avait été dévalisé depuis longtemps. Le caveau, bâti en superbes blocs de marbre et accosté par un large couloir voûté, s'est trouvé absolument vide. Et pourtant Crésus, afin de murer à jamais la porte qui devait protéger le cadavre de son père, avait accumulé au bout du couloir de gros blocs de marbre, mais la cupidité des hommes, aussi vieille que le monde, a surmonté tous les obstacles et est arrivée à ses fins.

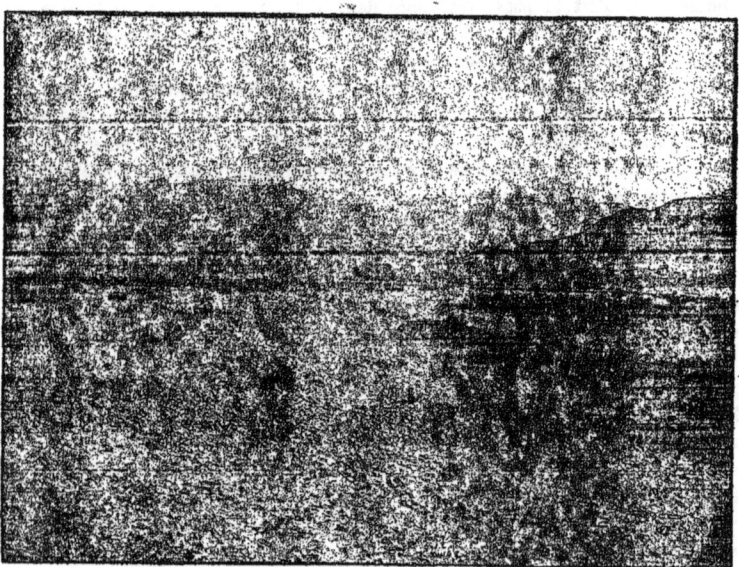

Vallée du Tmolus.

Au delà, et au milieu même de la nécropole, se trouve l'étang de Coloé ou de Gygès, comme l'appelait Homère. La fable y rattache le souvenir du berger qui ravit, grâce à son anneau magique, à Candaule, mari et roi imprudent, sa femme, sa couronne et la vie.

Mais tout cela disparaît rapidement derrière nous, avant même qu'on ait achevé d'en redire les amusantes histoires. Jetons un dernier regard sur la chaîne pittoresque des collines avoisinant Sardes, et où les déchirures du sol ont multiplié les formes les plus capricieuses : pyramides et obélisques luttant de hardiesse, apparences de fantastiques acropoles sur les sommets, dentelures longues et bigarrées de crêtes rougeâtres et violettes fuyant dans le lointain. Plus haut que tout, le Tmolus, avec ses blanches cimes, se dresse au fond du tableau. Strabon[1] raconte que les Perses y avaient établi une sorte de vedette en pierre blanche, d'où l'on pouvait surveiller les pays avoisinants et surtout la plaine du Caystre. Un soldat qui serait aujourd'hui là-haut en sentinelle sous la neige, aurait un peu plus frais que nous.

*Riget ardua alto
Tmolus in adscensu, clivoque extentus utroque
Sardibus hinc, illinc parvis finitur Hypæpis.*

Vers Magnésie du Sipyle.

Avez-vous jamais voyagé dans un train formé pour vous seul, un train où vous vous sentez non pas le colis que l'on transborde, mais le maître qui commande? Non? Eh bien, je vous souhaite une fois ce plaisir dans votre vie. C'est charmant. La voie est à nous, la locomotive à nous, l'unique wagon à nous, le chauffeur, le mécanicien, tout à nous. Nous pouvons nous arrêter où bon nous semble, en plein champ, devant le Sipyle et ses grottes. Sur les rails de Smyrne-Cassaba, il ne passe plus d'autre train que le nôtre, jusqu'à demain matin. Cette pensée, ou plutôt ce sentiment d'une maîtrise absolue, à peu près impossible en d'autres pays, nous fait rire avec un ensemble significatif. Nous nous saluons réciproquement de Sidi, de Bey, de Pacha, de Vizir. Et de fait nous sommes tout cela : des mages, des travailleurs de l'esprit, des rois, qui ne tueront jamais la république. Il nous semble que tout, même les cigognes, nous regarde passer avec admiration. Henry les salue princièrement de la main, et nous autres nous réglons notre compte avec Dieu en lisant le bréviaire.

Aujourd'hui nous ne trouverons pas à la gare de Cassaba des marchands de melons, puisque notre train n'y est pas attendu, nous n'en aurons que mieux la facilité d'admirer la jolie ville, aux maisons blanches entourées de frais bosquets. Détruite par un incendie, il y a vingt-huit ans, Cassaba a été refaite à neuf. Les plus grands édifices qu'on y voit sont des factoreries de coton. Il serait difficile de dire si nous sommes ici sur le site de quelque ville antique. Les auteurs ne fournissent pour cela aucune indication utile, et les débris de marbres qu'on remarque çà et là sont sans inscriptions. On nous assure qu'ils proviennent tous des ruines de Sardes.

Peu à peu, nous nous rapprochons du Sipyle. La haute montagne de calcaire et de schiste, aux teintes grises, sans autre végétation que de rares vignes dans quelques plis de terrain où la terre végétale a été maintenue, présente un aspect sombre et désolé. De nombreuses grottes se montrent béantes dans ses roches entr'ouvertes par les tremblements de terre. C'est une de ces violentes commotions qui creusa, dit-on, le lac de Saloé, et y engloutit la ville de Tantale. Les

---

1. Strabon, XIII, 4, 5.

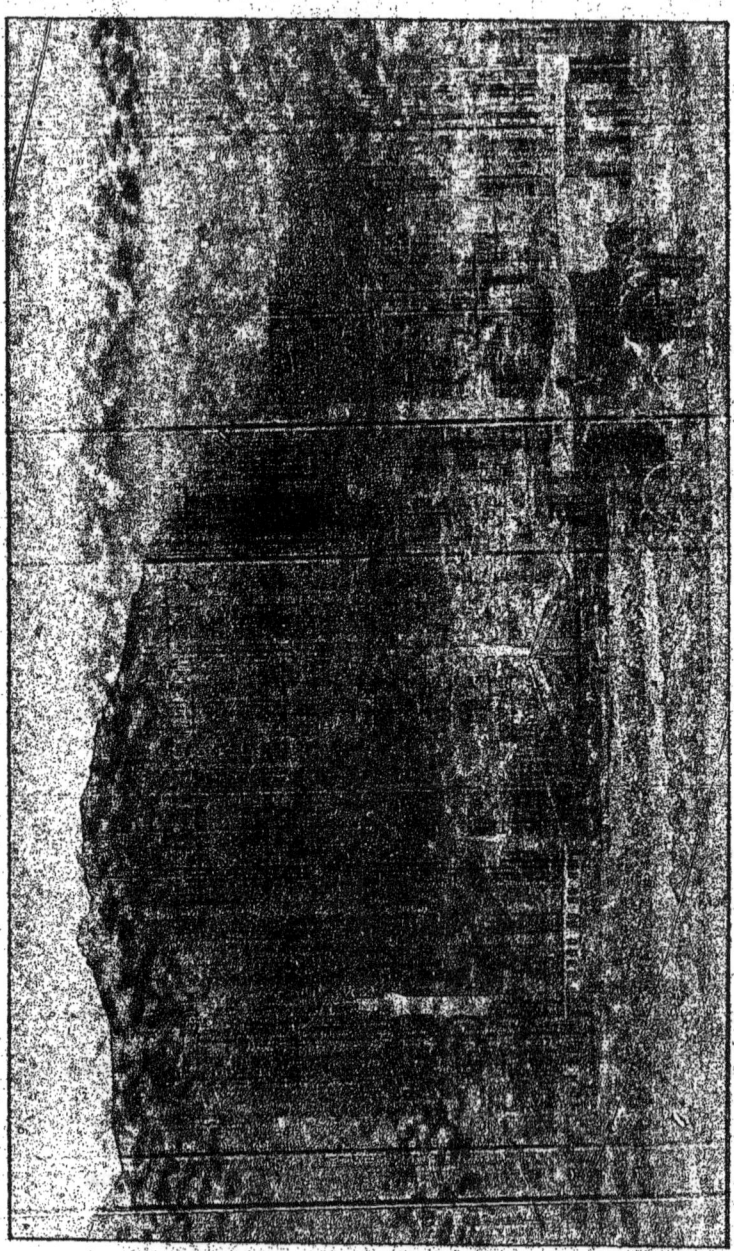
Magasins du Stypin.

deux versants du Sipyle sont également curieux. Celui qui descend du côté de Smyrne présente aux minéralogistes une série très intéressante de matériaux d'origine volcanique. On sait que là, parmi les pierres de trachyte noir, bleu, rouge, qui couvrent le sol, les anciens ramassèrent, pour la première fois, la pierre de Magnésie, ou l'aimant. A cette partie occidentale de la montagne se rattachent les souvenirs du roi libre-penseur de l'époque, Tantale, qui tantôt enlevait aux dieux ce qu'ils avaient de plus cher, Ganymède, le nectar et l'ambroisie, pour les donner aux mortels, tantôt se plaisait à éprouver leur science en leur servant dans un festin son propre fils, Pélops, en guise de rôti. Jupiter, d'un coup de sa toute-puissance fit bien revivre le pauvre enfant, mais il dut lui fabriquer une épaule d'ivoire pour remplacer celle que Cérès, plus en appétit que les autres dieux, lui avait précipitamment mangée. L'excursion du Sipyle en partant de Smyrne n'est pas trop pénible. Les archéologues et même les simples touristes l'entreprennent volontiers pour aller visiter les constructions pélasgiques semées sur la montagne, le trône de Pélops et le tombeau de Tantale. Détail à noter, les contemporains de ce roi criminel, tout en déposant son cadavre dans le curieux tumulus que Texier explora en 1835, et en l'y enfermant sous un monceau de pierres indestructibles, n'en croyaient pas moins qu'il était aussi aux enfers, poursuivant de sa lèvre brûlante l'eau qui fuyait sans cesse, et de sa main crispée la branche chargée de fruits qui remontait toujours. Le versant oriental du Sipyle, celui-là même que nous longeons, présente aussi de très curieux monuments que M. Humann a largement contribué à faire connaître; ils sont à Jarik-Kaia et à Saint-Charalambe, mais l'exploration en est fatigante et surtout sans rapport avec nos préoccupations bibliques. Nous nous contenterons d'aller demain faire une visite à Niobé qui pleure dans sa grotte. Ce sera, j'espère, assez de cet hommage rendu à un souvenir païen pour établir que nous n'avons pas perdu tout culte de la littérature antique.

Mais nous voici en gare de Magnésie. On s'empresse autour de nous, et le cawas du chef de station est chargé de nous conduire au meilleur hôtel de la ville. C'est justement l'hôtel de Niobé, tenu par Costi. Les chambres y sont acceptables. Nous verrons le dîner. Il doit être prêt, assure-t-on, dans une heure. Hélas! il ne le sera pas dans trois, et cependant l'hôtelier, invariablement empressé et souriant, exécutant un moulinet rapide avec ses bras nus, ne cesse de dire : *Eftis! eftis!* De suite! de suite!

Il y a chez lui pas mal de bouteilles avec étiquettes variées, mais toutes sont vides. Vaille que vaille, acceptons le vin du pays. C'est vers neuf heures qu'on apporte une introduction quelconque au rôti. Celui-ci arrive enfin et se compose de poulets qui chantaient encore à notre arrivée. La salade sera un très heureux complément de ce mince menu. Avec autant de satisfaction que de surprise, nous entendons parler français dans la salle voisine. C'est un jeune photographe d'Amiens qui s'est établi dans le pays. Il dîne avec deux Magnésiens dont l'un est le cheik de l'école des derviches, et l'autre un représentant de la fameuse famille Kara Osman Oglou, qui vit ses membres honorés, de père en fils, du titre de princes de Caramanie. L'influence de ces Kara Osman et Chapan

Oglou, pendant trois siècles, a été prépondérante en Orient. Ils pouvaient, à leur gré, lever d'ici à Bagdad 40,000 chevaux. L'Europe mit à contribution leur amitié fidèle. Depuis 1822, leur puissance a été fortement amoindrie, mais ils demeurent encore les grands tenanciers du pays. Ces trois joyeux convives, après avoir ri quelque temps de notre impatience, fort peu de mise en Orient, viennent à notre secours et stimulent Costi dans son service. Nous leur témoignons notre reconnaissance, et nous invitons M. Michel, le jeune photographe, à nous accompagner demain à Niobé. A 10 heures seulement, se termine notre dîner impromptu.

Magnésie du Sipyle.

De bon matin, un landau nous emporte à Niobé qui pleure, *Buyuk-Souret*, disent les gens du pays. Elle se trouve à 8 ou 10 kilomètres de Magnésie, vers l'Orient. Notre voiture s'arrête sous un bel arbre, près d'un petit lac. Dans les eaux limpides se désaltère un troupeau de buffles. A travers des haies que notre cocher abat résolument, et des pierres qui roulent, nous escaladons une vigne plantée au versant abrupte de la montagne. L'ascension offre de réelles difficultés, et l'occasion est bonne pour constater qu'Henry est vraiment jeune et superbe, M. Vigouroux vaillant comme un montagnard, et moi très mal doué pour monter à l'assaut des sites escarpés. Bientôt nous appuyons à droite dans les broussailles, et, tout à coup, nous nous trouvons en face de la fameuse statue, assise dans sa niche gigantesque, au flanc d'une roche immense. Elle regarde vers l'Occident. Il me souvient que Pausanias[1], ayant certainement vu Niobé du Sipyle, puisqu'il était à peu près du pays, recommande de contempler le bloc merveilleux d'assez loin, si on veut y voir la forme indécise d'une femme dans le deuil et les larmes. « Quand on la regarde de trop près, dit-il, elle ne semble plus ni pleurer, ni même être une femme, et c'est une déception. » Son avis très pratique suffit à me dissuader de monter plus haut. Quant à mes compagnons, ils n'en tiennent nul compte et, se cramponnant aux ronces, tombant, se relevant, s'excitant du geste et de la voix, ils atteignent enfin le but, c'est-à-dire l'entrée de la grotte et les pieds de la statue. Mon ami est visiblement fier de son triomphe, et je sens qu'il m'écrase de toute sa supériorité, comme au jour où, il y a cinq ans, il me considérait du haut de la grande pyramide. Henry applau-

Statue de Niobé du Sipyle.

1. *Attic.*, I, 21, 3.

dit avec entrain et il a raison car, à mes yeux, tous deux viennent de remporter une victoire mémorable. Ils sont arrivés au but, sans l'échelle de 8 mètres que firent apporter ici, il y a une douzaine d'années, M. Dennis, le consul d'Angleterre, et M. Sayce, pour tourner la difficulté d'une si difficile ascension. Ne pouvant, puisqu'ils sont trop loin, mettre une couronne sur la tête des deux triomphateurs, je leur crie les vers chantés par Homère il y a trois mille ans :

Νῦν δέ που ἐν πέρησιν, ἐν οὔρεσιν οἰοπόλοισιν,
Ἐν Σιπύλῳ....
Ἔνθα, λίθος περ ἐοῦσα θεῶν ἐκ κήδεα πέσσει[1],

et je les engage à constater que rien n'a changé depuis, ni les roches abruptes, ni la montagne désolée, ni la femme qui, tout en étant de pierre, pleure le mal que les dieux lui ont fait.

Pendant que je commente ma citation homérique, le photographe Michel a braqué son appareil, et il prend, sous ses divers aspects, l'indéfinissable statue. Pour moi, plus je l'examine, même à 25 mètres de distance, plus il me semble difficile de préciser si c'est un buste ou un corps de femme tout entier. Dans cette seconde hypothèse, qui paraît la plus plausible, Niobé est assise, et ses pieds reposent sur un tabouret formé par le bloc même du rocher, ou plutôt se confondent avec lui ; car le temps a si cruellement traité le bloc calcaire, qu'il est difficile d'en suivre le modelé. C'est à l'imagination de rétablir ce que le temps a effacé. M. Sayce crut voir au bout des pieds, eux-mêmes invisibles, des souliers à pointe recourbée. Mes deux compagnons qui palpent de leurs mains la pierre formant piédestal, ou tabouret, ne voient ni chaussures ni pieds ; encore moins trouvent-ils sur les épaules l'empreinte de tresses tombantes, et sur la tête la trace d'une couronne ou d'un uréus depuis longtemps disparu. Ce qui est vrai, c'est que l'eau filtre encore goutte à goutte, à travers la roche, selon le mot du poète :

Et lacrymis etiam nunc marmora manant.

Patiemment mes deux compagnons recueillent les larmes de la pauvre mère pleurant sans cesse, depuis tant de siècles, ses six enfants tués par Apollon et Diane, et ces chers barbares ont le courage de boire de telles larmes, limpides et étincelantes comme des diamants. Pour moi, j'en boirai aussi, mais quand elles seront devenues, au bas de la montagne, près du petit lac, une banale fontaine, car évidemment c'est la même source qui suinte ici dans le rocher et qui jaillit là-bas au bord de la route. Cette eau, en coulant le long de la roche et de la statue qui y adhère, a produit sur l'une et l'autre des taches noirâtres d'un singulier effet. Ainsi, tandis que la paroi rocheuse de la montagne est grisâtre,

---

1. *Iliad.*, XXIV, 614 et suiv.

la grande niche où se trouve la statue est devenue blanche par les dépôts calcaires qui s'y sont accumulés; elle a pris la forme d'un grand cadre arrondi. La tête de Niobé, légèrement inclinée sur la poitrine, est presque noire sur sa partie droite, ou, pour mieux dire, semble couverte d'un voile qui suit les plis du corps jusqu'aux genoux. Là, deux bandelettes de deuil se dessinent et descendent jusqu'aux pieds. Tous ces détails sont l'œuvre capricieuse des gouttes d'eau qui, coulant une à une, ont fini par créer quelque chose de vague se prêtant à toutes les illusions que l'imagination veut s'offrir. A force d'examiner et de fouiller les contours de la niche, M. Vigouroux trouble une belette qui avait élu domicile aux pieds de la statue.

Troupeau de buffles au pied du Sipyle.

La gracieuse bête s'achemine lentement à travers une rainure profonde qui monte le long du rocher. Si notre ami pouvait la suivre, quelle joie il aurait à toucher de ses mains, et à estamper, les prétendus caractères hétéens, découverts par M. Sayce, dans des signes que nous entrevoyons bien sur le roc, à la hauteur de la tête de Niobé, mais que nous trouvons aussi indéfinissables que la statue elle-même : une tête de bœuf traversée verticalement par une sorte de jambe humaine, un triangle et des barbes de flèches sur le côté. M. Gollob a cru même y voir le cartouche de Ramsès II. C'est de plus en plus fantaisiste, et il y a trop de choses là-dedans. Comme moi, M. Vigouroux n'y voit rien du tout.

En descendant, je ramasse sur mes pas un porte-crayon d'argent qui fut sans doute la propriété de quelque archéologue, venu ici pour formuler, comme nous, des hypothèses, mais ayant si bien regardé en haut qu'il a oublié ce qu'il laissait en bas. Au fait, le porte-crayon n'appartenant à aucun d'entre nous, j'avertis le public que je le tiens à la disposition du voyageur qui l'a perdu. En attendant, il remplacera heureusement le mien oublié hier dans les ruines de Sardes.

Boucher à Magnésie du Sipyle.

Nous buvons à la magnifique source jaillissant au pied de la montagne. Tous les Turcs qui passent en font autant, même quand ils n'ont pas soif. Ils disent qu'on ne pleure plus, une fois qu'on a bu les eaux de la statue qui pleure toujours. Pausanias prétend avoir remarqué au lac de Tantale des aigles blancs comme des cygnes. Ceux que nous trouvons ici, et ils sont nombreux, n'ont pas l'air de vouloir blanchir.

Comme nous retournons à Magnésie, nous rencontrons sur la route un autre troupeau de buffles dont la plupart s'exercent à creuser des fosses dans les marais ou même dans le chemin que l'eau traverse. Là, ils se couchent avec une visible satisfaction, ne laissant sortir de l'eau boueuse que leurs têtes difformes. C'est le moyen qu'ont imaginé ces intelligentes bêtes pour se mettre à l'abri des mouches et de la chaleur. Dans cette attitude, leur œil trahit leur sentiment de bien-être par une expression de recueillement extatique. Henry prend de ces animaux une photographie instantanée fort bien réussie.

Marchand de simits.

La visite aux bazars de Magnésie est intéressante. Le succès du pays c'est le Caïmak, ou crème de lait; nous en mangerons tout à l'heure. Des monceaux de figues sèches, un long étalage des fruits de la saison, quelques bouchers en plein vent, des marchands de simits et beaucoup de curieux encombrent la rue où notre calèche circule lentement. Magnésie est une ville très vivante, mais sans intérêt archéologique. Les neuf dixièmes de ses 50,000 habitants sont Turcs. De blancs minarets dominent partout la gracieuse cité. Il y a ici plus de vingt mosquées, une maison principale ou collège de derviches, un konak moins beau que le palais des Ozman Oglou, un télégraphe dont Henry profite pour adresser à sa mère une aimable salutation à travers l'espace. Après notre déjeuner, nous partons pour Thyatire.

Thyatire.

De Magnésie du Sipyle, la voie ferrée monte vers le nord, et croise l'Hermus qui vient de recevoir le Hyllos ou Phrygius antique. Henry, si tu n'as pas oublié ton histoire romaine, note que nous traversons, à l'instant, le champ de bataille où Antiochus fut vaincu par Scipion l'Asiatique, en 190 avant Jésus-Christ. Le roi de Syrie mit ici en ligne sa dernière armée, un mélange de toutes les nations de l'Asie. Au centre, se tenaient la phalange macédonienne et la cohorte royale portant des boucliers d'argent. Sur les côtés s'échelonnaient innombrables des régiments de Galates, de Mèdes, d'Arabes avec leurs chameaux, de Ciliciens, de Syriens, de Phrygiens faisant chacun la guerre à sa manière. Enfin, des éléphants gigantesques, ornés de panaches et portant sur leur dos des tours pleines de combattants, dominaient, montagnes mobiles, la multitude armée répandue dans la plaine. En tête, marchaient ces fameux quadriges, munis de faux et de lances, qui devaient, hélas! déterminer la déroute. Sur les conseils d'Eumène, roi de Pergame, les soldats de Scipion s'étant, en effet, déployés en tirailleurs, couvrirent aussitôt d'une grêle de traits les chevaux qui conduisaient ces chars, et les rejetèrent pêle-mêle, troublant tout dans leur fuite, vers l'armée d'Antiochus. Ainsi commença le désastre que les légionnaires, presque sans perdre d'hommes, achevèrent de rendre complet. La victoire de Magnésie établit définitivement la domination romaine en Asie Mineure, car, si les possessions enlevées à Antiochus furent données à Eumène, il ne faut pas oublier qu'Eumène, tout en étant fastueusement appelé l'ami de Rome, n'en fut jamais que le

Vue de Thyatire.

très humble vassal. Le seul homme qui aurait pu adoucir les conséquences de la défaite, Scipion l'Africain, n'était pas en ce moment auprès du vainqueur. Après avoir accepté de devenir le lieutenant de son frère Lucius, pour lui assurer la direction de la guerre en Asie, le triomphateur de Zama aurait été heureux de témoigner quelque reconnaissance à Antiochus qui lui avait généreusement renvoyé libre son jeune fils fait prisonnier, mais il était alors malade à Élée, et Rome, toujours inexorable dans sa politique avec les vaincus, ne fut pas fâchée de n'avoir pas à écouter la voix d'un si puissant intercesseur. L'Africain avait dit à ceux qui lui ramenaient son fils : « Recommandez au roi de ne pas livrer la bataille avant que je ne sois retourné au camp. C'est tout ce que je puis faire pour lui exprimer ma reconnaissance. »

Quelque temps nous côtoyons le Hyllos, et puis nous marchons droit sur Thyatire. Une ville tout à fait en plaine, c'est chose rare en Orient. Ici pas d'acropole ; on ne prétendit jamais y tenir tête à l'ennemi. La colonie macédonienne qui s'y établit après Alexandre, comme les rois de Pergame et les Romains, qui en furent plus tard les maîtres, n'eurent d'autres vues que d'en faire une cité commerçante et riche. Vespasien plus particulièrement s'efforça, ainsi que le constate une inscription grecque et latine retrouvée sur place, de développer sa prospérité, en multipliant les voies de communication si utiles au commerce. La race macédonienne qui avait occupé le pays était laborieuse. Ses rejetons le sont encore.

Aussi la plaine est-elle très différente, comme culture, de tout ce que nous avons vu jusqu'ici. Les terres soigneusement travaillées sont couvertes de superbes moissons qui commencent à jaunir. Des vignes, plantées un peu partout, semblent traitées à peu près comme en France. Au milieu de la vallée, la gracieuse cité dresse ses blancs minarets vers le ciel. Deux bosquets de grands cyprès l'encadrent à l'orient et à l'occident. C'est Séleucus Nicator qui, trois siècles avant Jésus-Christ, fit du petit bourg de Pélopia une ville à laquelle il donna le nom de Thyatire en l'honneur d'une fille (θυγάτηρ) qui lui venait de naître. Y eut-il jamais ici des monuments considérables? C'est douteux. En tout cas, on n'y trouve pas de ruines à visiter. Par contre, les industries anciennes paraissent s'y être perpétuées. La tannerie, en particulier, y est très florissante. Nous voyons de nombreux habitants portant à la gare des peaux habilement travaillées. Les fez, fabriqués avec du drap rouge teint à Thyatire, sont ceux qui gardent le plus longtemps la couleur écarlate. Cela doit tenir aux eaux du pays, car la réputation des teinturiers de Thyatire remonte à la plus haute antiquité. Leur corporation était puissante, et, dans les inscriptions récemment découvertes, on la voit souvent mentionnée. Nous remarquons que les femmes, au lieu de porter un voile, couvrent simplement leur tête d'un foulard flottant, à peu près comme dans nos contrées du midi de la France. Malgré une chaleur de 37 degrés à l'ombre, plusieurs d'entre elles se promènent en habits de velours cramoisi, vert ou bleu, ornés de fourrures grises et blanches. Presque toutes portent des amulettes sur leur poitrine. Il me souvient d'avoir remarqué au musée du Louvre un moule de serpentine trouvé ici même, et qui servit à couler jadis des ornements féminins

Marchands de fez à Thyatire.

pareils à ceux que nous voyons. La vieille mode s'est invariablement maintenue, comme la vanité de celles qui la suivent. En voyant ces femmes, notre pensée se reporte vers cette excellente Lydie, la marchande de drap rouge, πορφυρόπωλις, que Paul convertit à Philippes et à qui Thyatire dut peut-être de recevoir, de bonne heure, la lumière de l'Évangile. Elle était en effet d'ici, voyageant jusqu'en Macédoine pour son commerce. Quelques juifs lui avaient parlé du vrai Dieu et son cœur, aussi droit que son jugement, s'était porté au-devant de la vérité, en acceptant les doctrines religieuses d'Israël. Sitôt que la pleine lumière brilla devant elle, et que la grâce toucha son âme, elle se fit chrétienne et chrétienne des plus convaincues. A peine baptisée, elle voulut loger dans sa maison les prédicateurs de l'Évangile, afin d'avoir sa part de mérite dans l'œuvre de leur apostolat. Ces détails nous autorisent à croire qu'elle ne rentra pas à Thyatire sans y exercer, au moins parmi les siens, une action religieuse des plus décisives. L'Église qui se fonda dans sa maison grandit peu à peu, et, à trente ans de là, le Voyant de Patmos dut se préoccuper de lui adresser le message céleste que nous allons relire :

« *Voici ce que dit le Fils de Dieu, qui a ses yeux comme des flammes de feu, et ses pieds comme le bronze doré. Je connais tes œuvres et ton amour, et les services, et la foi, et ta patience, et les dernières œuvres qui surpassent les premières. J'ai pourtant quelques reproches à te faire. Tu laisses ta femme Jézabel, qui se donne pour prophétesse, instruire et tromper mes serviteurs, les entraînant à la fornication et à l'usage des viandes consacrées aux idoles. Je lui ai donné du temps pour se repentir de son inconduite, et elle n'a pas voulu. Voici, je vais la jeter elle-même au lit, et ceux qui se souillent avec elle subiront une grande tribulation, s'ils ne se repentent de leurs œuvres. Ses fils, je les tuerai de mort, et toutes les Églises sauront que je suis celui qui sonde les reins et les cœurs, et je rendrai à chacun de vous selon vos œuvres. A vous et aux autres de Thyatire qui ne suivent pas cette doctrine et n'ont pas connu ce qu'ils appellent les profondeurs de Satan, je n'impose pas de charges nouvelles, seulement tenez-vous énergiquement à ce qui vous a été recommandé, jusqu'à ce que je vienne. Au vainqueur, à celui qui, jusqu'à la fin, aura fait mes œuvres, je donnerai pouvoir sur les nations. Il les conduira avec une verge de fer, les brisant comme des vases d'argile, ainsi que j'ai reçu moi-même de mon Père le pouvoir de le faire. Je lui donnerai l'étoile du matin. Que celui qui a des oreilles entende ce que l'Esprit dit aux Églises.* »

Faut-il, comme certains le supposent, identifier cette Jézabel corruptrice avec la Sibylle persique, chaldéenne ou juive, que l'on désignait sous le nom de Sambatha, et qui avait, en dehors de la ville, un sanctuaire dont l'enceinte s'appelait le Péribole du Chaldéen[1] ? C'est possible. Toutefois la Jézabel en question semble être assez dans le mouvement chrétien pour comprendre et pratiquer la pénitence. C'est une dévoyée qui doit rentrer dans la ligne correcte. Comme les hérésies levaient déjà la tête un peu partout, il est probable que quelque Église incorrecte s'était formée ici, à côté de l'Église véritable, et le Seigneur lui adresse ses menaces. C'est de Thyatire, d'autres disent de Pergame, que Carpus et Papylus, l'un évêque et l'autre diacre, auraient été amenés à Sardes pour y

---

1. Suidas, au mot « Sambatha »; Ellen, *Hist. Var.*, xii, 36.

souffrir le martyre, sous la persécution de Dèce. On dressa des potences où on les suspendit pour les taillader à coups de rasoir. Quand Carpus se sentit enlevé de terre, il ne put contenir un léger sourire. « Qu'as-tu donc qui te rend si joyeux? dit le juge. — Je vois la gloire de Dieu, répondit le martyr, et c'est assez. »

Les seules ruines qu'on trouve à Thyatire sont ce qu'on appelle, sans motif sérieux, le Palais de César. L'état de délabrement en est tel qu'il est impossible d'y rien distinguer. Comme c'est hors des anciens remparts, et que les arasements des murs indiqueraient plus probablement l'enceinte d'un temple, on peut se demander si ce ne fut pas là le Péribole du Chaldéen, et le sanctuaire de Sambatha. Le dieu principal de la ville, προπάτωρ θεός, était Apollon Tyrimnas, le Dieu Soleil. Peut-être est-ce pour viser ce faux dieu protecteur que, dans la lettre apocalyptique, le Seigneur se nomme : « Celui qui a des yeux comme des flammes de feu. » Il est seul la vraie lumière, le reste n'est que mensonge.

Quoi qu'il en soit de ces hypothèses exégétiques, la chaleur est intolérable. Heureusement que l'eau est excellente à Thyatire. Elle coule dans toutes les rues. De là cette belle verdure autour des maisons qui rend la cité très pittoresque. Il peut y avoir ici 20,000 habitants, dont un tiers est Grec et Arménien. Ceux-ci ont deux églises et les musulmans six mosquées. Dans la plupart des constructions privées, nous remarquons des fragments de marbres antiques, frises mutilées, colonnes brisées, que des mains barbares ont enchâssés dans des murs de terre glaise. Les Turcs prétendent que tout cela a été amené de très loin,

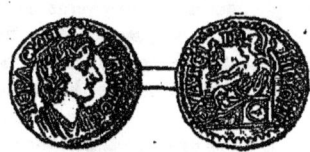

Médaille de Thyatire.
D'un côté, tête avec l'inscription : Ιερα Συνκλητος (Sainte Assemblée); de l'autre, l'emblème de la ville portant une Victoire sur la main avec l'inscription : Θυατειρηνων (des Thyatiriens).

peut-être de Sardes. Ce n'est pas impossible, car nous avons vu, hier encore, de longues caravanes de chameaux transportant à travers la vallée de l'Hermus, au compte des entrepreneurs du pays, des ruines, pillées un peu partout. Toutefois, même en dehors des édifices privés ou publics, les matériaux antiques abondent ici. Des inscriptions nombreuses les rendent intéressants. Une des plus curieuses, pour nous, est celle qui se lit sur un sarcophage transformé en auge, malgré les jolies sculptures qui l'ornent, et où un certain Fabius Zozime déclare qu'il a élevé, pour lui et sa femme bien-aimée, Aurelia Pontiana, un tombeau en avant de la ville, près du Sambathéion, au péribole du Chaldéen : πρὸς τῷ Σαμβαθείῳ ἐν τῷ Χαλδαίου περιβόλῳ, sur la voie publique. Elle établit incontestablement l'existence du temple de cette Sibylle persique, d'après quelques-uns, visée dans la lettre de l'Apocalypse. Les cimetières sont hérissés de fragments de colonnes et de frises transformées en stèles funéraires. Des chapiteaux corinthiens de la plus belle provenance ont été creusés en guise d'auges, d'autres sont groupés côte à côte, et constituent des margelles de puits; quelques triglyphes sont appliqués comme ornement à des fontaines. A en juger par la beauté de ces marbres, tantôt veinés de rouge, tantôt du blanc le plus pur, et finement sculptés, si tout cela fit partie de ses anciens édifices, Thyatire dut être une des belles villes de la province d'Asie. On y déve'oppe aujourd'hui une industrie assez singulière, c'est le commerce des sangsues. Ces annélides abondent dans les eaux stagnantes des petits ruisseaux répandus autour de la ville. Quelques enfants, payés pour cela, s'y promènent jambes nues, et en ressortent bientôt les mollets couverts de ces voraces hirudinées. On les expédie en Europe, en Autriche-Hongrie surtout, où elles sont fort appréciées.

Nous quittons Thyatire sans y avoir rien vu qui nous reporte sérieusement au passé chrétien que nous voudrions faire revivre. Pas un reste de vieille église ! Rien ! rien ! A mesure que le train s'éloigne, la ville se dessine plus gracieuse au milieu de la vallée. Une grande et belle construction dont j'ignore le nom, la domine et tranche, avec les minarets des mosquées, sur la masse noire des cyprès. Au delà, tandis que les collines s'abaissent vers le midi, le Tmolus se dresse dans le lointain, avec sa tête blanche et majestueuse comme celle d'un gigantesque vieillard.

Le pays que nous abordons est le plus peuplé et le mieux exploité de tous ceux que nous avons parcourus en Asie Mineure. Les céréales, la vigne et le coton y sont très soigneusement cultivés. Les collines que nous longeons sont, presque toutes, de marbre blanc veiné de rouge et de jaune, et, dans le lit des torrents, on voit d'énormes blocs que les eaux ont roulés. Les paysans travaillent leurs champs avec ardeur. De nombreux voyageurs circulent sur les routes. Enfin, il y a ici une activité presque européenne. Pourquoi ? Je ne saurais le dire.

Pergame.

La dernière station qu'on atteint par la voie ferrée, c'est Soma. Là, des voitures nous attendent pour nous transporter à Pergame. De grandes fêtes se préparent dans cette ville. Déjà les curieux s'y rendent en foule. Un chemin, qui doit relier la gare à la grande route de Pergame, ne sera fini que dans quinze jours. En attendant, le service se fait à travers des torrents semés de roches abruptes, et notre automédon, pour prouver son courage et mieux enlever ses chevaux, se jette à fond de train au milieu des flots. Nous allons de Charybde en Scylla. Des cahots épouvantables nous mettent à deux doigts d'un bain rafraîchissant mais intempestif. Le professeur Salzer, directeur de la Realschüle d'Heidelberg, qui est avec nous, épuise son éloquence pour démontrer à sa femme, ce dont il n'est pas sûr lui-même, que nous ne courons aucun danger. De nouveaux soubresauts viennent par intervalles compromettre la puissance de sa logique, et provoquer les cris désespérés de son excellente moitié. Tous deux parlent convenablement le français. Pour oublier l'imminence du danger que nous courons, il nous paraît à propos d'admirer une forteresse byzantine bâtie au haut du rocher qui domine Soma.

D'ici à Pergame, il y a cinq grandes heures. La route côtoie un ravin couvert de platanes et de châtaigniers. On change de chevaux à Kinik, où nous avons respiré un instant, bu du lait, et reçu une escorte de quatre zaptiés, armés jusqu'aux dents, preuve que la sécurité des routes n'est pas encore parfaite dans ce pays. Il est d'ailleurs nuit close. Les voyages sont toujours longs, quand on n'a plus pour se distraire la faculté d'admirer le pays. Enfin nous arrivons à Pergame à 10 heures du soir. Depuis ce matin, la journée a été dure, et il nous est permis d'aspirer à un repos réconfortant.

Sitôt que la voiture s'arrête dans la ville, quelqu'un, du milieu des ténèbres, nous salue en français : « Soyez les bienvenus, messieurs ! » C'est évidemment celui à qui nous sommes recommandés. « M. Sophianos? — Oui, lui-même. — Nous sommes à vous. » Et, laissant là nos bagages, nous suivons cet ange conducteur, avec un entrain que tout, la faim, la soif, la fatigue même, excite. Les rues de Pergame n'ont pas été repavées depuis Attale et les Romains. Ce n'est pas trop de la monumentale lanterne qu'un serviteur porte devant nous pour éviter de nous rompre les jambes et le cou, à travers des inégalités de terrain aussi déconcertantes que nombreuses. Après un quart d'heure de marche dans ce silence d'une ville endormie, que rien, pas même la voix des chiens, ne trouble, nous atteignons une maison d'assez belle apparence, précédée d'un perron où grimpent des clématites et du jasmin. Là doit être notre gîte. La première impression est déjà bienfaisante. A peine sommes-nous installés dans le divan, que M. Sophianos nous présente le maître de la maison, son beau-frère, et peu après la maîtresse, sa sœur, qui s'est levée du lit pour nous recevoir, et sans doute nous céder sa chambre. On nous offre des rafraîchissements ; c'est autre chose qu'il nous faut. Très franchement nous déclarons que nous avons faim, et, sans retard, avec une bonne grâce parfaite, on se procure un quartier d'agneau rôti. Tout le vin qu'on a est résiné : c'est dire que pour des Européens il est inacceptable. On nous verse de la bière, une bouteille, tout ce que l'on a. C'est peu pour cinq convives dont deux sont Allemands, et dont les trois autres, vu leur soif inextinguible, mériteraient de l'être. Aussi n'est-ce pas sans peine que successivement Henry et M. Vigouroux parviennent à protéger leur verre contre les distractions du docteur d'Heidelberg, leur voisin, qui, ayant fini le sien, passerait volontiers à celui des autres. Rien n'est plus touchant que la cordialité de la famille qui nous reçoit, et qui pourtant ne nous doit rien, puisqu'elle ne nous connaît pas. Tout d'abord nous avions agi très librement, nous croyant installés dans une hôtellerie bien tenue. L'amabilité de nos hôtes, sitôt que la situation est éclaircie, devient presque une gêne.

Le repas fini, ils nous annoncent disposer de deux chambres ayant un lit chacune. La politesse française nous fait un devoir d'en offrir une au docte professeur, à cause de sa femme. Le sans-gêne allemand lui persuade, à notre réelle stupéfaction, de se les attribuer toutes les deux. Aussitôt, M. Sophianos, pour nous rassurer, déclare qu'il nous logera ailleurs, chez quelque ami sans doute, dans une maison aussi bien tenue que celle de sa sœur, et de fait, ayant salué tout le monde gracieusement, même ceux qui, sans plus de façon, ont usurpé notre place, nous nous mettons à le suivre, en toute confiance, à travers les rues tortueuses et défoncées qui montent ou descendent toujours. Pauvres Attales, grands architectes royaux, où êtes-vous? La course est longue, et l'arrêt final est la plus affreuse déception. Une immense porte blindée de fer, se dresse lugubre devant nous. Le serviteur, qui nous précède, y frappe à coups redoublés. « Qui est là? dit en turc une voix stridente. — Amis! répond M. Sophianos, trois fois amis, *Subban Allah?* Dieu soit loué! » et, dans le milieu de la porte, s'ouvre, pour nous laisser passer, un portillon au delà duquel on voit quelque chose d'obscur et d'indéfini comme le chaos. « En avant la lanterne! » crions-nous unanimement, et, à mesure qu'elle avance, nous soupçonnons vaguement que nous sommes dans une cour où, pêle-mêle, grouillent dans la nuit épaisse bêtes et gens. L'apparition subite de la lumière et le bruit que nous faisons éveillent une foule d'êtres vivants qui, dans leurs mouvements, projettent, çà et là, des ombres fantastiques, chameaux remuant leurs bosses, brebis relevant leurs têtes, hommes se frottant les yeux, étendant les bras, et bâillant à se décrocher les mâchoires. Où sommes-nous donc? C'est le grand khan de Pergame. Je ne sais si je l'ai déjà laissé deviner, j'éprouve une antipathie irréductible pour tous les khans, probablement parce qu'on y trouve trop de bêtes; mais celui-ci, au soir d'une longue journée de fatigue, journée faisant suite à deux autres non moins pénibles, au moment où, par politesse, nous venons de sacrifier deux belles chambres et un divan, après l'espoir qu'on nous a laissé, jusqu'à la dernière minute, de trouver ailleurs une hospitalité équivalente à celle que nous avions chevaleresquement sacrifiée, c'est un vrai coup de foudre. Nous essayons quelques protestations. M. Sophianos envoie frapper chez des amis. Ils sont moins complaisants que son beau-frère, puisqu'ils ne répondent pas. Leur profond sommeil sera demain leur excuse. Vainement expédiera-t-il émissaire sur émissaire; de tous côtés, ils reviennent pour dire invariablement que leurs démarches n'ont pas abouti. Eh bien oui, c'est très vrai, il nous faut coucher au khan, dans cette chambre étroite et dégoûtante où on a dressé trois misérables lits. A travers la cloison crevassée, je vois une sorte de Turc, philosophe sans doute, qui ne dort pas encore, et semble en extase devant un livre ouvert sur ses genoux. Un agneau, pauvre et heureuse bête, mange de l'herbe fraîche-

Le khan de Pergame.

Vue de Pergame.

ment coupée au seuil de notre porte. Plus loin, deux molosses terribles grognent en montrant les dents. Il est minuit. M. Sophianos nous souhaite un bon repos, et sa lanterne, en s'éloignant, laisse voir, au centre de la cour, et gardées par deux hommes portant sabre et fusil, des balles de marchandises que de longues voitures groupées semblent enfermer dans une enceinte fortifiée.

Le mobilier de notre chambre est vite reconnu. Il y a un mauvais tabouret pour nous trois, et puis... plus rien, mais absolument rien. S'asseoir et dormir sur un mauvais lit, c'est tout ce que nous pouvons faire dans notre misérable réduit; pour tout le reste, il faut aller dans la cour avec les bêtes. Là, on se lave... là, on fait ce que l'on veut. Ceci est singulièrement en dehors des usages de France. Je rappelle à M. Vigouroux que nous nous étions trouvés jadis à Mersina, dans un cas analogue. Mais ici, Henry est moins gêné que nous pour faire entendre ce qui nous manque, et chose singulière, la solution de la difficulté est la même qu'à Mersina; on nous apporte, comme vase indispensable, une grande caisse de fer blanc ayant contenu des Palmers ou des Olibets. Nous mettons nos revolvers au chevet du lit, et nous cherchons à dormir. Ma prière se résume à demander qu'aucun de nous ne tombe malade en si piteux gîte, et que le soleil se lève bientôt. Henry constate qu'un rideau, déguisant une immense fenêtre, est le seul mur qui nous sépare de l'agneau qui broute, des chameaux qui ronflent et des chiens qui hurlent. Qu'y faire? Marie et Joseph, arrivant à Bethléem, logèrent bien dans le khan de la ville, et ne trouvant pas même à louer une chambre comme la nôtre, ils durent se réfugier dans l'étable. Remercions la Providence. Grâce à M. Sophianos, nous n'en sommes pas là.

Aux premiers rayons du jour, nous voici sur pied, riant beaucoup de l'aventure, et cherchant à nous rendre exactement compte de tout ce qu'il y a dans notre khan. C'est un monde qui ne manque pas d'intérêt. Nous y faisons les plus pittoresques découvertes. La plus pratique de toutes est celle d'un grand vase de lait que nous buvons, quel qu'en doive être le prix. M. Sophianos nous servira d'interprète pour régler avec le propriétaire. Au reste voici un guide qu'il nous adresse de bon matin, et qui s'engage très crânement à simplifier nos recherches archéologiques. Nous l'acceptons, et sans perdre un instant, nous nous dirigeons vers l'Acropole. Chemin faisant, il nous est agréable de visiter deux monuments qui, au moins par leurs noms, semblent se rattacher à la vieille Église chrétienne de Pergame, Saint-Jean et Sainte-Sophie.

Derviche mendiant à Pergame.

Saint-Jean, *Aghios Théologos*, c'est le nom donné par le peuple au Kisil Avli, la grande ruine rougeâtre qui, vers l'orient, s'élève majestueuse au milieu des modestes maisons de Pergame. La vaste construction fut jadis entourée d'un péribole, et même très probablement complétée par d'autres édifices dont les traces sont visibles dans les maisons avoisinantes. Elle repose sur un terre-plein ménagé par un double tunnel construit sur le Sélinus à l'époque romaine. Les archéologues sont très embarrassés pour déterminer la destination première de ce singulier monument. Les uns ont cherché ici un palais, les autres des thermes, un gymnase, une basilique. Quoi qu'il en soit, il est certain que le Kisil Avli fut transformé, de bonne heure et sans trop de complications, en un sanctuaire chrétien. Le mur d'enceinte, ou le péribole, fut détruit et mis à profit pour édifier, çà et là, des maisons misérables. On en retrouve la trace près de la rue des bazars. Les dépendances de la construction principale furent en partie supprimées, et la grande salle, orientée au levant, devint l'église du Saint-Théologien.

L'Église du Saint-Théologien à Pergame.

Elle était de belles proportions, mesurant 56 mètres de long sur 26 de large. Une porte de plus de 7 mètres, entre une double niche, donnait accès à l'intérieur. A-t-on construit alors l'enfoncement semi-circulaire de 10 m. 50 de diamètre, qui fut certainement le sanctuaire? Ce n'est pas probable. Il n'y a pas trace de remaniement architectural, et le plus simple est de supposer que cet enfoncement fut primitivement l'hémicycle de la basilique, rattachée aux thermes, où les juges rendaient la justice. Peut-être ici des martyrs tels qu'Antipas, Carpus, Papylus et Agathonice rendirent à Jésus-Christ leur glorieux témoignage [1]. La transformation eut-elle lieu sous Constantin qui désaffecta, pour nous servir d'une expression moderne, plusieurs édifices publics au profit du christianisme? C'est possible. Quelques pans de murs dans l'abside, à droite et à gauche du demi-cercle, indiquent que, pour se conformer à la liturgie chré-

1. Eusèbe, *H. E.*, IV, 15.

tienne, on avait établi ici, comme dans toutes les grandes églises, le diaconium et la prothésis. Des deux côtés de la nef, il y eut une galerie supérieure. Le narthex fait défaut, mais rien ne prouve qu'il n'ait pas existé. Ce qui complique le problème de la destination première de l'édifice, c'est l'existence vers l'orient de deux tours, l'une à droite, l'autre à gauche ; larges de 12 mètres de diamètre, hautes de 16 et indépendantes de la grande construction. Elles ont une retraite quadrangulaire faisant face à l'entrée. Sous l'une de ces deux rotondes, un escalier conduit à une salle souterraine supportée par des piliers. Elles se terminent en haut par une coupole. L'une d'elles porte le nom de chapelle de Saint-Antipas, ce vaillant chrétien nommé dans l'épître apocalyptique à l'Église de Pergame, et qui, d'après les martyrologes, aurait confessé la foi en acceptant d'être brûlé vif dans les entrailles d'un taureau d'airain. L'antique construction de briques a des assises de marbre intercalées. C'est lourd comme architecture, mais c'est admirablement solide. Ces Romains étaient d'incomparables bâtisseurs. Le tunnel qui soutient, en la coupant en diagonale, la plate-forme du Kisil-Avli, sur une longueur de 200 mètres, en deux arches parallèles mesurant chacune 12 mètres de large, demeure absolument intact après dix-neuf siècles. Les crampons de fer maintiennent encore les grandes pierres de trachyte qui supportent les voûtes en blocage reliées, de distance en distance, par des arceaux de très bel appareil.

La mosquée Sainte-Sophie, à quelques pas d'ici, fut, peut-être, un sanctuaire plus ancien que l'église de Saint-Jean. Si l'on considère le style de cet édifice, une nef à deux coupoles, divisée par un grand arc, et la façon dont les pierres sont taillées, on sera d'avis de reporter sa construction avant l'époque de Justinien. La mosquée a été certainement une église, et l'église marquait elle-même quelque site célèbre dans l'histoire chrétienne de Pergame, peut-être le lieu où se tint le concile de l'an 152 contre les gnostiques, partisans de Colarbase. Comme tout cela est bien mort ! A travers des rues tortueuses et montantes, avant d'atteindre le pied de la montagne, nous rencontrons pourtant un sanctuaire avec des signes chrétiens. C'est Saint-Théodore. Les portes en sont closes, probablement parce qu'il est de bonne heure. Saluons avec respect cette étincelle encore vivante sous la vieille cendre des siècles et appelée, peut-être, à raviver un jour la flamme au foyer presque éteint.

Enfin nous voici au bas de l'Acropole. L'ascension sera rude ; le sommet à atteindre est à 360 mètres d'élévation. Les anciens comparaient cette pittoresque montagne à une pomme de pin, et l'appelaient Strobiloéidès. Quelques fragments de murs courant çà et là, des monceaux de ruines se dressant sur ses plates-formes successives lui donnent, dans sa désolation, une étrange majesté. On dirait des touffes de cheveux blancs sur la tête osseuse d'un octogénaire. L'excursion va être pour nos jambes une réelle fatigue, après la mauvaise nuit que nous avons passée, mais quelle jouissance pour l'esprit ! car, s'il n'y a ici plus rien à découvrir, il y a beaucoup à admirer. Les hommes compétents qui ont tout fouillé, il y a quelques années à peine, ont si bien décrit chaque chose, que nous arrivons en pays connu. Il nous semble que nous n'allons pas voir mais revoir, puisque tout ce qui est sur cette montagne, Mme et Mlle Humann, avec une grâce exquise, nous l'ont expliqué et montré en innombrables et superbes photographies dans leur salon de Smyrne. C'est par ces fouilles de Pergame, provoquées avec tant d'insistance et dirigées avec un

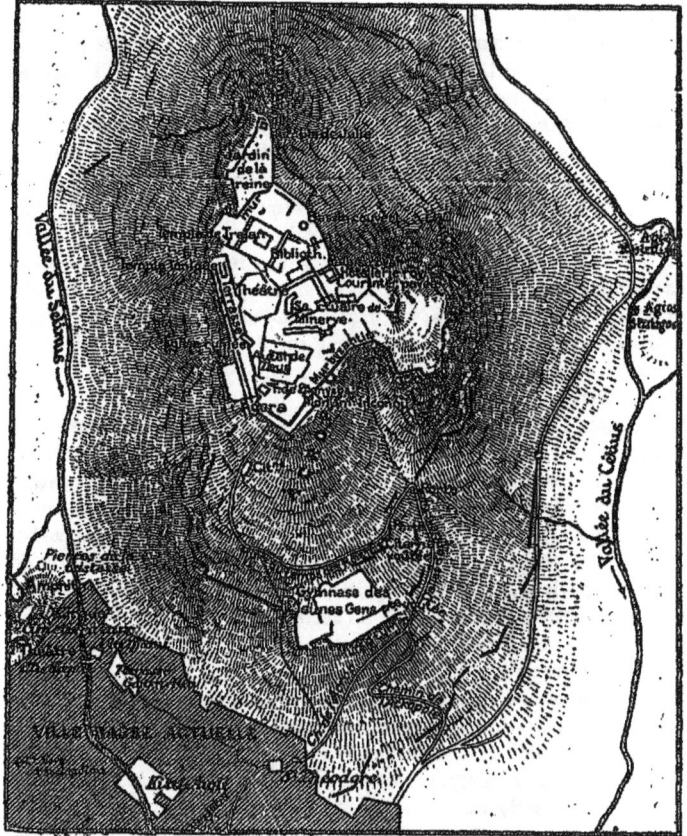

Plan de Pergame.

singulier bonheur, que M. Humann commença sa célébrité archéologique. Tenant en mains le guide qu'il nous a lui-même donné, il n'y a plus qu'à laisser notre esprit reconstituer et repeupler les ruines éparses devant nous.

Les premiers débris que nous atteignons sont ceux d'un mur romain, refait à l'époque byzantine, et où l'on distingue encore des restes de tours. A mesure que Pergame se peuplait, on dut se préoccuper d'abriter, en cas de guerre, le plus de monde possible derrière des remparts. L'expérience avait appris que les armées ennemies, envahissant le pays, ne perdaient jamais le temps à assiéger l'inexpugnable citadelle, mais déchargeaient régulièrement leur fureur sur la ville basse. Aussi, aux premiers bruits de guerre, chacun s'empressait-il de chercher un refuge sur l'Acropole. De là ces enceintes successives établies pour agrandir de plus en plus le périmètre de la défense.

Au delà de ce mur romain, nous abordons une terrasse couverte d'importantes ruines. Il y eut là un gymnase, Γυμνάσιον τῶν νέων, dont il nous est impossible de retrouver les dispositions même générales, telles qu'elles sont marquées par Vitruve. J'ai d'ailleurs constaté qu'elles étaient introuvables à peu près partout, ainsi à Éphèse, à Tralles et à Hiérapolis. Le labyrinthe de salles décrit par cet auteur me paraît, plus que jamais, en théorie comme en pratique, quelque chose de fort énigmatique, et que n'éclairciront pas les blocs de marbre entassés ici. Au reste, la brise matinale est si vive qu'il ne faut pas nous vouer à l'immobilité. Reprenant donc notre ascension, nous nous demandons pourquoi le nom de Pergame, ou Perga, n'a jamais été donné qu'à des cités bâties sur des montagnes; car, tout comme celle-ci, les villes de Troade et de Pamphylie, qui le portèrent, étaient sur des hauteurs. Faut-il croire que ce nom, d'origine étrangère à la langue grecque, est un dérivé de la même racine que Berg, montagne? Peut-être.

En appuyant à droite, nous franchissons une entrée en voûte, dépendance probable du gymnase. La multiplicité des gymnases dans les villes grecques n'est peut-être pas sans corrélation avec les sites mêmes qu'elles occupaient. En réalité, pour se résoudre à construire des capitales, échafaudées en monuments splendides, jusqu'à 300 mètres de haut, il fallait compter sur des jambes de fer. C'était à la gymnastique, chargée de développer chez tous la force du muscle, de supprimer, du moins en partie, l'inconvénient d'habiter au haut de pentes rapides. Grâce à elle, en effet, les anciens ne trouvèrent pas de désagrément à monter ou à descendre sans cesse, et, sans hésiter, ils se donnèrent le plus souvent, pour ménager les effets de perspective, le plaisir d'édifier leurs villes, ou du moins les principaux monuments de ces villes, en longs étages superposés. Ici, une pittoresque succession de terrasses, tantôt naturelles, tantôt faciles à établir, grâce à la configuration de la montagne, rendait la distribution des grands édifices aisée, et les bâtisseurs royaux n'eurent pas de peine à les disséminer, si nombreuse qu'en fût la série, sans qu'aucun d'eux se trouvât masqué par les autres. Qu'on le prît d'en haut ou d'en bas, le coup d'œil de l'Acropole de Pergame devait être féerique. Disons, pour achever de renseigner le lecteur, que l'ascension de ces villes hautes se faisait simultanément, comme à Montmartre de Paris, soit par des séries d'escaliers, soit par des rues en lacets, pavées de larges dalles de marbre blanc. Henry, qui vient d'y trébucher honorablement, me fait observer que nous sommes, ici même, sur le site de l'une d'elles. Peu après, franchissant une ancienne porte, nous atteignons une autre terrasse, où, sans que j'en puisse soupçonner le motif, rien d'important ne semble avoir été construit. Là, passait le mur de la ville à l'époque des rois. On y retrouve encore les fondations d'une ancienne porte, accostée, vers le sud, par une belle citerne carrée, au-dessus de laquelle neuf colonnes supportèrent jadis un dôme. Il était d'usage, chez les anciens, d'avoir, à l'entrée des villes, des fontaines où puisaient les allants et les venants. D'ici nous suivons un sentier tout tracé vers l'ouest, encouragés que nous sommes par le double panorama qui se déroule graduellement sous nos pieds et sur nos têtes; là-bas, c'est la ville actuelle, avec l'importante masse du Kisil Avli, les blancs et grêles minarets des mosquées, les noirs cyprès de quelques jardins, et, vers l'ouest, les souvenirs de la ville ancienne au delà du Sélinus; là-haut, se dressent les ruines éparses de l'Acropole, le tout nageant dans une blanche lumière qui en fait comme une gigantesque féerie. Encore un effort, et nous abordons un rectangle avançant brusquement par une de ses pointes sur la terrasse que nous quittons. Ce rectangle, point de repère important, fut jadis le centre de la vie commerciale, politique et civile de Pergame; c'était l'agora.

Deux monuments entièrement détruits y attirent notre attention. L'un, au couchant, fut le temple de Dionysos, dieu très en faveur dans ce pays de vignobles. Le site en est marqué par quelques fragments de colonnes disposées au hasard, à la suite de fouilles infructueuses. L'autre, au levant, derrière une maison de garde où nous nous abritons, demeure une énigme indéchiffrable. La base en subsiste seule, et se fait remarquer par sa fine sculpture. Dans toute autre ville où la parole publique aurait joué un rôle, nous songerions assez naturellement à une tribune aux harangues. Ici nous restons devant un point d'interrogation. L'agora était pavée de larges dalles; quelques-unes sont encore en place. De la colonnade et des boutiques de marchands qui l'entourèrent, il ne reste rien. Outre les deux maisons de garde élevées aux deux extrémités, et renfermant quelques débris insignifiants de statues et de chapiteaux, nous trouvons, un peu plus haut, une troisième baraque de bois, ornée d'inscriptions récentes très fantaisistes. Ce fut l'abri misérable d'où M. Humann et M. Conze, comme des généraux sur le champ de bataille, menèrent leurs hommes à l'assaut des ruines à exhumer et à conquérir. En effet, à quelques pas d'ici, en montant toujours, nous atteignons à notre gauche un plateau soigneusement nivelé qui s'avance lui-même sur le rectangle de l'agora, comme celui-ci s'avançait vers la terrasse inférieure. D'immenses blocs, remués depuis peu, l'encombrent en partie. Nous sommes devant les débris du grand monument religieux de Pergame, l'autel de Jupiter Sauveur.

L'autel de Jupiter à Pergame.

Pour se faire une idée du fameux édifice aujourd'hui dévasté par la pioche des fouilleurs, il faut se représenter une plate-forme carrée de 30 mètres de côté et de 9 mètres de haut, ouverte vers le midi, où un escalier de 20 mètres de large l'abordait, et entourée sur ses trois autres côtés d'une colonnade ionique presque basse, mais du goût le plus exquis. Le tout était en marbre blanc. Par le monumental escalier, on montait à l'autel de Jupiter exposé en plein air, et là on brûlait les offrandes. Extérieurement, au-dessus des soubassements et du socle supportant l'harmonieuse construction, courait une incomparable frise, devenue aujourd'hui un des trésors du musée de Berlin, et représentant la Gigantomachie, sujet familier à la sculpture grecque, mais ayant à Pergame une signification patriotique connue de tous. Attale, avec son petit peuple, avait dû lutter contre les Gaulois, ces géants des batailles, et il les avait vaincus. L'histoire nous a dit par quelle supercherie ce roi, enflammant le courage des siens, avait réussi à leur faire croire que les dieux prenaient parti pour eux contre l'ennemi. Au moment de livrer la bataille, comme on consultait les entrailles d'une victime, il en toucha solennellement le foie, qui palpitait encore, et, sans qu'on s'en aperçût, y laissa l'empreinte du mot fatidique inscrit d'avance dans sa propre main : « Nikè, Victoire ! » Les soldats, électrisés à la vue du prodige, qu'ils prirent pour une réponse authentique du ciel, volèrent au combat et mirent les Gaulois en fuite. A l'intérieur, sous la colonnade, et à la hauteur de l'autel, se déroulait une autre série de bas-reliefs représentant l'âge héroïque de Pergame. Ce monument était un vrai chef-d'œuvre, et il est douteux que Zeus, le roi des dieux, ait jamais eu ailleurs un autel comparable à celui-là. La ville entière pouvait voir d'en bas monter vers les cieux la fumée des sacrifices. Si Jean avait jamais contemplé ce grandiose spectacle, on comprend que le souvenir lui en fût resté douloureusement gravé dans la mémoire, et que sa lettre à l'Ange de Pergame ait formulé une allusion sévère à ce trône de Satan.

Sculptures de l'autel de Pergame.

En arrière, et plus haut, s'élevait un temple de Minerve Poliade Victorieuse, sorte de Parthénon, se dessinant au-dessus de l'autel de Zeus, comme celui d'Athènes au-dessus des Propylées. Il était très heureusement situé pour accentuer l'effet de perspective. Les énormes blocs de trachyte de ses murs sont moins beaux, mais remontent à une époque beaucoup plus reculée que les marbres de l'autel de Jupiter. Ce temple, de style dorique, occupait une place entourée elle-même d'une colonnade. On a retiré des fouilles faites ici plus de deux cents statues et piédestaux de la bonne époque de l'art grec. Si nous devons juger de leur prix par le cas que nous faisons du vase de Pergame donné jadis à la France par le sultan Mahmoud, et qui est une des merveilles du Louvre, il faut dire que M. Humann a rendu à son pays les plus inappréciables services[1]. Au VIe siècle de notre ère, on bâtit, tout à côté de ce sanctuaire de Minerve, et comme protestation tardive contre l'idolâtrie, une petite église byzantine dont les restes jonchent le sol.

Un peu plus haut, fut la fameuse bibliothèque de Pergame, rivale de celle d'Alexandrie, en attendant que, par un don capricieux d'Antoine à Cléopâtre, elle en devînt le complément. Il nous est agréable de nous asseoir sur ces bancs de marbre jaunis par le soleil, où les savants de l'antiquité s'assirent et travaillèrent. Je rappelle à M. Vigouroux les séances que nous faisons parfois à la Bibliothèque nationale de Paris, avec plus de commodités, sans doute, et de ressources qu'il n'y en eut jamais ici, mais avec le panorama de moins; or ce panorama était incomparable, les lecteurs pouvant reposer successivement leurs regards sur les flancs de l'Acropole, couverts de splendides monuments, sur les théâtres, les gymnases, les temples, les places, les rues de la ville basse, et jusqu'au fond de la plaine où le Caïque, à travers les horizons fuyants, sème avec la fécondité des îlots de verdure. Si ce vieil arsenal de la sagesse païenne était encore meublé de ses antiques parchemins, comme il nous plairait d'y être enfermés, prisonniers de la science, pendant de longs mois, après lesquels nous réserverions à la France, qui nous aurait cru mangés par les Turcs, la surprise de cent publications sensationnelles d'œuvres philosophiques et littéraires définitivement perdues pour nous. On sait avec quel soin les rois de Pergame faisaient préparer les peaux de chèvre, de mouton, de veau et d'agneau pour les copistes qui travaillaient à enrichir leur bibliothèque des ouvrages les plus curieux. Ainsi Pergame eut l'honneur de donner son nom aux parchemins qui remplacèrent les papyrus devenus fort rares, même en Égypte.

Les rois avaient leur palais à l'est de la bibliothèque, mais un peu plus haut. Une cour, entourée d'une colonnade, est le seul point facile à reconstituer dans cet amas de débris où gisent pêle-mêle des mosaïques et des marbres brisés. De grands vases en terre cuite, plantés dans le sol, marquent probablement le lieu où l'on serrait les provisions de la maison royale. L'abondance d'eau y était assurée par un bassin cubant plus de 80 mètres, et recouvert d'une solide toiture que supportaient des poutres de pierre appuyées sur une colonne centrale. Malgré cette architecture solide, le tout s'est effondré depuis longtemps.

Enfin, nous voilà presque au point culminant de la montagne. Un grand

---

[1]. Comme ce livre achève de s'imprimer, Mme Humann, désolée, nous annonce de Smyrne la mort très inattendue de son illustre père. La science, sa patrie et ses amis pleureront le chercheur intelligent, dévoué et aimable qui prématurément vient de disparaître. Il était profondément chrétien, loyal, travailleur et charitable. Si la gloire de ses découvertes honore sa vie dans le temps, ses vertus lui restent pour l'éternité.

mur se dresse devant nous sur une longueur de 30 mètres. Heureusement qu'il a une brèche suffisante pour nous laisser passer. Par elle, on atteint une plate-forme étroite, dite le Jardin de la Reine, d'où la vue s'étend sur les deux vallées du Sélinus et du Cétius, ce qui nous permet de saisir pleinement la topographie de la montagne. Plus loin, une ruine, à l'extrémité du promontoire nord, rappelle que Julie, la fille débauchée d'Auguste et de Scribonie, celle que son propre père dut reléguer dans l'île de Pandataria, et que Tibère condamna à mourir de faim, eut elle-même un temple sur l'Acropole. C'est là que débouchait une abondante prise d'eau, destinée à alimenter la ville haute. Amenée de la montagne voisine, elle descendait dans la vallée et remontait sur la hauteur par un aqueduc à siphon dont on voit encore la trace, et qui nous rappelle celui de Laodicée. Ici les pierres, forées habilement, ont été brisées, et on en a retiré le plomb qu'elles recouvraient.

En redescendant, nous nous arrêtons sur une esplanade parallèle au Palais des rois, et située vers le couchant. Là, Trajan eut son temple. Les voûtes, qui en supportèrent les fondations, existent encore. D'énormes débris indiquent le style dorique de l'édifice. La plate-forme fut entourée d'une colonnade et de magasins. Des bancs en fer à cheval, et probablement surmontés de statues, y étaient disposés pour reposer les promeneurs. La vue s'étendait merveilleusement belle de tous côtés, et les désœuvrés pouvaient y distraire leurs regards, tout en se livrant au double plaisir de converser et de ne rien faire. Imitons un instant les flâneurs antiques, et rendons-nous compte de la position stratégique de l'Acropole.

Elle s'élevait entre deux cours d'eau, le Sélinus au couchant, et le Cétius au levant, allant l'un et l'autre rejoindre le Caïque à deux lieues au sud de la ville. Le Caïque, alors navigable, mettait le pays en communication avec la mer, près d'Élée et de Pitane, dans le golfe actuel de Tschanderly. Les deux ruisseaux coulent dans des ravins abrupts et profonds. Le Cétius a quelques fontaines sur ses rives, dont une de fort ancienne construction, l'Agios Stratigos. Il est lui-même à peu près desséché. Le Sélinus côtoie des ruines importantes qu'il faudra visiter et, traversant la ville sur un parcours de 800 mètres, il sépare le quartier musulman du quartier chrétien. Il doit grossir aux jours d'orage, car, si encaissé soit-il, les rois Attales l'avaient bordé, il y a bien des siècles, de quais très élevés pour maintenir ses eaux. On le traversait par cinq ponts de

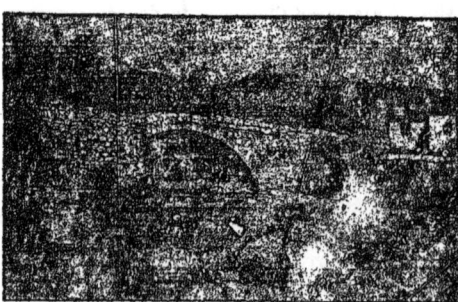

Le Grand Pont de Pergame.

construction romaine, qui corrigeaient la différence de niveau entre la rive gauche et la rive droite, celle-ci étant plus basse que celle-là. La quantité d'eau qu'il roule suffit pour arroser quelques jardins, et entretenir, à sa sortie de Pergame, une belle verdure qui agrémente le paysage. La montagne de l'Acropole se trouvait merveilleusement fortifiée par la nature, et l'on comprend qu'une colonie grecque, venue d'Arcadie avec l'Héraclide Télèphe, d'après les uns, ou d'Épidaure avec Esculape, selon les autres, ait eu la pensée de bâtir là une citadelle inexpugnable. Rien qu'à regarder d'en bas l'immense cône, et à se dire qu'il faut le gravir, même en archéologue, on sent la sueur venir au front. Que serait-ce s'il fallait arriver en soldat donnant l'assaut? Je ne m'étonne pas qu'un des généraux qui se partagèrent l'empire d'Alexandre, Lysimaque, maître du pays, ait eu la pensée d'abriter au sommet de cette Acropole inabordable ses immenses richesses, 9,000 talents. Il ne pouvait trouver une trésorerie mieux située. Malheureusement l'eunuque Philétère, à qui il en confia la garde, ne fut pas fidèle jusqu'au bout, et ayant eu à se plaindre d'Arsinoé, femme de Lysimaque, il crut que les accusations malveillantes de la reine lui donnaient le droit de manquer de parole au roi. Il s'adjugea donc l'Acropole et les trésors qu'elle renfermait. Lysimaque, aux prises avec des difficultés autrement sérieuses puisque, comme père de famille, il en était réduit à faire mourir Agathocle, son propre fils, et, comme prince, à lutter contre Séleucus Nicator qui le vainquit et lui enleva la couronne, laissa Philétère jouir paisiblement des fruits de sa félonie. Il mourut d'ailleurs bientôt après, assassiné par Ptolémée Céraunus. Après vingt ans de principat, l'eunuque Philétère qui avait deux frères, Eumène et Attale, laissa Pergame au fils de son aîné, appelé Eumène comme le père. Peu à peu, ce nouveau prince créa un petit État autour de Pergame et, ayant levé une armée, battit à Sardes, Antiochus fils de Séleucus. Il gouverna pendant vingt-deux ans, de 263 à 241 avant Jésus-Christ. Attale, fils de son oncle, lui succéda, et, après une victoire remportée sur les Galates, prit le titre de roi. Son long règne de quarante-trois ans fut des plus prospères. C'est lui qui conclut l'alliance avec le peuple romain, et assura ainsi le rapide développement de ses États, du moins sous son successeur Eumène II, l'aîné de ses fils. En effet, après les guerres heureuses de Rome, celui-ci reçut de la main de ses alliés les meilleurs fruits de la victoire. Pendant trente-huit ans, de 197 à 159 avant Jésus-Christ, il s'appliqua à orner sa capitale de splendides monuments, temples, basiliques, bibliothèque, Nicéphorium avec son bois sacré. Les rois des petits États sont toujours ceux qui montrent le plus de zèle pour l'embellissement de leur royaume. En mourant, il laissa son frère Attale II Philadelphe, régent et tuteur de son jeune fils. Ce fut encore une glorieuse période dans l'histoire de Pergame, car ce tuteur avait toutes les qualités d'un grand roi. C'est lui qui acheta à l'encan, après le sac de Corinthe, un tableau du peintre Aristide au prix de 120,000 francs, révélant ainsi à l'ignorant général romain Mummius, la valeur réelle d'un immortel chef-d'œuvre. Une autre fois il paya cent talents (500,000 francs) un tableau du même artiste. Après vingt et un ans de régence, il mourut laissant le trône à son pupille Attale III Philométor qui, lui-même, s'éteignait cinq ans après (133 avant Jésus-Christ) en léguant son royaume aux Romains. Dès lors Pergame fut incorporée à la province d'Asie, et l'influence romaine s'exerça directement sur la belle cité dont les gouverneurs successifs, ou les maîtres lointains, s'appliquèrent à remanier et à multiplier les monuments. En réalité, la grande cité demeura longtemps florissante, et Pline l'Ancien disait qu'elle était de beaucoup la plus fameuse de l'Asie[1].

On sait que, dans sa politique habile, Rome s'appliquait à assurer aux provinces soumises assez de libertés municipales pour leur faire accepter, sinon oublier, le poids de sa domination. Ici, comme à Éphèse, un asiarque, sorte de magistrat national, présidait les cérémonies religieuses et les fêtes publiques. Des temples, élevés simultanément en l'honneur de l'Asie et du maître de Rome, symbolisaient l'harmonie des deux pouvoirs. Il y eut à Pergame un sanctuaire consacré à Auguste et un autre à Claude.

Médaille de Pergame.

L'emplacement de celui-ci, d'après une inscription en magnifiques caractères gisant au bas de l'Acropole, paraît avoir été voisin du Gymnase des jeunes gens. En retour d'un dévouement, non pas seulement fidèle mais servile, les empereurs se montrèrent toujours bienveillants pour la cité, et cherchèrent à accroître sa prospérité. Les commerçants étrangers y affluaient. Les juifs s'y établirent de bonne heure, et un décret, dont Josèphe nous a conservé la teneur[2], semble dire que leur situation sociale y était considérable. C'est probablement par eux et leurs synagogues que l'Évangile pénétra dans le pays. Les relations entre les grandes villes d'Asie étaient d'ailleurs fréquentes. Thyatire se trouvant une dépendance de Pergame, les prédicateurs de la Bonne Nouvelle purent venir de là, encouragés par Lydie, la marchande d'étoffes rouges. D'autre part, Éphèse, ce centre du christianisme asiatique, aboutissait ici par terre et par mer, avec ses caravanes et ses felouques. Le fait est qu'avant la fin du 1ᵉʳ siècle, Pergame, la superbe cathédrale du paganisme, comme on l'a appelée en raison du grand nombre et de la splendeur de ses temples, était entamée par les prédicateurs de l'Évangile, et le prophète de Patmos lui adressait une lettre que je me réserve de lire silencieusement, tout à l'heure, quand nous aurons reconstitué l'ensemble de la cité antique avec ses monuments et sa vie sociale d'autrefois. Il fut violent l'incendie allumé dans le vieux monde par l'Évangile, et l'Esprit d'en haut le propagea si bien qu'il n'y eut ni grandes ni petites villes, ni ports de mer ni acropoles, où le feu ne pénétrât à l'improviste, et ne se développât impitoyable et envahisseur, jusqu'à ce que tous les faux dieux furent brûlés, et qu'un monde nouveau sortit de leurs cendres.

Des cris d'admiration, qui retentissent un peu au-dessous de nous, viennent interrompre nos dissertations. Des dames au très voyant costume et un guide qui les escorte nous invitent, avec de joyeuses démonstrations, à redescendre vers le couchant, à peu près à la hauteur du temple de Minerve, jusqu'aux

1. Pline, V, 33.
2. *Antiq.*, XIV, 10, 22.

roches qui surplombent le ravin. Il paraît que nous allons trouver là ce qu'on pourrait appeler, dans le langage moderne, le clou de l'Acropole, la plus intéressante ruine de Pergame. Et c'est exact, car ici les archéologues n'ont rien bouleversé. Prenant à notre droite un petit escalier taillé dans le roc, nous en suivons avec précaution les degrés à moitié détruits. Quelque intéressant que soit d'ici le coup d'œil sur la vallée du Sélinus, il faut se garder de toute distraction dangereuse, et un faux pas aurait les plus graves conséquences. Au bas de cet escalier, commencent les gradins supérieurs d'un immense théâtre, adossé au roc de la montagne et tourné vers le couchant. Henry, qui descend prestement jusqu'à la scène, compte 80 rangées, toutes parfaitement conservées et régulièrement coupées en compartiments cunéiformes, κερκίδες. La loge royale est encore revêtue de marbre blanc. Une autre, plus près de l'orchestre, dut être celle des grands dignitaires de la cité. La vue s'étend vers le sud jusqu'à la mer et à Mitylène. Comme acoustique, si nous en jugeons par quelques beaux vers d'Euripide qu'Henry nous débite, la *cavea* était très heureusement disposée. On saisit jusqu'aux moindres nuances dans l'intonation et l'expression. La scène reposait sur une belle terrasse, peu large, mais très allongée dans la direction du sud au nord. Elle était mobile et des trous, profondément creusés, servaient à établir les piliers de bois qui permettaient de l'établir ou de la supprimer à volonté. Celle-ci enlevée, il n'y avait qu'à fermer les cavités de la roche avec des plaques de marbre, et l'esplanade se retrouvait ainsi libre dans toute son étendue qui était considérable. Elle mesurait, en effet, 200 mètres de long, et se terminait à l'extrémité septentrionale, par un perron aboutissant à un joli temple ionique, consacré on ne sait à quelle divinité. Restauré par les Romains, ce sanctuaire remonte certainement au temps des Attales. Il fut hexastyle. Les soubassements de l'autel sont encore debout, et on reconnaît l'emplacement de la cella et de l'opisthodomos. Il faut convenir que ce petit chef-d'œuvre de l'architecture antique avait été élevé sur un point où tout devait contribuer à le rendre idéalement pittoresque. Si, du seuil de ce sanctuaire, on relève la tête vers la roche abrupte qui le surplombe tout en supportant les soubasse-

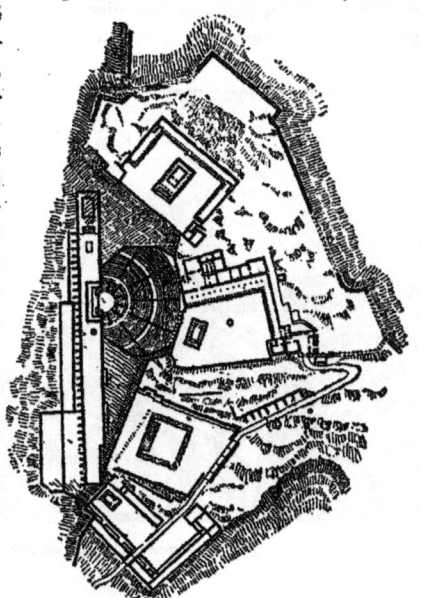

Plan de l'Acropole de Pergame.

ments du temple de Trajan, ou si on l'incline sur le ravin profond qui sert de lit au Sélinus, on se sent également pris de vertige. Quel travail gigantesque il fallut pour établir des contreforts capables de soutenir, non pas seulement le temple, mais la longue terrasse ornée d'une double colonnade au haut de laquelle se promenaient les curieux et qui, dans sa partie basse, offrait un asile aux marchands !

En revenant sur nos pas, un peu au delà du théâtre, nous remarquons et nous saluons avec respect les vestiges d'un monument chrétien, élevé par l'ancienne Église de Pergame sur les ruines du paganisme. Le petit sanctuaire n'a conservé aucune inscription, mais on y voit une tombe creusée dans le roc,

Acropole de Pergame vue de l'ouest.

peut-être la sépulture de quelque grand serviteur de Dieu. Au bout méridional de la terrasse, une porte s'ouvrait sur une rue aboutissant à l'agora, près du temple de Dionysos Kathéghémon, dont nous avons déjà visité l'emplacement. Par ce chemin très direct, le théâtre se trouvait rattaché au centre vers lequel convergeaient toute la vie publique.

Nous le laisserons de côté et, rejoignant, un peu plus bas, le sentier que nous avions suivi en commençant notre ascension, nous arrêterons ici notre visite, pour être tout aux impressions qu'inspire la montagne désolée. Ce moment où, un site étant pleinement reconstitué, nous admettons notre imagination à le repeupler, est toujours le meilleur dans nos excursions archéologiques. La vie qu'on évoque supprime un instant la mort qui, depuis de longs siècles, plane sur les ruines. L'illusion devient charmante, et on voudrait ne pas la voir finir. Instinctivement je me suis retourné vers les hauteurs d'où nous venons, et je crois y voir encore, dans leur harmonieux ensemble, rayonnant au beau soleil, et peuplés comme autrefois, les splendides monuments qui furent la gloire de Pergame. Sur l'agora, la foule s'agite bruyante et vaque à ses affaires. A l'entrée des temples, des magiciens, exploitant le nom d'Esculape, vendent des talismans, des secrets, des amulettes. Un groupe de joueurs de flûte conduit au flanc de la montagne des chœurs de danseuses. Quelques philosophes, des hommes de science, des rhéteurs, des poètes se promènent en discourant sous les portiques de la bibliothèque royale. Dans les gymnases, les coureurs s'exercent à la lutte, et des curieux assistent à des combats de coqs. Les soldats vont monter la garde au palais des gouverneurs romains, héritiers des rois disparus. Devant l'autel de Jupiter Sauveur, des prêtres immolent des victimes, et une longue colonne de fumée, qui dessine sa torsade gigantesque sur le temple de Minerve, va se perdre au pied du pronaos de Trajan. Au théâtre, on entend de grands éclats de rires et de frénétiques applaudissements. La vie est partout joyeuse, exubérante, dissolue, autant au pied de la montagne que sur l'Acropole. Là-bas, le long du Sélinus, ce sont d'autres jeux, d'autres spectacles, d'autres superstitions, car là surtout fut la grande ville de l'époque romaine avec ses édifices luxueux, sa population de toute langue et de toute condition, les immoralités de ses bois sacrés, la foule des malades allant à l'Asclépéion demander des guérisons miraculeuses, les hommes de trafic dans les rues, les désœuvrés sous les portiques des salles de bains, les jongleurs amusant le public, que sais-je? C'est surtout en dehors des remparts que s'agitait la grande fourmilière humaine.

Or, du fond de la plaine où l'horizon s'étend jusqu'aux montagnes bleues de Mitylène, arriva un jour quelque chrétien d'Éphèse ayant, sans doute,

Musiciens ambulants à Pergame.

pris la mer pour visiter l'Église de Pergame. Il apportait le livre de la Révélation que Jean venait d'écrire dans l'île de Patmos. Dans quelque maison privée, devenue plus tard un sanctuaire, peut-être là même où est aujourd'hui l'Aghia Sophia, la communauté chrétienne se réunit, et le messager, déroulant le manuscrit, se mit à lire le passage qu'il m'est agréable de relire moi-même ici en ce moment:

« *Écris à l'Ange de l'Église de Pergame. Voici ce que dit Celui qui porte le glaive aigu à deux tranchants : Je sais quelles sont tes œuvres et qu'où tu habites est le trône de Satan.* »

Dieu donc voit le mérite de ses serviteurs, et il apprécie leur foi active en raison même des obstacles qu'elle rencontre. Toutes les cités païennes sont à Satan, mais nulle n'est plus à lui que Pergame, couverte de cultes idolâtriques, et portant jusqu'au ciel, avec ses temples échafaudés sur la montagne, le spectacle odieux de ses aberrations religieuses. Ce n'est pas tant le serpent symbolique entre les mains de son grand dieu Esculape qui évoque le souvenir de Satan, c'est surtout l'exhibition prétentieuse du polythéisme qui proclame ici son règne. Cependant la petite Église chrétienne se maintient au milieu de la corruption universelle. Elle fait des œuvres qui honorent Dieu.

« *Avec énergie tu as gardé mon nom, et tu n'as pas renié ma foi, même en ces jours où Antipas, mon témoin fidèle, a été tué parmi vous, là où Satan habite.* »

La persécution sanglante qui a sévi n'a pas ébranlé la constance des fidèles. En donnant un martyr à la cause de la vérité ils ont montré jusqu'où allait l'énergie de leurs convictions.

« *Cependant j'ai quelque petite chose à t'observer. Tu as là des hommes partisans des principes de Balaam qui inspirait à Balac de jeter le scandale devant les enfants d'Israël, les poussant à manger des viandes immolées aux idoles et à pratiquer la fornication. Ainsi il y en a chez toi qui professent les théories des Nicolaïtes.* »

Ces chrétiens étaient en opposition flagrante avec les décisions apostoliques de Jérusalem. Si par la fornication, il faut entendre ici le péché de la chair, leur libéralisme était absolument scandaleux. Nicolas, un des sept diacres, avait-il soutenu de telles théories? Son nom, l'équivalent de Balaam, — ils signifient tous deux le vainqueur, l'oppresseur du peuple, — se prêtait au rapprochement biblique imaginé ici. En tout cas la lettre vise une de ces sectes antinoméennes qui se développèrent de très bonne heure dans l'Église. La piété mal entendue entraîne, presque toujours, à des licences qu'il ne faut pas confondre avec la liberté. Cependant le mal ne semble pas au Voyant si profond qu'il ne soit guérissable. L'Église de Pergame n'a qu'à vouloir et elle retrouvera toute sa pureté.

« *Fais pénitence, sinon je viens à toi à l'instant, et je combattrai contre eux avec le glaive de ma bouche. Que celui qui a des oreilles entende ce que l'Esprit dit aux Églises. Au vainqueur j'offrirai à manger de la manne cachée, je lui donnerai une petite pierre blanche; et sur la petite pierre il y aura un nom nouveau que nul ne saura, sinon celui qui la reçoit.* »

Cette petite pierre, portant comme lettre de recommandation, comme preuve d'innocence ou témoignage de triomphe, — on en donnait de semblables aux amis se mettant en route, aux prévenus judiciairement acquittés, et aux vainqueurs dans les jeux publics, — le Nom inconnu et ineffable, servira de billet d'entrée pour le Ciel.

M. Vigouroux et Henry me rejoignent au moment où je termine ma lecture, et nous récapitulons ensemble ce que nous avons vu et ce qui nous reste à voir. D'ici on est dominé par la ville haute, mais on domine encore toute la ville basse. Un point spécial fixe depuis quelque temps notre attention. C'est le groupe de cyprès qui marque à droite, là-bas près du Sélinus, le grand cimetière turc. La pensée nous vient que là, sur cette petite colline de forme oblongue, fut peut-être la Nicéphorium, ce groupe de six sanctuaires élevés, après la défaite d'Antiochus, aux dieux tutélaires de Pergame, et dont personne ne sait nous donner de nouvelles. Ces dieux étaient Jupiter, Minerve, Apollon, Esculape, Dionysos et Aphrodite. Un bois sacré, planté par Eumène II, achevait l'embellissement de ce site. Polybe[1] raconte comment Philippe, n'ayant pu prendre la ville fortifiée, déchargea follement sa colère sur les temples qui étaient en dehors de l'enceinte, et plus particulièrement sur le Nicéphorium dont il rasa les sanctuaires, coupa le bois sacré et renversa le péribole. Il faut donc chercher ce Nicéphorium hors des fortifications, là où il était possible de planter un bosquet et de l'arroser, sur un point particulièrement central, plus rapproché de l'Acropole que l'Asclépéion car, en un autre passage du même historien[2], il est dit qu'après avoir rendu ses hommages à Esculape, Prusias, roi de Bithynie, en guerre avec Attale, amena ses troupes le lendemain jusqu'au Nicéphorium qu'il pilla et détruisit. Or le site du cimetière turc répond fort bien à toutes ces indications. Un passage de Strabon[3] me semble aussi appuyer mon hypothèse, car, en disant qu'Eumène II agrandit la ville et ajouta au Nicéphorium un bois sacré, il indique que le développement de la cité se fit du côté du Nicéphorium, et que la plantation du bois sacré entra dans son plan d'embellissement général. Après cela, je donne ma supposition pour ce qu'elle vaut.

Ce matin, la pensée m'était venue que le Kisil Avli aurait pu être une lourde reconstruction du Nicéphorium, deux temples principaux, un à chaque extrémité semi-circulaire de l'enceinte, avec deux sanctuaires de côté, représentés par les deux rotondes encore debout, constituant les six temples des dieux tutélaires. Le bois sacré, arrosé par les eaux du Sélinus, eût été délimité par le péribole. A l'heure présente, je trouve plus naturel de chercher tout cela sur la petite colline qui est au sud-ouest de l'Acropole. Attendons pour en avoir le cœur net — et ce ne sera pas de sitôt — qu'il soit permis de fouiller les sépultures musulmanes qui encombrent le grand tumulus. Le plus remarquable des six sanctuaires fut, dit-on, celui d'Aphrodite, la Vénus sensuelle qu'on adorait à Paphos et à Corinthe. Nous savons par ailleurs que Pergame fut une ville très corrompue. L'école de médecine, d'où devait sortir plus tard le célèbre Galien, ne contribua guère à y élever le niveau de la morale publique. Le culte rendu à Esculape, dispensant le plus souvent d'études sérieuses, ouvrait la porte à des pratiques où la superstition eut toujours plus de part que la science, et l'usage des philtres magiques, des charmes, que le dieu devait rendre tout-puissants, était, dans ce pays où tout excitait les passions malsaines, on ne peut plus propice au développement de l'immoralité païenne.

C'est en faisant ces réflexions que nous arrivons au bas de l'Acropole. Jusqu'ici s'étendaient les murs agrandis par Eumène. Il suffit d'en suivre la direc-

---

1. Polybe, *Hist.*, XVI, 1.
2. Polybe, *Hist.*, XXXII, 24.
3. Strabon, XIII, 2.

tion vers l'ouest pour atteindre une grande terrasse établie sur des voûtes profondes, transformées aujourd'hui en spacieux magasins. Elle a nom Gournellia. Dans un café grec, assez bien tenu, de bons bourgeois débattent bruyamment les chances de succès des prochaines fêtes de Pergame, d'autres fument silencieusement leurs narguilhés, en reposant leurs regards sur le gracieux panorama que présente la ville.

Après avoir dépassé la grande mosquée, Ulu-Djami, nous traversons le Sélinus sur le Grand pont, Ulu Koepru, et nous atteignons les ruines d'un cirque, près de ce même cimetière turc qui nous préoccupait tout à l'heure. Ce qui en reste ne présente pas d'intérêt. Le site était vaste et bien choisi. Les courses de

Amphithéâtre de Pergame.

chars et de chevaux jouaient un grand rôle dans les réjouissances publiques de ce temps. Des niches creusées dans le roc, au nord du cimetière et appelées *Pierres de la Tristesse*, Merak-taschi, pourraient bien être un souvenir du Nicéphorium détruit. Les tombes musulmanes qui couvrent le tertre sont toutes ornées de fragments de marbre ramassés sur place, preuve qu'il y eut ici un monument considérable.

En contournant toujours le tumulus, on trouve, vers l'ouest, les restes de l'amphithéâtre. Au grand axe de l'arène, il mesure 50 mètres de diamètre, et au petit 37. Avec l'épaisseur des constructions, il a 135 mètres sur 125. On peut dire qu'il était à peu près rond. Un petit ruisseau, se dirigeant vers le Sélinus, le traversait sous des voûtes profondes, Gun-Goermes, *où le jour ne pénètre pas*. Pour donner des jeux nautiques, on arrêtait les eaux du torrent, et l'arène devenait un bassin où on pouvait tantôt mettre aux prises des hommes avec des hippopotames et des crocodiles, tantôt grouper des nymphes d'occasion, chargées, avec leurs conques marines, d'égayer le public lassé de spectacles sanglants. On sait que les Grecs aimaient peu les combats de gladiateurs. Autant le stade était indispensable dans ces villes où le peuple appréciait surtout l'agilité et la vigueur dans les exercices du corps, autant l'amphithéâtre, où l'on se tuait, était chose rare et subie plutôt que désirée. On ne commença d'en édifier en Orient que sous la domination romaine, et celui-ci fut un des sacrifices que les habitants de Pergame firent à leurs oppresseurs. Par ses proportions, il me rappelle ceux de Nîmes et de Fréjus. En Gaule les gladiateurs étaient dans les mœurs publiques, autant que chez les Romains. L'architecture de l'amphithéâtre de Pergame fut lourde, mais sa situation, sur un ravin, était absolument à part.

Enfin au sud, et achevant cette couronne de monuments antiques autour du grand cimetière, le théâtre est représenté par un arceau portant sur deux piliers, Varan-Kapu, la *Porte qui chancelle*. Les gradins, jadis soutenus en partie par des voûtes, en partie par la montagne, n'ont pas résisté à l'injure du temps. D'ici la vue, en sens inverse de celle qu'avaient les spectateurs du théâtre de l'Acropole, était magnifique sur la ville haute et une partie de la ville basse.

Porte du théâtre à Pergame

Cette ville basse, en effet, s'étendit jadis sur toute la rive droite du Sélinus, jusqu'aux collines qui sont au couchant. Aussi faut-il d'ici marcher un bon quart d'heure pour atteindre, vers le sud-ouest, les restes de l'Asclépéion, ou Temple d'Esculape. Ce dieu qui, surtout à l'époque romaine, fut le dieu principal de Pergame, avait un sanctuaire renommé et très fréquenté des malades. On l'abordait par une longue avenue ornée de colonnes dont les restes subsistent encore. Les malades pouvaient s'y installer nombreux en attendant, comme à Athènes, qu'à travers des rêves heureux, Esculape dictât à chacun de salutaires ordonnances. Mais plus probablement ils se tenaient dans les dépendances immédiates du temple, et le plus souvent s'en retournaient infirmes comme ils étaient venus. Ainsi arriva-t-il à l'empereur Caracalla qui, se faisant universellement redouter des honnêtes gens, ne sut pas ici se faire écouter du dieu guérisseur. La science de l'Ecole de Pergame était toute traditionnelle. On enregistrait dans les archives du temple les cures obtenues, et on s'en servait pour les cures à obtenir. La statue d'Esculape, œuvre remarquable de Philomaque, fut volée par Prusias, roi de Bithynie, qui était venu l'adorer la veille. On la remplaça comme on put, et la confiance des malades, loin d'être ébranlée par ce contre-temps, ne fit que s'affirmer avec une énergie nouvelle. Une piscine, récemment découverte, n'était pas inutile aux traitements que les prêtres indiquaient. Les eaux qui, en venant de *la montagne du Cerf*, Geik-Dagh, alimentent encore la ville, traversaient l'Asclépéion et y rendaient aussi de réels services aux clients du dieu de la médecine. Les ruines d'un sanctuaire en forme de rotonde marquent, sans doute, la place du temple d'Esculape. Ce temple avait droit d'asile. Le proconsul Caius Fimbria, abandonné par ses troupes, s'y retira pour éviter la colère de Sylla qui arrivait avec son armée; mais, comptant peu sur la religion du vainqueur, il aima mieux se percer de son épée que d'attendre sa venue. Un chemin longeant la caserne turque nous ramène vers le centre de la ville.

Il est plus que temps d'aller refaire nos forces. C'est à une médiocre auberge, vis-à-vis du Khan, que le guide nous conduit. Nous mangeons du pilaw et du poisson du Caïque qui n'est pas mauvais. Après avoir adressé nos remerciements à M. Sophianos, plus pour ce qu'il aurait voulu faire que pour ce qu'il a fait, nous donnons une poignée de main au docteur allemand et à quelques Smyrniotes qui sont venus nous saluer, et nous montons en voiture. Une arabah porte nos bagages. Il faudrait bien arriver à Dikeli assez tôt pour atteindre cette nuit Mitylène, l'ancienne Lesbos, et passer de là en Macédoine, où nous devons suivre à Philippes et à Salonique les traces de saint Paul.

De Pergame à Dardanelles par Dikeli et Mitylène.

Selon notre itinéraire délibéré et approuvé en conseil avec mes deux chers compagnons, nous devons prendre jeudi 5 à Métélin, vers minuit, le bateau qui va à Dardanelles; or c'est aujourd'hui seulement mercredi 4 mai, nous aurons donc vingt-quatre heures pour nous reconnaître dans un hôtel convenable de l'île d'Or, et pour fouler la terre des poètes. Sapho, Alcée, Terpandre, Arion, sont nés à Lesbos. Il est sûr que nous y coucherons ce soir, car la mer est belle et notre automédon nous emporte à fond de train vers la rive bleue. Pas assez vite cependant pour nous empêcher de voir, à la sortie de Pergame, le tumulus de Mal-Tépé, *la Butte des Trésors*, qui, à notre gauche, sur la route, s'élève à 32 mètres de haut. On croit que ce fut le tombeau des Attales. Une enceinte très haute entoura jadis le pied du tumulus. Il va sans dire que ses chambres funéraires sont vides depuis longtemps. D'autres buttes nombreuses, mais moins célèbres, n'ont jamais été fouillées. Comme proportions, l'une d'elles surtout, c'est la plus éloignée vers l'orient, nous rappelle ces monticules que nous avons remarqués, il y a quelques années, et que nous reverrons après-demain sur les côtes de Troade. On y a enseveli sans doute d'illustres morts. Du temps de Pausanias, la tradition assurait que l'une était le tombeau de Pergamus et de sa mère Andromaque, et l'autre, « une butte de terre, entourée d'un mur assez élevé », celui d'Augé, mère de Télèphe.

La campagne est soigneusement cultivée. On voit çà et là de grandes fermes.

Les vignes y sont en pleine prospérité. A 5 heures, nous arrivons à Dikeli où, sans retard, M. Loir, un Français à qui nous avons été recommandés, nous procure une barque pour Mitylène. Le ciel est superbe, la brise favorable ; le marin qui nous conduit, Barba Nicola, a la réputation d'un vieux loup de mer. Allons, mon brave, du courage, tu portes César et sa fortune.

On trouve communément très téméraire de traverser un bras de mer sur un pauvre petit esquif que le premier coup de vent peut culbuter. Eh bien, j'avoue que, maintes fois, j'avais rêvé de tenter une traversée dans ces périlleuses conditions. L'autre année, nous en fûmes empêchés par un violent orage qui éclata au moment où nous allions essayer de croiser le golfe d'Alexandrette. Ce soir nous sommes plus heureux, et nous voilà en mer, dans

Route de Pergame à Dikeli

une frêle barque de pêcheur, par un ciel sans nuages. La brise souffle dans la voile, et nous irons, sans doute, bon train. La soirée s'annonce délicieuse. Le pilote chante de sa voix nasillarde quelque chant populaire. Ses deux petits-fils, enfants de douze ou treize ans, disent avec lui le mélancolique refrain. Tout à coup, ils se sont arrêtés. La brise ne souffle plus, la voile tombe flottante, et la barque demeure immobile. Le calme plat vient de se déclarer. Vainement Barba Nicola creuse sa vieille cervelle de marin pour imaginer un salutaire stratagème, le vent ne répond à aucune de ses avances, et le seul moyen de ne pas rester en place sera de marcher à force de rames. Cet exercice devient très dur et sans résultat appréciable. Nous sommes toujours loin de Mitylène. Il semble même qu'on n'y arrivera jamais. Le soleil est depuis longtemps descendu derrière les sombres montagnes de Lesbos, l'étoile du soir se lève, la nuit commence à nous envelopper, sans cependant nous donner aucune appréhension. Le calme est partout dans nos âmes comme dans l'air. Avec délices, assis dans la barque, nous nous prenons à rêver. C'est si beau la nuit, alors que la douce lumière des étoiles commence à étendre une atmosphère de silence et de mystère sur la nature qui va dormir! Nous philosophons à l'aise. Henry nous dit les jolis vers de Hugo :

> Entre l'onde, des vents bercée,
> Et le ciel, gouffre éblouissant,
> Toujours, par l'œil de la pensée,
> Quelque chose monte ou descend;
> Et l'idée à mon cœur sans voile,
> A travers la vague ou l'éther,
> Du fond des cieux arrive étoile,
> Ou perle du fond de la mer.

Cependant Barba et ses deux jeunes aides suent à grosses gouttes pour avancer bien lentement. Enfin quelques feux commencent à luire, comme d'imperceptibles étincelles, dans la masse sombre qui est devant nous. En même temps, la fraîcheur humide de la nuit se fait sentir. Je jette mon manteau sur M. Vigouroux, qui se trouve mal à l'aise. Dès lors toute poésie s'en va, et nous souhaitons d'aborder bientôt. Il est 10 heures, et nous sommes encore loin de terre. Si Dieu nous rendait la brise bonne et favorable comme au départ, je déclare qu'il nous ferait plaisir. Enfin la voilà, elle se lève. A 11 heures nous entrons dans le port. Déjà nous escomptons le repos et le repas que nous allons prendre au *Xénodokion tis Elpidos*, l'hôtel de l'Espérance, recommandé aux voyageurs. Il ne sera que temps. Depuis notre dernier départ de Smyrne nous n'avons pas eu de halte sérieuse, et voilà trente-six heures que nous n'avons à peu près rien mangé. Le nom même de l'hôtel en perspective est de bon augure. Allons, Henry, une hymne à l'*Espérance*, ce soir nous dînerons sérieusement, nous dormirons à l'aise, et demain à pareille heure, comme on nous l'a dit, nous prendrons le paquebot de Dardanelles. De nos encouragements réitérés, nous excitons Barba Nicola à arriver vite à terre. Nous voilà, en effet, près de la rive. Nicola déroule son ancre, manœuvre assez énigmatique tout d'abord, et puis s'asseyant à la proue sur ses jambes croisées : « Louons Dieu, dit-il, et dormons bien, nous débarquerons demain matin. » Tout d'abord ces mots nous paraissent si horribles, que nous jugeons avoir mal compris. Comment? Arriver avec tant de peine et demeurer sur la barque, à la belle étoile, quand nous sommes à 10 mètres du quai? C'est impossible. Mais les jeunes mousses se sont déjà blottis sous l'avancement où Barba est solennellement assis en nautonnier au repos. Il n'y a plus à en douter, le fripon nous montre de près la terre promise, avec défense d'y entrer. A ce compte, il était bien superflu d'encourager nos rameurs et d'appeler de tous nos vœux la rade libératrice de Métélin. Autant valait se balancer toute la nuit au gré des flots. Représentez-vous un prisonnier qui, ayant patiemment compté, jusqu'à la dernière, les heures de sa captivité, voit s'entr'ouvrir la porte de son cachot. « Enfin c'est la liberté qui vient! », dit-il. Non c'est le geôlier qui froidement lui crie : « Tu t'es trompé, ce sera dans un an d'ici. » Nous demandons compte à Barba de ses paroles et de son attitude. Il nous répond en italien : « *Non c'è pratica!* On ne débarque pas après le coucher du soleil. La police du port s'y oppose. » Mais alors, coquin, traître, scélérat, il ne fallait pas nous mettre en route. Nous eussions couché à Dikeli, chez M. Loir. Passer la nuit ici, à la belle étoile, assis sur nos bagages, quand la rosée nous inonde et que la faim, la soif, la fatigue nous accablent, c'est impossible. Nous supplions l'inexorable nautonnier, qui, ayant perdu toute poésie, n'est plus pour nous que Charon, un méchant, un gredin. Son attitude cynique nous exaspérant, Henry propose tout simplement de le jeter à l'eau, et d'aller ensuite nous-mêmes à terre. La discussion se corse. Les objurgations deviennent menaçantes, nos cris font retentir les échos du port. Une fenêtre, regard du ciel vers la terre, espérance, secours, salut, je la vois encore et je la bénis ! une fenêtre s'ouvre et laisse apparaître, à la pâle lueur des étoiles, un homme en chemise, un ange, un libérateur. « Je suis Pappadopoulos, l'ami de la France, nous dit-il. Qu'y a-t-il ? qui êtes-vous, et que voulez-vous ? » A travers l'espace — plus de 300 mètres nous séparent — et avec l'énergie de quelqu'un qui veut être entendu et exaucé, nous exposons notre triste situation, la fourberie de Barba Nicola qui nous a conduits dans ce guet-apens, car enfin nous faire coucher à la belle étoile, quand nous avions toujours vu l'hôtel de l'Espérance au bout de notre traversée, c'est une vraie trahison. L'état maladif de M. Vigouroux, la faim très légitime d'Henry, ma responsabilité vis-à-vis de ceux qui m'ont confié ces deux compagnons, rien ne manque à la plaidoirie. Elle est si énergique que je tombe aphone, après l'avoir débitée. « Monsieur, cher monsieur, si vous aimez les Français, venez donc à notre aide ! — Oui, je les aime, et je vais essayer de vous délivrer. » Une première ambassade de serviteurs est envoyée par lui à la direction de la santé. Les portes sont closes, et on ne répond pas. Une seconde va frapper à la douane. Ce ne sont pas les douaniers qui font défaut, ils se promènent sur le quai en intègres représentants de la loi, mais le Directeur ronfle heureux dans sa demeure, et refuse de se réveiller pour si peu de chose. Il se passe une demi-heure d'attente, longue comme un siècle, et le résultat est qu'il faut prendre patience jusqu'à demain. « Mais c'est impossible, répétons-nous, c'est peut-être la mort pour M. Vigouroux, une pneumonie pour Henry et presque autant pour moi. O l'ami des Français, sauvez-nous malgré tout le monde. Il y a dans le port deux vapeurs qui chauffent, où vont-ils donc ? Qu'on nous admette sur l'un d'eux, et qu'on nous emporte où l'on voudra — L'un va à Smyrne, nous dit la voix amie, et l'autre à Dardanelles — A Dardanelles ? Mais nous devons y aller demain soir par le *Curzy*. — C'est le *Curzy* qui part dans dix minutes, ce soir et non demain, quoi qu'on vous en ait dit à Smyrne. — Faites-nous donc déposer sur le *Curzy* — Eh bien, messieurs, dit la voix, j'aurai demain matin un bon petit procès en votre honneur, mais je vous aurai sauvés. J'envoie deux de mes hommes avec une barque ; ils vous prendront de force et vous déposeront sur le *Curzy*. Laissez-vous faire. » Nous applaudissons des pieds, des mains, de la voix. « O homme de bénédiction, répétez-nous donc votre nom ! Nous l'inscrirons dans nos tablettes d'or ! — Je suis M. Pappadopoulos. — Vive M. Pappadopoulos ! » Et en un clin d'œil une barque, rapide comme l'éclair, accoste la nôtre. Barba Nicola proteste. Mais deux lascars solides lèvent leurs avirons et menacent d'écraser le récalcitrant. Nous nous jetons dans leurs bras sauveurs, et, en dix minutes, nous voilà sur le pont du *Curzy*, narguant Barba, la Santé, la Douane et la Police.

Comme la Providence nous a conduits, malgré nous, là où il fallait ! Débarquer à terre, ainsi que nous le voulions, c'était tout simplement manquer la troisième partie de notre voyage. Le *Curzy*, arrivé au grand complet, n'a en première classe que trois couchettes, laissées vides par des voyageurs descendus justement à Métélin ; on dirait qu'ils ont voulu nous faire place. Et comme nous arrivons à point ! Nous ne sommes pas encore installés que le bateau lève l'ancre. Il est une heure de la nuit. M. Vigouroux se couche ; Henry a faim ; on ne trouve rien à lui servir, je lui livre tout ce qui est dans nos sacs, et, après tant d'émotions, je vais essayer de dormir. Assurément il y a, quelque part, de bonnes âmes qui ont prié pour nous. L'abbaye de Fontfroide est voisine des propriétés d'Henry dans le Narbonnais. Le père Jean, qui la dirige, est un saint à canoniser. Pour obtenir les coïncidences miraculeuses qui viennent de se succéder, il faut que Fontfroide ait rudement donné cette nuit. Louons Dieu de tout notre cœur.

De bonne heure je suis sur le pont. Le soleil se lève derrière le mont Ida. Nous allons doubler le cap Baba, laissant à trois heures d'ici, vers l'orient, Behram, le port d'Assos que nous avions si ardemment souhaité de visiter, et qu'il faut se contenter de saluer à distance. Fréter, pour nous seuls, un petit vapeur touchant à ce site mentionné dans les voyages de saint Paul, et à Alexandrie de Troade, n'a pas été possible. Dieu sait pourtant si nous avons frappé à toutes les portes, allant solliciter les propriétaires des vapeurs jusque dans leur lit où ils gémissaient malades, et leur offrant 1,000 francs pour ce petit parcours. Jusqu'à Dikeli, tout espoir n'était pas perdu. Là on nous a démontré qu'il fallait renoncer définitivement à toute halte en Troade. Acceptons cette contrariété.

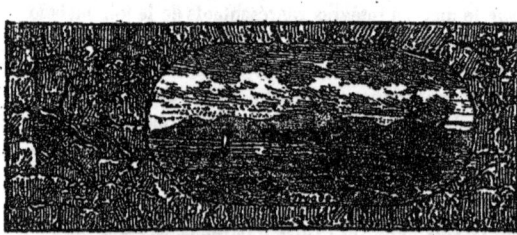

La côte de Troade.

Le capitaine du *Curzy* étant un homme aimable à qui je conte notre déception, fait rapprocher son bateau de la rive, et me permet ainsi d'examiner d'assez près toute la côte. La colline à laquelle fut adossée Alexandrie semble peu élevée, et comme elle s'infléchit en demi-cercle, elle laisse entrevoir, à l'arrière-plan, une série de petites montagnes dentelées qui produisent dans le lointain le plus gracieux effet. Sur sa crête, elle est couronnée d'une sombre verdure, où je crois reconnaître des chênes verts. Plus bas, des teintes grisâtres indiquent une plantation d'oliviers. A peu près partout, des buissons et des touffes d'herbes couvrent le sol. Au milieu de cette végétation confuse, de longs murs en ruine donnent plutôt l'illusion d'un immense parc abandonné que d'une ville détruite. Vers le levant, et sur un des points les plus élevés, je distingue une grande masse grisâtre, formant arceau. C'est, sans doute, quelque chose d'analogue aux gigantesques constructions que nous avons vues à Tralles et à Hiérapolis. Le peuple nomme cette ruine, que l'on prendrait d'ici pour une vaste terrasse, Bal Serai, le

Ruines à Alexandrie de Troade.

Palais de Miel. Un peu plus loin se dessine l'aqueduc célèbre qu'Hérode Atticus fit construire pour amener à Alexandrie les eaux vives du mont Ida. L'empereur Adrien avait mis pour cette entreprise trois millions de drachmes à la disposition du célèbre rhéteur, devenu gouverneur des villes libres d'Asie. Cette somme énorme couvrit à peine la moitié de la dépense; mais, Hérode, toujours prêt à délier sa propre bourse, avisa le César que Rome n'avait plus à se préoccuper de l'entreprise, et que lui-même se chargeait de solder l'excédent. Ce qui m'intéresse plus particulièrement, c'est la vue du port où Paul s'embarqua pour passer en Macédoine. Il est au fond d'une anse paisible, et faite pour abriter de nombreux vaisseaux. Lui-même ne fut creusé que pour recevoir les petites galères. Il me paraît de forme ronde, et presque fermé par un double môle qui constitue un avant-port. Les sables s'y sont amoncelés depuis longtemps; je distingue cependant quelques barques couchées sur la grève. Une seule avec sa blanche

Port d'Alexandrie de Troade.

voile stationne en avant, comme une mouette, sur les flots. Plus loin, deux felouques cinglent vers le nord. Autour du port, je crois distinguer des restes de colonnades renversées, et quelques piliers où jadis on attachait les navires. Nous avons vu des ruines semblables à Ostie. C'est bien là le quai où s'embarqua Paul pour répondre à l'appel du Macédonien qui, dans une vision, lui avait dit : « Passe donc le bras de mer, et viens à notre aide! » Là, après avoir évangélisé l'Europe, il revint voir ses amis et les exhorta à demeurer fidèles à l'Évangile. C'est la seconde fois que je contemple à distance un site aussi célèbre, sans qu'il me soit donné de tomber à genoux sur cette terre de bénédiction et de la baiser. Henry est venu me rejoindre sur le pont et je lui montre avec enthousiasme le vieux port d'où la lumière s'acheminera vers les pays d'Occident. Gloire aux messagers de la vérité et aux prédicateurs de l'Évangile !

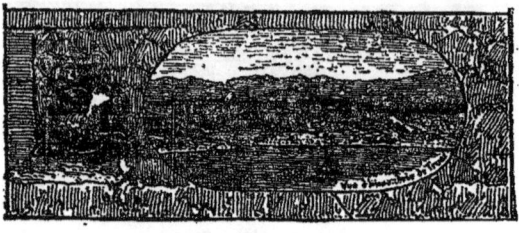

Vue d'Alexandrie de Troade.

Après ces souvenirs religieux, se présentent à nous les souvenirs profanes, car nous nous approchons de Ténédos, Ténédos, île riche et belle au temps de Priam, aujourd'hui rocher dénudé où s'est blottie une gracieuse petite cité déjà décrite et admirée par nous lors de notre premier voyage en Orient. A droite, sur la côte de Troade, Agamie et les falaises abruptes qui se prolongent vers le nord rappellent Hésione exposée, par son père Laomédon, à la fureur d'un monstre marin, et délivrée par Hercule. Nous doublons ensuite le cap Sigée où, d'après Homère, les Grecs avaient établi leur flotte, et, contournant les tombeaux de Patrocle, d'Achille, de Festus ou d'Antiloque, nous entrons dans le détroit. Presque aussitôt, les collines s'abaissent, et notre regard distingue nettement le petit plateau, sorte de cône tronqué, où fut l'ancienne Ilion. L'estuaire de deux cours d'eau dont l'un, le Scamandre, touche presque au cap Sigée, et l'autre longe, près du cap Rhœteum, le tombeau d'Ajax, se dessine en belles lignes blanches sur les flots bleus de l'Hellespont. A trois heures nous sommes à Dardanelles.

Pour la première fois, depuis que nous voyageons en Orient, la douane se mêle de nous prouver qu'elle est exaspérante. On a ouvert nos sacs. Ils contiennent des livres, des cartes, des notes. Tout cela nous est confisqué. Il paraît que tout ce qui porte une pensée, à travers ce pauvre empire turc, est naturellement suspect. Les bonnes gens saisissent jusqu'à nos horaires des paquebots et des chemins de fer. Ils veulent se donner l'air d'y lire quelque chose et, parfaitement ignorants de nos langues européennes, ils tiennent les volumes à l'envers, regardant gravement des

Visite à la douane.

lettres qui, les pieds en haut et la tête en bas, leur paraissent fort intéressantes. Ceci prêterait à rire, s'il était aisé d'en voir la fin. Nous sommes conduits au chef de la douane, lequel, pour être mieux vêtu que ses subalternes, n'en est pas plus lettré. Impatient de nous soustraire à de si stupides perquisitions, je prie mes compagnons de surveiller les bagages saisis, et je vais chez M. de Corsang, à qui nous sommes recommandés, demander du secours. Le consul français, avec qui s'entretient en ce moment le Directeur des messageries maritimes, me dit, tout en fumant agréablement sa cigarette, et sans prendre feu dans l'affaire, qu'on ne peut rien contre ces Turcs maniaques et entêtés. « Le plus simple, ajoute-t-il, quand on ne veut pas se voir inquiété par les douaniers, est de placer un demi-medjid, soit une pièce de 2 francs, entre le pouce et l'index de chaque main. A la première réquisition, au lieu de déboucler les valises, on répond avec un geste tentateur où la droite, large ouverte, laisse entrevoir la pièce d'argent : « Il n'y a rien de suspect ! » Si le maraud insiste, on ouvre simultanément la main gauche. Alors, pour sûr, il capitule et, vous serrant, pour les alléger discrètement des deux écus qu'elles contiennent, toutes les phalanges à la fois : « C'est bien, dit-il, *eyi dir*, tu peux passer ! — Merci, monsieur le consul, seulement nous apprenons trop tard l'infaillible recette, et nos valises sont séquestrées. Que faire? — La pratiquer, dit M. de Corsang, et de ce pas mon cawas va vous prouver si elle est efficace. Il ne vous est pas utile de prendre vos bagages à l'hôtel. Demain matin, sur le quai, vous trouverez tout en ordre avant l'heure du départ. Il ne manquera ni une page à vos notes, ni un seul objet à vos sacs. Coût total un medjid. » Et ainsi fut fait.

Nous avons largement dormi à l'hôtel de l'Hellespont. Un léger tremblement de terre a salué notre réveil. Dans notre chambre, Henry seul l'a remarqué, mais la foule, descendue en masse dans la rue, semble fort préoccupée de cet avant-coureur. Espérons que l'imperceptible frissonnement du sol ne sera pas le prélude d'une crise plus grave. Il n'y a rien de curieux à voir à Dardanelles. Nous nous y sommes reposés. Mme Schlieman est passée, hier, allant à Hissarlik tenter de nouvelles fouilles que son mari projetait, peut-être, quand la mort l'a surpris. Quelle belle occasion pour visiter les ruines de Troie ! On y va d'ici en cinq heures de cheval. Malheureusement un seul bateau touche à Cavalla chaque huit jours, c'est le *Lloyd* que nous attendons d'heure en heure. Cavalla est le port de Philippes. Philippes fut la première ville d'Europe évangélisée par Paul. Elle entre, comme Salonique, dans le cadre de notre voyage.

Installés au balcon de l'hôtel nous regardons avec curiosité les nombreux navires de toute nationalité qui ne cessent de sillonner le détroit. Un clairon de la citadelle sonne par intervalles, et semble délivrer ainsi à chacun d'eux son laisser-passer. Enfin, voici notre *Lloyd*. C'est le dernier bateau que nous allons prendre. Il nous conduira dans trois jours à Salonique, et de là nous rejoignons la voie ferrée, ce qui nous paraît encore le meilleur mode de locomotion.

Cavalla et Philippes.

Il est surprenant que Paul, sur une des felouques qu'il prit à Troas, soit allé en deux jours à Néapolis. Cependant le texte des *Actes*, xvi, 11, est catégorique. Le vent dut être singulièrement favorable. Aujourd'hui un bateau à vapeur met plus de douze heures pour faire ce parcours. Le voyage en cinq jours,

Vue de Cavalla.

tel que l'apôtre le fit en revenant, *Act.*, xx, 6, est plus dans la donnée ordinaire de l'ancienne navigation. Nous arrivons nous-mêmes de Dardanelles, qui est à la même distance que Troas, en quinze heures, déduction faite des stations à Dédéagh et à Lagos.

L'ancienne Néapolis, que l'on appela au moyen âge Christopolis, parce qu'elle avait vu débarquer Paul venant prêcher Jésus-Christ aux peuples d'Europe, porte aujourd'hui le nom romaïque de Cavalla, probablement en raison d'un relais de poste qui s'y trouvait établi. Elle est bâtie sur une haute roche oblongue, et les flots battent les falaises qui lui servent de piédestal. Son site est des plus pittoresques. Des restes de murs crénelés l'entourent encore. Les maisons, mêlées d'arbres et très convenablement bâties, s'échelonnent sur les flancs du petit promontoire. Quelques établissements charitables élevés par Méhémet-Ali, le fameux vice-roi d'Égypte, originaire de Cavalla, présentent même un caractère particulier d'architecture et d'ampleur qui attire l'attention. Trois ou quatre minarets et le clocher de l'église grecque achèvent d'orner le paysage. Le château qui domine la ville occupe probablement la place d'un temple de Diane qui rivalisa d'importance, sinon avec le Parthénon, du moins avec le sanctuaire du cap Sunium. Un aqueduc sur double rang d'arcades, amenant les eaux des montagnes, produit au nord-est le plus charmant effet de perspective. La ville nouvelle, toute européenne de formes, se bâtit au couchant, là où la route monte, en serpentant, vers le col qui fut l'antique Symbolon, dans la direction de Philippes.

Je n'entreprendrai pas une dissertation pour établir que Cavalla est bien le port où, l'an 52 de J.-C., Paul débarqua, plein d'espoir, puisque le ciel lui avait fait signe de venir, mais non sans inquiétude parce qu'il abordait des contrées et des peuples tout nouveaux pour lui. Les suppositions de Cousinéry dans son *Voyage en Macédoine*, et de Tafel, *De Via Egnatia*, tendant à transporter Néapolis à 12 milles vers l'ouest, en un lieu dit Eski-Cavalla, sont mal fondées. Cavalla actuelle fut de tout temps la première anse abordable pour les navires venant du côté de l'Hellespont. A Dédéagh et à Lagos, notre bateau s'est tenu au large. Ici nous sommes dans un vrai port, et la tempête de la nuit prochaine nous prouvera qu'on peut s'y estimer en sécurité. En outre, comme le marque Dion Cassius[1], Thasos est exactement derrière nous, et, conformément à l'indication précise d'Appien, nous sommes ici à 100 stades environ de cette île et à 70, soit 13 kilomètres de Philippes[2]. Enfin la situation de Néapolis vis-à-vis de Philippes est, d'après les anciens itinéraires d'Antonin et de Jérusalem, au levant et sur la voie Ægnatia en allant vers Constantinople, en sorte que les pèlerins se dirigent de Philippes sur Néapolis et Acontisma. En effet, nous retrouverons, tout à l'heure, les traces de la voie romaine qui passait certainement par Cavalla, et non par Leftéro-Limani, ou Eski Cavalla, beaucoup trop au couchant. A Leftéro-Limani pas d'autres ruines que celles d'un château de l'époque vénitienne, ce qui serait surprenant, s'il y avait eu jadis une station romaine. A Cavalla, au contraire, les fragments de colonnes et de chapiteaux abondent. Plusieurs même paraissent d'un beau travail. On y remarque quelques sarcophages dont trois, servant d'abreuvoir sous un superbe platane, ont renfermé les restes de P. C. Asper Atriarius Montanus, de sa femme et de sa fille. Ce Romain honoré des insignes du décurionat et du duumvirat, flamine de l'empereur Claude à Philippes, fut contemporain de la prédication de l'Évangile en Macédoine. Dans une maison près de la citadelle, une autre inscription mentionne, en grec, *un gardien du temple et de la boucherie du Parthénon, nommé Apollophanès*. Enfin une troisième, sur beau marbre blanc et datant de Vespasien, qui avait réuni la Thrace à la province de Macédoine[3], laisse

---

1. Dion Cassius, *Hist. rom.*, XLVII, 35 : Κατ' ἀντιπέρας Θάσου.
2. Appien, *de Bell. civil.*, IV, 106 : « Θάσον μὲν δὴ ταμεῖον, ἀπὸ ἑκατὸν σταδίων οὖσαν, ἐτίθεντο· ἐνόρμισμα δὲ ταῖς τριήρεσι Νεάπολιν, ἀπὸ ἑβδομήκοντα σταδίων.
3. Suétone, *Vespasien*, VIII.

entendre que, tout en étant restée jusqu'alors ville de Thrace, Néapolis n'en était pas moins le port ordinaire de Philippes, comme le Pirée l'était d'Athènes et Cenchrées de Corinthe. Du col du Symbolon, on voyait simultanément la capitale de la Macédoine première sur la hauteur de Dionysos, et la rade où les vaisseaux venaient l'approvisionner, sous la roche hérissée de murs, qui portait Néapolis. Détail à noter, ces murs de l'époque romaine se retrouvent en partie conservés dans les substructions de l'enceinte moderne, et le bel aqueduc d'Ibrahim-Pacha repose lui-même sur des pierres cimentées au temps des Césars.

Comme Paul, nous ne faisons que traverser Néapolis pour nous diriger aussitôt vers Philippes. Le chemin, à l'ouest de Cavalla, monte large et assez

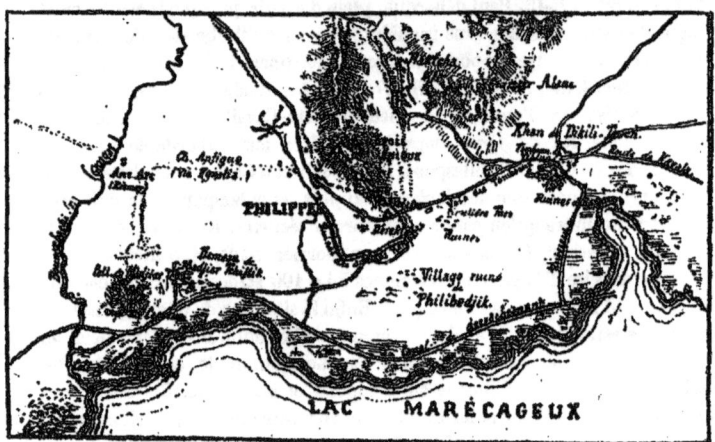

Plaine de Philippes.

bien entretenu en lacets longs et pénibles. A notre gauche, des précipices profonds sont envahis peu à peu par des roches énormes qui s'effondrent sous les pluies d'orage. A droite, se dressent les hauteurs abruptes qui bordent le petit golfe, et au flanc desquelles a été creusée la route. De temps en temps, celle-ci traverse et suit l'ancienne voie Egnatia, toute défoncée, et, comme les vieilles voies romaines, absolument impraticable. Nous rencontrons de nombreux paysans portant sur leurs chevaux des balles de tabac qu'on doit embarquer cette nuit. Deux musiciens, une flûte et une grosse caisse, arrivent sans doute de quelque fête. Un petit pourceau, à peu près sauvage, bien qu'il vive dans les écuries du loueur de voitures, nous suit, au galop, avec l'obstination d'un chien habitué à escorter les chevaux. Arrivés à 600 mètres d'altitude, nous franchissons le col par un chemin creux, et tout aussitôt se déroule à nos pieds la plaine au fond de laquelle on voit, sur une hauteur, au couchant, les ruines de Philippes. De belles moissons croissent dans les terres rougeâtres qu'engraissa jadis le sang des légions romaines. Le cocher s'arrête un instant pour laisser souffler les chevaux, et nous en profitons pour faire nous-mêmes de la topographie militaire.

Aussi bien y a-t-il dans l'histoire peu d'événements plus considérables que la fameuse bataille où se joua le sort de Rome libre. Le théâtre de cette lutte épique demeura circonscrit dans ce vallon en réalité beaucoup moins large qu'il ne paraît, limité qu'il se trouve au sud par des marais inabordables. Là était le point stratégique tout indiqué où des armées venant d'Orient et d'Occident devaient se rencontrer. Appien, autant qu'il m'en souvienne, parle de deux collines, à 3 kilomètres de Philippes et éloignées de 1,500 mètres l'une de l'autre, qui semblaient garder le chemin de l'Europe et de l'Asie[1]. Elles subsistent encore. Ce sont les deux monticules Madjiar et Kutchuk Tépé, que nous apercevons là-bas, du côté du Pangée. Brutus et Cassius y établirent les légions républicaines, s'appuyant, l'un, vers le nord, à la montagne de Dionysos, et l'autre vers le sud, aux deux petites collines. Un mur, ou plutôt un long relevé de terre qui subsiste encore, réunissait leurs deux camps. Ils devaient se ravitailler par Néapolis et Thasos. Avec la hardiesse d'un véritable homme de guerre, Marc-Antoine vint se poster en face des deux généraux sur la rive occidentale du Gangitès. Puis il essaya de contourner par des chemins creusés dans les marais, derrière les massifs de roseaux, le mamelon méridional, Kutchuk Tépé, que nous apercevons là-bas près des grandes flaques d'eau. Ainsi il aurait intercepté les convois de vivres qui arrivaient à l'ennemi par le chemin où nous sommes. Cassius fut ainsi obligé de sortir de son inaction et d'accepter la bataille. Il se fit battre par Antoine qui, l'ayant rejeté du côté de Philippes, s'empara de son camp, tandis que, par contre, Brutus chassait de ses positions Octave, malade et incapable de soutenir le courage de son armée. Cassius, retiré sur les hauteurs, ignorant les succès de son collègue et voyant l'ennemi maître de son propre camp, perdit la tête. Il était d'ailleurs sous le coup de ces terreurs vengeresses qui poursuivent les meurtriers et les obsèdent. Dans sa déroute, il croyait voir César fondre sur lui le glaive en main, et il s'écriait : « Pourtant je t'avais bien tué. » A bout d'énergie, il couvrit sa face de son manteau et supplia son écuyer Pindare de ne pas le laisser survivre à sa défaite. Pindare le tua. Or la victoire était demeurée indécise, et les deux armées, s'étant reconstituées dans leurs positions primitives, passèrent encore tout un mois à s'observer. Mais une sorte de fatalité poursuivait Brutus. Ses troupes impatientes voulaient en finir, et les défections s'accentuaient chaque jour. Le spectre silencieux et terrible qu'il avait vu en Asie, et qui lui avait promis de reparaître à Philippes, était repassé silencieux et triste devant sa tente. L'intrépide défenseur de la liberté, croyant, quand même, à la sainteté de sa cause, tenta un suprême effort. Il était écrit que le peuple romain, après avoir foulé aux pieds le monde entier devait être désormais l'escabeau, et comme la chose d'un

---

1. Τὸ δὲ μέσον τῶν λόφων, τὰ ὀκτὼ στάδια, δίοδος ἦν ἐς τὴν Ἀσίαν τε καὶ Εὐρώπην, καθάπερ πύλαι. Appien, de Bell. civ., IV, 106.

seul homme, fût-il fou comme Caligula et Néron, ou scélérat comme Tibère et Domitien. Là donc, dans cette plaine, la république mourut.

Cent ans après, l'Église chrétienne d'Europe, disons l'Église romaine, y naquit. Trois hommes, véritables triumvirs de la bonne cause, vinrent à leur tour y livrer bataille à l'immoralité sociale et à l'erreur religieuse du monde d'alors. Le petit Juif de Tarse ouvrait la marche, Silas, Timothée et probablement Luc l'Évangéliste le suivaient. C'est sur ces vieilles pierres noires qu'ils sont passés silencieux, préoccupés, recueillis. Ils étaient seuls contre tout un monde, monde inconnu, monde puissant, terrible, inabordable, semblait-t-il. Et pourtant ils eurent raison de ce monde, car, malgré lui, ils l'obligèrent à recevoir de leurs mains juives le code de la civilisation nouvelle et de l'impérissable liberté.

Vue de la plaine de Philippes.

Nos chevaux nous emportent plus vite que ne voudrait notre piété. C'est à pied qu'il faudrait suivre ici la trace des grands messagers de Jésus-Christ.

La voie Égnatienne, avant d'arriver à Philippes, touchait d'abord à une fontaine, dont il faudra reparler tout à l'heure; puis, bordée de monuments funéraires dans le genre de celui de Vibius, elle traversait le lit d'un torrent ordinairement desséché, entrait dans la ville par la porte de Néapolis et, longeant le postscénium du théâtre, sortait à l'occident, non loin du large et abondant ruisseau près duquel s'arrête notre voiture. Ce ruisseau n'est pas le Gangas ou Gangitès, mais le lit par où s'écoulent les innombrables petites sources qui jaillissent au pied de la colline de Kakaladjik. Allons plus loin, car il faut atteindre le Bounarbachi lui-même, ancien Gangitès, pour ne négliger aucun des souvenirs de Philippes.

Nous y arrivons, en effet, peu après, en suivant les restes d'une ancienne chaussée qui croise le tertre ayant relié jadis le camp de Cassius à celui de Brutus, et en laissant à 500 mètres environ, sur notre gauche, les deux petits mamelons dont j'ai parlé à propos de la bataille de Philippes. Près du petit fleuve, sont les débris d'un monument qui a certainement vu passer Paul et ses compagnons. C'était un arc triomphal érigé sur la voie Égnatienne, dans la direction d'Amphipolis. Les Turcs l'appellent Kiémer ou *la Voûte*, bien que le cintre en ait complètement disparu. Il mesurait 5 mètres de diamètre. Ce qui reste des deux piles quadrangulaires en beaux blocs de marbre blanc posés sans ciment et alternant par assises tantôt larges, tantôt étroites, répond exactement à l'architecture simple et massive qui caractérisa les constructions du temps d'Auguste. En voyant cette ruine, on pense, en effet, à la porte triomphale de Rimini et plus particulièrement à l'arc du Vardar à Salonique, élevé, comme celui-ci, dans les premières années de l'empire pour célébrer la victoire même de Philippes. Les empereurs qui vinrent plus tard, Titus, Septime Sévère, Constantin, édifièrent avec un tout autre luxe les monuments destinés à consacrer leur gloire. Un fragment d'architrave, retrouvé parmi les débris, autorise à croire qu'il y eut ici une inscription en bronze, mais il a été impossible de reconstituer les lettres qui la composaient. Dans les alentours, nous ne voyons pas trace d'anciennes constructions, ce qui indique non pas seulement que l'arc était isolé et tout à fait en dehors de la ville, mais encore que la tradition chrétienne n'a jamais consacré, par un sanctuaire, ce site comme correspondant à celui où Paul évangélisa les femmes pieuses de Philippes.

Après cette première constatation, nous retournons vers la montagne où nous nous établissons au centre des ruines.

Le site est absolument désolé. Philippes fut bâtie, comme le dit Appien, sur une hauteur abrupte (ἐπί λόφου περικρήμνου) qu'elle couvrait entièrement. Cette hauteur se divise en deux mamelons. Sur le plus élevé subsistent encore les ruines de trois tours, dont deux carrées et l'autre semi-circulaire, toutes probablement byzantines. Ce qui existait du temps de saint Paul, c'est ce mur hellénique dont les fragments se montrent un peu partout, mais plus particulièrement à l'est, du côté de la gorge de Raktja. Le roi de Macédoine, Philippe, l'avait fait construire, ainsi que la partie des fortifications disséminées sur les hauteurs, pour défendre contre les barbares de Thrace les riches gisements métallifères qui lui permirent d'accumuler assez d'or pour imposer à la Grèce sa suprématie. En donnant son nom à la ville, précédemment appelée Crénidès, à cause des nombreuses sources qui l'environnaient, il témoigna de l'intérêt qu'il portait à une place d'ailleurs très importante au point de vue stratégique. Auguste, devenu empereur, se souvint que là il avait commencé sa fortune politique, tout en n'y montrant qu'un médiocre courage militaire. Il en fit une colonie romaine au profit des soldats d'Antoine qui avaient survécu à la bataille d'Actium, et il lui conféra le privilège de vivre sous le droit italique, ce qui était fort appréciable[1]. Dès lors l'importance de Philippes s'accrut rapidement. On développa son enceinte, et des restes de murs, assez grossièrement bâtis, mettent çà et là en contraste l'œuvre romaine et l'œuvre hellénique. Ainsi la ville descendit peu à peu vers la plaine où nous voyons émerger, à travers les blés et l'herbe des

---

1. Pline, *H. N.*, IV, 18; Dion Cassius, LI, 4.

prairies, des fragments de pilastres, de chapiteaux et de frises. Le nom de Philibedjid est demeuré attaché à de misérables huttes avoisinant le marais.

Dans un champ, au levant du théâtre, la main de quelque artiste visiblement inexpérimenté vient de retailler neuf demi-colonnes de marbre blanc, retrouvées à quelques pas d'ici, dans la direction du sud. Je suppose qu'elles firent partie de l'agora. On les a coupées en deux pour les transformer en stèles qui orneront des sépultures turques. Les ruines de Philippes semblent être devenues le champ de repos privilégié où l'on enterre tous les morts du pays. Autour de nous se comptent quatre cimetières presque contigus. Le marbre blanc est très

Ruines du Dirékler à Philippes.

commun ici. On s'en sert pour paver les routes, et nous avons remarqué que les torrents, en descendant des montagnes, roulent plus de marbre que de cailloux.

Au milieu des blés qui poussent sur les ruines, trois piliers carrés et les dernières assises d'un quatrième fixent depuis un moment notre attention. Ils se détachent superbes sur le fond de la vallée que limite au sud le Pangée couvert de nuages. Les Turcs appellent unanimement ces ruines Dirékler, *les Colonnes*, mais les archéologues se partagent quand il s'agit de déterminer le monument dont elles firent partie. A en juger par les assises qui subsistent, l'édifice rectangulaire mesurait 16 mètres sur 18. Tout porte à croire qu'il se rattachait à l'agora, lequel fut certainement au dessous du théâtre, par delà la voie Égnatienne, devenue ici la grande rue de la ville. La plupart des cités gréco-romaines étaient ainsi traversées par une artère principale. Mais si notre hypothèse est fondée, quel monument rectangulaire et ainsi semé de colonnes peut-on imaginer près du forum, sinon une basilique, un palais municipal, un monument public de la cité, dont les piliers du Dirékler marqueraient la cour intérieure? Un piédestal qui, d'après une inscription grecque, porta une statue dressée par le peuple à l'excellent (κράτιστον) Bébius Valerius Firmus nous confirme dans l'idée que ce monument avoisina la place publique. A Pompéi, à Timgat, et dans toutes les villes romaines ne trouve-t-on pas, à côté du forum, des édifices analogues où les magistrats rendaient la justice, tandis que le peuple s'y réunissait pour traiter ses affaires? La construction en marbre blanc doré par le soleil, et de bel effet, surtout quand on l'observe à distance, remonte à la bonne époque romaine. Elle se rattache au développement et à l'embellissement de la ville sous Auguste.

Nous laissant à nos hypothèses, Henry est allé s'installer au théâtre, et, à grands cris, il nous invite à l'y rejoindre pour jouir d'un effet de soleil se jouant à travers les nuages sur les pics abrupts du Pangée. Rien de plus curieux que les rayons lumineux traversant verticalement des nuées sombres et chargées de pluie pour aller éclairer, dans leurs anfractuosités gigantesques, les gorges inférieures de la haute montagne. Le panorama, qui se modifie à tout instant, est splendide. Les anciens, amateurs déclarés de ces grandioses spectacles, n'avaient pas manqué de placer ici, au flanc méridional de la colline, leur théâtre de façon à ménager aux spectateurs, désœuvrés pendant les entr'actes, l'incomparable coup d'œil. Plus près ils pouvaient voir la grande rue de la ville, ou la voie Egnatia, toujours peuplée d'allants et de venants, et plus bas l'agora avec tous ses édifices publics.

Ce théâtre, dont il reste fort peu de chose, paraît avoir été construit par des architectes grecs. Les gradins y dessinent plus que le demi-cercle usité chez les Romains et laissent à l'orchestre tout l'espace dont le chœur avait besoin pour ses évolutions. Cependant la maçonnerie qui soutenait la partie haute de la *cavea* et le proscénium n'est pas œuvre hellénique. Il est à croire que la venue des vétérans ayant accru tout à coup la population de Philippes, on dut pourvoir à l'agrandissement de l'œuvre primitive.

Près du mur occidental du théâtre nous remarquons quatre cadres avec inscriptions. Dans l'un d'eux, une niche renferma une petite statue. La terre cache aujourd'hui la majeure partie de ces inscriptions. Nous relevons pourtant celle-ci : *Publius Hostilius Philadelphe, pendant qu'il était édile a fait graver ici les noms des membres de la confrérie qui ont offert des présents au dieu : Domitius-Primigénius a donné une statue de bronze de Silvain avec son édicule*, etc., etc. Le dieu honoré ici était en effet Silvain, la divinité romaine gardienne des champs et des bois; son rôle était tout marqué dans un pays de voleurs. La plupart des sociétaires portent des noms que nous retrouvons dans les épîtres de Paul : Crescens, Secundus, Trophime, Aristobule, Pudens, Urbain et Clément.

En remontant vers le mur occidental de l'Acropole, nous remarquons d'autres inscriptions latines pour la plupart, et des sculptures en bas-relief, négligemment traitées, mais conservant, quand même, dans leurs mouvements insuffisamment ébauchés, quelque chose de cette grâce naturelle que l'art grec possédait à un si haut degré. Ce sont généralement des dieux qu'ont y voit en scène, le Dionysus de Thrace, Minerve armée, Diane, Mercure, le dieu Men ou Lunus. Comme on ne pouvait édifier des maisons sur ces flancs trop abrupts de la montagne, on avait trouvé à propos d'y graver des inscriptions. Une femme

Acropole de Philippes.

qui coupe du bois au haut de l'Acropole, jette dans le vide ses fagots, et ceux-ci, roulant de roche en roche, viennent s'arrêter à nos pieds, au milieu de l'antique voie Egnatia. Un berger s'exerce sur une flûte champêtre à charmer le silence de ces lieux déserts. Il reproduit assez bien le costume, l'attitude et probablement les accents rustiques du dieu Silvain. La végétation est ici peu avancée. Il n'y a pas encore une seule fleur à cueillir sur ce sol où notre piété cherche à glaner quelques souvenirs.

Debout au milieu de ces ruines muettes, ouvrons le XVI° chapitre du *Livre des Actes*, et donnons-nous le plaisir de reconstituer sur place les incidents qui y sont racontés. Oui, il y a dix-huit siècles et demi, par ce chemin venant de Néapolis, Paul et ses compagnons arrivèrent à Philippes, colonie romaine alors très florissante, pour s'y installer au hasard, soit à l'hôtellerie, soit dans quelque maison connue de Luc, le médecin. Ils entrèrent par la porte que marque, ici même, à notre gauche, près du théâtre, un retour d'angle du mur hellénique. La ville étant plutôt militaire et agricole que commerçante, les Juifs, s'il y en eut jamais, car l'auditoire de saint Paul semble s'être composé surtout de prosélytes, n'y furent pas assez nombreux pour avoir une synagogue; en sorte que, soit vrais fils de la Loi, soit simples prosélytes, les adorateurs du Dieu d'Israël obligés, pour des raisons diverses, à vivre dans ce milieu païen de Philippes, se contentaient d'aller prier ensemble au bord d'une fontaine ou d'un cours d'eau, dans une des enceintes en plein air, *proseuché*, réservées aux réunions sabbatiques[1]. Où fut cette enceinte? L'auteur sacré dit qu'elle se trouvait en dehors de la ville et près d'une eau courante, c'est le sens qu'il faut donner au mot grec ($\pi o \tau \alpha \mu \acute{o} \varsigma$), car si on voulait le traduire par fleuve, il faudrait aller chercher le site biblique aux bords du Strymon, à une journée de marche d'ici. Le Gangitès, que nous avons vu près de l'arc triomphal d'Auguste, à 2 kilomètres des remparts, est lui-même trop éloigné, si on considère que les femmes constituaient l'élément principal de ces réunions. Le plus simple serait de supposer que saint Luc a voulu indiquer le ruisseau formé, près du mur occidental de la cité, par les nombreuses fontaines qui s'y rejoignent, et où nous avons mis pied à terre, convaincus tout d'abord que là était le lieu vénérable de

---

[1]. Philon, *in Flacc.*, 14. Le mot grec *proseuché*, qui signifie prière, était passé tel quel dans la langue latine pour indiquer ces oratoires juifs. Juvénal, *Satires*, 1, 3, 296.

la *proseuché*. Mais comment admettre qu'aucun sanctuaire n'ait consacré ce site, s'il fut indiqué par la tradition primitive? Or sur les bords de ce ruisseau, pas plus qu'auprès du Gangitès, nous n'avons rien trouvé. A part cela, il est très exactement hors la porte, à la sortie de la ville et la qualification de ποταμός lui convient fort bien. Il mesure 5 mètres de large et roule, à l'ombre de quelques arbres, des eaux abondantes dans la direction des marais.

L'idée me vient alors de rechercher s'il n'y aurait pas, au levant, un cours d'eau avec quelque indication positive des anciennes traditions. Nous suivons, à pied, l'ancienne voie des tombeaux, dans la direction de Dikeli-Tasch. A cinq cents mètres de l'ancienne porte de la ville, dite porte de Néapolis, et

Vue de la fontaine et du monticule.

avant d'atteindre le monument de Vibius, nous trouvons, en effet, une source merveilleusement limpide jaillissant au-dessous de la voie Égnatienne. Une sorte de jonc assez semblable au papyrus la couvre de verdure, et ses eaux, après s'être réunies, dans un vaste réservoir à peu près rond, se dirigent vers les marais, assez abondantes pour faire marcher un moulin. Que Paul, en arrivant à Philippes, eût remarqué ce site, naturellement gracieux, qu'il eût appris, en s'y arrêtant, que là se tenait chaque sabbat la réunion des prosélytes, et que la pensée de sa première prédication lui eût été ainsi suggérée, cela nous semble logique. Aujourd'hui, c'est encore là que les voyageurs font une halte. Il y a un café, et volontiers on s'y repose sous les grands arbres qui embellissent le paysage. Jadis on y était près de la voie des tombeaux. Des réunions de femmes près de la demeure des morts sont une des vieilles coutumes de l'Orient. Là on va se récréer, pleurer et prier. Le site de la gracieuse fontaine est donc, par lui-même, dans la donnée voulue. N'y a-t-il rien pour le recommander d'une façon plus précise? Un jeune élève des Pères Lazaristes, qui nous accompagne, interroge les propriétaires du khan et du café voisin. N'y a-t-il pas de souvenir religieux ici? Et à notre grande joie, on nous montre, à quelques pas de la source, un tumulus sur lequel fut une église. Cette église est depuis longtemps tombée en ruine, mais des peintures qu'on voyait, il y a dix ans à peine, disaient que le sanctuaire avait été élevé en mémoire de saint Paul. Évidemment nous sommes devant un signe traditionnel. Depuis, j'ai constaté que la source de Dikeli-Tasch est indiquée dans la table Théodosienne ou de Peutinger avec une abréviation inexpliquée : *Fons cô*. Quel intérêt pouvait-elle offrir aux anciens, sauf celui du souvenir biblique?

Ici donc, dans la verdure, sous les grands arbres, près de la source vive, à l'embranchement de deux routes dont l'une était la grande voie des tombeaux, fut très probablement l'enceinte en plein air, le bosquet sacré, où Paul vint chercher son premier auditoire. Il n'y trouva qu'un groupe de femmes occupées à prier et à chanter des psaumes. Où étaient les hommes? Nulle part, sans doute, car c'est à eux qu'il serait allé directement. Ces femmes même, ainsi que nous l'avons dit, étaient plutôt des prosélytes que de vraies juives. Le fait semble certain, du moins pour Lydie, originaire d'Asie Mineure. Paul s'assit au milieu du groupe féminin et l'évangélisa. Le résultat de sa première conférence fut la conversion de cette marchande de pourpre de Thyatire qui portait le nom de sa province d'origine, et dont « le Seigneur ouvrit l'âme » aux enseignements de l'Apôtre. Probablement Lydie était veuve, puisqu'il n'est jamais question de son mari. Quand elle eut été baptisée avec sa famille, elle souhaita que sa maison devînt la demeure de Paul et de ses compagnons.

Cette attitude résolue ou mieux cette courageuse indépendance n'a rien qui puisse nous surprendre. On a remarqué, en effet, que les inscriptions retrouvées en Macédoine et ici particulièrement, donnent aux femmes un rôle plus important dans la famille que dans les pays d'Orient. Nous les voyons régulièrement nommées soit dans les indications généalogiques, soit dans des inscriptions publiques où on se plaît à constater qu'elles ont géré leurs biens avec intelligence et économie. Elles savent, d'ailleurs, défendre elles-mêmes leurs droits avec énergie. Ainsi sur une tombe à Béréketlu on lit : *Secundilla sivi et Ulpia matrona viva faciendum curavit*, et elle ajoute que, si quelqu'un vient à mettre un autre mort dans ce sarcophage, il devra payer à la république de Philippes mille deniers, et au délateur deux cents et tant. A une époque moins reculée, elles ont continué, même en étant de ferventes chrétiennes, de s'assurer, après leur mort, comme pendant leur vie, une honorable demeure, témoin cette stèle avec trois croix où nous lisons : *Lieu de sommeil appartenant à Posidonia, diaconesse, et à la très humble chanoinesse Pancharia*.

Paul et ses compagnons se rendirent aux instances de Lydie, et, chez elle, ils fondèrent une petite Église qui se développa rapidement. Les réunions générales de cette Église continuèrent, quand même, à se tenir, chaque sabbat, à la *proseuché*. C'est en y allant par le chemin très fréquenté de la voie des tombeaux, que les prédicateurs de l'Évangile rencontrèrent sur leurs pas une servante, sorte de pythonisse ou de voyante, qui rapportait pas mal d'argent à ses maîtres en disant la bonne aventure. Plusieurs exégètes, parmi lesquels saint Augustin, ont supposé qu'elle était ventriloque, et qu'elle dupait les passants en leur faisant entendre, dans un lointain mystérieux, les voix d'outre-tombe répondant aux questions proposées. Bien qu'un texte de Plutarque[1] puisse autoriser cette explication, il est plus logique de voir dans cette servante, d'après ce que raconte saint Luc, une possédée du démon, soumise à des intermittences d'exaltation morale durant lesquelles elle se croyait autorisée à prédire l'avenir.

La pauvre fille se mit à accompagner Paul, Silas et Timothée, en criant qu'ils étaient les serviteurs du dieu Très Haut et les bons messagers du salut. Pendant plusieurs jours, elle s'obstina à les suivre ainsi, jusqu'à ce que l'Apôtre, touché de compassion, la délivra de l'esprit malin. Ses maîtres, se voyant frustrés du revenu considérable que leur rapportait la servante prédisant l'avenir[2], s'en prirent violemment à Paul et à Silas, qu'ils traînèrent aussitôt à l'agora, devant les archontes, c'est-à-dire à la curie, peut-être dans cette même enceinte dont les quatre piliers du Dirékler marquent la place. Retournons-y pour vénérer ce site sacré et prier sur ces dalles qui ont été témoins du premier acte de violence du paganisme contre les hommes de l'Évangile. Là, en effet, deux duumvirs, qu'on gratifiait prétentieusement, en souvenir de la mère patrie, du titre de préteur, se laissant impressionner par les accusations des intéressés et les cris de la foule, croyant n'avoir affaire qu'à de méprisables juifs, ordonnèrent qu'on déchirât les vêtements des deux prévenus, qu'on les liât à un pieu et qu'on les battît de verges. Un procédé si violent s'harmonise très bien avec la rudesse des vétérans, habitués à faire peu de cas de quiconque n'était pas Romain. Cette terre but leur sang qui jaillit sous la flagellation. La prison où on les jeta est sous ces ruines. C'est dans une de ces cryptes encore à fouiller que le geôlier serra cruellement leurs pieds dans des ceps ; mais les martyrs étaient heureux de souffrir pour Jésus-Christ, et, sur le minuit, on les entendit chanter des hymnes à la gloire de Dieu. Ce sont ces blocs de marbre qui éprouvèrent, devant un tel courage et une si visible injustice, le tressaillement miraculeux dont la prison fut ébranlée jusque dans ses fondements. Les chaînes de tous les captifs tombèrent, et les portes des cachots s'ouvrirent. Le geôlier, après un premier mouvement de désespoir, arriva à la plus sage des conclusions, c'est qu'il fallait être de la religion qui avait de tels martyrs. Il lava les plaies des deux apôtres, tandis que ceux-ci l'instruisaient, et ayant reçu le baptême avec toute sa famille, il les amena dans son propre logement pour les faire manger à sa table. Les duumvirs de leur côté s'étaient préoccupés, pendant la nuit, de leur imprudence de la veille. Au fond, ils avaient infligé un châtiment sans même entendre les accusés. Le plus simple leur parut de faire mettre les deux prisonniers en liberté et

---

1. Plutarque, *De Oracul. defect.*, 21 ; saint Augustin, *De Civit. Dei*, II, 23.
2. Une inscription, malheureusement incomplète, nous apprend l'importance que l'on donnait ici aux femmes qui savaient se recommander par des talents particuliers. Il y est question d'une chanteuse Nicéa jouant de la cithare, du tétracorde et du *nablas*, harpe particulière importée d'Asie, et qui rappelle le *nébel* de la Bible.

d'étouffer ainsi l'affaire. Mais les deux Juifs se trouvant citoyens romains, la faute des duumvirs se compliquait d'une atteinte portée à la majesté de Rome. Ces imprudents magistrats durent faire des excuses. C'est alors seulement que les deux prisonniers consentirent à sortir de leur cachot. S'étant rendus chez Lydie, ils consolèrent les frères, et leur laissèrent Timothée, ou au moins Luc, pour achever de les instruire. L'auteur du livre des Actes semble, en effet, être resté à Philippes. Après quoi, Paul et Silas se dirigèrent vers Amphipolis, passant là-bas sous l'arc d'Auguste, dont nous avons examiné les ruines au début de notre excursion.

Monument de Vibius.

Mais il est temps de songer nous-mêmes à regagner Cavalla. Nous joignons notre voiture près du monument de Vibius. Cet énorme monolithe finira par disparaître sous le couteau des passants, qui, depuis des siècles, en râclent la poussière pour la mêler au breuvage des nourrices n'ayant pas de lait. Situé à l'embranchement de routes, il porte une inscription sur deux côtés. Un double degré lui sert de soubassement, et il mesure 2 m. 60 d'épaisseur sur 2 mètres de profondeur et 3 m. 80 de hauteur. L'artiste l'a couronné par deux coussinets avec feuilles de laurier. Au-dessous de moulures très simples, on lit : C. VIBIUS. CF. COR. QUARTUS MIL. LEG. V., etc. On nous offre du café au petit établissement voisin, mais il est temps de partir. Avec la nuit qui arrive, la pluie commence à tomber, et de grands éclairs, déchirant la nue, illuminent de leurs sinistres rayonnements les gorges du Pangée. Notre automédon ne paraît guère se préoccuper de l'orage, et il nous conduit avec une désespérante lenteur. En passant près d'un torrent, le Zygosto, là même où, dit-on, le dieu des enfers, qui enlevait Proserpine, dut jadis s'arrêter, ayant brisé le timon de son char, il se détermine charitablement à dételer ses trois bucéphales décadents pour les faire boire. Nous avons beau le gourmander, il nous laisse en panne au milieu de la tempête, et ne semble pas même comprendre les innombrables Chabouk ! Vite, vite ! que nous lui adressons à travers le vent et la pluie. C'est dans ces gorges du Zygosto ou Zigastès, que Brutus vaincu passa une partie de la

Médaille de Philippes.
D'un côté, tête d'Auguste avec la légende : Cæsar Aug. P. M. Tr. P. Imp. (César Auguste Souverain Pontife, avec pouvoir de Tribun, Empereur) ; de l'autre, un dieu couronnant Auguste avec l'inscription : Col. Aug. Jul. Philipp.

nuit à philosopher avec Volumnius et Straton en regardant les étoiles. Sur le matin, il tira sa conclusion et se précipita sur son épée en disant : « Vertu, tu n'es qu'un mot ! » Hélas ! nous ne saurions contempler les étoiles, le ciel n'en a par ce soir, ni philosopher, car la situation devient trop critique; il est huit heures et nous devrions être à bord, le bateau partant à huit heures et demie. Le cocher s'était engagé, parole de Turc, à être rendu à l'heure dite. Il ne doit pas être payé si nous n'arrivons pas. Eh bien! nous n'arriverons pas, et nous le payerons. « Parole de Turc, tu n'es qu'un mot! »

Le quartier neuf de Cavalla.

Heureusement qu'il faut compter avec l'imprévu. Comme nous arrivons, au milieu des éclairs, du tonnerre et, ce qui est plus désagréable, de la pluie battante, à bord du *Lloyd*, il est neuf heures. Nous nous préparons à nous excuser d'être ainsi en retard, quand on nous annonce que le bateau ne doit plus se mettre en marche que demain, à deux heures du soir, après avoir chargé quatre mille balles de tabac. « Exactitude des paquebots, toi aussi, tu n'es qu'un mot! »

Le mont Athos.

Nous sommes partis de Cavalla avec quinze heures de retard. Toutes les protestations du capitaine n'ont servi de rien. Il a fallu attendre que les quatre mille balles de tabac fussent chargées, et tout ce matin nous avons vu des Turcs, malgré la pluie torrentielle, les apporter au pas de course sur le quai, d'où trois felouques viennent les déposer à bord. Au reste, on n'est pas mal dans le salon du *Lloyd*, et nous y trouvons des voyageurs dont la conversation nous intéresse. Ce sont quelques hauts fonctionnaires turcs allant à Salonique, un riche marchand de bois de Trieste, qui paraît savoir bien des choses, et enfin le grand acheteur de tabac pour l'Autriche-Hongrie, celui-là même qui a dit au capitaine : « Vous ne partirez pas que toutes mes balles ne soient embarquées. » En s'excusant d'avoir eu à imposer d'office le retard qui contrarie tout le monde, il se laisse condamner à fournir gracieusement à chacun de nous le tabac qu'il pourra fumer dans la soirée ; or, ce tabac, le meilleur de Cavalla, doit être, d'après lui, le meilleur du monde. Henry en fait largement l'expérience et éloquemment l'éloge. Comme M. Vigouroux et moi ne fumons pas, et qu'un brin de philosophie pratique nous engage d'ordinaire à trouver un bon côté à toutes choses, même à un retard si désobligeant soit-il, nous nous consolons en songeant que le départ en plein jour va nous permettre d'examiner de près le mont Athos, et d'en avoir une idée sans y débarquer.

Nous atteignons, en effet, la célèbre montagne pour la contourner, vers les cinq heures du soir. Rien de plus majestueux que cet immense bloc calcaire, terminant d'une façon presque abrupte la pointe méridionale du promontoire. A bon droit, on l'appela jadis Acté ou Athos, *haute roche*. Il atteint 2,000 mètres d'altitude. C'est aujourd'hui Aghion Oros, la *Montagne Sainte*. La neige couronne ses cimes, et l'eau jaillit de toutes parts dans les profonds ravins qui sillonnent ses flancs. Dans sa partie haute, elle est couverte de noirs sapins, à travers lesquels la roche grimaçante montre çà et là de blanches dents. Plus bas croissent, superbes de végétation, des vignes, des figuiers, des oliviers, autour des couvents. Sur les bords de la mer les orangers fleurissent. L'aspect général demeure grandiose. Le soleil, à moitié caché sous des nuages qu'il dore, jette, comme au soir des jours pluvieux, quelques rayons tristes et décolorés sur le sévère paysage. Bien que la presqu'île soit couverte de petites habitations, *skites*, et d'ermitages, *kellia*, avec chapelles pittoresquement accrochées aux anfractuosités des rochers, on n'y voit pas circuler un seul être vivant. Le couvent de Lavra, que nous observons de très près, à 500 mètres tout au plus de distance, avec ses coupoles et son enceinte munie de tours crénelées, produit l'effet d'une place forte absolument close. Des routes suivent le pied de la montagne. Deux embarcations amarrées dans une crique, au sud-est de la presqu'île, et protégées par une tour de garde, sont vivement secouées par le remous de notre bateau. Personne ne se montre. Cependant, puisqu'il y a ici des chemins et des barques, il doit y avoir des hommes qui marchent, qui naviguent, qui voyagent ! Oui, ils sont 6,000, répandus sur cette langue de terre qui mesure 6 kilomètres de large et 40 de long, depuis Erisso jusqu'au cap Saint-Georges, et nous n'en voyons pas un. On dirait un petit monde où tout a subitement cessé de vivre, laissant les arbres et les champs cultivés, les voies publiques convenablement entretenues, les demeures soigneusement fermées, et l'ordre partout. Pendant plus d'une demi-heure, nous tenons notre lunette braquée sur les habitations de la montagne et de la vallée. Rien, rien, rien. Ces bons moines ont opté pour la vie contemplative. Or c'est dans leurs cellules et non en plein air, assis et non en se promenant, qu'ils contemplent ; voilà pourquoi nous ne les voyons pas. La plupart vivent en communauté, ce sont les *Kinoviens*, qui obéissent à un supérieur, et s'abstiennent de viande toute l'année. D'autres vivent séparément et à leur guise, ce sont les *Idiorhythmes*, qui mangent comme et quand ils veulent, le couvent ne leur assurant que le pain et le vin.

En réalité, la communauté est fort riche. Elle possède non seulement la presqu'île entière, mais de nombreux domaines, ou *métokhi*, dans les provinces danubiennes, à Thasos et sur tout le littoral, d'ici à Constantinople. On suppose que la fondation des premiers monastères remonte au temps de sainte Hélène ; ce qu'il y a de sûr, c'est que, de très bonne heure, la petite péninsule devint une terre sacrée. On n'y laisse pénétrer ni femmes, ni enfants, ni femelles d'animaux, à moins que, comme celles des oiseaux, elles ne se passent de permission pour venir y nicher. Il y a vingt couvents proprement dits, peuplés par diverses nations appartenant toutes à l'Église grecque schismatique. Cinquante soldats albanais, chrétiens de religion, sont chargés de la police générale sous les ordres d'un des quatre présidents du Saint Synode, qui s'appelle le *Premier personnage d'Athos* : Ὁ πρῶτος τοῦ Ἄθωνος.

La règle de saint Basile est observée ici, et les religieux jouissent d'une grande réputation de piété. Des vocations très nombreuses leur arrivent un peu de partout. On est trois ans postulant, δόκιμος, et puis on devient *bon vieux*, ou père, καλόγερος, en faisant vœu d'obéissance à la règle et aux supérieurs. En réalité, c'est le petit nombre qui demande à être promu aux ordres sacrés, à cause des lourdes obligations qui s'ensuivent. L'immense majorité préfère rester simple Père ou, par corruption du mot grec καλόγερος, Caloyer. Des laïques, κοσμικοί, serviteurs non religieux, sont attachés aux diverses communautés pour les travaux grossiers. Les vrais moines s'appliquent uniquement à l'œuvre de leur sanctification. Beaucoup de pèlerins viennent les visiter. Ils font consister la perfection de la vie chrétienne dans l'observance de pratiques extérieures, minutieuses et multipliées, comme si le formalisme exagéré n'était pas le plus grand ennemi de la véritable religion que Jésus-Christ nous a prêchée spirituelle et intérieure. Volontairement séquestrés du monde, et se tenant sagement en dehors des luttes sanglantes qui, tant de fois, ont modifié l'existence politique de la Macédoine, les moines du Mont Athos ont su développer la fortune de leurs couvents, et y accumuler, non pas seulement de l'or et de l'argent, mais beaucoup d'objets précieux se rattachant au culte chrétien. Ils possèdent un grand nombre d'anciens manuscrits, vrais trésors, d'ailleurs si sacrés pour eux, que personne n'y touche. Ils n'en soupçonnent pas l'utilité, et leur ignorance est justement proverbiale. Ce qu'il y a de plus surprenant, ce sont les difficultés qu'ils multiplient pour empêcher nos savants voyageurs d'interroger ces vieux parchemins enfouis dans la poussière. On est parvenu toutefois à relever récemment à peu près les titres de tous les ouvrages qu'ils possèdent. L'abbé Duchêne nous racontait, il y a peu de temps, les curieux incidents de son séjour aux couvents du mont Athos.

Juste au moment où notre bateau va dépasser Lavra, un fantôme de moine se décide à défiler devant les portes de fer du monastère. Il sort d'un long passage voûté et tient en main un lourd trousseau de clefs. C'est le portier sans doute. Son costume est bizarre. Une sorte de toque large et à côtes, rappelant la coiffure des prêtres juifs, et de couleur jaunâtre, lui sert de couvre-chef. Sur la robe brune qui tombe à plis droits, il porte un vêtement plus clair, mais presque aussi long, serré par une ceinture. Il est décrété ici, comme jadis en Israël, que le fer ne doit pas toucher la tête de l'homme consacré à Dieu. Les cheveux et la barbe de celui que nous venons d'entrevoir, ayant depuis bien des années poussé à leur gré, sont des plus respectables. Nous agitons nos mouchoirs pour le saluer. Mais il a déjà disparu, et tout redevient silencieux et sans vie, comme auparavant. Au point culminant de la montagne, on a érigé une chapelle dite de la Transfiguration. Le coup d'œil doit y être splendide. La nuit arrive. Nous serons demain matin à Salonique.

Salonique.

Quel ravissant panorama nous contemplons à notre réveil! Salonique qui est, en Europe et après Constantinople, la plus importante des villes de l'empire turc, s'échelonne devant nous en un immense amphithéâtre, au fond de sa baie. De vieilles murailles, flanquées de tours, œuvre byzantine et vénitienne, montent de la mer vers les sommets du Kurtiah, et forment un quadrilatère que domine l'Eptapurghion ou la citadelle. Seule la partie des fortifications qui longeait jadis le port a été détruite pour faire place à des quais, où une fourmilière humaine crie et s'agite de grand matin. Les sveltes minarets et les graves coupoles, les maisons échafaudées régulièrement et d'où émergent des arbres en fleurs, les remparts en zigzag, semblables à de longs escaliers de marbre blanc, quelques cyprès gigantesques se dressant çà et là, dans la partie haute, qui est le quartier turc, les teintes claires et variées des constructions nouvelles alternant avec la note dure et sombre des vieux édifices, tout contribue à donner au paysage, doré par le soleil levant, un aspect féerique.

Tandis que nous sommes ainsi en admiration, des voix amies nous interpellent, et nous apercevons des mains fraternelles qui nous saluent. Ce sont les bons PP. Lazaristes avec leur barque et leur cawas. Ils ont voulu nous éviter, en venant au-devant de nous, les ennuyeuses formalités du débarquement. Nos adieux faits au capitaine, dont la complaisance et l'amabilité ont été parfaites, nous abordons avec joie la terre d'Europe que nous ne quitterons plus. Au temps de Paul, les juifs étaient déjà nombreux à Thessalonique et très remuants. Ils n'ont fait que croître en importance et en hardiesse. Tout le port leur appartient. Il n'y a pas un batelier qui ne soit juif, régi par des juifs. C'est dire si ceux qui débarquent ont à subir de tyranniques exigences. Merci aux excellents amis qui ont voulu nous les supprimer.

Sans préoccupations d'aucune sorte, ni pour nos passe-ports, ni pour nos bagages, nous arrivons à la maison de la Mission, où nous attend la plus cor-

Vue de Salonique.

diale hospitalité. J'ai toujours beaucoup aimé l'esprit de simplicité et d'abnégation des fils de saint Vincent de Paul. Ici, j'ai une joie particulière à retrouver un prêtre que j'ai connu et aimé jeune enfant, quand sa voix angélique lançait sous les voûtes de notre cathédrale des notes pures comme son âme de douze ans. Comme il a vieilli! Il n'a pas cinquante ans encore, et sa barbe soyeuse est déjà toute blanche. Ses traits amaigris disent la vie de mortification à laquelle il demeure fidèle. Seuls, ses yeux ont conservé leur pureté et leur douceur d'autrefois. Sa parole a aussi la même bonté. Il excuse toujours tout le monde, et ne condamne jamais que lui-même. Apte à tous les ministères, il se croit d'une insuffisance absolue. Accablé par les œuvres multiples qu'il mène de front, avec un plein succès, il se déclare, sans fausse modestie, un serviteur inutile. Vénéré et aimé de tous pour son zèle, son aménité, son abnégation, il se demande comment la Congrégation daigne le nourrir et le supporter. Ces sentiments d'humilité, qui furent d'ailleurs ceux de saint Vincent de Paul, sont si sincères chez ce bon prêtre, qu'ils le rendent absolument malheureux, et il a pleuré dans mes bras en me parlant de son indignité. Voilà des prodiges de l'ordre moral qui suffisent à démontrer la permanence du souffle de perfection que l'Évangile a jeté dans le monde. Qu'un homme de réelle valeur ait de sa propre personne une si humble idée, c'est, comme conviction, la preuve qu'il a vu de très près l'infinie sainteté du Dieu qu'il sert, et, comme œuvre de transformation morale, la traduction vivante de ces mots du Maître : « Pour arriver à vivre, il faut savoir mourir; *Qui perdiderit animam suam propter me inveniet eam.* »

Ce brave P. Denoy m'a réservé sa propre chambre, où je retrouve, un peu partout et dans les plus insignifiants détails, des traces de ses belles vertus sacerdotales. Le vénérable supérieur et ses excellents collaborateurs installent de leur côté mes deux compagnons. Il m'est agréable qu'Henry expérimente ici ce que la religion a d'aimable et d'accueillant. Un prêtre de nos amis, M. l'abbé Douillard, architecte distingué et jadis professeur à l'École des Beaux-Arts à Paris, est arrivé hier pour étudier sur place le plan d'une église catholique à construire à Salonique. Il nous donne des nouvelles de France, et se joint aussitôt à nous pour visiter la ville.

L'antiquité chrétienne étant notre attrait dominant, *amor meus pondus meum*, il est évident que nous trouverions ici temps perdu tout ce qui ne nous mettrait pas en face de cette antiquité. Oui, mais par où commencer? A première vue, et quelque idée qu'on doive se faire de tout le reste, il y a à Salonique un chemin absolument authentique par où Paul et ses compagnons sont passés; c'est la voie Egnatia, qui traversait toute la ville. Les prédicateurs de l'Évangile ne furent même amenés à venir ici, que parce que cette route impériale y conduisait. Quand on doit se hasarder dans un pays inconnu, on suit, pour plus de sécurité, la grande ligne où passent le commerce, l'armée, les caravanes de voyageurs. C'est ainsi qu'étant arrivés à Amphipolis et à Apollonie, ils se dirigèrent vers la ville qui était alors, non plus seulement la capitale de la Macédoine seconde, mais la métropole de tout le pays. Comme Philippes, Thessalonique se trouvait coupée en long, de l'ouest à l'est, par la voie Egnatia. Les deux points par lesquels celle-ci abordait et quittait la ville sont encore faciles à retrouver, marqués qu'ils furent par deux monuments bien connus, au couchant, l'arc triomphal d'Octave, sous lequel on passait en arrivant de Pella, et, au levant, l'arc de Constantin par où entraient les voyageurs venant d'Apollonie et d'Amphipolis. De ces deux édifices, le premier existait quand Paul vint dans la métropole macédonienne. Bien qu'on n'en ait pas de preuve décisive, tout porte à croire qu'il avait été érigé en souvenir de la bataille de Philippes. Les Orientaux savent être si habilement flatteurs! C'est à la suite de ses démonstrations enthousiastes vis-à-vis du vainqueur, que Thessalonique fut proclamée ville libre, privilège rare, qu'elle partagea en Orient avec Athènes, Tarse et Antioche de Syrie.

Porte de Vardar, ou arc d'Auguste.

Tout naturellement, nous demandons à visiter d'abord l'arc d'Auguste. « Hélas! nous dit-on, il y a vingt ans qu'on l'a détruit. » Nous irons, quand même, au point précis où notre guide l'a vu debout. En attendant, le bon Frère Supérieur des Écoles Chrétiennes nous en montre une représentation conservée dans son petit musée. C'est une mince consolation. Décrivons-le quand même. Au premier aspect, le monument pouvait paraître écrasé, mais il faut se souvenir qu'après dix-neuf siècles, le sol s'étant graduellement exhaussé, sa hauteur réelle avait fini par être singulièrement compromise. Il était en marbre blanc. Dans ses vraies proportions, l'arceau mesurait 4 mètres de large et 15 de haut. Sur chacun des pieds-droits extérieurs, se voyait sculpté en bas-relief un Romain revêtu de la toge et tenant un cheval par la bride. La frise avait été gracieusement ornée de guirlandes. Au point de vue de l'art, ce monument rappelait bien la fin de la république et le commencement de l'empire. Des marchands de fruits, de limonade et de café avaient depuis longtemps installé, dans ses alentours, sous des toitures soutenues par des poteaux de bois, leurs comptoirs de débit. Un entrepreneur trouva un jour très commode de se montrer plus hardi encore, en portant la main sur des blocs de marbre, dont il ne voyait guère l'utilité publique. Il se mit à démolir cette masse dix-neuf fois séculaire. Un seul homme protesta, c'était le missionnaire presbytérien écossais, M. Crosbie, homme instruit et désireux de conserver tout ce qui touchait aux origines chrétiennes. Il menaça le démolisseur d'écrire à Constantinople. Celui-ci, surpris de cette intervention inopportune, demanda à M. Crosbie ce qui l'engageait à prendre ainsi la défense d'un si misérable monument. L'archéologue montra alors au voleur public une inscription gravée dans l'intérieur de l'arc. « S'il ne te faut que cela, dit l'entrepreneur, je vais te le donner et laisse-moi faire. » Et l'inscription orne aujourd'hui le musée de Londres. Elle renfermait le nom de sept magistrats municipaux, et ces magistrats étaient qualifiés de politarques : ΠΟΛΕΙΤΑΡΧΟΥΝΤΩΝ κ. τ. λ. Au point de vue de l'apologétique chrétienne, c'était important. Politarques, c'est, en effet, l'expression qu'emploie saint Luc pour désigner les officiers civils auxquels les juifs de Thessalonique portèrent plainte contre Paul et ses partisans. Or, il y a longtemps que l'inexactitude présumée de cette dénomination prêtait à rire aux représentants d'une critique mal avisée. Les plus bienveillants avaient dit : « C'est une erreur de copiste; le mot πολίαρχος est seul grec, πολιτάρχης est un barbarisme. » Or, il se trouve que l'expression πολιτάρχης est la seule exacte, les inscriptions de l'époque sont là pour l'affirmer, et saint Luc était un historien très exactement renseigné. Chose singulière, parmi les noms des politarques, trois concordent avec ceux de disciples zélés que Paul recueillit dans ces contrées, Sosipater de Bérée, Gaïus le Macédonien et Secundus de Thessalonique. Ce sont là des coïncidences fortuites et d'où on ne peut rien conclure, sinon que les noms usités dans un pays reviennent d'autant plus fréquemment qu'ils sont en plus petit nombre. Après ces réflexions échangées chez les bons Frères, nous nous rendons directement à la porte du Vardar, pour y constater que le fameux arc triomphal y a été détruit jusque dans ses bases les plus profondes. La carrière était bonne, on l'a épuisée. Une mare infecte remplace désormais le monument qui avait vu passer saint Paul.

Femme et jeune fille bulgares.

Pour nous consoler, suivons la trace du grand apôtre, dans la longue rue qui fut jadis la voie Egnatia, et qui coupe encore aujourd'hui la ville en deux parties à peu près égales. Elle est très animée. Les costumes des femmes s'y étalent très pittoresques. Des Juives, fières et vaniteuses, y promènent leurs toilettes resplendissantes de soie, d'argent, d'or et de diamants. Elles en sont encore, comme robes, au style Directoire et, comme coiffure, à cacher leurs cheveux sous des foulards qui fixent sur leurs têtes des diadèmes dorés. Quelques pauvres paysannes de Bulgarie, déjà arrivées avec leurs pères, leurs frères ou leurs maris pour faire la moisson, errent nonchalantes derrière elles, et attendent quelqu'un qui les loue. Sans prétention, les braves paysannes promènent, le long de magasins fort alléchants, leurs grossières dalmatiques, couvrant de grandes chemises de toile, bordées de rouge, de jaune ou de bleu, et serrées

La Grande Rue à Salonique, avec l'arc de Constantin au bout.

à la taille par une ceinture de laine verte. Dans leurs cheveux sont piquées quelques fleurs champêtres et tintent de petites pièces de cuivre. Des marchands de toute sorte encombrent la rue et crient à vous assourdir. Mais notre pensée n'est pas avec tout ce monde. C'est Paul et ses compagnons qui nous préoccupent. Oui, ils sont passés par là. Leur trace n'y est plus, mais notre imagination les voit, quand même, arrivant par cette rue, il y a plus de dix-huit cents ans, au milieu d'une foule semblable à celle que nous coudoyons, abordant un fils ou une fille d'Israël, s'informant d'un gîte à trouver, et combinant aussitôt leur plan de campagne pour le triomphe de l'Évangile.

C'est en nous laissant aller à ces pensées que nous atteignons, vers l'extrémité orientale de la ville, l'arc dit de Constantin. Si on a démoli celui du Vardar, on cherche à consolider celui-ci, qui a cependant moins d'importance. Il est vrai qu'il n'est pas en blocs de marbre massif, comme l'autre, et son agrégat de briques romaines tente beaucoup moins les voleurs. On en a ravaudé tout récemment les fissures, et, grâce à un crépissage partiel, il durera quelques années encore. Des trois arceaux qui constituaient le monument, un seul subsiste. C'est celui sous lequel passait la voie Egnatia. Comme à la Porte du Vardar, le sol s'est ici exhaussé, mais l'arc atteint quand même une belle hauteur. Ses pieds-droits sont ornés de revêtements de marbre où l'artiste a représenté, dans une triple série de sujets, une marche triomphale, avec quelques têtes de chameaux. La partie basse a des coquilles sculptées et des anges ailés, symboles de la victoire. On a voulu y célébrer le triomphe de Constantin sur Licinius, ou sur les Sarmates. Bâti longtemps après Paul, ce monument n'en marque pas moins le point par où l'apôtre et Silas entrèrent dans la ville, προπαθόντες καὶ ὑβρισθέντες, encore tout couverts des blessures de la flagellation subie à Philippes.

Un site bien intéressant à établir serait celui de la synagogue où prêcha le grand apôtre. On nous affirma qu'elle n'existe plus. Hélas! ce n'est que trop probable. Allons cependant visiter les plus anciens oratoires juifs. Il y a toujours une consolation à se dire : « Ce fut peut-être là ! » Une excellente religieuse de Saint-Vincent-de-Paul, sœur Augustine, anglaise de nationalité et archéologue d'instinct, a recours, pour nous renseigner, au plus savant des Juifs de Salonique, le hazzan Juda Nahaman, qui prépare, depuis longtemps, un ouvrage sur les antiquités du pays, et ne le publie jamais. Pour ce docteur d'Israël, la plus ancienne des trente-huit synagogues qui existent, c'est l'allemande ou des Askinas. Cette indication ne nous satisfait pas. Il y a plus vieux encore. Et, en effet, dans la ville basse, à travers un interminable labyrinthe de ruelles sales et étroites, nous nous arrêtons devant une grande porte fermée : « *Baña baq!* crions-nous. *Baq saña!* Eh! dis donc! Eh! là-bas! » Un petit jeune homme ouvre, et après avoir descendu quatorze marches, nous atteignons une cour où fut, selon nous, la plus ancienne synagogue de Thessalonique. Il ne faut pas tenir compte de celle qu'on y voit aujourd'hui, mais chercher, dans la crypte et dans le soubassement des murs, celle qui a été remplacée. Malheureusement le salpêtre achèvera bientôt d'y supprimer toutes les vieilles pierres. « Voilà l'antique, mon cher Juda, la plus antique, entends-tu? Oui, ici peut-être, devant tes aïeux, Paul a prêché. » Et le brave homme n'en disconvient pas, mais son cœur est loin de soupçonner l'émotion qu'éprouve le nôtre à ce seul mot : « Peut-être ce fut là ! » Comme tout service rendu doit avoir un salaire, surtout en pays juif, la bonne sœur Augustine fait asseoir le hazzan dans la cour, tire un instrument de sa poche, et, sans autre préambule, lui arrache une dent, dont le malheureux souffrait depuis plusieurs jours. « *Memnoun oldoum!* merci! merci à jamais! » dit le vieux fils d'Israël, en crachant une bouchée de sang.

Thessalonique est une cité où les Juifs se sont établis dès la première heure, quand Therma devint la ville importante à laquelle Cassandre donna le nom de sa femme, sœur d'Alexandre. Ils n'y n'ont jamais perdu pied, et leur influence est toujours allée en grandissant. S'ils étaient puissants du temps de Paul, ils le sont devenus bien davantage dans les âges suivants. Sur une population de 110,000 habitants, on compte aujourd'hui à Salonique 50,000 Juifs. Sans doute la plupart sont les fils de ceux que l'Inquisition chassa d'Espagne, c'est pour cela qu'ils parlent le castillan; mais les Juifs d'Espagne, de Russie, de Pologne ne sont eux-mêmes venus ici que parce qu'il y avait déjà une communauté très florissante. Or, quand on voit avec quelle ténacité, partout ailleurs, la race israélite a conservé, à travers les âges, non seulement ses pratiques religieuses, mais les lieux de réunion où ont prié les anciens, on ne trouve pas absolument impossible que la synagogue où Paul prêcha le Messie victime, le Messie ressuscité, le Messie Jésus-Christ [1], soit, après des restaurations successives, celle-là même où le hazzan vient de nous conduire.

Médaille de Thessalonique.

Nous savons les résultats de cette prédication. Quelques fils d'Israël se convertirent et partagèrent la foi de Paul et de Silas, mais c'est surtout les prosélytes et les Gentils qui furent entraînés par les discours des prédicateurs. Les femmes de la haute bourgeoisie se déclarèrent aussi, en très grand nombre, pour l'Évangile. C'était plus qu'il n'en fallait pour réveiller la jalousie et le fanatisme des Juifs hostiles à la religion nouvelle. Ils ramassèrent dans les rues et sur la place publique tous les mauvais garnements qu'ils trouvèrent, et, si on en juge par l'aspect actuel des quais, il n'a jamais dû en manquer ici. Avec eux ils suscitèrent une sédition. Dans une boutique d'artisan, absolument pareille à ces petites maisons juives devant lesquelles nous passons, Paul et Silas vivaient, travaillant jour et nuit de leurs mains pour n'être à charge à personne [2]. L'émeute vint les y chercher, mais inutilement. Quelque ami, sans doute, les avait fait disparaître, et leur hôte, un Juif helléniste qui avait grécisé son nom de Josué ou Jésus, en celui de Jason, se porta fort, devant le peuple et les politarques, pour ceux que l'on accusait de conspirer contre l'autorité romaine, et de vouloir substituer le roi Jésus à l'empereur César. C'est sur l'agora que dut se passer cet incident judiciaire.

A mon avis l'Agora fut au-dessous de Sainte-Sophie, là où s'établirent plus tard des couvents et des maisons de charité. Des colonnes émergent encore du sol, et servent à fixer quelques cordes où les femmes étendent leur linge. Sur ce point des fouilles accidentelles ont révélé, à 3 mètres de profondeur, de solides et vastes substructions. D'autres placent l'Agora plus haut, à *las Incantadas*, entre le quartier grec et le quartier juif. Quatre colonnes corinthiennes y marquaient la place d'un monument public. Les caryatides qu'on y voyait avaient paru aux Juifs être des femmes pétrifiées par quelque incantation. Ce monument se rattachait-il à l'Agora? Quoi qu'il en soit, après la démonstration

1. *Actes*, XVII, 3.
2. *Thessal.*, II, 9.

d'hostilité dont les prédicateurs avaient failli être victimes, Jason et les chrétiens qui, en répondant de l'ordre, avaient momentanément calmé le peuple et les politarques, n'étant pas rassurés sur les intentions des Juifs pour le lendemain, expédièrent de nuit Paul et Silas sur Bérée.

C'est un honneur pour l'Église de Thessalonique d'avoir été tendrement aimée de Paul. Les lettres qu'il lui adresse sont pleines d'une affection qu'il compare à celle de la mère allaitant ses enfants, ou de l'ami prêt à donner sa vie, après avoir donné la vérité en prêchant l'Évangile. Il rend d'ailleurs cette justice aux Thessaloniciens qu'ils méritent ce tendre attachement, ayant généreusement reçu la Bonne Nouvelle, comme la parole, non pas de l'homme, mais de Dieu, et s'étant transformés eux-mêmes en prédicateurs d'autant plus éloquents qu'ils ont visiblement réalisé, dans leur propre vie, la religion de Jésus-Christ. Les âges suivants décernèrent à Thessalonique le titre de cité orthodoxe. Elle joua un rôle très actif dans l'évangélisation des pays voisins, étendant son action sur les Esclavons et les Bulgares. Ses évêques devinrent puissants comme des patriarches, et quand Rome voulut réduire leur juridiction, ils furent les premiers à pousser l'Église grecque vers le schisme. De l'œuvre fondée par Paul et fécondée par le sang de plusieurs martyrs, que reste-t-il? Sur 110,000 âmes, il y a aujourd'hui à Salonique 50,000 Juifs, 40,000 musulmans, 10,000 schismatiques et autant de catholiques. Nous avons vu ce matin ceux-ci en petite fête privée, c'était les Rogations. La procession a eu lieu dans les cours intérieures de l'hôpital et de la Mission. Ces fraîches voix d'enfants chantant les litanies, ces Pères Lazaristes avec leurs barbes vénérables, une douzaine de Filles de la Charité avec la robe grise et la blanche cornette, quelques fidèles de toute condition, voilà le groupe qui représente ici le christianisme intégral. Il n'y a pas encore d'autre église catholique que la chapelle de la Mission. On m'invite à y prêcher ce soir. J'accepte avec plaisir. Parler aux représentants de ces Thessaloniciens à qui Paul disait : « Vous êtes notre gloire et notre joie », quelle bonne fortune!

En attendant, escortés par Ghiorghi, le cawas des missionnaires, cherchons, dans les mosquées musulmanes, les vieux souvenirs religieux d'une Église que le schisme avait défigurée, et que les Turcs ont achevé d'anéantir. Ceux-ci, en effet, se sont emparés de tous les temples chrétiens. Hâtons-nous de dire que cette sacrilège usurpation a eu un bon résultat, celui de nous conserver des monuments qui, depuis longtemps, auraient disparu. On sait que Salonique est la ville où l'art byzantin a réalisé ses plus belles œuvres, sans en excepter même Constantinople, si Constantinople n'avait pas Sainte-Sophie.

Ce n'est pas que l'architecte Anthémius, qui avait édifié cette église idéale dans la capitale de l'empire, n'ait cherché à en faire ici une charmante réduction, mais l'effet obtenu par lui n'a pas répondu à son effort. Il est vrai que nous trouvons Sainte-Sophie de Salonique considérablement endommagée par les modifications fantaisistes des Turcs, et surtout par un récent incendie. Cependant on peut, sans peine, suppléer par l'imagination à ce qui a été changé ou détruit. Eh bien, même quand cette reconstitution est faite, ce serait s'abuser étrangement que de croire avoir une idée de la merveille qui est à Constantinople, en regardant le petit chef-d'œuvre qui fut ici. Aghia Sophia, bâtie entre la Grand'-Rue, ancienne voie Egnatia, et la mer, probablement sur l'agora antique, est orientée au levant et entourée d'une enceinte plantée d'arbres. Ce fut l'église principale de la cité, et autour d'elle se groupèrent, de bonne heure, des couvents et des hospices, établis sur les ruines d'anciens monuments publics. Les Turcs les ont tous occupés, en leur maintenant une destination charitable. Le beau portique de huit colonnes en vert antique qui précédait l'église a été défiguré par ces barbares. Ils en ont transformé le plein-cintre en ces arcs aigus qui caractérisent leur architecture bizarre. C'était mettre des babouches à qui était primitivement chaussé du cothurne. Les chapiteaux ont été également refaits. Des trois portes qui donnaient accès du narthex dans la grande nef, deux sont murées. A Sainte-Sophie de Constantinople, la nef sans l'abside mesure 76 mètres sur 70. Ici elle n'a que 46 sur 34. La coupole centrale a 11 mètres de diamètre; à Constantinople elle en mesure 32, et deux autres voûtes semi-sphériques lui donnent une forme ovoïdale. Il n'en demeure pas moins vrai que la coupole est ici particulièrement belle. La mosaïque, qui représente l'Ascension de Notre-Seigneur, mesure 150 mètres de développement. Le Maître, dont les pieds seuls sont visibles, car les Turcs ont jugé à propos de passer un blanc de chaux sur sa tête, est porté par deux anges; au-dessous Marie, vêtue d'une robe de pourpre, et les douze apôtres, richement habillés, contemplent le triomphe du Seigneur, tandis que deux autres anges leur rappellent, d'après l'inscription lisible au centre de la voûte, qu'il ne faudra plus chercher sur la terre celui qui est monté dans la gloire des cieux. Les personnages, mesurant environ 3 mètres de hauteur et occupant tout le pourtour du dôme, sont séparés l'un de l'autre par un palmier, et leurs costumes très archaïques se détachent sur un fond d'or en larges et franches teintes du plus bel effet. Des galeries supérieures, abordables par un escalier à gauche de l'entrée, étaient réservées aux femmes. L'édifice, en briques alternant avec la pierre, avait été revêtu de marbre blanc à l'intérieur. Un reste de chaire en vert antique a été respectueusement conservé par les Turcs. Le peuple dit que saint Paul y a prêché. Ce n'est guère vraisemblable, mais on peut dire que bien des évêques y ont paru. Y ont-ils toujours enseigné le vrai christianisme ?

Laissant derrière nous, au couchant de Sainte-Sophie, Saint-Minas et Sainte-Théodora, édifices chrétiens de moindre importance, nous nous dirigeons au sud-est vers le bazar des Chaudronniers, où il faut visiter une autre église, Saint-Bardias, devenue aussi une mosquée. Elle tombe en ruine. Une inscription sur l'architrave de la porte d'entrée rappelle qu'elle fut bâtie en l'an 6537 du monde, 987 de Jésus-Christ, par Basilicos, le porte-épée de l'empereur Basile II. La nef forme un carré où quatre colonnes soutiennent les pendentifs d'une coupole centrale, entourée elle-même par quatre petites coupoles d'angle. Une abside semi-circulaire avec deux chapelles, et une façade avec trois arcades extradossées achèvent de donner un cachet très particulier à cet édifice. Il rappelle tout à la fois Saint-Marc de Venise et Sainte-Sophie de Constantinople. Malheureusement de grandes lézardes annoncent qu'il marche à une très prochaine ruine.

En remontant vers l'arc de Constantin, nous abordons une esplanade ombragée de platanes et s'allongeant du sud au nord. Là fut jadis le cirque. Il mesurait 520 mètres de long sur 160 de large. On sait la passion des Orientaux pour les jeux de l'hippodrome, et le rôle que jouèrent les cochers et les chevaux dans l'histoire du Bas-Empire. Un jour l'un de ces cochers se prit ici d'une passion infâme pour un jeune esclave du général Bothéric. Le général fit mettre en prison le coupable, mais la foule réclama la liberté du criminel qui était un de ses favoris. Bothéric le retint, quand même, sous les verrous. Une sédition éclata, et la garnison n'ayant pu maîtriser les émeutiers, le général et ses officiers furent massacrés et indignement mutilés. L'empereur Théodose apprit à Milan l'odieuse révolte. Homme d'autorité avant tout, il jugea que des formalités judiciaires seraient beaucoup trop lentes, et il voulut venger, sans retard, la mort de son lieutenant par le massacre des assassins. Des soldats, choisis parmi les mercenaires et connus par leur férocité, furent chargés de l'épouvantable exécution. Sans laisser soupçonner les ordres sévères de l'empereur, on convoqua tout le peuple à une grande fête. Celui-ci s'y rendit en foule. Le cirque regorgeait de spectateurs. Les jeux avaient commencé, et on applaudissait déjà les écuyers favoris, quand les soldats, occupant simultanément toutes les issues, se mirent à massacrer tout le monde sans distinction de citoyen ou d'étranger, de sexe ou d'âge. Il se passa, là où nous sommes, des choses navrantes. Un père, innocent, puisqu'il était absent de Thessalonique au moment de la révolte, offrit sa vie et sa fortune pour sauver au moins un de ses deux fils. Et comme il hésitait, ne sachant lequel des deux il devait laisser vivre, il eut la douleur de les voir mourir tous les deux sous ses yeux. Mais quand, à quelques jours de là, Théodose se présenta au seuil de la cathédrale de Milan, pour aller prendre place dans la nef avec les fidèles, ne paraissant pas se douter qu'il avait commis dans ce massacre le plus odieux forfait, Ambroise l'arrêta d'un geste sévère, et comme l'empereur

Bazar des Cordonniers.

alléguait David, adultère et homicide, et cependant pardonné : « Tu l'as imité dans son crime, dit sévèrement le grand évêque, imite-le dans son repentir. » Pendant huit mois, le maître du monde dut se soumettre à la pénitence publique. Quels temps de foi! quels évêques! quels princes! Un tel abus de puissance dans la répression de la révolte était d'autant plus coupable chez Théodose, que ce prince se savait personnellement très aimé à Thessalonique. C'est ici que, relevant de maladie, il fut baptisé, avant d'entrer en campagne contre les Goths, en 380, par l'évêque Acholius, dans l'église de Saint-Georges ou de la Rotonde devant laquelle nous sommes arrivés, tout en racontant à Henry ces souvenirs d'histoire ecclésiastique.

Il nous a suffi, en effet, de traverser la grand'rue entre la porte de Kalamarie et l'arc de Constantin, et nous avons atteint Ortadji-Effendi, la plus ancienne église de Salonique transformée en mosquée par un derviche dont elle porte le nom. Plusieurs ont cru qu'elle avait été originairement un temple païen. L'opinion la plus probable affirme que Constantin la fit construire. Elle se rattache à cette série d'édifices circulaires qui caractérisent l'architecture chrétienne primitive, et dont on retrouve des traces non seulement à Rome et à Ravenne, mais jusque dans les villes détruites du Hauran. On sait que l'antique cathédrale de Bosra, aussi bien que la chapelle de Sainte-Constance, près de Sainte-Agnès-hors-des-Murs, et celle de Galla-Placidia à Ravenne, sont des rotondes proches parentes de celle-ci. Pour en admirer l'intérieur, il faut, une fois de plus,

Un café turc.

nous soumettre à la ridicule formalité de la double chaussure, car il y aurait crime irrémissible à souiller de nos pieds chrétiens cet antique sanctuaire devenu la maison de prière des musulmans. Henry perd ses sandales d'emprunt, et comme il n'a nul souci de les reprendre, il se fait sévèrement admonester par le marabout. M. Vigouroux et M. Douillard sont absolument corrects. Moi, je n'avance qu'en maugréant, ce qui nuit au désir que j'ai d'admirer consciencieusement les beautés archéologiques devant lesquelles nous sommes. Saint-

Georges, — ce nom a dû en remplacer un autre plus ancien, j'allais dire plus apostolique, — est une rotonde de 26 mètres de diamètre qu'entoure un mur épais de 7 mètres. Dans la profondeur de ce mur sont ouvertes sept chapelles dont deux ont jadis servi de porte d'entrée. En face de l'une d'elles se trouve le chœur, qui constitue comme un anneau allongé se soudant à la rotonde. Les mosaïques qui décorent cet édifice sont peut-être les plus anciennes et les plus belles que nous ait léguées l'art chrétien au IVe siècle. Elles occupent la voûte hémisphérique de la rotonde et se divisent en huit larges compartiments, où sont représentées les portes du ciel avec leurs colonnes toutes resplendissantes de pierreries. Devant ces portes, sont des personnages revêtus de chlamydes; ils élèvent leurs mains pour adorer. Afin que nul ne puisse en ignorer, chacun porte son nom inscrit à son côté, avec le mois où l'Église célèbre sa mémoire. Ce beau travail est éclairé par un double rang de fenêtres inférieures qui me semblent disposées contre toutes les règles de l'harmonie. Les voûtes des chapelles sont couvertes de mosaïques en caissons avec des oiseaux et des fruits comme à Sainte-Constance de Rome. Plus tard l'architecture chrétienne a reproduit des rotondes semblables, mais sans ornementation, et tout simplement en pierre grise. Cette sévérité de la pierre nue n'en est ni moins belle ni moins imposante. On peut s'en rendre compte dans une de nos églises de France, celle de Rieux-Minervois, qui est tout à fait dans le genre et les proportions de celle-ci, sauf le bêma prolongé, car à Rieux le chœur se trouve au centre, sous la coupole même qui porte le clocher.

Extérieur de l'église Saint-Georges à Thessalonique.

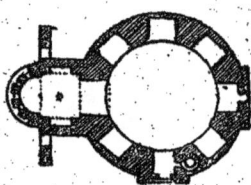
Plan de l'église Saint-Georges.

Un autre sanctuaire qui, d'après plusieurs, ne serait pas moins vénérable, ayant été bâti sur le temple de Vénus Therméenne, est la mosquée d'Eski-Djouma, un peu vers l'ouest. C'est la première église que les musulmans occupèrent après la conquête; de là son nom d'*Ancienne Assemblée*. Elle rentre dans la catégorie des basiliques à trois nefs. Ce qu'il y a de particulier, c'est un double narthex, extérieur et intérieur, séparé de la nef principale par quatre colonnes reliées l'une à l'autre par une balustrade de marbre blanc.

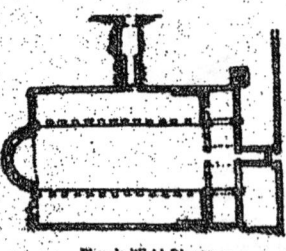
Plan de l'Eski-Djouma.

L'architecture de Saint-Démétrius, que nous atteignons en remontant un peu vers le nord, nous paraît remarquable. Le Turc au turban vert, qui tient les clefs de l'édifice, discute, avant de nous en ouvrir les portes, le bakchich auquel il aura droit. Nous acceptons ses conditions léonines. La basilique, bâtie, au ve siècle, sur le tombeau de saint Démétrius a, comme la précédente, trois nefs, seulement les deux latérales se trouvent elles-mêmes partagées par une travée de 16 colonnes en vert antique. Celle du milieu se termine par un bèma en hémicycle qu'éclairent cinq fenêtres séparées par de petites colonnes. A droite et à gauche sont la *prothésis* et le *diaconium*. C'est dans celui-ci, du côté de l'Évangile, que se trouvait le fameux ciborium hexagonal, haut de 6 mètres, en argent repoussé, œuvre célèbre des orfèvres byzantins, qu'un incendie, au vi[e] siècle, détruisit complètement. Les colonnes d'ordre corinthien qui forment la grande nef sont séparées de trois en trois par des pilastres carrés, supportant une galerie supérieure d'ordre ionique réservée aux femmes. Construite en briques, l'église avait été complètement revêtue de marbre blanc. La charpente de la voûte est à nu, comme à la basilique de la Nativité à Bethléem. Les dalles de marbre que nous foulons portent des écussons et des noms de familles françaises, car nous avons été ici les maîtres, au commencement du xiiie siècle, sous Boniface de Montferrat. Le Turc nous fait remarquer qu'on a laissé subsister les croix grecques aux chapi-

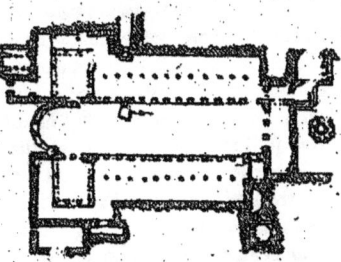

Plan de l'église Saint-Démétrius.

teaux corinthiens, tous d'un travail remarquable, et puis mystérieusement il nous conduit au fond du bas côté de l'évangile, près du narthex, et là, nous introduisant par une chambre semi-circulaire auprès d'une pierre tombale couverte d'ex-voto, il nous dit : « Voilà le tombeau de saint Démétrius, protecteur de la ville. »

Ce saint, si célèbre en Orient, fut un vaillant défenseur de la foi à l'époque de Maximien Galère. Les iconostases le représentent régulièrement comme un jeune et beau soldat à la blonde chevelure, martyrisé pour avoir prêché Jésus-Christ. Galère, dit l'histoire, allait au cirque quand on lui présenta le courageux prédicateur. « Qu'on le garde prisonnier dans la salle des bains, dit-il. Après le cirque on verra ce qu'il faut en faire. » Or au cirque, Lyée, un gladiateur chéri de l'empereur et jusqu'alors invincible, fut tué par un jeune chrétien nommé Nestor qui avait voulu, en exterminant le terrible athlète, mettre un terme aux spectacles sanglants de l'arène. Avant le combat, Nestor avait demandé à Démétrius de le bénir, et Démétrius lui avait fait un signe de croix sur le front et sur le cœur, rendant ainsi le jeune homme certain de la victoire. En effet, malgré sa faiblesse apparente, Nestor tua son adversaire et, levant fièrement son épée vers l'empereur stupéfait, il déclara qu'il devait toute sa force au Dieu de Démétrius.

Galère ordonna qu'on mît à mort les deux soldats du Christ. Mais la mort fut pour eux le commencement de la gloire, et le tombeau de Démétrius devint aussitôt célèbre par de nombreux miracles. Un préfet du prétoire, Léonce, ayant été guéri en Illyrie par l'intercession du saint, fit bâtir l'église même où nous sommes, vers l'an 412. L'empereur Basile la restaura en 880. Démétrius, surnommé le Thaumaturge, ne guérissait pas seulement les malades, il repoussait les barbares et donnait la victoire aux Grecs, s'ils étaient fidèles à l'invoquer. Le tombeau véritable fut d'abord sous le ciborium, mais, quand celui-ci eut été détruit, on le changea de place, ou, du moins, on transporta ici la pierre qui le recouvrait. L'Iman fournit lui-même les cierges qu'on veut faire brûler en l'honneur du saint. J'imagine que ceux qui flambent demandent à saint Démétrius de jeter bientôt les Turcs à la mer et je dis : Ainsi soit-il!

On nous montre des traces de l'huile miraculeuse qui coula près du tombeau, jusqu'au jour où Amurat entra dans Thessalonique. Cette huile coulera de nouveau le jour où les oppresseurs s'en iront. Chaque année, le 26 octobre, les Grecs sont admis à célébrer ici les saints Mystères. Une grande foire concordait jadis avec la fête de saint Démétrius, et les marchands, qui y venaient de toutes les parties du monde, n'ont pas peu contribué, sans doute, à rendre si commun en Orient le nom du protecteur de Thessalonique. Avec celui de Georges, j'ai déjà observé qu'il était de beaucoup le plus répandu. Il n'est pas dans ma pensée d'amoindrir les mérites de ce saint martyr, mais enfin, qui voudrait comparer son œuvre à celle de saint Paul? Comment se fait-il que saint Démétrius soit tout à Thessalonique, et que le grand apôtre ne soit rien? Faut-il que le nouveau supprime l'ancien, dans une société qui se fait une règle de ne vivre que par l'ancien? *Superædificati super fundamentum Apostolorum.* Tout cela est fort extraordinaire, et ne s'explique que par le besoin du nouveau chez les uns, et la vanité de créer ce nouveau chez les autres. Nous sortons par le narthex et l'atrium qui le précède. Rien ne manquait à la basilique, pas même la fontaine, κολυμβηθρα, pour les ablutions. Aujourd'hui nous nous contentons de simples bénitiers.

Il semble que ce serait assez d'églises visitées en un seul jour, et il serait raisonnable de borner ici notre promenade ; mais M. Douillard, dont les observations compétentes nous ont été fort utiles durant cette pérégrination, assure que nous n'avons pas encore vu le plus curieux de ces édifices transformés en mosquées, et, tout en nous faisant remarquer un vieux mur, reste de porte par laquelle, d'après une croyance populaire mal fondée, saint Paul serait entré dans Thessalonique, il nous conduit à l'ancienne église des Saints-Apôtres, au nord-ouest de la ville. Elle a une galerie ouverte qui sert d'exo-narthex. La nef y forme un plan carré terminé par trois chapelles. Elle est couverte par un pendentif que supportent quatre colonnes. Un mur y forme des bas-côtés destinés à remplacer sans doute la tribune des femmes, qui fait ici défaut. Sur les angles de ces bas-côtés, quatre petites coupoles couvrent autant de petites chapelles. Les trois hémicycles de la nef forment au dehors trois tours polygonales. C'est très original, mais trop semblable à une église voisine, celle de Saint-Élie, pour n'être pas à peu près de la même époque, c'est-à-dire du commencement du xi° siècle. Quoi qu'il en soit, je suis heureux de saluer enfin ici un monument consacré aux apôtres. Je n'en dirai pas moins tout à l'heure aux chrétiens de Salonique ce qu'il y a d'inconvenant à honorer saint Démétrius, saint Georges, saint Bardias, sans rien donner au fondateur de l'illustre Église thessalonicienne, saint Paul. On sait pourquoi cette déviation de la religion m'attriste. Je suis l'homme des origines chrétiennes, et je voudrais de toute mon énergie y ramener ceux qui s'en sont éloignés. L'aberration est trop générale en Orient pour espérer d'y réussir.

Salonique.

J'ai eu hier soir un bel auditoire, et j'ai essayé de lui faire entendre d'utiles vérités. Cela n'a pas déplu, puisqu'on m'invite à le retrouver aujourd'hui. Les catholiques vont enfin bâtir une église en l'honneur de saint Paul. C'est pour cela que M. Douillard est ici, c'est pour cela qu'on me prie de dire encore un mot en faveur de l'Apôtre des nations.

Une œuvre intéressante que nous allons visiter, c'est le séminaire bulgare. Il est tenu par les Prêtres de la Mission. Quel dévouement chez ces bons pères! L'un d'eux s'est tellement identifié avec ses élèves qu'il parle leur langue, célèbre le Saint-Sacrifice dans leur rite, porte leur costume, avec le chapeau d'ordonnance et la longue chevelure des popes bulgares. Par son entrain, son zèle, son amabilité, il nous semble une radieuse incarnation de la Bulgarie catholique. En notre honneur, la fanfare joue une aubade après dîner. C'est ce jeune et vaillant Père qui la dirige et souffle dans un instrument, tout en tenant un cigare dans sa main gauche. De tels hommes sont bons jusques au bout. J'en ai eu de pareils sous mes ordres. La sagesse des supérieurs doit les empêcher de s'user avant l'heure. De la terrasse où nous sommes, nos hôtes nous font admirer la chaîne des montagnes de Thessalie qui, à l'horizon lointain, allongent leurs têtes blanches dans l'azur. La plus éloignée c'est le Pélion, l'autre se rapprochant de nous est l'Ossa. Les Géants eurent, disait la fable, l'audacieux projet de les entasser l'une sur l'autre pour escalader l'Olympe. Ce n'était pas de trop, car celui-ci, séjour des dieux, domine singulièrement tout ce qui l'entoure. Homère disait : « Là sont les demeures paisibles des immortels. Le vent ne les ébranle pas, la pluie n'y tombe jamais, la neige n'oserait les effleurer. » Hélas! les temps sont bien changés et heureusement que les dieux n'y sont plus, car la montagne est couverte de neige ; ce qu'ajoute le poète de l'air pur et de l'éclatante lumière qui l'environne demeure seul vrai. En entrant à la chapelle, une chose me frappe, c'est le culte exagéré des images que l'on conserve même dans ce séminaire catholique. Il paraît qu'à ces peuples enfants, mais pleins d'avenir, il faut des choses sensibles pour fixer leur religion. Mais, grand Dieu! est-il rien de plus sensible qu'une croix, et de plus éloquent que le spectacle du Crucifié ? Qu'on s'y tienne, prêtres et fidèles, c'est le moyen de rester dans l'Évangile, et dans la voie donnée du salut. Paul ne voulait pas autre chose. Ne soyons pas plus sages que lui. C'est ainsi que nous infuserons à nouveau dans l'âme des peuples la véritable sève du christianisme. Ces Bulgares sont vigoureux, vaillants, pleins d'avenir. J'ai failli, en leur adressant quelques mots, leur être désagréable, sans le vouloir. On avait évoqué à leur sujet le nom de la Macédoine, et j'ai cru utile de rappeler le rôle providentiel d'Alexandre qui prépara les voies à l'Évangile en semant, avec ses armées et ses victoires, la langue grecque dans le monde oriental. Il paraît que Bulgare c'est l'antipode de Grec, et ces barbares, pleins d'avenir, ne veulent avoir rien de commun avec les anciens civilisateurs de l'humanité. Je ne m'explique pas bien cette répugnance, surtout quand il s'agit de la Grèce antique. Si le rapprochement pouvait être désobligeant pour quelqu'un, c'est assurément pour Socrate, Platon, Aristide, Épaminondas, Sophocle et Périclès.

Inscription des Politarques.

Nous avons passé la soirée chez les filles de la Charité à Kalamaria. Elles ont là un bel orphelinat. De leur jardin, les enfants peuvent descendre dans la mer et y prendre des bains hygiéniques. Ces incomparables religieuses sont partout où il y a un dévouement à exercer. Leur hôpital de la ville, qui est contigu à la maison de la Mission, est admirablement tenu. La sœur Augustine dont j'ai déjà parlé, a eu la bonne pensée de me mettre en rapport avec M. Crosbie, le missionnaire presbytérien s'occupant ici de la conversion des Juifs. Il est sourd, mais fort instruit et aimable : on apprend quelque chose avec lui. La religieuse se montre heureuse de m'avoir fait plaisir. Par M. Crosbie j'ai la photographie d'une inscription qui, après avoir été longtemps encastrée au haut d'une fontaine, se trouve actuellement la propriété de M. Bitso, un Grec, drogman du consulat d'Angleterre. Elle offre ce côté très intéressant que les politarques mentionnés : Nicérate, fils de Théodas, et Héraclide, fils de Démétrius, vivant sous Claude, furent contemporains de la prédication de l'Évangile à Thessalonique.

Dans ma seconde conférence en l'honneur de saint Paul, j'ai esquissé un portrait de l'Apôtre tel que mon admiration me l'a toujours représenté, ami et serviteur passionné de Jésus-Christ et de l'humanité. Et quand je l'ai eu ainsi glorifié en lui assignant une place à part dans l'Église, il m'a été agréable de rappeler aux Thessaloniciens ses tendresses pour leurs pères. Quelques mots glanés dans ses deux épîtres ont suffi à émouvoir l'auditoire. Entre cette affection maternelle de Paul pour les fidèles d'autrefois et l'indifférence qu'ont pour sa mémoire les fidèles d'aujourd'hui, le contraste était piquant à établir. La conséquence sera que quelques bourses vont se délier, et qu'une superbe basilique sortira enfin de terre, portant le nom du grand Apôtre des Gentils.

De Salonique à Munich.

Notre voyage archéologique est fini. Nous prenons banalement le chemin de fer pour Nitzch jusqu'à Belgrade. A mesure que l'on s'éloigne des pays où règne Mahomet, on voit la vie s'épanouir graduellement, comme en Égypte la végétation surgit fraîche et vigoureuse, à mesure qu'on s'écarte du désert pour se rapprocher du Nil. Là où sont les Musulmans, il n'y a que terres incultes, pays sans voies de communication, villes sans police, populations oisives et paresseuses. De là, une misère sociale que la sobriété et l'énergie naturelle de la race ne sauraient supprimer. Comme les Arabes, les Turcs ne sont bons qu'à faire la guerre. Avec une rapidité stupéfiante, ils passent de la somnolence et du repos à l'enthousiasme et aux terribles agitations des batailles. Leur main qui a horreur de la charrue comme de la plume, de la terre comme du négoce, sait terriblement brandir le sabre ou manier le fusil. Ces gens sont nés pour détruire. Là où ils ne sont plus, en Grèce et en Serbie, par exemple, la vie revient insensiblement avec l'agriculture, le commerce, la civilisation, la propreté, le respect des droits d'autrui et la sécurité du lendemain.

A Belgrade nous observons avec plaisir les premiers efforts d'un petit peuple désireux de renaître et d'occuper sa place au foyer des nations civilisées. Le jeune roi vient de faire un coup d'État en se proclamant majeur, et en emprisonnant ses ministres. On aime à le voir prouver ainsi qu'il est quelqu'un. Pour dire la messe, aujourd'hui jour de l'Ascension, nous ne trouvons ici d'autre église que la chapelle de l'ambassade autrichienne. Il y a pourtant quinze mille catholiques à Belgrade. C'est l'évêque de Diakovar, Mgr Strossmayer, le grand orateur du Concile en 1870, dont j'ai l'honneur d'être l'ami, qui a la haute direction du catholicisme en Serbie. On nous assure que, sous peu, il se bâtira ici une cathédrale, et qu'il y aura un évêque. L'état actuel n'est que provisoire. Que voulez-vous? Ce peuple se reconnaît à peine. Le palais de ses députés ressemble à une modeste ferme, celui du roi à un médiocre hôtel du faubourg Saint-Germain. Topchi-déré, son Versailles, est un vulgaire jardin anglais où l'on boit de la bière et du lait, après avoir visité la maison de Miloch Obrenovitch, le patriote qui commença à secouer le joug des Turcs, et posa, par le traité d'Andrinople, les bases de l'indépendance serbe. Le soin des pelouses et des allées y est confié à des galériens, hélas! beaucoup trop nombreux. Volontiers le beau monde de Belgrade accepte de coudoyer ici ces criminels enchaînes. C'est passé dans les mœurs. L'école militaire ressemble à un de nos plus médiocres collèges. Mais tout viendra peu à peu. L'étincelle y est. Il n'en faut pas davantage. Notre soirée à la promenade du Kalémeïdan, après une visite à la forteresse et au bagne, est délicieuse. Un coucher de soleil derrière les murs et les clochers de Semlin n'est pas sans quelque poésie. Le Danube que je ne sais pas trouver bleu, et la Save grossie par la fonte des neiges, se joignent à nos pieds. De nombreux bateaux les sillonnent en tout sens. Autour de nous, la foule des promeneurs se presse et nous regarde avec autant de respect que de

Vue de Belgrade.

curiosité. La musique joue des airs encore un peu turcs. Tandis que notre regard se repose sur le splendide panorama, Henry nous dit les vers du poète :

<blockquote>
Belgrade et Semlin sont en guerre.
Dans son lit, paisible naguère,
Le vieillard Danube leur père
S'éveille au bruit de leur canon.
Allons, la turque et la chrétienne !
Semlin, Belgrade, qu'avez-vous ?
. . . .
</blockquote>

Ce langage est plus beau que l'idiome dur et barbare qui se parle autour de nous, et auquel nous ne comprenons rien. Voir sans entendre, c'est ne voir qu'à moitié. Notre ignorance absolue de la langue serbe amoindrit le charme de notre séjour parmi cette intéressante population.

En Orient-express.

Entre chevaucher sur le chemin de Colosses ou d'Hiérapolis et être emporté par l'Orient-express il y a quelque différence. Comme l'homme est industrieux pour allier la rapidité vertigineuse de la locomotive avec le confortable d'un salon, d'une table d'hôte, d'une chambre, d'un balcon où l'on contemple l'interminable succession de paysages, et d'une terrasse où l'on se promène tout à l'aise! Si les contrastes violents sont pour troubler l'âme, la nôtre devrait l'être singulièrement en comparant notre existence précaire de pèlerins, il y a quinze jours, et notre luxe de voyageurs aujourd'hui. Évidemment ceci est la civilisation, et cependant ceci nous fait regretter cela. Il y a du charme à ne pas savoir où l'on couchera, si l'on mangera, comment on voyagera. L'imprévu a sa poésie. La privation n'est d'ailleurs jamais sans mérite, si peu qu'on l'accepte pour Dieu dont nous voulons servir la cause. Et puis ces ruines d'Orient sont si attachantes! Ce soleil si éblouissant!

Paysans hongrois.

Cet air si transparent! Ce ciel si pur! Ces montagnes si belles! Ici rien que d'immenses plaines, où courent des lièvres roux, où errent par centaines des chevaux à l'encolure disgracieuse; des marais où nous saluons encore quelques cigognes, mais qui, aux abords des villages, sont peuplés de myriades d'oies et de vulgaires canards. Au reste les populations de Hongrie sont fortes, laborieuses et riches.

Buda-Pesth.

Buda-Pesth est une très belle ville. Tout y sent la confiance en l'avenir. Nous y séjournons agréablement. La promenade au bois où se tient une foire avec tous les amusements qui en sont le complément, nous semble une féerie, tant nous avons perdu l'habitude de voir des enfants qui jouent, des soldats qui regardent, des polichinelles qui dansent, des dames qui entourent des jongleurs.

Rien de tout cela n'existe en Orient, où le Turc tient fermés chez lui ses enfants et ses femmes, et ne sort guère que pour aller fumer sur le divan d'un café. Ici voltigent des équipages superbes. Chacun aime à se montrer, et à regarder son

Panorama de Budé.

voisin, sans songer à mal. Les quais Rodolphe et François-Joseph, au bord du Danube, sont très animés. Nous faisons une promenade en bateau sur le fleuve et nous débarquons à Bude ou Ofen. Tout est plus calme dans cette seconde ville. Le site y est plus pittoresque. Le palais royal, qui renferme deux cents chambres,

Le suisse de la Chambre Haute.

et où se fait l'ouverture de la Diète, est avec ses terrasses d'un effet grandiose. Dans Pesth même, nous visitons le palais de l'Académie, la galerie Esterhazy, un peu surfaite comme réputation, car en dehors de sept Murillo et de l'*Ecce Homo* de Rembrandt, le reste est insignifiant; le musée national, très remarquable par ses collections d'histoire naturelle et d'antiquités préhistoriques, que beaucoup de jeunes enfants viennent étudier; la bibliothèque qui fut en partie celle de Mathias Corvin, ami des lettres autant que vaillant guerrier. Un superbe suisse nous a montré la chambre des seigneurs. J'y retrouve le souvenir de deux évêques célèbres que j'ai connus, les cardinaux Haynald et Simor, et qui en furent, ces dernières années, les grands orateurs. Strossmayer, une belle âme naturellement éloquente et séduisante, est peu aimé ici. Il est panslaviste, et on ne le lui pardonne pas. Les questions d'idées sont, parmi les hommes, celles qui créent les divisions les plus profondes. Nous visitons les églises. La plus belle sera celle qui se bâtit actuellement.

Encore une langue absolument incompréhensible pour nous que celle du peuple maggyare. Le brave Hélias, ce très insuffisant hôtelier de Congéli, ferait bien de venir ici voir, à l'hôtel de la Reine-d'Angleterre, comment Marchall traite les voyageurs.

Vienne.

Que serait-ce s'il arrivait au Grand-Hôtel, à Vienne?

La capitale de l'Autriche est un vrai bijou. Je ne crois pas qu'il y ait au monde rien de mieux réussi comme constructions, de plus majestueux comme ensemble et, disons le mot, de plus beau que la Ringstrasse, un boulevard en arc de cercle constituant autour de la ville une royale ceinture de promenades et de

Vue de Vienne.

monuments. Lorsque, partant en landau du Grand-Hôtel, nous avons vu se dérouler cette succession d'édifices publics, de monuments splendides, auprès desquels les maisons des particuliers ne détonnent d'ailleurs en aucune façon, nous sommes demeurés muets de surprise et d'admiration. A notre droite, c'est l'Opéra, œuvre très remarquable dans le style de la Renaissance, et dont Henry ira ce soir admirer l'intérieur. A notre gauche, c'est la statue de Schiller, sur son riche piédestal, devant l'Académie des Beaux-Arts, où sont reproduits les chefs-d'œuvre de la statuaire antique avec des allégories peintes à fresque sur fond d'or. Viennent ensuite les jardins et les constructions du Burg, ou château impérial, faisant face à deux musées, magnifiquement bâtis en style Renaissance pour recevoir, celui-là les collections d'histoire naturelle, celui-ci les collections artistiques; le Jardin du peuple, vis-à-vis le Palais de Justice, et, entre le palais du Parlement de style grec et l'Université genre Renaissance, le Rathaus en gothique, superbe, précédé de squares gracieux, qui font face au théâtre de la Cour. Puis c'est la belle église Votive, avec ses deux tours de 99 mètres de haut et ses flèches à jour, érigée en souvenir de l'attentat du 18 février 1853 contre l'empereur, et enfin le théâtre du Ring et la Bourse avec son double péristyle à colonnes de marbre rougeâtre et attique à balustrade en marbre gris.

Le quai François-Joseph, quoique bordé de magnifiques constructions, nous remet dans la donnée plus ordinaire de nos jolies villes de France, tandis que le Prater nous présente successivement le peuple viennois au Wurstel ou à Polichinelle, dans les brasseries, aux chevaux de bois, devant des baraques de toute sorte, et la haute société avec son luxe de toilettes et d'équipages, dans la Grande Allée que borde une quadruple rangée de marronniers, jusqu'au Rondeau. La veuve du prince Rodolphe et sa fille passent devant nous, et nous saluons cette grande infortune qui paraît d'ailleurs assez bien consolée.

Nous achevons le tour par le Stadt Park aux massifs ombragés d'où tout un monde de promeneurs descend à pied vers la Ringstrasse, et défile avec complaisance devant l'interminable série de palais dont on nous dit les noms. Ces bons bourgeois s'arrêtent radieux, comme s'ils y venaient pour la première fois, au pied de monuments remarquables, tels que celui de Schwarzenberg, mais dressés à des hommes qui n'ont généralement livré de batailles que pour les perdre. L'impression de cette foule et des splendeurs qu'elle contemple sur des gens qui arrivent d'Éphèse, d'Hiérapolis, de Sardes, de Pergame, de Salonique, de Belgrade, et même de Pesth est inimaginable.

Église Saint-Étienne, à Vienne.

Le lendemain nous avons visité les églises et les musées. La cathédrale gothique, Saint-Étienne, avec sa porte du Géant, ses chapelles ornées de tombeaux, ses piliers couverts de statues et sa tour haute de 136 mètres, est de beaucoup le plus remarquable monument de la ville. Sur la place, se trouve le palais archiépiscopal. J'ai connu l'ancien cardinal Raucher, homme sage, modéré, ayant peut-être trop plié son esprit aux exigences impériales, et de beaucoup inférieur comme parole et comme initiative aux évêques hongrois ou des provinces rhénanes. Saint-Pierre avec sa coupole, Saint-Michel, moitié roman, moitié gothique, l'église des Augustins, paroisse de la cour, où nous avons dit la messe et admiré, sinon le chœur beaucoup trop long, du moins deux monuments funèbres, absolument merveilleux, celui de Marie-Christine par Canova et celui de Léopold II par Zanner; les Capucins dont un vénérable frère a refusé de nous ouvrir la porte; Sainte-Marie-de-la-Grève, église nationale des Bohémiens, sont de beaucoup au-dessous de nos églises du nord de la France.

Les deux musées nous ont paru très remarquables. Celui d'histoire naturelle se recommande par l'ordre de ses classifications et la facilité avec laquelle tout visiteur, même peu instruit, peut suivre les notes diverses de la gamme infinie que la nature chante ici-bas à la gloire du Créateur. Celui de peinture peut rivaliser avec les plus riches d'Europe. Nous avons passé là quatre heures délicieuses.

Voir le peuple viennois un dimanche à Schœnbrunn est un plaisir qui nous a tentés. L'Autriche est une nation bienveillante et endurante, toujours contente de ses maîtres, même quand ils sont au-dessous de leur mission, acceptant d'être battue et même dépouillée, sans rancune pour ses vainqueurs. En réalité retrouvant, comme on l'a dit, par des mariages, ce qu'elle perdait par les armes,

Bella gerant alii; tu, felix Austria nube;
Nam quæ Mars aliis, dat tibi regna Venus,

elle a joué durant ces trois derniers siècles un rôle considérable, mais assez différent, peut-être, de celui qu'elle s'était promis. On sait que la maison d'Autriche avait pour devise les cinq voyelles A, E, I, O, U; *Austriæ est imperare orbi universo*; or, depuis Charles-Quint, elle se voit périodiquement enlever quelque province, en attendant que la désagrégation des races diverses qui la composent se produise et lui enlève le tout, ce qui ne saurait tarder. Pour juger de ce qu'elle fut jadis, il faut visiter ses musées et ses trésors. A un moment de l'histoire, toutes les richesses du monde ont afflué à Vienne. Aujourd'hui le bien-être y est encore général, et la fortune de la bourgeoisie très grande. Les Juifs en détiennent la plus grande partie. Le peuple semble quand même très heureux. C'est un charme de voir cette vague humaine se répandre belle et souriante dans les bosquets de Schœnbrunn, sous les fenêtres de l'empereur qui, après une vie éprouvée par de grands malheurs, regrette à coup sûr de n'être pas tout simplement un de ces braves ouvriers portant triomphalement un fils sur son bras, en tirant un autre par la main, tandis que sa grande femme blonde, fière sous ses habits de fête, montre aux plus aînés les bêtes fauves dans leurs cages. Rien n'est trop bruyant, mais tout est joyeux dans cette foule. L'Orient ne connaît pas ces aimables réunions populaires. La famille ne s'y répand jamais au dehors. Le chef y garde régulièrement quelque chose de solennel, disons mieux, de sombre et farouche comme le despotisme. Il ne sourit jamais ni à sa femme ni à ses enfants. La mère, toujours prisonnière derrière les moucharabiehs, ou au moins sous son long voile noir, ne laisse jamais voir au soleil bonnement et franchement le délicieux rayonnement de sa maternité. L'enfant turc et arabe naît sérieux. Il ne gambade, il ne joue, il ne rit presque jamais. Nous nous mêlons volontiers à ces groupes de braves et honnêtes gens, les estimant trois fois heureux d'avoir conservé ici les mœurs douces et patriarcales d'autrefois.

Munich.

Le peuple de Munich est aussi un bon peuple. Il a le culte de ses souverains et il les vénère, même quand ils sont fous. Tout cela tient à ce que l'esprit d'autorité et de bonne affection règne dans la famille. De là il passe dans la société. La génération actuelle est loin d'être mûre pour la république. Non pas que le courant intellectuel n'y soit intense, tout le monde y est instruit, on y tourne et retourne bien des idées, mais toujours à un point de vue purement spéculatif, en sorte qu'après de longues discussions on revient à la vie traditionnelle de la veille. Les écoles sont très fréquentées, et les universités partout florissantes, autre phénomène contrastant violemment avec la civilisation de l'islamisme. Où trouver en Turquie le mouvement de la pensée? Qui apprend, qui cherche, qui prêche quelque chose? Personne. L'islamisme pétrifie, parce qu'il est lui-même pétrifié.

Munich était pour moi une ville connue. Ses monuments, imités de la Grèce, m'ont produit plus que jamais l'effet d'un Apollon en mauvais plâtre dans un salon bourgeois. La brasserie royale avec son monde d'ouvriers, de commerçants, de docteurs, de papas, de mamans et de jeunes enfants, tous heureux, propres, aimables, nous a paru une succursale très animée du parc de Schœnbrunn. Je ne dirai rien de la Pinacothèque, un des plus riches musées du monde. On y revient toujours avec plaisir. La Glyptothèque et les autres galeries sont presque des déceptions.

Bavaria et Ruhmeshalle, à Munich.

Ici M. Vigouroux nous quitte pour rentrer à Paris où, dans deux jours, il reprendra ses leçons d'exégèse au Séminaire et à l'Institut catholique. Je bénis le vénérable supérieur de me l'avoir accordé une fois de plus, et pour un si beau voyage. Je le ramène plus fort de santé, mieux renseigné sur bien des points qui ont trait à nos travaux apologétiques, et surtout l'esprit pleinement reposé. Nous disons pieusement l'hymne d'actions de grâce, et nous nous séparons pour quelques jours.

J'ai du regret qu'il ne suive pas, comme nous, le beau chemin de la Souabe et de la Suisse, pour regagner la France. La partie de la Souabe que nous traversons est un immense parc anglais, où les points de vue ravissants se succèdent sans interruption. Les bois de sapins, les jolis chalets avec leurs petites croix de bois au-dessus des abris où nichent les oiseaux, les cours d'eau serpentant dans les prairies où de robustes paysans fauchent les foins, les hautes montagnes dans le lointain, tout cela est bien pour nous faire oublier l'Orient. Et cependant si dénudé, si désolé, si détruit qu'il soit, il est toujours là devant nos yeux l'incomparable pays des ruines, et volontiers nous en parlons encore. Les contrastes ravivent nos souvenirs. Les bords du lac de Constance et de Zurich, les vallées des Alpes vaudoises sillonnées de jolies routes, où de petites filles s'acheminent vers l'école, tandis que plus loin une procession demande à Dieu de la pluie pour les récoltes, les villages frais et gracieux qui se montrent de toutes parts, les travailleurs, les promeneurs, tout correct, propre, riant, c'est absolument l'antithèse de ce que nous avons trouvé dans les vallées du Lycus, du Méandre et de l'Hermus. Si on transportait en Suisse un Tcherkesse ou un Zeibek, que penserait-il en voyant des arbres soigneusement entretenus, des jardins délicieusement tracés, de l'eau vive jaillissant de tous côtés, des routes admirablement polies, des alentours de maisons sans ordures, des troupeaux sans gardien, des récoltes partout et des voleurs nulle part? Que dirait-il? Tout cela lui déplairait, j'en suis sûr, parce que l'idéal demeure toujours chose très subjective. Ce fils de l'Orient dépaysé s'écrierait : « Il n'y a pas ici, sous nos pieds, de vieilles pierres à déterrer pour bâtir ma maison, pas de soleil brûlant sur ma tête, trop d'ombrages encombrants et inutiles. Ceci sent partout le nouveau, et je suis l'homme du vieux, du passé, de la tradition, de la solitude. Laissez-moi aux plaines désertes du Méandre et de l'Hermus, avec les cigognes rêveuses, les chacals qui glapissent, les étoiles qui brillent, l'atmosphère qui me réchauffe, les brebis qui me vêtissent, le cheval qui me porte, l'herbe et le lait qui me nourrissent, le mépris de tout qui me rend fort. Cette vie heureuse vaut bien la vôtre. — Mais ce lac Léman, que je n'ai jamais vu plus beau qu'aujourd'hui, ces milliers de châteaux et de villas qui le bordent, ce Mont-Blanc plus haut que ton Baba-Dagh, ces villes charmantes Vevey, Montreux, Lausanne, Thonon, Genève, ces eaux bleues qui les baignent, ce Rhône impétueux dirigeant sa course à travers les grandes montagnes, tout cela ne te séduit-il pas? — Non, tout cela me serait inutile, désagréable, odieux, je retourne au désert :

> Rendez-moi mes chansons et mon somme,
> Et reprenez vos cent écus.

Arrivé à Narbonne, je rends à sa mère, à sa sœur, et à tous les siens qui nous attendent mon Henry plein d'enthousiasme dans l'âme, de beaux souvenirs dans l'esprit et de reconnaissance dans le cœur.

Durant ce long voyage il a tant appris qu'il ne demande qu'à raconter. Il y a, en effet, à voyager un double et réel plaisir, le premier c'est de voir, le second est d'écrire ce que l'on a vu. Ayant goûté le premier largement, je n'ai pas voulu me priver du second, c'est pourquoi j'ai fait ce livre.

FIN

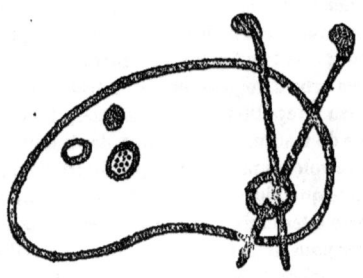

Original en couleur
NF Z 43-120-8

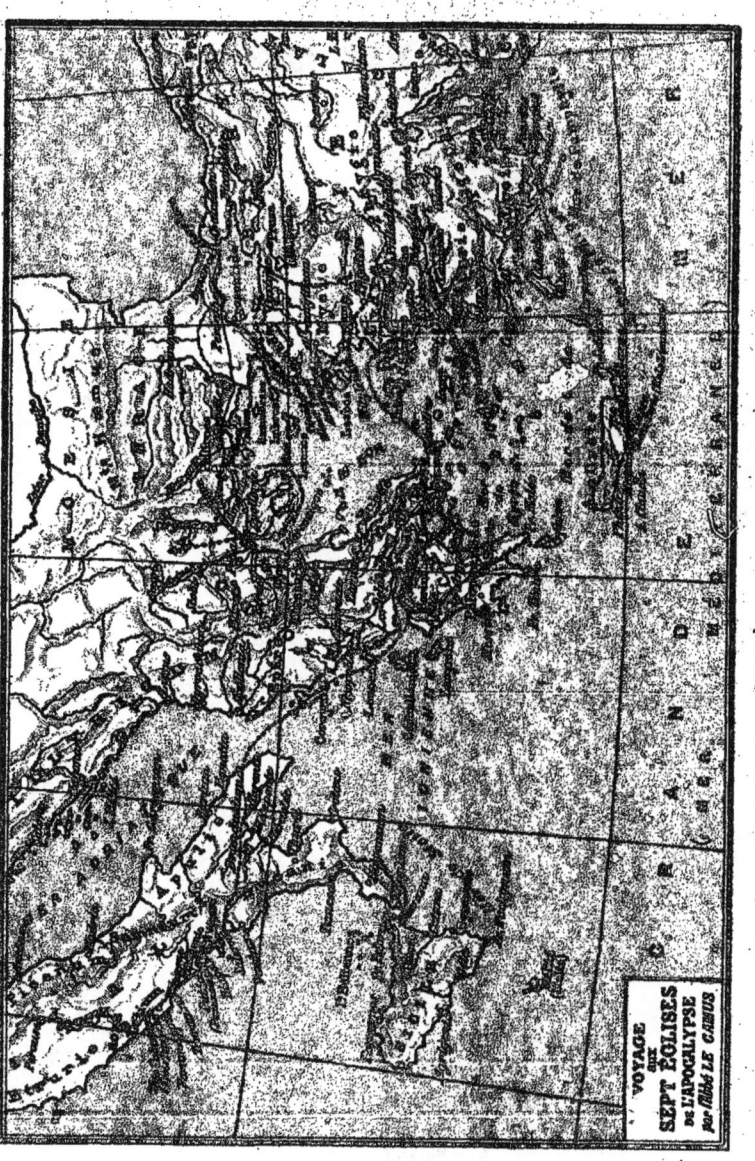

TABLE DES MATIÈRES

	Pages.
DÉDICACE	1
De Rome à Brindisi	1

EN GRÈCE

	Pages.		Pages.
Corfou	5	La Vieille-Corinthe	60
Olympie	10	Nauplie	68
Patras	32	Tirynthe	71
Athènes	34	Argos	79
Cenchrées	53	Mycènes	85
La Nouvelle-Corinthe	59	D'Athènes à Smyrne	97

EN ASIE MINEURE

	Pages.		Pages.
Smyrne	100	Laodicée	195
Éphèse	118	Philadelphie, Ala-Sheir	203
Magnésie du Méandre	146	Sardes	216
Aïdin-Tralles	157	Magnésie du Sipyle	231
Colosses	167	Thyatire	237
Hiérapolis	181	Pergame	242

EN MACÉDOINE

	Pages.		Pages.
De Dikeli à Mételin	264	Philippes	274
De Mételin à Dardanelles	268	Le mont Athos	285
De Dardanelles à Cavalla	272	Salonique	298

RETOUR EN FRANCE

	Pages.		Pages.
Belgrade	305	Vienne	309
Buda-Pesth	307	Munich	312
La Suisse	313		

www.ingramcontent.com/pod-product-compliance
Lightning Source LLC
Chambersburg PA
CBHW070531160426
43199CB00014B/2238